CRITIQUE

DE

LA RAISON PURE.

CORBEIL, IMP. DE CRETÉ.

CRITIQUE
DE
LA RAISON PURE

PAR

EMM. KANT.

SECONDE ÉDITION EN FRANÇAIS,

Retraduite sur la première édition allemande ; contenant tous les changements faits par l'auteur dans la seconde édition, des notes, et une biographie de KANT.

PAR J. TISSOT,
PROFESSEUR DE PHILOSOPHIE A LA FACULTÉ DES LETTRES DE DIJON.

TOME PREMIER.

PARIS,
LIBRAIRIE PHILOSOPHIQUE DE LADRANGE.
Quai des Augustins, 19.

1845

AVERTISSEMENT
DU TRADUCTEUR.

Je publie pour la seconde fois la traduction de la *Critique de la raison pure*. J'ai dû améliorer mon œuvre, et je n'ai rien épargné pour la rendre plus digne du public. Des détails à ce sujet seraient inutiles. Mais je dois dire pourquoi je donne aujourd'hui la préférence à la première édition de l'auteur sur la seconde. J'avais déjà pu me convaincre par moi-même, en comparant la pensée originale et spontanée de Kant avec sa pensée plus réfléchie peut-être, mais aussi plus calculée, plus influencée par la critique, moins naturelle et moins logique enfin, que la retouche de ce chef-d'œuvre n'avait pas toujours été des plus heureuses. Cependant cette réflexion ne m'aurait pas déterminé à faire aujourd'hui un choix différent de celui que j'avais fait en 1835, si je n'avais vu des éditeurs, tels que MM. Rosenkranz et Schubert, se décider pour la première, sauf à donner en forme de suppléments, toutes les additions, variantes et autres changements introduits dans la seconde. J'ai cru devoir faire comme ces savants éditeurs. On aura donc ici pour la première fois les deux éditions réunies. Une table supplémentaire détaillée permettra d'ailleurs de lire l'ouvrage comme s'il n'était que la reproduction de la seconde édition.

Comme cette traduction a été revue sur l'édition donnée à Leipzig en 1838, je crois devoir reproduire ici la meilleure partie de la préface de M. Rosenkranz. Sa parole aura plus d'autorité que la mienne.

« Le but de cette préface ne peut être de nous étendre sur la valeur et l'importance de la Critique de la raison pure de Kant. Ce n'est pas nécessaire. Toutes les écoles sont unanimes sur le mérite de cet ouvrage immortel (1). C'est la tête de Janus de la philosophie nouvelle. Tous les résultats des travaux antérieurs y sont concentrés, toutes les nouvelles directions pour les progrès ultérieurs y trouvent leur voie ouverte et tracée. Quelque subtils que soient souvent les détails de l'Architectonique, le sens spéculatif profond reste maître de l'ensemble. Toujours et sans cesse Kant revient à la question fondamentale de l'unité de l'être et de la pensée, du réel et de l'idée, de l'objectif et du subjectif. Souvent on croit être au bout de son exposition, pensant qu'il ne peut plus rien avoir à dire, quand on le voit tout à coup, peu satisfait qu'il est encore, pénétrer plus avant dans les profondeurs de la question, en chercher une solution plus radicale. Dans la Critique, la matière et la forme sont d'une égale importance. On peut dire de cet ouvrage, ce qui a été dit des cathédrales gothiques, que la grandeur immense s'allie parfaitement dans l'esquisse de ce tout sublime, avec la finesse dans l'exécu-

---

(1) Il faut remarquer que M. Rosenkranz est un disciple de Hégel.

tion laborieusement patiente des innombrables détails de l'édifice. Et de même, qu'on s'oriente dans le labyrinthe des rues d'une grande cité, sur des maisons, des palais et des chapelles, mais surtout en attachant ses regards sur des tours qui dominent tout le reste; de même aussi, dans la philosophie contemporaine, dans le pêle-mêle de ses querelles, on ne peut faire un seul pas assuré, si l'on n'a les yeux fixés sur la Critique de Kant. Fichte, Schelling, Hégel et Herbart, en ont fait leur grand centre d'opérations pour la défense comme pour l'attaque. »

Tel est en peu de mots le vrai et magnifique témoignage rendu par M. Rosenkranz, au monument philosophique que nous publions; et ce témoignage serait également celui de tous les penseurs les plus distingués de l'Allemagne. Il ne reste donc à la critique française d'autre parti à prendre, qu'à être de l'avis de ces hommes célèbres, ou à les condamner tous. Mais, pour se prononcer contre eux, il nous semble qu'il serait juste de commencer par les entendre. Jusque-là, nos beaux esprits, qui se croient métaphysiciens à si bon marché, pourraient bien n'être que ridicules.

M. Rosenkranz passe ensuite au compte rendu de son édition : « La *Critique*, qui parut pour la première fois, en 1781, a eu sept éditions (1). La dernière est celle de Leipzig 1828. La seconde, qui est de 1787, renferme des changements essentiels, qui ont passé dans les suivantes.

Que doit faire l'éditeur des œuvres complètes ? Il

(1) La sienne fait la huitième, et celle de M. Hartenstein la neuvième.
T.

semble bien qu'il doit donner la seconde édition, puisque Kant a laissé faire sous ses yeux jusqu'à la cinquième, d'après celle-là. C'est assez dire qu'il s'y tenait. Une réimpression de la première serait pour ainsi dire une injure à lui faite, et une sorte de mépris pour la peine qu'il s'était donnée en préparant la seconde. Mais doit-on regarder comme insignifiantes les différences entre ces deux premières éditions? N'y a-t-il aucun intérêt à reconnaître clairement ce que Kant a supprimé, ajouté, changé? Ne conviendrait-il par conséquent pas de mettre en lumière toutes ces variations diverses?

Cette question n'est pas susceptible de deux réponses. Demande-t-on maintenant la manière dont il faut s'y prendre pour faire ressortir plus sûrement et plus simplement la différence signalée? Si l'on voulait toujours reculer de la seconde édition à la première, on s'engagerait infailliblement dans une opération plus difficile et plus compliquée, que si l'on avançait de la première à la seconde. Car c'est de cette dernière sorte que *le progrès s'est accompli dans Kant lui-même :* il prépara la seconde édition sur la première. Le lecteur doit donc pénétrer bien plus facilement et plus profondément dans la pensée de l'auteur, s'il prend la marche que Kant a lui-même suivie. Alors il a devant lui, dans l'ordre chronologique le plus naturel, la forme originelle de la matière, et la modification ultérieure qu'elle a subie.

Déjà, sous le rapport du développement de la pensée même de Kant, il serait donc nécessaire de donner une base à la première édition; il ne l'est donc pas moins, sous le rapport formel, de placer le secondaire après le primitif. Mais on peut dire encore que la conception originelle avait, sous le rapport du fond, un avantage incontestable sur le remaniement postérieur. Tout remaniement n'est pas nécessairement une amélioration. L'unité créatrice du premier jet cède à l'hésitation des mouvements mal assurés d'une lime qui pénètre du dehors, plutôt qu'elle ne polit du dedans. L'histoire littéraire abonde en analogies qui montrent comment les éditions postérieures ont souvent affaibli l'originalité, la hardiesse, la force et l'unité des premières. Pourquoi Kant n'aurait-il pas eu le même sort? pourquoi n'aurait-il pas souvent manqué le but qu'il se proposait par ses améliorations? S'il en est ainsi, c'est une nouvelle raison de redonner la première édition, sans rien négliger, bien entendu, des changements que présente la seconde.

Or, selon moi, c'est ce qui est arrivé; s'il fallait des témoignages étrangers pour l'établir, ils ne manqueraient pas. Je n'en rapporterai que deux, le plus ancien et le plus récent. Dans l'addition à son dialogue de *David Hume*, sur l'idéalisme transcendental (tome II de ses Œuvres, 1815, page 291), Fr. Hr. Jacobi s'exprime ainsi : « Le traité suivant se rapporte uniquement à
« la *première* édition de la critique, la seule encore
« existante alors (en février 1837). Quelques mois
« après la publication de ce traité, parut la seconde
« édition de l'ouvrage de Kant, augmentée de cette
« réfutation de l'idéalisme, dont j'ai parlé longuement
« dans l'introduction qui se trouve en tête du tome II de
« mes œuvres. Dans la préface de cette seconde édition,
« Kant entretient ses lecteurs des améliorations de *forme*
« qu'il a essayé d'apporter à la nouvelle édition, sans dis-

« simuler que cette amélioration n'est pas inséparable
« de quelque perte pour le lecteur, puisqu'il a fallu, pour
« faire place à une exposition plus claire, supprimer ou
« tronquer plusieurs choses. — Je tiens cette perte pour
« très-importante, et je désire vivement que ma manière
« de voir en ce point détermine ceux des lecteurs qui
« prennent au sérieux la philosophie et son histoire, à
« comparer la première édition de la Critique de la raison
« pure, avec la seconde améliorée. Les éditions suivan-
« tes ont été imprimées ligne pour ligne sur la seconde.
« Je recommande à une attention toute particulière la
« section de la première édition, p. 103 : de la synthèse
« de la reconnaissance [*recognition*] dans le concept.
« La première édition étant déjà devenue très-rare, il
« faut au moins veiller à ce que le petit nombre d'exem-
« plaires qui s'en trouvent encore conservés dans les
« grandes bibliothèques publiques ou particulières, ne
« finissent enfin par disparaître complétement. En géné-
« ral, on ne sait pas assez quel avantage on trouve
« à étudier les systèmes des grands penseurs dans les
« toutes premières expositions qu'ils en ont faites. Ainsi,
« Hamann me racontait un jour de l'ingénieux Christian
« Jacob Kraus, qu'il n'avait jamais cessé de lui témoi-
« gner toute sa reconnaissance, pour lui avoir fait con-
« naître le premier ouvrage philosophique de Hume,
« *Treatise of Human nature*, 1739, parce que ce ne fut
« qu'à partir de ce moment, qu'il comprit bien les *Essais*
« subséquents (1). » Ainsi parlait Jacobi. — Voici main-

(1) Dans lesquels cependant Hume a fait entrer son premier ouvrage, mais en le refondant. Son *Traité de la nature humaine* n'eut aucun succès. C'est lui-même qui le dit dans sa biographie.   **T.**

tenant ce que dit Michelet, dans son Histoire des derniers systèmes de la philosophie en Allemagne, depuis Kant jusqu'à Hégel, Berlin, 1837, t. I, p. 49 et suiv. : « Un immortel service rendu par la philosophie de Kant, « c'est, il faut le reconnaître, d'avoir mis en relief la sub- « jectivité de la pensée. Il s'en est très-peu fallu que Kant, « en réduisant les sources de la connaissance à ce qu'il « y a d'interne dans l'esprit humain, n'ait aussi renversé « avec conscience cette séparation qui paraît si souvent « menacer ruine dans son système, entre la pensée et la « chose en soi. » Puis il ajoute en note cette observation: « Particulièrement dans la première édition de la Criti- « que de la raison pure, qui renferme par conséquent « dans son exposition un grand nombre de points de la « la plus haute spéculation, mais qu'on chercherait en « vain dans la deuxième et les suivantes: car ces édi- « tions, qui se ressemblent, et déjà même les *Prolégo-* « *mènes*, abandonnent en partie la direction idéaliste, « par la raison que ce côté de la philosophie de Kant se « trouva aussitôt en butte à la plupart des attaques et « des malentendus. »

Pendant que je méditais sur le meilleur parti à prendre dans l'intérêt commun de Kant et de l'histoire de la philosophie, je reçus, sans m'y attendre, mais à ma grande satisfaction, une lettre de M. le docteur Arthur Schopenhauer, de Francfort-sur-le-Mein, qui me fit prendre la résolution définitive de préférer la première édition. Schopenhauer donnait déjà en 1819, dans un appendice de son ouvrage profond : *Le monde comme volonté et représentation*, p. 591-725, une critique étendue de la philosophie de Kant. Il y exposait avec une inspiration vraiment philosophique les mérites de cet ouvrage, mais il y relevait aussi, en les expliquant d'une manière fondamentale et positive, sans préoccupation ni arrière-pensée, les contradictions dans lesquelles Kant s'était égaré. Je lui demande la permission d'extraire de sa première lettre, du 24 août 1837, le passage suivant :

« Il est bien reconnu que Kant a voulu faire, dans sa
« seconde édition de la Critique de la raison pure un
« changement important, et que toutes les éditions pos-
« térieures ont été réimprimées d'après celle-là. Mais
« je suis bien convaincu, et cette conviction n'a fait que
« s'accroître et se fonder sur des motifs de plus en plus
« certains par l'étude réitérée de l'ouvrage ; je suis con-
» vaincu que Kant a mutilé, défiguré, gâté son œuvre
« en la modifiant ainsi. Ce qui l'a porté à cela, c'est la
« crainte de l'opinion, résultat de la faiblesse de l'âge ;
« faiblesse qui n'atteint pas seulement la tête, mais qui at-
« taque aussi quelquefois au cœur cette fermeté si néces-
« saire pour mépriser les contemporains, leurs opinions
« et leurs vues sur les services qu'on leur a rendus, ser-
« vices sans lesquels du reste on ne sera jamais un grand
« homme. On lui avait objecté que sa doctrine n'était que
« l'idéalisme de Berkeley rajeuni. Il vit donc avec effroi
« que l'originalité si précieuse et si nécessaire à tout fon-
« dateur de système était compromise.(V. Prolégomènes
« à toute métaphysique future, p. 70, 202, et suiv.)
« D'un autre côté, en renversant les doctrines consa-
« crées du vieux dogmatisme, particulièrement de la
« psychologie rationnelle, il avait excité le mécontent-
« tement. Ajoutons cette circonstance tout extérieure,

« que le grand roi, l'ami des lumières et le protecteur
« de la vérité, venant de mourir, Kant se laissa effrayer
« de tout cela, et fut assez faible pour faire une chose
« indigne de lui, pour changer entièrement le chapitre
« premier du deuxième livre de la dialectique transcen-
« dentale, et pour en supprimer 57 pages contenant tout
« juste ce qui est le plus strictement nécessaire à la
« parfaite intelligence de tout l'ouvrage. Grâce à cette
« suppression, et à l'addition destinée à remplacer le
« texte primitif, toute sa doctrine se trouve en contra-
« diction avec elle-même, contradiction que je n'ai re-
« levée et mise en évidence dans ma critique, p. 612-
« 618, que parce que je n'avais jamais lu jusque-là,
« en 1818, la première édition, qui est exempte de ce
« vice, et qui forme un tout parfait. En vérité, la se-
« conde édition ressemble à un amputé qui aurait une
« jambe de bois. Dans la préface à cette seconde édition,
« p. 42, il motive le rejet de cette importante et très-
« belle partie de son livre, sur de pauvres et même
« de fausses excuses, parce qu'il ne veut pas avoir l'air
« de convenir qu'il rétracte la partie supprimée : on
« peut, dit-il, en prendre connaissance dans la première
« édition ; il a pris l'espace nécessaire pour la partie
« nouvellement introduite. — Mais quand on compare
« la seconde édition avec la première, on voit claire-
« ment que cette allégation manque de sincérité. Dans
« la seconde édition, l'auteur ne s'est pas borné à re-
« trancher l'important et beau chapitre en question, et
« à le remplacer sous le même titre par une intercalation
« très-insignifiante et plus longue de moitié ; il y a de
« plus glissé une réfutation expresse de l'idéalisme, qui

« dit précisément le contraire du passage retranché,
« et qui soutient toutes les erreurs qui s'y trouvaient
« réfutées de la manière la plus solide ; elle se trouve
« donc en contradiction avec toute la doctrine de l'au-
« teur. Cette prétendue réfutation de l'idéalisme, donnée
« ici pour la première fois, est si dépourvue de fonde-
« ment, si évidemment sophistique, elle est même en
« partie un galimatias si confus, qu'elle est tout à fait
« indigne de figurer dans cet ouvrage immortel. L'au-
« teur, qui en sentait l'insuffisance, a voulu encore la
« corriger dans la préface, en changeant un passage,
« et la justifier dans une note longue et obscure ; mais
« il a oublié de faire entièrement disparaître de sa se-
« conde édition tous les nombreux passages qui se trou-
« vent en contradiction avec l'addition nouvelle, et qui
« sont un parfait accord avec la partie retranchée. Tels
« sont en particulier toute la section sixième de l'antino-
« mie de la raison pure, comme aussi tous les passages
« que j'ai rapportés dans ma critique, p. 615, étonné
« que j'étais de le voir se contredire ainsi lui-même, et
« ne connaissant pas encore alors, comme je l'ai déjà
« dit, la première édition, ni par conséquent le carac-
« tère furtif des nouvelles substitutions. Que ce soit la
« crainte qui ait porté l'illustre vieillard à défigurer ainsi
« la critique de la psychologie rationnelle, c'est ce qui
« résulte clairement de ce que ses attaques contre ces
« doctrines consacrées du vieux dogmatisme sont beau-
« coup plus faibles, plus timides et moins radicales sous
« la nouvelle forme que sous la première, et que, pour
« les adoucir, il recourt aussitôt à des réflexions préli-
« minaires sur l'immortalité de l'âme, déduite des prin-

« cipes de la raison pratique, réflexions qui en sont
« comme le postulat, mais qui n'ont pas encore là leur
« place marquée par la logique ou l'enchaînement des
« matières, et qui ne peuvent par conséquent pas encore
« être comprises. Cette retraite inquiète l'a donc conduit,
« dans un âge où la légèreté de sens n'est pas moins
« naturelle que la crainte, à soixante-quatre ans, à désa-
« vouer proprement, et sur le point capital de toute la
« philosophie, à savoir, le rapport de l'idée et du réel,
« les pensées qu'il avait conçues dans ses plus belles
« années de maturité, et auxquelles il était resté fidèle
« toute sa vie. Mais ce ne fut pas sans honte, franche-
« ment et sans s'échapper par des portes dérobées, qu'il
« abandonna ainsi son système. Voilà donc comment la
« Critique de la raison pure est devenue dans la seconde
« édition un livre mutilé, contradictoire, altéré, et
« jusqu'à un certain point apocryphe. Il est fort présu-
« mable que le reproche de mal entendre la Critique de
« la raison pure, reproche que se sont constamment
« adressé les uns aux autres, et vraisemblablement avec
« le même droit de tous les côtés les successeurs (ad-
« versaires ou partisans) de Kant, doit être attribué
« principalement à la malheureuse amélioration que
« l'auteur a voulu apporter lui-même à son œuvre; car
« qui peut entendre ce qui porte en soi des éléments
« contradictoires? »

Dans cet état de choses, qu'on ait cependant suivi partout la deuxième édition, c'est ce qui est très-naturel. On y supposait, avec un philosophe tel que Kant, des améliorations incontestables, et l'on était confirmé dans cette opinion par la préface. Quant à la manière tranchante et sévère avec laquelle M. le docteur Schopenhauer s'exprime sur la conduite de Kant, c'est son affaire de la justifier. Dans le cours de sa longue lettre, il m'engageait cependant à soigner la réimpression de la première édition; il me disait que depuis bien longtemps il avait lui-même songé à une semblable entreprise, et qu'il avait dressé un catalogue exact de tous les changements apportés à cette édition; il eut même la bonté de me l'offrir. — Je n'hésitai pas un instant, puisque je partageais sa conviction sur la supériorité de la première édition, à lui donner raison, et à faire usage de sa libéralité. Il m'envoya peu de semaines après la liste des variantes, et je lui en fais ici mes publics remercîments. »

M. Rosenkranz donne ensuite un certain nombre de détails sur l'exécution matérielle de l'ouvrage, détails inutiles à reproduire. Puis il continue ainsi :

« Peu de livres ont été aussi souvent imités, extraits, retravaillés, dans un espace de temps proportionnellement si court, que la Critique de la raison pure. Elle a été traduite en latin par Born, en français par Tissot (1836) (1). Elle est cependant plus connue que comprise. La plupart en ont mis à profit les résultats pour colorer leur propre insuffisance et leur vulgarité (*Gemeinheit*). Mais ils se sont bien gardés de suivre Kant dans ses profondeurs. C'est de là, de ces profondeurs, que les résultats de l'esthétique et de la logique transcendentale reçoivent, pour les grands problèmes de la théologie, de la cosmologie, de la morale et de la psychologie,

---

(1) Elle l'a été aussi en italien (1821-1822), et en anglais (1838). T.

une importance tout autre, et qui n'est pas même soupçonnée des sens grossiers de la plupart de ces amateurs. Ils ne savent rien de l'enchaînement qui unit la Théorie de la science de Fichte, le Système de l'idéalisme transcendental de Schelling, la Phénoménologie et la Logique de Hégel, la Métaphysique de Herbart avec la Critique de Kant. Ils ne possèdent que par usurpation, jamais par cette acquisition fondamentale qui peut justifier juridiquement d'un titre honnête de possession. Puisse donc cette nouvelle édition féconder de nouveau la spéculation! On peut dire en particulier que les Anglais et les Français ne comprendront vraiment rien aux développements de la philosophie allemande après Kant, tant qu'ils n'auront pas pénétré la Critique de la raison pure, car nous autres Allemands, nous y reportons toujours nos regards. L'école écossaise règne maintenant en Angleterre d'une manière presque absolue. En France, on voit à côté d'un sensualisme apprivoisé, d'un égoïsme devenu sociable, la vieille scolastique sous la forme d'un système mystique, et l'éclectisme qui incline de là vers l'Allemagne, et qui penche tantôt du côté de la psychologie rationnelle, tantôt du côté de la théologie dogmatique. Il en est de même en Italie. Mais Anglais, Français, Italiens doivent, s'ils veulent aller en avant, faire le même pas que fit Kant en 1781. Ce n'est qu'à cette condition qu'ils pourront se délivrer de leur misérable métaphysique d'une autre époque, et de ses fâcheuses conséquences. »

Nous n'avons aucune raison, pour notre part, d'appeler de ce jugement; nous ne sommes pas en effet très-persuadé que ce soit avancer que de reculer jusqu'au XVII$_e$ siècle. Nous ferons cependant nos réserves pour le cas où l'on pousserait jusqu'au XVIe et au delà; mais nous aimerions mieux voir assez de modestie, de patience et de courage dans nos compatriotes pour en finir une bonne fois avec ce reproche d'outrecuidance superficielle, qui nous est souvent adressé d'au delà du Rhin. Nous n'avons donc rien de mieux à faire, ce me semble, que de prendre une connaissance vraiment approfondie, et par conséquent détaillée (car il n'y a pas de profondeur sans détails) de la philosophie que l'Allemagne nous vante et nous oppose, en suivant la marche prescrite par la nature des choses. Or cette connaissance positive et de détail ne peut s'acquérir que dans des traductions. Les analyses qui s'en tiennent aux grands traits d'un système ont sans doute leur utilité, surtout pour aider à saisir l'ensemble, mais elles ne suffisent pas. Les fortes doctrines ont des racines profondes, et il faut les suivre jusqu'à leurs derniers filaments, si l'on veut avoir le secret de leur formation, de leur vie et de leur force.

Une histoire un peu détaillée de la philosophie allemande depuis Kant jusqu'à nos jours serait très-utile pour hâter le résultat dont je parle. Je ne sais ce que nous réserve le concours ouvert par l'Académie des sciences morales et politiques sur ce trop vaste sujet, mais je m'occupais de cette partie de l'histoire de la philosophie avant cet appel, et je n'ai cessé de m'en occuper depuis, sans avoir encore amené mon œuvre à un état satisfaisant de maturité. Je conserve cependant l'espoir de donner un jour une histoire de la philosophie allemande plus étendue qu'aucune de celles qui existent, même en Allemagne. Tous les grands systèmes s'y trouveront longuement analysés, et à côté de ces systèmes viendront se placer, comme des satellites autour d'une planète principale, tous les systèmes ou nuances de systèmes qui s'y rattachent. Je regrette toutefois de n'avoir pu soumettre mon œuvre au jugement définitif de l'Académie. Il ne me restera plus que celui d'un certain public, dont la valeur, si elle n'est guère inférieure à celle d'un corps savant, a cependant beaucoup moins d'autorité.

Il me reste à donner quelques explications sur cette édition française. — On y a ajouté une notice biographique de Kant, rédigée depuis plusieurs années, d'après celles qu'ont données MM. Borowski, Jachmann, Wasianski, Rink, Hasse, etc., revue dernièrement sur la plus récente de toutes, celle de M. Schubert.

Les notes de M. Rosenkranz sont signées R; celles du traducteur, T; celles de l'auteur ne portent pas de signature.

Les parenthèses à crochets ne se trouvent pas dans le texte.

Dijon, le 4 mars 1845.

VIE DE KANT,

SES OUVRAGES,

MANIÈRE DE LES ÉTUDIER.

Kant (Emmanuel) naquit le 22 avril 1724 à Kœnigsberg, en Prusse, de parents pauvres et d'humble condition, mais d'une parfaite honnêteté. Son père, né à Memel, exerçait la profession de sellier, ses grands parents du côté paternel étaient Écossais, et son aïeule maternelle de Nuremberg. Kant était le quatrième de onze enfants, dont sept filles et quatre garçons. Il n'avait que treize ans lorsqu'il perdit sa mère, neuf ans plus tard il n'avait plus de père. Un oncle maternel, maître cordonnier, qui avait quelque aisance, le soutint dans ses études. Il apprit à lire et à écrire à l'école de l'Hôpital du faubourg habité par ses parents. Il entra ensuite au collége Frédéric, alors dirigé par le docteur Franz-Albert Schultz, qui l'envoya en 1740 à l'université. Sa première éducation, tant à la maison paternelle qu'au dehors, fut toute religieuse.

Tout jeune encore, Kant avait déjà beaucoup de désir de s'instruire, et se distinguait par son travail, sa docilité et son respect pour ses maîtres.

Kant s'appliqua d'abord aux lettres d'une manière toute particulière, sans songer encore à aucune science positive. Plus tard il étudia spécialement les mathématiques, la philosophie et les classiques latins. Knutzen, qui jouissait d'une grande réputation comme professeur et comme écrivain, enseignait alors la philosophie.

Après avoir suivi les cours de l'Université, Kant se chargea d'une éducation particulière qui dura neuf ans. Au bout de ce temps, il retourna à Kœnigsberg. Souvent on l'a entendu plaisanter sur son peu d'aptitude pour l'enseignement domestique, et dire franchement qu'il entendait si peu le métier, que jamais peut-être il n'y eut plus mauvais précepteur que lui. Il ne se jugeait si sévèrement qu'à cause de la haute idée qu'il s'était faite des qualités nécessaires pour bien élever les enfants. Son petit livre sur la *Pédagogie*, que Zachariæ appelait un *livre d'or*, suffirait à lui seul pour donner un démenti à cette mauvaise opinion que Kant avait de lui-même comme précepteur. De retour à Kœnigsberg, il y donna des leçons particulières pour se préparer à l'enseignement académique. C'est à cette époque qu'il composa son premier ouvrage, *Réflexions sur la véritable estimation des forces vives*, 1746, et qu'il commença son important traité sur *l'Histoire générale de la nature et la théorie du Ciel d'après les principes de Newton*, ouvrage qu'il publia dans sa trente-troisième année. Il fut alors nommé maître en philosophie, et attaché à l'Université comme professeur privé. Pendant les quinze ans qu'il resta avec ce titre, il composa plusieurs petits ouvrages qui révèlent tous un penseur original, bien qu'on n'y trouve pas encore des traces bien marquées de la philosophie critique.

Dans les premières années de son enseignement privé à l'Université, il dut vivre avec la plus stricte économie. Il avait cependant mis en réserve vingt frédérics d'or, pour n'être pas tout à fait sans ressource, dans le cas où il viendrait à tomber malade. La loi qu'il s'était faite de laisser intact son petit trésor, jointe à l'insuffisance de ses honoraires, le forcèrent à vendre insensiblement une bibliothèque considérable et choisie qu'il avait déjà formée. En 1766, il obtint la seconde place d'inspecteur de la Bibliothèque royale, et se chargea aussi de la conservation d'un cabinet d'histoire naturelle et d'objets d'art; mais il donna sa démission de ces deux places quelques années plus tard.

Sa Théorie du ciel, ouvrage dans lequel il se montra mathématicien et physicien, lui fit déjà une assez grande réputation pour que Frédéric II lui proposât à différentes fois une chaire à Hall, et en dernier lieu avec la qualité de conseiller privé; mais Kant refusa, retenu par l'affection qu'il portait à sa ville natale.

Il avait reçu de Frédéric II la promesse d'être nommé à la première place vacante à la Faculté de philosophie (des sciences et des lettres) de Kœnigsberg ; mais comme ce fut celle de poésie qui le devint d'abord, il la refusa, parce qu'il ne se croyait pas capable de la bien remplir. Enfin, en 1770, il accepta celle de mathématiques qu'il permuta bientôt après contre celle de logique et de métaphysique. C'est dans cette chaire que Kant enseigna des sciences dont il s'occupait depuis longtemps et sans relâche. Son enseignement, très-suivi et très-goûté du public, dura jusqu'en 1794, époque à laquelle le célèbre professeur, affaibli par l'âge, se retira de la carrière et vécut solitairement.

Les qualités intellectuelles qui distinguaient Kant étaient la profondeur, l'étendue, l'originalité jointe à la justesse. C'est ce qui ressort à chaque page de tous ses écrits. On ne peut trop regretter qu'il n'ait pu achever un dernier ouvrage, qu'il mettait au-dessus de tous les autres, et dans lequel il devait expliquer le passage de la métaphysique à la physique. Peut-être aussi qu'il s'exagérait la valeur de ce travail, soit par la peine qu'il lui avait déjà coûtée, soit parce qu'il ne le voyait encore qu'en idéal, soit parce que ses facultés s'étaient déjà affaiblies, soit enfin par toutes ces raisons à la fois.

Quoi qu'il en soit, cet ouvrage devait être, suivant l'auteur, la clef de voûte de tout l'édifice de sa doctrine.

Kant était aussi doué d'une mémoire prodigieuse et d'une grande imagination. A l'âge de 70 ans, il récitait encore de longs passages d'auteurs anciens et modernes, surtout des poëtes. Il se rappelait également avec une rare précision les lieux et les faits historiques les plus circonstanciés. C'est ainsi qu'un jour il décrivit le pont de Westminster avec tant de détails et d'une manière si exacte, qu'un Anglais, qui était présent, lui demanda combien d'années il avait passées à Londres. Or, on sait que Kant ne sortit jamais de la Prusse ; on pourrait presque dire de Kœnigsberg. Pareille chose lui arriva un autre jour qu'il parlait de l'Italie. Notre philosophe avait plus de soixante ans lorsqu'il se mit à étudier la chimie. Il finit par en posséder si bien la théorie, la nomenclature et les procédés, qu'il étonna un jour à table le fameux chimiste Hagen, par la manière dont il en parlait, et cependant il ne l'avait jamais étudiée que dans les livres : c'était pour lui une affaire toute d'intelligence, d'imagination et de mémoire.

Sa profondeur était due à une puissance d'analyse qui lui servait non-seulement à se rendre un compte sévère de toutes ses idées, mais encore à distinguer dans les idées des autres ce qui leur appartenait de ce qui leur était étranger, ce qu'ils savaient bien de ce qu'ils ne savaient qu'à demi. Il conserva très-longtemps cette faculté, beaucoup plus longtemps que celle de combiner les idées, faculté qu'il avait aussi à un très-haut degré. C'est sans doute à cause de l'originalité de ses pensées et de leur conscience intime, que Kant finit par ne plus guère comprendre, en matière de philosophie, que lui-même. C'est pour cette raison qu'il donnait souvent à lire à ses amis les ouvrages dans lesquels on le critiquait, les priant de lui exposer ensuite les difficultés qu'on lui faisait, et même d'y répondre pour lui.

Outre les qualités de l'esprit scientifique, Kant possédait aussi, à un très-haut degré, celles de l'esprit proprement dit, ou de l'esprit de société. Il faisait l'ornement de toutes les conversations auxquelles il prenait part. Le professeur s'effaçait complétement pour ne laisser paraître que l'homme du monde, l'homme plein d'amabilité et de connaissances agréables et variées, sachant les mettre à la portée de tout le monde, n'en faisant jamais parade, s'entretenant toujours de ce qui était le plus familier aux autres, et parlant tout aussi bien cuisine et ménage avec les dames qui ne dédaignaient pas ces soins domestiques, qu'histoire et géographie, ou toute autre science avec les voyageurs et les savants. On retrouve, dans quelques-uns de ses écrits, le ton léger, spirituel et poli qui le distinguait dans la conversation. Il est remarquable aussi par son ironie socratique.

Quoique Kant aimât le monde, il ne le voyait qu'à certaines heures de la journée, car il avait distribué tout son temps d'une façon très-régulière, et il s'écartait bien rarement de la loi qu'il s'était une fois faite. Dans les premières années de son professorat, il donnait plusieurs heures de leçons par jour; plus tard il n'en donna que deux, outre ses leçons publiques sur la logique et la métaphysique : quand venait son tour de faire à la Faculté de philosophie un cours de pédagogie, il donnait aussi en même temps des leçons sur la physique, le droit naturel, la morale, la théologie rationnelle, l'anthropologie et la géographie physique. Dans les dernières années de son enseignement, il s'en tint à ses leçons publiques, à l'anthropologie et à la géographie physique. Il parlait pendant plusieurs heures sans livres et sans cahiers. Longtemps il fit ses leçons de logique sur Meier et ses leçons de métaphysique sur Baumgarten, qu'il avait annotés pour son usage. Ces deux auteurs n'étaient guère pour lui que comme des points de départ pour ses développements, ou même un texte à réfuter. Il s'était fait des cahiers pour les autres parties de son cours, excepté pour la physique, où il suivait Erxleben.

Son exposition était toute improvisée et variée par des digressions plus ou moins intéressantes. Comme professeur, Kant était très-clair, surtout en logique. Du reste, il se proposait bien moins d'enseigner la philosophie que d'apprendre à philosopher. Il s'attachait surtout aux définitions des idées métaphysiques ; il les amenait, les préparait, en sorte qu'elles n'étaient enfin qu'un résumé. Lorsqu'il enseignait la morale et la théologie, Kant n'était pas simplement un philosophe, mais encore un orateur plein d'âme et de chaleur. « Que de fois, dit « Jachmann (1), il nous a touchés jusqu'aux larmes ! Comme il émou- « vait puissamment notre cœur ! comme il élevait notre âme et nos sen- « timents au-dessus de l'égoïsme, et nous faisait sentir la nécessité de « l'obéissance absolue à la loi morale ! Ce sage immortel nous parais- « sait alors inspiré par une force divine ; il nous communiquait à « nous-mêmes, qui l'écoutions avec ravissement, son enthousiasme « pour le bien. Certainement ses auditeurs n'ont pas entendu une « seule de ses leçons de morale, sans en devenir meilleurs. » Voilà un bien grand éloge ; mais on n'aura pas de peine à le croire vrai, quand on saura que Kant enseignait aussi par l'exemple ; qu'il fut toute sa vie un modèle de vertus, et qu'il put dire dans son extrême vieillesse, en parlant de sa mort prochaine, qu'il paraîtrait tranquillement devant Dieu, parce qu'il avait la certitude de n'avoir jamais fait sciemment de mal à personne. Un grand nombre de théologiens suivaient ses leçons de théologie naturelle ; plusieurs d'entre eux devinrent des apôtres distingués de l'évangile du royaume de la raison. Mais celui de ses cours qui était le plus fréquenté, parce que c'était le plus remarquable par le nombre et la finesse des observations, par la variété des faits, par l'intérêt historique et moral qui s'y rattachait, était celui d'anthropologie et de géographie physique.

La salle de ses cours publics ne pouvait contenir tout son auditoire, surtout au commencement de l'année, et comme sa voix n'était pas très-forte, un religieux silence régnait autour de lui. Il attachait ordinairement ses regards à un auditeur, et voyait à sa contenance si l'on comprenait et jusqu'à quel point. Mais il était extrêmement facile à distraire ; il suffisait d'un bouton qui manquait à un habit.

Quoiqu'il passât pour un sévère examinateur, il était cependant très-aimé de la jeunesse, parce qu'il avait lui-même pour elle une affection véritable et toute paternelle.

(1) Un des biographes de Kant, et celui que nous avons suivi plus particulièrement.

Kant était un homme d'un savoir à peu près universel. Il connaissait parfaitement la littérature classique, l'histoire, les sciences naturelles, les mathématiques, la physique, la chimie, l'astronomie, le droit, la théologie; il possédait même des connaissances très-étendues en physiologie et en médecine. Il lisait le français et l'anglais, mais ne parlait (autant que nous sachions), ni l'une ni l'autre de ces deux langues. Il avait étudié d'une manière toute spéciale les idiotismes et les expressions syncopées de l'allemand, afin d'en donner le véritable sens.

On pourrait croire qu'un homme d'autant de savoir devait posséder beaucoup de livres. Cependant, sa bibliothèque, telle qu'il la recomposa plus tard, ne comprenait guère que 400 volumes; la plupart étaient des dons faits par des auteurs, par des amis, par des libraires, surtout par le libraire Nicolovius, qui lui avait des obligations, et qui mettait toute sa librairie à la disposition de son ancien maître, de son ami, de l'ami de son père, enfin de l'auteur dont les ouvrages avaient puissamment contribué à sa fortune.

Kant n'était pas moins estimable par son caractère qu'étonnant par son génie et son esprit. Nous avons déjà dit qu'il vivait comme il enseignait. Nous ferons remarquer encore quelques traits de son caractère et de sa vie. Il était porté à la gaieté, attentif à tout ce qui pouvait être agréable à tous ceux qui l'environnaient : son plus grand bonheur était de voir tout le monde content autour de lui. D'humeur toujours à peu près égale, env   nt le monde d'un œil calme et serein, ami zélé et compatissant   anité, ayant pour elle un respect profond et inaltérable,   anquer d'être recherché par les heureux du siècle, béni par ceu   uffrent et très-estimé de tous. Les spéculations métaphysiques de   esprit n'avaient en rien desséché son cœur. Il prenait un intérêt très-vif à tout ce qui touchait au bonheur des autres, surtout s'il s'agissait d'événements majeurs et qui dussent avoir une grande influence. C'est ainsi qu'il embrassa avec chaleur la cause des Américains, lors de leur guerre pour l'indépendance, et qu'il suivit, avec un intérêt tout particulier, les premières phases de notre grande révolution. Mais il fut épouvanté et comme saisi d'horreur à la mort de Louis XVI. Il faut voir avec quels termes il en parle dans son *Droit naturel*, et dans son *Projet de paix perpétuelle*, ouvrages dans lesquels il se montre, comme dans tous ses autres écrits et dans sa conduite, ami d'une large, mais sage liberté ! Sous ce rapport, Kant n'est pas seulement un grand philosophe, mais encore un grand citoyen. Il a osé dire et écrire en faveur de la liberté ce que d'autres osent à peine répéter aujourd'hui. Il voulait cette liberté non-seulement pour son pays, mais pour tous les autres, pour l'humanité entière : il la rattachait à la morale, en faisait une condition du perfectionnement de l'individu et de l'espèce. Mais il avait surtout à cœur la liberté de la presse et du haut enseignement de la philosophie, qu'il comprenait bien être la base de toutes les autres. Essentiellement ami du vrai et plein de confiance en son triomphe, en homme d'une foi intelligente et forte, il voulait que toutes les grandes questions, tous les grands intérêts de l'humanité se débattissent au grand jour et comme en plein air, *sub dio*, certain que le règne de la vérité, qui est proprement celui de Dieu sur la terre, ne peut advenir promptement qu'à cette condition. Il voulait qu'en citoyen du royaume intellectuel, chacun de nous prenne toute la part possible à ces nobles débats ; c'est tout à la fois, suivant lui, notre droit et notre devoir.

L'amour de l'humanité n'était point stérile dans cet illustre penseur : quoique peu fortuné, il affectait chaque année une partie d'une forte somme au soulagement des pauvres des hospices et des voyageurs, et versait le reste lui-même à la caisse des aumônes publiques (1). Il soutenait aussi en partie sa famille, qui était voisine de la misère. Tout en n'aimant pas les mendiants, il n'y avait cependant pas de semaine qu'il ne leur donnât. On raconte même qu'il fut obligé de quitter le lieu habituel de sa promenade, parce qu'il finit par y être journellement assailli d'une nuée d'importuns que ses aumônes précédentes y avaient attirés. Quoiqu'il eût si fort à se plaindre de son vieux domestique Lampé (2), qu'il fut obligé de le mettre à la porte après trente ans de services, il lui fit cependant une bonne pension. Avec une âme candide et sereine, avec un cœur pur, tendre et chaleureux, avec cette douce humeur, cette gaieté qui résulte surtout de la paix intérieure et qui donne à toutes les époques de la vie quelque chose des goûts innocents du premier âge, Kant devait aimer les enfants. Aussi prenait-il plaisir à les amuser. Une de ses jouissances était de les rendre heureux par de petits cadeaux. Il resta pourtant célibataire, non par éloignement pour le sexe, car il aimait la société des femmes bien élevées, et la conseillait même aux jeunes gens comme très-propre à leur donner des manières polies. Du reste, personne

---

(1) La somme annuelle consacrée à ses aumônes régulières était de 1123 florins, environ 1617 fr. de notre monnaie.
(2) Lampé avait fini par oublier le respect dû à son maître.

n'était plus éloigné que lui de l'afféterie, et n'aimait moins les manières des petits-maîtres. Aussi son langage était-il simple et presque négligé. Il ne voyait dans les langues que des moyens de communiquer facilement sa pensée; toute recherche dans les expressions lui paraissait une petitesse et de mauvais goût, comme tout pédantisme en général. Il portait cette même simplicité dans son orthographe et dans son style.

Une des vertus les plus prononcées de Kant, et qu'il semble avoir héritée de son père, était la véracité; il avait pour le mensonge une sorte d'horreur qui le portait peut-être à en exagérer la culpabilité morale. Ce profond respect pour la vérité lui avait été inspiré par ses parents, qui étaient d'une moralité si sévère, qu'il disait dans sa vieillesse, avec une satisfaction dont il était touché jusqu'aux larmes, n'avoir jamais rien entendu ni vu dans la maison paternelle de contraire à la plus stricte morale. Quel beau témoignage pour un père et une mère! Pourquoi, si l'on a le malheur d'être assez peu jaloux de l'estime de ses enfants pour ne pas ambitionner de leur laisser une mémoire en vénération, ne pas comprendre au moins que leur moralité, leur intérêt et leur bonheur exigent ce culte domestique, si pur, si salutaire! il y a toute une vie d'homme de bien dans le souvenir pieux d'un enfant pour son père, pour sa mère surtout. Aussi Kant, comme beaucoup d'autres grands hommes, avait voué à la mémoire de celle qui lui donna le jour, un souvenir plein d'estime, de tendresse et de charmes. C'était une chose touchante d'entendre ce vieillard illustre, ce penseur sublime raconter avec émotion les premières leçons de morale et de religion qu'il avait reçues d'une pauvre femme du peuple, et déclarer qu'elles avaient eu sur le reste de sa vie la plus grande influence. Quoique peu instruite, la mère de Kant avait une raison supérieure qui éclairait sa foi et sa piété; elle était très-sensible au spectacle de la nature; et dans les petites promenades qu'elle faisait avec son fils encore enfant, elle cherchait à lui faire comprendre la grandeur, la puissance et la bonté divine, en lui expliquant de son mieux les merveilles de la création. Plus tard, lorsque le petit Emmanuel en sut plus que sa mère, il allait encore se promener avec elle; mais cette fois c'était pour lui expliquer à son tour ce qu'elle n'avait pu jadis lui faire comprendre, pour lui faire goûter avec plus d'étendue et de bonheur le sentiment sublime de la Divinité.

Kant, quoiqu'il eût la conscience de ses forces, était d'une rare modestie, et professait pour les grands hommes qui l'avaient précédé, ainsi que pour ceux de ses contemporains qui s'illustraient, une grande estime. Il ne parlait jamais de lui-même que sous le rapport de la santé. Il était le premier à reconnaître le mérite des autres philosophes, même de ses adversaires. Tout son embarras semblait être de s'expliquer comment ils pouvaient avoir une autre opinion que lui. Du reste, il vivait dans la parfaite confiance que la vérité, de quelque côté qu'elle se trouvât, finirait par triompher. Tout en sachant se passer de l'assentiment public, même de celui des hommes supérieurs, il en était cependant flatté.

Le sentiment prononcé qu'il avait de la dignité humaine et de la nécessité de l'indépendance, dans un intérêt moral, l'avait toujours animé. Il rappelait avec bonheur dans sa vieillesse, qu'un jour, lorsqu'il avait à peine de quoi vivre, un de ses amis envers lequel la fortune avait été plus libérale lui offrit de la manière la plus discrète de quoi renouveler son vieil et unique habit, mais qu'il eut la force de refuser et de préférer son indépendance à un habit neuf.

Toutes ses actions, jusqu'aux plus indifférentes en apparence, étaient invariablement réglées. Ainsi, quoiqu'il aimât beaucoup à fumer, une seule pipe par jour était sa mesure, parce qu'il ne se dissimulait pas qu'autrement il aurait pu aller trop loin. Il en était de même pour tout le reste, et rien au monde ne pouvait lui faire manquer à ce dont il s'était fait un devoir. Aussi prenait-il souvent à témoin son vieux domestique Lampé, qu'il ne lui était jamais arrivé de se faire réveiller deux fois le matin. Bien entendu qu'il n'était pas seulement ponctuel dans les petites choses ; il connaissait trop bien tous ses devoirs et leur importance relative, et il n'était pas homme à se rendre esclave de ceux qui sont d'un plus facile accomplissement, pour se donner d'autant plus de latitude dans l'observance des plus graves. Il n'était pas non plus de ceux chez qui la grande morale tue la petite.

On lui a reproché de négliger ce qu'on appelle les devoirs religieux ; mais il les entendait autrement qu'on ne le fait d'ordinaire (1) ; il était très-pieux à son point de vue. Il était convaincu, comme Leibnitz, que le mysticisme, la poésie ne sont pas des devoirs, et que Dieu ne nous

(1) On a trouvé dans ses papiers un fragment sur la prière, édité par M. Schubert, t. I des œuvres complètes, p. 268 et s., qui explique suffisamment la conduite religieuse de Kant. On ne peut que l'estimer d'avoir eu le courage d'être conséquent.

a pas mis au monde pour lui faire des compliments. Le mysticisme spéculatif ou pratique n'était à ses yeux qu'une conséquence et un signe d'une certaine faiblesse intellectuelle. Suivant lui, c'est-à-dire, d'après les résultats de la critique de la raison pure, nous ne pouvons savoir qu'une chose de Dieu et des objets surnaturels, c'est que nous n'en savons rien. La religion ne peut donc être une affaire de science, mais bien de foi rationnelle, à laquelle nous devons être conduits par la morale. Il avait du reste un bien profond sentiment de respect pour ce Dieu caché qu'il faut croire, et si ce respect se manifestait peu par des formules de convention, il se montrait éminemment dans la parfaite moralité de notre philosophie, dans la manière dont il concevait la raison pratique comme la voix de Dieu (1), mais surtout dans sa soumission de cœur et sans réserve aucune à la divine Providence. Ce culte, même à côté d'un autre quelconque, a sa vérité, sa moralité et son intérêt, sous le double rapport du perfectionnement de l'individu et du bonheur des hommes. Kant avait souvent à la bouche cette belle maxime d'un philosophe ancien :

Utere præsenti, cœlo committe futura.

Il espérait une autre vie ; mais il ne fondait cet espoir qu'en Dieu ; si bien qu'il aurait préféré, disait-il, le néant à la chance d'une vie future sans Dieu. Il concevait le royaume intellectuel comme la communauté des âmes des hommes de bien. Son respect pour le fondateur du christianisme était une vénération et une reconnaissance portée au plus haut degré.

Dans la vie privée, Kant était un modèle d'amitié ; une fois qu'il avait pris quelqu'un en affection particulière, ce qu'il ne faisait qu'avec une grande circonspection, c'était pour toujours. Très-sensible à tout

---

(1) Nulle morale n'est plus religieuse que celle de Kant ; et l'on ne peut trop déplorer l'erreur étrange ou l'hypocrisie coupable de ceux qui, méconnaissant ou feignant de méconnaître le caractère essentiellement, nécessairement religieux de la morale naturelle, voudraient renverser cette base aussi ferme, aussi certaine que la création, pour y substituer l'arbitraire, l'obscurité, l'incertitude, la versatilité, et quelquefois même l'immoralité de certaines croyances religieuses positives. Le rôle moral de ces croyances n'est pas, ne peut pas être de créer les principes moraux, puisque Dieu ne les a pas oubliés en tirant l'homme du néant ; elles sont donc appelées seulement, et je parle ici des plus pures, à les confirmer et à les sanctionner.

ce qui pouvait arriver, soit en bien, soit en mal, à ceux qu'il chérissait, il s'informait plusieurs fois par jour de leur santé lorsqu'ils étaient malades, et qu'il ne pouvait les voir. Pendant toute la durée de leur maladie, il était dans un état d'inquiétude visible et constant : du reste, infiniment de simplicité et d'abandon avec eux. Sa destinée voulut qu'il survécût à la plupart, et surtout à ceux qui lui étaient le plus chers, Green, Motherby, Wlömer, etc. Ces pertes successives exercèrent une influence fâcheuse sur son caractère, et sans doute aussi sur ses facultés intellectuelles et physiques.

De son côté, Kant était naturellement un homme fort aimable : il possédait le grand art de parler de tout d'une manière intéressante pour chacun, et sans la moindre pédanterie ; nul savant n'était plus homme du monde, nul homme du monde n'était plus savant. Il n'aimait pas les trop grandes réunions, surtout à table, parce que, disait-il, la conversation ne peut pas être aisément générale, si les convives sont plus de neuf. D'un autre côté, ils doivent au moins être trois, pour qu'elle soit un peu animée et intéressante. Le nombre des Muses et celui des Grâces étaient donc comme deux limites entre lesquelles il aimait à se trouver dans le monde. Peu flatté de l'assentiment des hommes qui sont toujours de l'avis des autres, faute d'en avoir un en propre, il supportait naturellement avec une certaine impatience les contradictions prétentieuses et bizarres. Il aimait à s'entretenir de politique, de littérature, d'art, d'histoire et de géographie. Il voyait si bien les événements, et avait une connaissance si juste des hommes, des peuples et des rapports politiques des nations, qu'il a prédit plusieurs fois, longtemps à l'avance, des événements importants. Sa confiance en ces sortes d'inductions morales était très-grande, et il les développait avec chaleur et sagacité.

Kant avait le goût très-cultivé, particulièrement en matière de poésie et d'éloquence. Le peu de vers qu'il a laissés se distinguent par la facilité de la forme, l'abondance des pensées et la force de l'expression. Il ne reconnaissait pas de poème en prose, et appelait un semblable genre de composition de la *prose en délire*. Kant était plus amateur que connaisseur dans les autres arts, surtout en musique, où il ne trouvait aucune expression intellectuelle. Il comprenait cependant toute la portée morale et civilisatrice de cet art, et en recommandait fortement la culture. Il le goûtait davantage lorsqu'il était joint à la poésie. La mise de Kant se ressentait de son goût : sans être recherchée, elle était toujours propre, et les différentes parties en étaient habilement assorties. Son principe au sujet de la mode était qu'il vaut mieux être fou avec elle qu'en dehors d'elle. Il était cependant loin d'en être esclave, et sa convenance à cet égard était sa première loi.

Kant faisait volontiers une partie de jeu, soit d'hombre, soit de billard. Le jeu modéré était pour lui non-seulement un exercice salutaire, en ce qu'il délasse des travaux intellectuels, mais encore une occasion d'exercer de l'empire sur soi-même, et de s'habituer à se commander, ce qui est un point capital en morale. Plus tard, dès l'âge de soixante-trois ans, lorsqu'il eut cessé de manger dans des pensions et qu'il put avoir un chez lui, il jouait moins souvent ; le plaisir de la conversation lui suffisait. Il avait ordinairement un ou deux convives. Ses plus grands dîners n'allaient pas au delà de six personnes ; la dimension de sa table avait été calculée sur la modicité de sa fortune. Jusqu'en 1794, ses convives ordinaires, ses amis, étaient Hippel, Jensch, Vigilantius, Hagen, Scheffner, Rink, Kraus, Poerschke, Gensichen, Ruffmann, Brahl, Sommer, Ehrenboth, Jacobi, Motherby et Jachmann.

Nous aimons à nous retracer l'image des grands hommes, et plus notre admiration pour eux est méritée, plus les moindres détails sur leurs personnes nous sont précieux. Nous choisirons cependant.

Kant était d'une petite taille et d'une faible complexion : il avait à peine cinq pieds, mais sa tête était très-volumineuse à proportion du reste du corps; sa poitrine était aplatie et presque enfoncée ; son épaule droite était un peu plus saillante que la gauche. La charpente de son corps était extrêmement faible, et ses muscles l'étaient encore davantage. Il avait si peu de chair sur les os, surtout dans sa vieillesse, qu'il ressemblait plutôt à une momie qu'à un homme. Lui-même plaisantait sur cet état de néant physique, et appelait son corps *sa pauvreté*. On conçoit qu'avec une pareille constitution il fût d'une irritabilité nerveuse excessive. Malgré le vice de construction de sa poitrine, sa voix ne manquait pas d'un certain éclat. Ses sens étaient tout à la fois délicats et puissants, excepté les yeux, car il ne voyait pas de loin ; mais ils étaient grands, d'un beau bleu, pleins d'intelligence, de vivacité, et en même temps d'une sérénité et d'une douceur remarquables. Des cheveux blonds, un teint frais et des joues rosées formaient, avec ses beaux yeux bleus, un ensemble qui ne manquait ni de grâce ni d'attrait.

Malgré la faiblesse de sa constitution, Kant parvint jusqu'à l'âge de quatre-vingts ans sans avoir été presque jamais malade, grâce à la parfaite régularité de sa conduite et aux sages maximes d'hygiène qu'il s'était faites par suite de ses idées physiologiques et de ses observations sur les autres et sur lui-même. On ne faisait jamais de feu dans sa chambre à coucher. Il se levait été et hiver à cinq heures du matin, et se couchait à dix du soir. Plus tard, dans son extrême vieillesse, il eut besoin d'un peu plus de repos. Aussitôt qu'il avait mis sa robe de chambre, il passait dans son cabinet d'étude, où il prenait pour tout déjeuner, deux tasses d'un thé très-faible, en fumant une pipe. Il aimait beaucoup le café, mais il s'en privait par raison de santé. Après ce léger déjeuner, il travaillait jusqu'à sept heures à la préparation de sa leçon, qu'il faisait de sept à neuf heures. Ensuite il se remettait au travail jusqu'à midi trois quarts; à cette heure-là, il s'habillait pour faire son unique repas. Trois plats de mets communs avec un dessert de beurre et de fromage, et quelques fruits en été, composaient tout son ordinaire. Kant passait cependant pour connaisseur dans l'art culinaire, et l'on dit même qu'il pensait avec Platon, que les bons morceaux ne sont pas faits seulement pour les sots. Le reste de la journée était consacré à la conversation et à la promenade, quelque temps qu'il fît. Il tenait à se promener seul, tant pour ne point se fatiguer à parler, et ne pas respirer un air trop frais par la bouche, que pour méditer à son aise. Au retour de la promenade, il passait le reste de la journée à lire, à recevoir ses amis et à voir le monde. Tous les jours de sa vie se ressemblaient.

Ce ne fut que très-tard que Kant eut une maison à lui propre; aussi fut-il obligé d'en changer jusqu'à trois fois, pour éviter des inconvénients de voisinage qu'il n'avait pas prévus. Son ameublement était très-simple, mais de bon goût. Quoiqu'il eût un jardin attenant à sa maison, il le fréquentait fort peu : le principal agrément qu'il en retirait, c'était d'en donner, en très-grande partie, les fruits et les fleurs. Les roses étaient ses fleurs de prédilection.

Vasianski a décrit avec des détails nombreux et pleins d'intérêt la dernière période de la vie et les derniers moments de notre philosophe. Après quelques années d'une grande faiblesse corporelle, on voit ses facultés s'éteindre peu à peu; ses sentiments résistent davantage. Mais Kant, qui depuis quelque temps n'était déjà plus que l'ombre de lui-même, et qui se sentait survivre à sa propre grandeur, s'était soustrait depuis plusieurs années aux hommages empressés que lui rendait l'Europe savante par l'organe des voyageurs; Kant, l'immortel Kant, cessa enfin de vivre le 12 février 1804, à midi : il rendit le dernier soupir de la manière la plus calme, peu de temps après avoir fait des signes d'adieu à son ami Vasianski, et après s'être préparé au moment solennel de la mort. Son corps resta longtemps exposé sur un lit de parade où tout Kœnigsberg, et tous les étrangers qui se trouvaient alors dans cette ville, vinrent le voir, les uns pour la première fois, les autres pour la dernière. Toutes les cloches de la ville annoncèrent la perte que l'humanité venait de faire; des hommes de tout rang, de toute condition et de tout âge, la jeunesse entière de l'Université, une foule d'étrangers des environs, accompagnèrent les restes de ce grand homme à leur dernière demeure; présage de l'estime et de la reconnaissance des siècles futurs pour ses vertus et pour les services immenses qu'il a rendus au monde.

Kant est du petit nombre de ceux qui ne passent pas; ses écrits vivront aussi longtemps que la réflexion; ils seront consultés, rappelés dans tous les âges. Ils forment de nombreux traités qu'on peut distinguer en deux grandes classes, suivant qu'ils sont antérieurs ou postérieurs à la *Critique de la raison pure;* au nombre des premiers nous comptons :

1. *Pensées sur la véritable estimation des forces vives, et examen des preuves de Leibnitz et autres mathématiciens sur cette question, précédées de quelques observations sur les forces des corps en général,* 1747, avec cette épigraphe significative, prise de Sénèque, *de Vita beata,* liv. I. Nihil magis præstandum est, quam ne pecorum ritu sequamur antecedentium gregem, pergentes non qua eundum est, sed qua itur »; épigraphe qui décèle déjà l'esprit d'originalité et de réforme qui a marqué plus tard d'un caractère si tranché les grands travaux philosophiques de Kant.

2. *Examen de la question proposée par l'Académie des sciences de Berlin,* en 1754. Cette question avait pour objet de déterminer : « Si la terre, dans sa révolution sur elle-même, a éprouvé quelque changement depuis le commencement du monde; qu'est-ce qui en aurait été la cause, et comment on pourrait s'en assurer. Ce mémoire contenait les bases d'un plus grand ouvrage qu'il promettait, et qu'il voulait intituler : « *Cosmogénie, ou Essai sur la dérivation de l'origine du monde, la formation des corps célestes, les causes de leur mouvement les lois générales de la matière, d'après la théorie de Newton.* »

3. *Si la terre vieillit;* 1754.

4. *Histoire générale de la nature et théorie du ciel, ou Essai de la composition et l'origine mécanique de l'univers, d'après les principes de Newton;* 1755. C'est là le traité de cosmogénie promis plus haut. Cet ouvrage passa presque inaperçu. Le célèbre Lambert donna, six ans plus tard, en 1761, dans ses lettres cosmologiques sur l'arrangement de l'univers, précisé-

ment la même théorie de la constitution systématique du monde en général, de la voie lactée, des nébuleuses, etc., que Kant avait exposée dans sa théorie du ciel. Le système de Lambert étonna ; on admira l'auteur, on lui fit honneur de l'invention ; et Kant, oublié, se réjouissait modestement, sans réclamer, de se trouver d'accord avec un homme aussi distingué que Lambert. Plus tard, Piazzi et Olbers firent des découvertes télescopiques, dont Kant avait deviné l'objet par le raisonnement trente ans auparavant. De nos jours, M. Arago (1) admet, si nous ne nous trompons, l'explication de Kant sur la voie lactée, les nébuleuses et les étoiles filantes. Kant n'était encore qu'étudiant lorsqu'il composa ces quatre ouvrages.

5. *Meditationum quarumdam de igne succincta delineatio*, 1755. Imprimé pour la première fois par M. Schubert, dans les œuvres complètes, sur le manuscrit autographe déposé dans les archives de la Faculté.

6. *Principiorum primorum cognitionis metaphysicæ nova dilucidatio*, 1755. Cet ouvrage contient le germe de la révolution opérée plus tard dans la métaphysique par l'auteur.

7. *Histoire et description des incidents les plus remarquables dans le tremblement de terre qui a ébranlé une grande partie du globe vers la fin de l'année* 1755, in-4 ; 1756.

8. *Considérations sur les tremblements de terre observés depuis quelque temps* ; 1756.

9. *Monadologia physica s. metaphysicæ cum geometria junctæ usus, in philosophia naturali ; specimen primum* (mais qui n'a pas eu de suite) ; 1756.

10. *Observation sur l'explication de la théorie des vents*, programme d'un cours ; 1756.

11. *Esquisse et annonce d'un cours de géographie physique, suivie de l'Examen de la question : si les vents de l'ouest sont humides dans nos contrées, parce qu'ils passent sur une grande mer* ; 1757.

12. *Nouvelle théorie du mouvement et du repos, et des conséquences qui s'y rattachent dans les premiers principes de la science de la nature* ; programme de leçons ; 1758.

13. *Considérations sur l'optimisme, et programme de leçons* ; 1759. Il paraîtrait, d'après une note de Borowski (*Darstell. des Leb. und charakt. Im. Kant's*, p. 58 et 59), que Kant rétracta plus tard les opinions qu'il avait émises dans cet ouvrage, ou que, sans les rétracter, mais par une autre raison, il retira tant qu'il put de la circulation l'écrit dont il s'agit.

14. *Pensées à l'occasion de la mort prématurée de J. L. Funk*. adressées à la mère du défunt ; 1760.

(1) Voir ses Leçons d'astronomie recueillies dans le *Journal de l'instruction publique*.

15. *La fausse subtilité des quatre figures du syllogisme démontrée;* 1762. Kant fait voir, dans cet écrit, qu'il n'y a de raisonnements purs que dans la première figure ; que ceux des trois autres sont mixtes. — Nous en avons donné la traduction à la suite de la logique.

16. *Essai sur le concept des quantités négatives à introduire en philosophie;* 1763.

17. *Unique argument possible pour la démonstration de l'existence de Dieu,* in-8, 1763. C'est l'argument métaphysique, qui consiste à conclure de la possibilité logique de Dieu à son existence. Cet écrit fut très-remarqué et fit prendre la plume à Weniana, Plouquet, Toellner, Clemm, etc.

18. *De la clarté des principes de la théologie et de la morale naturelle;* 1763. — Cet ouvrage, aussi intitulé : *Traité de l'évidence dans les sciences métaphysiques,* est un mémoire qui obtint l'accessit à l'Académie des sciences de Berlin, en 1763. C'est le mémoire de Mendelssohn qui fut couronné. Kant, à cette époque, avait déjà bien évidemment dans l'esprit le plan d'un nouveau système de philosophie.

19. *Raisonnement sur un aventurier, Jean Pawlikowicz Idomozyrskich Komarnioki;* 1764. Cet écrit fut occasionné par un fanatique, un demi-fou, qui demeurait autrefois tout près de Kœnigsberg, ayant avec lui un troupeau de chèvres, avec lequel il voyageait, et qui avait toujours à la bouche des passages de la Bible, tirés particulièrement des prophètes ; ce qui le faisait appeler par le peuple le prophète des chèvres. Cet homme fut encore la principale occasion du petit traité qui suit.

20. *Essai sur les maladies de l'esprit;* 1764. Ouvrage très-spirituellement écrit, qui eut presque autant de popularité que le suivant.

21. *Observations sur le sentiment du beau et du sublime;* 1771. Cet écrit fut mis, par les journaux du temps, au-dessus de celui de Crousaz, de Hutcheson, du P. André, etc., et fit appeler Kant le Labruyère de l'Allemagne. — On a trouvé, dans les papiers de l'auteur, des remarques sur le même sujet. Elles ont été publiées par M. Schubert.

22. *Esquisse et programme d'un cours de géographie physique, avec des réflexions sur les vents d'ouest;* 1765.

23. *Programme des leçons du semestre d'hiver de l'année* 1765—1766. Kant expose sous ce titre des vues remarquables sur l'enseignement des écoles et des universités. C'est, au jugement de Borowski, un des meilleurs ouvrages de l'auteur. On peut se faire, par la lecture de cet écrit, une idée de la manière dont il professait. Il le dit lui-même.

24. *Rêves d'un homme qui voit des esprits, expliqué par les rêves de la métaphysique;* 1766. Le fameux Swedenborg fut l'occasion de cette dissertation, qui est une métaphysique demi-sérieuse, demi-plaisante, et, en général, fort ingénieuse, sans manquer pourtant de profondeur. L'auteur y fait voir déjà, d'une manière non équivoque, que les questions de la nature de l'âme, de la réalité, ou même seulement de la possibilité d'êtres simples, immatériels, du séjour des âmes, des rapports entre

l'esprit et le corps, etc., surpassent nos facultés; que si nous nous livrons à nos spéculations sur ces matières, nous manquons de faits pour nous redresser et nous faire apercevoir notre erreur, mais que ce n'est pas du tout un motif de croire que nous sommes dans le vrai; que c'est la raison pour laquelle on ne peut non plus faire voir à un adversaire qu'il se trompe. Ici encore se trouve le germe de la critique de la raison pure. Kant s'était déjà occupé, en 1758, des visions de Swedenborg.

24. *Du premier principe de la distinction des choses présentes dans l'espace;* 1768.

25. *De mundi sensibilis atque intelligibilis forma et principiis*; 1770. Kant déclare ici formellement l'intention d'établir une distinction profonde entre le sensible et l'intellectuel, et de rechercher, non-seulement les principes formels du monde sensible, mais encore d'en faire connaître les limites respectives. Il pose là, comme on voit, les fondements de l'*Esthétique transcendentale.*

26. *Des différentes races d'hommes;* programme de leçons pour le second semestre de l'année 1775.

27. *Correspondance avec Lambert;* 1781.

Jusqu'ici, Kant n'avait fait que préluder à son grand ouvrage, souvent même les mathématiques ou les sciences physiques l'avaient détourné de la philosophie. Mais une méditation silencieuse pendant six ans aboutit enfin à un système qui fut une véritable réforme en philosophie. Les principaux monuments de cette seconde époque de la vie littéraire de Kant sont :

28. *Critique de la raison pure;* 1781. Ouvrage principal de l'auteur, dans lequel il fait voir que notre connaissance spéculative ne s'étend pas au delà des choses sensibles; que nous ne connaissons pas même celles-ci telles qu'elles sont en elles-mêmes, mais seulement comme elles nous apparaissent. La critique de la raison pure est peut-être le seul ouvrage philosophique qui mérite d'être mis à côté de l'*Organum* d'Aristote, dont il est le complément nécessaire. Cet ouvrage, dont l'intelligence n'est pas toujours facile, révolta plus d'un préjugé, et souleva plus d'une plainte d'obscurité, entre autres, de la part de Mendelssohn. Kant, pour défendre et pour éclaircir sa doctrine, composa l'écrit suivant :

29. *Prolégomènes à toute métaphysique future qui aura la prétention de passer pour une science*, 1783. La *Critique de la raison pratique*, 1787, et celle du *Jugement*, 1790, ne sont, à proprement parler, que le complément de celle de la *Raison pure*. Les *Principes métaphysiques de la physique*, 1786; la *Religion dans les limites de la raison*, 1793; la *Métaphysique des mœurs* (comprenant le droit et la morale), 1796 et 1797, ne sont, les deux derniers ouvrages surtout, que des conséquences du système établi dans les trois critiques

30. *De la morale fataliste de Schulze* ; 1783.

31. *Considérations sur le fondement des forces et sur les méthodes que la raison peut appliquer pour en juger* ; 1784.

32. *Idée d'une histoire universelle sous le point de vue cosmopolitique* ; 1784.

33. *Réponse à la question : Qu'est-ce qu'être éclairé ?* 1784.

34. *Des idées de Herder sur la philosophie de l'histoire de l'humanité* ; 1785.

35. *Sur les volcans dans la lune* ; 1785.

36. *De l'injustice dans la contrefaçon des livres* ; 1785.

37. *Détermination du concept d'une race humaine* ; 1785.

38. *Fondement de la métaphysique des mœurs* ; 1785.

39. *Commencement présumé de l'histoire de l'homme* ; 1786.

40. *Que signifie s'orienter dans la pensée* ; 1786.

41. *Principes métaphysiques de la physique* ; 1786.

42. *De l'Essai de Hufeland sur le principe du droit naturel* ; 1786.

43. *Sur l'Examen des matinées de Mendelssohn par Jacobi* ; 1786.

44. *Critique de la raison pratique* ; 1787.

45. *De l'usage des principes téléologiques en philosophie* ; 1787.

46. *Critique du jugement* ; 1790.

47. *Sur une découverte suivant laquelle toute nouvelle critique de la raison pure doit être rendue inutile par une plus ancienne* ; 1790. Contre Eberhard, qui prétendait que les bases de la critique de la Raison pure se trouvent déjà dans Leibnitz.

48. *Des progrès actuels de la superstition, et des moyens de remédier à ce mal* ; 1790.

49. *De la possibilité d'une théodicée, et de l'insuccès de toutes les tentatives qui en ont été faites jusqu'ici* ; 1791.

50. *Considérations sur la terre et l'homme* ; 1791.

51. *Du mal primitif* (radical) ; 1792. — Travail qui a passé dans l'ouvrage suivant.

52. *Religion dans les limites de la raison seule* ; 1793.

53. *Sur le dicton : Ce peut être juste en théorie, mais c'est sans utilité pratique* ; 1793.

54. *Un mot concernant l'influence de la lune sur le temps* ; 1794.

55. *La fin de toutes choses* ; 1795.

56. *Esquisse philosophique d'une paix perpétuelle* ; 1795.

57. *A Sommering, sur l'organe de l'âme* ; 1796.

58. *Du ton élevé nouvellement pris en philosophie* ; 1796.

59. *Accommodement d'un différend en mathématiques, provenant d'un malentendu;* 1790.

60. *Annonce d'une conclusion prochaine d'un traité de paix perpétuelle en philosophie;* 1796.

61. *Sur un prétendu droit de tromper par amour pour les hommes:* 1797.

62. *Principes métaphysiques du droit;* 1797.

63. *Principes métaphysiques de la morale;* 1797.

64. *De la puissance que possède l'âme de surmonter ses douleurs par une forte volonté;* 1797.

65. *De la bibliomanie; deux lettres à Nicolaï;* 1797.

66. *Question renouvelée, si le genre humain est en progrès constant vers le mieux;* 1798.

67. *Observations explicatives du droit des possesseurs des premières éditions;* 1798.

68. *Contestations des facultés;* 1798.

69. *L'Anthropologie sous le point de vue de l'intérêt pratique;* 1798. — L'auteur, à la fin de la préface de cet ouvrage, prend formellement congé du public, et déclare remettre ses papiers à d'autres pour en publier ce qu'ils croiront convenable. Il en fut édité:

70. *Logique, manuel pour les leçons, par Jæsche;* 1802.

71. *Géographie physique, par Rink;* 1802.

72. *Pédagogique, par Rink;* 1803.

73. *Sur la question proposée par l'Académie des sciences de Berlin: Quels sont les progrès réels de la métaphysique en Allemagne, depuis Leibnitz et Wolf jusqu'à nos jours.* La composition de cet écrit remonte à 1791; 1804. Cet ouvrage n'est guère qu'une analyse de la critique de la Raison pure; mais il a son prix sous ce rapport.

74. *Leçons sur la métaphysique* (publiées d'après des cahiers, par M. Poelitz); 1821.

75. *Leçons sur la théorie philosophique de la religion,* par M. Poelitz, deuxième édition, 1831, sur un manuscrit qui s'est trouvé dans la succession de Rink.

76. *De la philosophie en général,* dont la composition remonte à 1794. — Morceau retravaillé par Beck, et publié par Starke.

Il existe encore quelques autres morceaux de Kant, tels que plusieurs petites pièces de vers, faites au sujet de la mort de quelques-uns de ses collègues, une lettre à Crichton et autres; un plan (publié en 1793) d'une édition complète de ses œuvres; des explications données par l'auteur dans les journaux littéraires. Cette partie de ses écrits a été recueillie en un petit volume par les derniers éditeurs.

La plupart de ces opuscules de Kant ont d'abord été réunis par

Tieftrunk, en 4 vol. in-8, Hall, 1799; ensuite par Starke, 2 vol. in-8, 1833; mais le premier recueil est le plus complet, l'un et l'autre ont été mis à profit par les éditeurs des *OEuvres complètes.*

Deux éditions de ce genre ont été faites pour la première fois à Leipzig dans ces dernières années: l'une par les soins de MM. Rosenkranz et Schubert, l'autre sous la direction de M. Hartenstein. Mais la première comprend des préfaces, des notes, des travaux historiques qui manquent à la seconde, et qui la rendent bien préférable.

Quelques réflexions maintenant sur la manière de lire et d'étudier les écrits de Kant. Elles ne seront ni déplacées ni sans quelque utilité, je l'espère, en tête de la *Critique de la raison pure.*

Un auteur aussi conséquent, aussi systématique que Kant, demande à être étudié avec ordre. Voici donc, à quelques modifications près, celui que conseille Starke, et dont nous avons reconnu, par notre expérience personnelle, la justesse et même la nécessité. La première lecture ne doit être destinée qu'à faire connaissance avec l'auteur, à saisir les grandes masses de ses pensées, et leurs rapports entre elles. Il est bon d'aller ainsi du composé au simple. Kant ne perd jamais de vue ses grandes divisions; ce sont les jalons qui le guident dans toute sa route. Cette première reconnaissance faite, on peut s'attacher à l'étude successive des différentes parties, avec l'attention de les analyser après la lecture, puis de comparer cette analyse avec le texte, afin de mieux reconnaître les points qu'on aura négligés ou mal compris. On remplira les lacunes, on corrigera les erreurs après une méditation plus approfondie. On aura soin, dans tout le cours de l'ouvrage, de noter avec précision les différents sens des mêmes mots techniques; on cherchera des exemples qui correspondent aux généralités de doctrine. Kant en est trop avare; il néglige trop d'expliquer l'abstrait par le concret : c'est là une des grandes différences entre son enseignement oral et ses ouvrages, différence qui fait suffisamment comprendre pourquoi il est souvent obscur dans ses écrits, quand au contraire il était toujours clair dans ses leçons. Il ne faut jamais perdre de vue sa grande division des facultés intellectuelles, en *sensibilité, entendement* et *raison.* Nous sommes passifs dans la première, et actifs dans les deux autres. Il faut savoir distinguer les pensées nouvelles des pensées déjà exposées, mais répétées en d'autres termes. Kant est un peu sujet aux répétitions, et l'on se fatiguerait, avec danger même de se tromper, si l'on pensait toujours devoir marcher en avant avec lui, sans revenir jamais sur ses pas. Il n'en est point ainsi, et l'on en sent très-bien la raison, puisqu'il faut souvent rappeler une chose pour en faire comprendre la liaison avec ce qui suit. Cependant nous croyons que Kant aurait pu quelquefois être plus court, particulièrement dans la dernière partie de la dialectique transcendentale, où la pensée de l'auteur semble plutôt tourner sur elle-même qu'avancer. Ces redites obscurcissent les matières, loin de les éclaircir. C'est un défaut dans lequel il n'est que trop ordinaire aux professeurs de tomber, par la raison toute simple qu'ils sont toujours sous le poids de la crainte de n'être pas compris.

Le style de Kant présente des difficultés particulières, qu'il faut savoir vaincre. Sa pensée n'est pas d'une seule venue; elle ne s'élance pas en ligne droite, elle se déploie, au contraire, vaste et complexe; elle est comme buissonneuse et touffue; ou plutôt c'est le cèdre avec ses branches rameuses qui s'étendent au loin et en tout sens. Cette pensée, puissante de pénétration et d'étendue, le forçait de prendre ainsi un style solide, à trois dimensions pour ainsi dire. De là ses phrases incidentes sans nombre, et les incises des incidentes. De là aussi les longueurs sans fin des périodes. Sa phrase, comme sa pensée, était toute tissue de rapports qu'il ne voulait point briser; il les rendait comme il les concevait. Capable qu'il était d'en saisir une multitude à la fois et à des degrés divers ou subordonnés, il les exprimait de même d'un seul jet. Ce sont des blocs qui écrasent notre faible attention, et qui fatiguent rien qu'à les voir, comme ces rochers qui servirent dans les temps héroïques à la construction des murs de Thèbes, de Balbeck et de Palmyre.

Les principaux ouvrages de Kant ne sont qu'une seule pensée, mais une pensée complexe et fortement systématisée. Cet auteur fait par conséquent, dans la même phrase, un fréquent usage des conjonctions et des pronoms, qui sont les ligaments des articulations de la pensée. Mais comme ces mots conjonctifs ont une valeur essentiellement relative qu'il est souvent impossible de déterminer grammaticalement, il est nécessaire alors de pénétrer la pensée de l'écrivain, de la raisonner, afin de savoir à quel nom, à quel verbe, à quelle phrase ou portion de phrase se rapporte logiquement tel pronom qui pourrait grammaticalement avoir quatre ou cinq antécédents. Cet inconvénient est surtout sensible pour le lecteur qui n'est pas très-versé dans les règles de la construction allemande, et dans celle de Kant en particulier.

Quand on a ainsi pénétré jusqu'aux dernières masses de l'édifice, quand on a atteint les limites de la pensée de l'auteur, quand l'analyse est complète, il est nécessaire alors de reconstruire cette pensée tout entière, d'en refaire la synthèse, afin d'en mieux saisir l'ensemble. C'est d'autant plus nécessaire que la pensée de Kant a presque toujours une valeur relative très-importante : il ne compose point d'une manière fragmentaire, mais d'ensemble. Sa conception est un organisme. Il faut donc bien se garder de croire qu'on le possède, qu'on le comprend entièrement sur un point, si l'on ne voit le rapport de cette partie avec le tout. Il ne faut pas surtout se hâter de le critiquer, car, en l'étudiant plus à fond, on trouve qu'il peut bien avoir raison, et souvent même qu'il a raison en effet. Un esprit tel que celui-là doit être présumé avoir raison, et si quelque chose paraît cependant faux ou choquant, il convient au moins de commencer par douter qu'on ait bien compris. Il faut relire, comparer et ne condamner qu'après. Kant est un des philosophes les plus faits pour imposer; comme Aristote avec lequel il est peut-être de tous les modernes celui qui présente le plus de rapports, il commande un véritable respect. Il faut avoir trois fois raison contre des hommes d'un pareil génie, pour oser se l'avouer une seule fois. Le respect pour d'aussi grands noms n'est pas, je le sais, le partage de tous les esprits ; mais aussi en voyant de quel écrasant ridicule se couvrent certains critiques aussi insolemment dédaigneux que superficiels, on éprouve quelque chose d'analogue au sentiment dont les enfants de Lacédémone devaient se sentir pénétrés à la vue des esclaves ivres qu'on exposait à leurs regards, pour leur inspirer le dégoût et l'éloignement de l'ivresse. Quelle nécessité y-a-t-il après tout que chacun soit métaphysicien? Mais il y en a une grande à ce que personne ne parle que de ce qu'il sait. Sans doute Kant est obscur; sans doute que s'il était plus clair on serait moins exposé à se tromper en l'interprétant. Mais d'abord il l'est beaucoup moins que la légèreté, la paresse et l'incapacité peut-être ne se plaisent à le crier sur tous les tons pour se dispenser de l'étudier, pour se donner un facile prétexte de l'ignorer, et une sorte de droit de mépriser son grave et solide enseignement. Alors donc qu'on s'abstienne de le juger; qu'on se plaigne de son obscurité tant qu'on voudra, mais qu'on ne le condamne pas sans l'entendre. Et puis, remarquez l'inconséquence de l'amour-propre : on se plaint de ce que la philosophie n'est pas une science, et l'on ne veut pas permettre qu'elle le devienne. On ne veut convenir ni de l'existence ni de la possibilité de cette science, sans doute pour ne pas rougir de l'ignorer, pour se donner en apparence le droit aussi ignoble qu'illogique d'insulter aux travaux des hommes qui ont le cœur et l'esprit assez élevés pour ne pas désespérer de fixer un jour ce rocher de Sisyphe, et qui se mettent à le remonter avec plus ou moins de vigueur. Si l'on entend dire qu'elle existe, qu'elle a sa matière déterminée, ses découvertes déjà faites, sa méthode admise, sa nomenclature bien avant arrêtée, ou qu'il serait assez facile d'arrêter; alors, pour se dispenser d'apprendre sans compromettre son repos, on ne cesse pas de crier à l'obscurité, à la dissidence! comme si la philosophie devait s'apprendre sans efforts! comme si, arrivée à l'état de science, elle devait être bien plus facile à apprendre que les mathématiques, ou toute autre science! comme si le nombre de ceux qui osent se mêler de philosophie et contredire les grands maîtres, pouvait avoir le moindre poids! Qu'importe que dix mille ignorants contestent une vérité qu'ils ne sont pas capables d'entendre, malgré leur présomption! On veut que la philosophie soit populaire; et de quel droit prétendre qu'elle fasse tout pour ceux qui ne veulent rien faire pour elle? Est-ce parce que la matière première s'en retrouve chez tous les hommes? Eh quoi! y a-t-il des sciences au monde dont les idées fondamentales ne soient pas prises du sens commun? Mais ce qui n'est plus accessible au sens commun irréfléchi, populaire, ce sont les abstractions profondes, certaines combinaisons d'idées pures, leur enchaînement raisonné. La philosophie n'a été bien au contraire que trop empressée de se répandre, puisqu'elle a voulu se populariser avant d'être. De là, pour beaucoup d'esprits légers une certaine déception qui ne lui a pas été favorable. La science ne sera jamais populaire, mais ses résultats peuvent le devenir. Il faut que la philosophie commence par se défaire du langage vulgaire, sans précision scientifique ni profondeur, toutes les fois qu'il en est besoin. Il faut qu'elle se résigne à faire hardiment, patiemment sa route, malgré les cris des amateurs et du vulgaire. Quand elle se sera constituée rigoureusement, scientifiquement, alors la métaphysique pourra songer à populariser ses résultats; mais jusque-là elle ne doit rien avoir de commun avec les gens du monde. Il n'y a là ni orgueil ni mépris, mais juste appréciation des choses. La science est la science, et quiconque ne la cultive pas, ou la cultive mal, n'y peut prétendre. Ce ne sont pas les philosophes qui ont fait cette loi de la nature, ils n'en sont nullement responsables. Une preuve de fait bien frappante, que la philosophie (et par philosophie nous entendons proprement la métaphysique) est la plus difficile de toutes les sciences, et que son apparente popularité possible n'est qu'une illusion, c'est que les mathématiciens les plus illustres, tels que Descartes, Leibnitz, Pascal, Euler, d'Alembert, etc., s'en sont occupés avec beaucoup moins de succès que des mathématiques : et l'on voudrait qu'elle fût populaire, si elle n'est pas superficielle ! C'est à peu près comme si l'on prétendait que la Mécanique céleste de Laplace doit être populaire.

Qu'y a-t-il de plus clair en philosophie, sans préjudice pour la finesse de la profondeur des aperçus, que la fameuse préface de M. Jouffroy aux Esquisses de philosophie morale de D. Stewart ? Eh bien, des médecins distingués de notre connaissance n'ont jamais pu la comprendre. Broussais lui-même ne l'avait pas saisie; la preuve c'est qu'en voulant raisonner contre, il raisonne toujours à côté. Et cependant ils croyaient comprendre. Que ceux qui sont animés du besoin d'arriver au dernier mot humainement possible sur les grandes questions philosophiques, aient donc le courage de travailler pour la science, et d'être ignorés du peuple lettré, de le repousser même momentanément dans son propre intérêt. Le moment n'est pas encore venu pour lui ; qu'il lui suffise de se moquer de la philosophie et des philosophes, en attendant qu'il puisse les croire sur parole. C'est aux sommités pensantes à élaborer la science, à l'arrêter, à l'organiser, à la transmettre par une sorte d'initiation : elle passera ensuite d'elle-même sous forme de croyance dans les masses. Mais elle ne pourra jamais être science que pour quelques esprits privilégiés. Voilà ce qu'il faut se dire, et ce dont il faut bien se convaincre, afin de ne pas se donner le tort de l'exposer à la dérision en la livrant, humble et sans force, aux profanes ; en la prêchant prématurément sous des formes qui ne conviennent point à des intelligences inappliquées ou incapables. Voilà ce que nous croyons devoir être fait, et la manière dont il faut le faire dans l'intérêt de la science et de l'humanité. Mais alors pourquoi ne pas accepter l'héritage de nos maîtres ? pourquoi ne pas les étudier fortement, afin de profiter de leurs travaux et de pouvoir les continuer, au lieu de tout recommencer toujours, pour refaire mal ce qu'ils ont bien fait ? Or, parmi ces maîtres, l'un des plus grands entre les plus grands, c'est Kant. Tous ceux qui le comprennent, amis ou ennemis, en conviennent. Il s'agit donc pour nous de l'étudier ; et l'Allemagne ne se trompe pas en nous y invitant. Le reste est prématuré. Mais dans quel ordre maintenant faut-il étudier ses ouvrages ? C'est la dernière question que nous nous poserons dans cette préface. Sans parler des connaissances préliminaires variées qu'il serait bon d'avoir acquises pour mieux comprendre ce philosophe, nous dirons qu'il faut commencer par sa *Psychologie* et son *Anthropologie*. On continuera par les *Prolégomènes à toute métaphysique future,* qui contiennent un aperçu clair et complet de la Critique de la raison pure. On passera ensuite à ce dernier ouvrage, qu'il importe extrêmement de bien comprendre, non-seulement pour l'intelligence des autres grandes compositions de Kant, qui supposent la connaissance de celle-là, non-seulement pour l'intelligence de toute la philosophie allemande postérieure à Kant, et dont la *Critique* est le fondement ou la raison; mais surtout à cause de la vérité et de la solidité des doctrines qu'elle renferme. Après la Critique de la raison pure, on pourra passer aux *Fondements de la métaphysique des mœurs*, à la *Critique de la raison pratique*, aux *Principes métaphysiques des mœurs*. L'étude de la *Critique du jugement* terminera enfin cette première série. Il conviendrait ensuite de revenir sur l'ensemble de ces différents traités, en se guidant sur la partie de la Critique de la raison pure intitulée : *Architectonique*, pour en saisir les rapports et l'unité.

On peut, après cela, lire avec beaucoup de fruit les autres petits ouvrages de Kant, qui sont un trésor d'idées en tous genres.

Armé des principes de la philosophie critique, on est en mesure d'aborder l'histoire de la philosophie et de l'étudier d'une manière utile, puisqu'alors on peut en juger les grands documents et les apprécier à leur juste valeur. Je ne veux pas dire par là qu'on doive faire du kantisme comme un lit de Procuste, sur lequel il faille étendre impitoyablement tous les systèmes ; ma pensée est simplement que la méthode de Kant est la seule vraie, et que, quels que soient les résultats auxquels on aboutisse en la suivant, ceux de Kant, ou d'autres qui en diffèrent plus ou moins, il n'y a que cette manière d'acquérir des principes solides en philosophie, et par suite un critérium pour juger toutes les doctrines.

Après tout, si la philosophie de Kant était vraie, au moins dans quelques-unes de ses parties, il faudrait bien cependant qu'elle fût la philosophie dans le sens absolu du mot, et que les doctrines contraires ne fussent que des misères ou des jeux d'esprit plus ou moins spécieux.

Du reste, l'Allemagne s'est on ne peut plus écartée dans ces derniers temps de la méthode critique ; et cette tentative qui devait être une des plus extravagantes qui eût jamais été faite par la raison, puisqu'elle avait pris à tâche de franchir ses bornes naturelles, que le criticisme avait reconnues d'un œil si sûr, a été cependant salutaire à la philosophie, attendu la nécessité que les voies de l'erreur s'épuisent tôt ou tard pour qu'on n'y rentre plus. Des hommes animés sans doute d'un grand désir de savoir, mais qui avaient plus d'imagination que de raison, et tourmentés peut-être par l'ambition de se signaler en créant des systèmes nouveaux, dont la partie vraie n'est pas plus nouvelle que la partie nouvelle n'est vraie ; ces hommes, les uns aux formes brillantes, au langage poétique, au vaste savoir, à l'érudition facile ; les autres aux formes synthétiques imposantes et sévères de la science : ces hommes, dis-je, ont fait sur une jeunesse enthousiaste, inexpérimentée, avide d'images et de grandiose, une impression momentanément funeste. En effet, une fois revenue de cette illusion poétique, incapable pourtant de retourner à des formes et à des méthodes plus sévères et plus scientifiques encore, elle a dû tomber dans une sorte d'affaissement intellectuel bien voisin du découragement, et peut-être de la désillusion et du mépris. Aussi, le feu sacré de la philosophie semble s'affaiblir en Allemagne, et peut-être que la science y aurait maintenant accompli la plus grande partie de sa destinée si la philosophie critique n'était là, toute récente encore, et d'un intérêt qui est loin d'avoir été épuisé, pour orienter de nouveau les esprits et les faire sortir, soit d'un panthéisme engourdissant, soit de la superstition et du mysticisme, états intellectuels dont les conséquences sociales sont plus immédiates et plus funestes qu'on ne semble le croire.

Du reste, la philosophie critique a compté et compte encore de nombreux partisans en Allemagne, en attendant que ses destinées s'accomplissent ailleurs; comme le christianisme, comme la liberté, comme tout ce qui est grand et vrai, elle doit faire le tour du monde. Son flambeau à elle aussi peut se déplacer, mais il ne s'éteindra pas plus que celui de la vérité. Si elle a eu de nombreux adversaires dans le pays même où elle est née, le nombre de ses partisans a été plus grand encore, et leurs noms ne sont pas d'un moindre poids.

Deux choses peut-être nous resteraient à faire ici : l'analyse de la Critique de la raison pure et l'appréciation de ce grand monument. Telle avait d'abord été notre intention. Mais certaines considérations nous en ont détourné. Indépendamment de celle de l'étendue démesurée que le volume aurait dû prendre, nous avons pensé que la seconde partie de cette tâche ne pouvait s'exécuter convenablement que dans une histoire critique de la philosophie, après avoir exposé toutes les parties de la doctrine de Kant. M. Cousin a d'ailleurs fait une partie de ce que nous aurions voulu faire nous-même, et avec toute la supériorité de son talent.

Non-seulement donc nous aurions beaucoup moins bien fait que lui, mais nous avouerons même que nous aurions encore eu le tort de faire différemment à plusieurs égards. Nous espérons cependant revenir un jour sur une question dont la solution n'est heureusement pas indispensable pour l'intelligence du présent ouvrage.

PRINCIPALES DIVISIONS DES MATIÈRES (1).

INTRODUCTION.
I. *Doctrine élémentaire transcendentale.*

Première partie. Esthétique transcendentale.
    Sect. I. De l'espace.
    Sect. II. Du temps.

Deuxième partie. Logique transcendentale.

    PREMIÈRE DIVISION. Analytique transcendentale divisée en deux livres; chapitres de ces livres; sections de ces chapitres.

    DEUXIÈME DIVISION. Dialectique transcendentale divisée en deux livres, subdivisée en chapitres et en sections.

II. *Méthodologie transcendentale.*
    Chap. I. Discipline de la raison pure.
    — II. Canon de la raison pure.
    — III. Architectonique de la raison pure.
    — IV. Histoire de la raison pure.

---

(1) Au lieu de cette table, qui est fort simple, les éditions postérieures en portent une beaucoup plus étendue, mais dont l'ensemble est plus difficile à embrasser d'un seul coup d'œil ; nous la donnons à la fin du tome II.

                                            R. et T.

A Son Excellence

Le Ministre du Roi de Prusse,

BARON DE ZEDLITZ.

Monseigneur,

Contribuer au progrès des sciences dans la partie qu'on cultive plus spécialement, c'est aussi, aux yeux de Votre Excellence, travailler à son propre intérêt ; car ces deux choses sont inséparablement unies, non-seulement par les devoirs imposés au protecteur puissant, mais encore par les sentiments bien plus sûrs de l'ami des sciences et de l'homme éclairé. Aussi ai-je recours à l'unique moyen qui soit en mon pouvoir de témoigner à V. Exc. ma gratitude pour la confiance dont elle a daigné m'honorer, en me jugeant capable de faire quelque chose d'utile.

Celui dont la vie est remplie par la spéculation, est heureux de trouver, dans l'approbation d'un juge éclairé et capable, un puissant encouragement à des travaux dont l'utilité, pour être éloignée, n'est pas moins grande, quoique cependant méconnue complétement du vulgaire par cette raison-là même (1).

C'est à un pareil juge que je dédie aujourd'hui cet ouvrage, je le (2) recommande à sa bienveillante attention, je mets sous sa protection le reste de ma carrière littéraire et suis avec le plus profond respect (3),

de Votre Excellence,

le très-humble et très-obéissant serviteur,

Emmanuel Kant.

Kœnigsberg, le 29 mars 1781.

---

(1) Cet alinéa : *Celui dont la vie*, etc., n'a pas été reproduit dans les éditions subséquentes.   T.

(2) La seconde édition porte : « Je recommande à la bienveillante attention dont V. Exc. a daigné honorer la première édition de cet ouvrage, cette seconde édition, et avec elle le reste, etc. »   T.

(3) Cette dédicace a été précédée, dans la seconde édition et les suivantes, d'une épigraphe empruntée de Bâcon. V. Suppl. n. I. La seconde édition est la dernière que l'auteur ait revue. Toutes les autres, jusqu'à la 8e, qui a paru à Leipsick, chez Modes et Baumann, en 1838, n'en sont que la reproduction. Ces derniers éditeurs ont mis en notes les suppressions faites à la première édition dans la seconde. C'est l'inverse de ce qu'a fait M. Rosenkranz.   T.

PRÉFACE.

Une destinée particulière de la raison humaine dans un genre de ses connaissances, c'est de s'accabler de questions qu'elle ne peut pas éviter, parce qu'il est de sa nature de se les adresser et de ne pouvoir y répondre cependant, parce qu'elles dépassent sa portée.

Si elle tombe dans un pareil embarras, ce n'est donc pas sa faute. Elle commence par des principes dont l'usage dans le cours de la vie est inévitablement et suffisamment garanti par l'expérience. De ces principes, elle s'élève toujours, comme il est de sa nature de le faire, à des conditions de plus en plus éloignées. Mais s'apercevant que, de cette manière, son œuvre doit toujours rester inachevée, puisque les questions n'ont pas de fin, elle se voit forcée de poser tout d'un coup des principes qui dépassent tout usage expérimental possible, et qui semblent néanmoins si peu suspects, qu'ils se trouvent en parfait accord avec le sens commun. Mais elle tombe par le fait dans une obscurité et des contradictions telles qu'elle peut bien en conclure que ce fondement de ses opérations doit recéler quelques erreurs secrètes, sans cependant pouvoir les découvrir, par la raison que les principes dont elle se sert dépassent toute expérience, et ne peuvent être soumis à la pierre de touche des faits. Le champ de ces combats sans cesse renouvelés, c'est la MÉTAPHYSIQUE.

Il fut un temps où elle était appelée la REINE des sciences. Si l'on prend l'intention pour le fait, il faut convenir que la grande importance de son objet lui méritait bien ce titre. Mais l'esprit de notre siècle, porté au mépris, à l'abandon, à l'aversion pour elle, la réduit à se lamenter avec HÉCUBE :

Modo maxima rerum,
Tot generis natisque potens, ...
Nunc trahor exsul, inops.
                                         OVIDE, *Métam.*, l. XIII.

Du temps des DOGMATIQUES, son règne fut ABSOLU. Mais comme ses lois portaient encore l'empreinte de l'antique barbarie, des guerres intestines firent dégénérer ce pouvoir despotique en véritable anarchie, et les SCEPTIQUES, espèce de nomades qui ont horreur de tout établissement agricole, opéraient de temps à autre la dissolution du lien social. Mais comme ils étaient, par bonheur, en petit nombre, ils ne pouvaient pas empêcher ceux qu'ils avaient ainsi dispersés de se réunir, mais sans plan convenu, et de chercher à s'établir de nouveau sur le sol qu'ils avaient dû momentanément quitter. — Dans les temps modernes, le célèbre LOCKE, par sa PHYSIOLOGIE de l'esprit humain, sembla un instant devoir mettre une fin à toutes ces querelles, et faire à chaque prétention sa juste part. Mais quoique l'extraction de notre prétendue reine soit des plus vulgaires, et qu'ainsi ses prétentions aient pu être justement méprisées, il est arrivé cependant, grâce à la fausse GÉNÉALOGIE qu'on lui avait fabriquée, qu'elle a persisté dans la réclamation de ses droits chimériques. On est donc retombé dans ce vieux DOGMATISME vermoulu, et de là dans le mépris auquel on aurait voulu soustraire la science. Maintenant qu'on croit avoir vainement épuisé toutes les voies, il n'y a plus qu'ennui et complète INDIFFÉRENCE. De là, le chaos et les ténèbres qui règnent dans les sciences, mais de là aussi le prélude, sinon l'origine, de leur transformation prochaine et de la nouvelle lumière dont elles doivent être éclairées, après avoir été confondues, rendues obscures et inutiles par une fausse habileté dans la manière de les traiter.

A quoi sert, en effet, de vouloir afficher l'INDIFFÉRENCE pour des recherches dont l'objet n'est pas INDIFFÉRENT à la nature humaine, et ne saurait l'être? Aussi ces prétendus INDIFFÉRENTS, quelle que soit leur attention à se déguiser en substituant aux termes de l'école un langage populaire, ne veulent pas plutôt penser à quelque chose, qu'ils retombent inévitablement dans des propositions métaphysiques, pour lesquelles cependant ils professent un si grand mépris. Toutefois, cette indifférence qui se montre au sein de toutes les sciences, et qui affecte plus particulièrement celle qu'on voudrait acquérir de préférence, si elle pouvait l'être, est un phénomène digne de remarque et de réflexion. Elle n'est évidemment pas l'effet de la légèreté, mais du JUGEMENT (1) médité d'un siècle qui ne

---

(1) On entend quelquefois se plaindre de la pauvreté de la pensée

veut pas se laisser retenir plus longtemps par une apparence de savoir, et une invitation faite à la raison d'entreprendre de nouveau la plus difficile de ses tâches, celle de la connaissance de soi-même, et d'instituer un tribunal qui lui donne gain de cause toutes les fois qu'elle aura de véritables droits à faire valoir, et qui condamne celles de ses prétentions qui seront sans fondement; condamnation qu'elle doit prononcer, non pas d'une manière arbitraire, mais d'après ses lois éternelles et immuables. Or, cette tâche, ce tribunal, ce n'est pas autre chose que la CRITIQUE DE LA RAISON PURE elle-même.

Je n'entends pas par là une critique des livres et

à notre époque et de la décadence de la véritable science. Je ne vois pas cependant que les sciences dont le fondement est bien établi, telles que les mathématiques, la physique, etc., méritent le moins du monde un pareil reproche; bien loin d'avoir perdu de leur ancien caractère de solidité, elles y ont au contraire ajouté de nos jours. Or, le même esprit obtiendrait les mêmes résultats dans les autres branches de la connaissance, si, avant tout, on en revoyait avec soin les fondements. A défaut de cette révision, l'indifférence et le doute, et même une sévère critique, sont au contraire des preuves d'une façon de penser profonde. Notre siècle est le siècle de la critique; tout doit y être soumis. La religion, par sa sainteté, et la législation, par sa majesté, prétendent d'ordinaire y échapper. Mais alors elles excitent contre elles de justes soupçons, et ne peuvent prétendre à cette sincère estime que la raison n'accorde qu'à ce qui a pu résister à son libre et public examen.

des systèmes, mais celle de la raison comme faculté en général, par rapport à toutes les connaissances auxquelles elle peut aspirer, INDÉPENDAMMENT DE TOUTE EXPÉRIENCE, par conséquent la solution de la question de la possibilité ou de l'impossibilité d'une métaphysique en général, et la détermination, de ses sources, de son étendue et de ses limites; le tout exécuté méthodiquement et d'après des principes certains.

Je suis donc entré dans cette voie, la seule qui n'ait pas été tentée, et je me flatte d'y avoir trouvé la ruine de toutes les erreurs qui ont jusqu'ici divisé la raison avec elle-même dans ses spéculations en dehors de l'expérience. Je n'ai cependant pas éludé ses questions, en m'excusant sur l'impuissance de la raison humaine; je les (1) ai au contraire nettement distinguées et posées toutes suivant des principes, et après avoir eu mis à jour le point précis du malentendu de la raison avec elle-même, j'ai résolu ses difficultés à sa parfaite satisfaction. A la vérité, je n'ai pas répondu à ces questions comme devait l'attendre une curiosité

---

(1) Gottlob Born et Mantovani rapportent le pronom *sie* au mot raison; la logique nous a paru exiger qu'il fût rapporté à questions.

follement dogmatique; curiosité qui ne pourrait être satisfaite que par des tours de magie auxquels je ne m'entends en aucune manière. Aussi bien, ce n'est là ni l'objet de la destinée naturelle de notre raison ni le devoir de la philosophie: il fallait dissiper l'illusion, provenant de ce malentendu, au risque de ruiner par là une opinion encore si précieuse et si chère. Je me suis appliqué, dans l'exécution de cette entreprise, à être très-explicite, et je puis dire qu'il ne saurait y avoir un seul problème métaphysique qui ne trouve ici sa solution, ou tout au moins la clef de sa solution. Dans le fait, la raison pure forme une unité si parfaite, que si son principe était impuissant à résoudre une seule des questions particulières qu'elle soulève naturellement, ce principe devrait être rejeté, parce qu'alors il ne résoudrait aucune des autres avec une entière certitude.

En disant cela, je crois apercevoir sur le visage du lecteur un air d'incrédulité et de mépris ironique, provoqué par des prétentions en apparence si présomptueuses et si peu modestes. Cependant elles sont, sans comparaison, beaucoup plus modérées que celles de tous ces auteurs de programmes sans nombre, qui s'annoncent comme devant démontrer la spiritualité de l'AME, ou la nécessité d'un COMMENCEMENT DU MONDE. Car ces auteurs s'engagent à étendre la connaissance humaine au delà de toutes les bornes de l'expérience possible. Ce que j'avoue humblement dépasser mes forces. C'est pourquoi je ne m'attache qu'à la raison même et à la pensée pure. Je n'ai pas besoin d'en chercher bien loin autour de moi une connaissance étendue, puisque je la trouve en moi-même, et que la logique ordinaire me fait déjà voir que tous les actes simples de la raison peuvent se distinguer et se systématiser : il s'agit seulement de savoir ici comment je puis espérer de m'y prendre avec la raison, et jusqu'à quel point je prétends pousser cette entreprise, en me privant ainsi de toute matière et de tout secours pris de l'expérience.

Mais j'ai assez parlé de l'ENTIÈRE exécution de CHACUNE des fins particulières que je me propose, et du développement nécessaire pour réaliser TOUTES ces fins réunies, fins qui ne sont pas le résultat d'un plan de travail arbitraire, mais qui sont au contraire données par la nature de la connaissance même, comme MATIÈRE de notre recherche critique.

Deux choses concernant la FORME, la CERTITUDE et la CLARTÉ, deux qualités essentielles, sont encore exigées avec raison d'un auteur qui s'attaque à des sujets si épineux.

Pour ce qui est de la CERTITUDE, je me suis condamné moi-même à n'OPINER d'aucune manière dans de semblables recherches, à regarder tout ce qui ressemblerait seulement à une hypothèse, comme une marchandise prohibée, qui ne peut être introduite sur déclaration et moyennant l'acquit d'un droit, mais qui doit au contraire être saisie dès qu'elle est découverte. Toute connaissance qui doit être fermement établie *à priori* se reconnaît à ce caractère qu'elle veut être tenue pour absolument nécessaire, caractère qui doit être à plus forte raison celui de la détermination de toutes les connaissances pures *à priori*, détermination qui doit servir d'unité de mesure, et par conséquent d'exemple même de toute certitude apodictique (philosophique). C'est au lecteur à voir si je suis resté fidèle à ma résolution; l'auteur doit seulement présenter des raisons, mais il ne convient pas qu'il décide de leur effet sur ses juges. Cependant, pour ne laisser aucun prétexte innocent d'affaiblir ces raisons, il lui est bien permis de signaler lui-même les endroits qui pourraient paraître suspects, quoiqu'ils ne soient qu'accessoires, afin de prévenir l'influence que le plus léger scrupule du lecteur en ce point pourrait exercer plus tard sur son jugement par rapport au but principal de l'ouvrage.

Je ne connais pas de recherches plus importantes, relativement à la faculté de connaître que nous appelons l'entendement, et à la détermination des règles et des limites de son usage, que celles par moi faites dans le chapitre II de l'analytique transcendentale, sous le titre de DÉDUCTION DES CONCEPTS PURS DE L'ENTENDEMENT ; ce sont aussi celles-là qui m'ont le plus coûté, mais j'espère que ma peine ne sera pas perdue. Cette étude, un peu approfondie, présente deux points de vue; l'un se rapporte aux objets de l'entendement pur : il doit établir et faire comprendre *à priori* la valeur objective de ses concepts; il rentre donc par là même essentiellement dans mon but. L'autre point de vue a pour objet l'étude de l'entendement par lui-même quant à sa possibilité et aux facultés intellectuelles qu'il suppose, par conséquent, l'étude de l'entendement sous le rapport subjectif; étude qui, quoique très-importante quant à mon but principal, n'en fait cependant pas essentiellement partie, parce qu'il reste toujours la question capitale : Qu'est-ce que nous pouvons connaître, et jusqu'où pouvons-nous connaître, par le moyen de l'entendement et de la raison seule, et indépendamment de toute expérience, question bien différente de celle-ci : Comment la FACULTÉ DE PENSER elle-même est-elle possible? Celle-ci étant en quelque sorte la recherche de la cause d'un effet donné, et contenant par là même quelque chose de semblable à une hypothèse (quoiqu'il n'en soit rien, comme je le ferai voir dans une autre occasion), il me semble que c'est ici le cas de prendre la liberté d'OPINER, et de laisser par conséquent le lecteur également libre d'OPINER autrement que moi. Je dois à ce sujet le prévenir que, dans le cas où ma déduction subjective ne produirait pas en lui toute la persuasion que j'en attends, la déduction objective, celle à laquelle j'attache le plus d'importance, ne perd rien de sa force, comme on peut le voir par ce que j'ai dit page 92-93 (1).

En ce qui regarde la CLARTÉ, le lecteur a le droit

---

(1) De la première édition : ce qui correspond à l'intitulé suivant : *Passage à la déduction transcendentale des catégories.*   T.

d'exiger avant tout la CLARTÉ DISCURSIVE (logique), PAR CONCEPTS (1), mais aussi la CLARTÉ INTUITIVE (esthétique) ou par le moyen D'INTUITIONS, c'est-à-dire d'exemples ou autres explications propres à faire concevoir l'abstrait par le concret. La première espèce de clarté ne laisse rien à désirer. La nature des matières a été la cause occasionnelle pour laquelle je n'ai pu satisfaire à la seconde exigence. A la vérité, elle n'est pas aussi stricte que la première, mais cependant elle est juste. J'ai presque toujours été embarrassé dans le cours de mon travail, sur ce que je devais faire à cet égard. Des exemples et des explications me semblaient toujours nécessaires, et se présentaient naturellement dans la première esquisse de l'ouvrage. Mais je ne voyais alors qu'en raccourci l'étendue de mon œuvre et la multitude de choses qui devaient y entrer; et dès qu'une fois j'ai été sûr que malgré cette exposition toute sèche et purement SCOLASTIQUE, l'ouvrage devait être bien assez long, je n'ai pas trouvé convenable de l'étendre encore davantage en y introduisant des exemples et des explications, qui ne sont nécessaires qu'au point

---

(1) Clarté qui est propre aux idées générales et qui résulte de la mise en relief de leurs rapports. T.

de vue POPULAIRE; d'autant plus que ce travail ne pouvait jamais avoir ce caractère, et que les savants n'avaient pas besoin d'un pareil secours. Bien cependant qu'elles aient toujours leur agrément, ces explications pouvaient même en ce cas avoir quelque chose de contraire au but de l'ouvrage. L'abbé TERRASSON dit, à la vérité, que si l'on estime la longueur d'un livre, non par le nombre des pages, mais par le temps nécessaire à l'entendre, on peut dire de beaucoup d'ouvrages QU'ILS SERAIENT BEAUCOUP TROP COURTS S'ILS N'ÉTAIENT PAS SI COURTS. Cependant, pour ce qui est de l'intelligence d'un vaste ensemble de la connaissance spéculative, ensemble qui, malgré son étendue, se trouve néanmoins soumis à un principe unique, on pourrait dire avec non moins de raison QUE BEAUCOUP DE LIVRES SERAIENT BEAUCOUP PLUS CLAIRS, S'ILS N'AVAIENT PAS DU ÊTRE SI CLAIRS. En effet, les moyens auxiliaires de clarté sont utiles dans les DÉTAILS, mais ils obscurcissent le plus souvent la vue de L'ENSEMBLE, puisqu'ils empêchent le lecteur de le saisir promptement. Les différentes couleurs répandues sur l'enchaînement et la construction du système, enchaînement dont il importe très-fort de pouvoir apprécier l'unité et la beauté, le recouvrent et empêchent de le connaître.

Je crois d'ailleurs que le lecteur doit avoir quelque plaisir à joindre ses efforts à ceux de l'auteur, lorsqu'il entrevoit, d'après le plan qui lui est présenté, un grand et important ouvrage à exécuter complétement, et cependant d'une manière durable. Or, la métaphysique, d'après la notion que nous en donnerons ici, est, de toutes les sciences, la seule qui puisse se promettre d'être si complétement exécutée, et même en si peu de temps et avec si peu de peine, si l'on réunit ses efforts, qu'il ne reste autre chose à faire à la postérité qu'à tout arranger DIDACTIQUEMENT suivant ses vues, sans rien pouvoir ajouter à la matière. Car tout se réduit à un INVENTAIRE systématiquement ordonné de toutes les richesses intellectuelles provenant de la RAISON PURE. Rien ne peut nous échapper ici, parce que rien de ce qui est un produit pur de la raison ne peut lui échapper; au contraire, ce produit est mis spontanément par elle au grand jour, du moment où le principe commun en est découvert. La parfaite unité de ces sortes de connaissances, leur caractère de concepts tellement purs que rien d'expérimental, pas même une intuition PARTICULIÈRE (intuition qui devrait conduire à un fait déterminé), ne peut avoir sur elles la moindre influence pour les étendre et les augmenter, rendent cette intégralité, cette perfection absolue, non-seulement possible, mais même nécessaire.

Tecum habita, et noris quam sit tibi curta supellex.
PERSE.

J'espère même donner un semblable système de la raison pure (spéculative) sous le titre de MÉTAPHYSIQUE DE LA NATURE, système qui sera plus court de moitié que la critique actuelle, quoiqu'il doive cependant renfermer plus de matière. Mais cette critique devait avant tout faire connaître les sources et les conditions de la possibilité de cette métaphysique, déblayer et aplanir le sol inégal qui devait supporter l'édifice. J'attends ici de mon lecteur l'indulgence et l'impartialité d'un JUGE; mais là il me faudra la bonne volonté et l'assistance d'un AUXILIAIRE, car quelque complète que soit l'exposition systématique de tous les PRINCIPES dans la critique, l'exécution du système exige en outre qu'on n'omette aucun des concepts DÉRIVÉS, concepts qui ne peuvent être trouvés *à priori*, mais qui doivent être recherchés un à un. De même que la SYNTHÈSE entière des concepts a été épuisée dans la critique, il faudra semblablement ici que l'ANALYSE soit complète; ce qui est plutôt un amusement qu'un travail.

Je n'ai plus qu'une seule chose à faire remarquer, c'est par rapport à l'impression. Les premières feuilles m'ayant été envoyées un peu tard, je n'ai pu revoir que la moitié des épreuves où je trouve encore quelques fautes typographiques, mais qui n'altèrent pas le sens, excepté celle de la page 379, ligne 4 de bas en haut, où il faut lire SPÉCIFIQUEMENT au lieu de SCEPTIQUEMENT. L'antinomie de la raison pure, depuis la page 425 jusqu'à la page 461, est disposée à la manière d'une table, afin que tout ce qui appartient à la THÈSE se trouve à gauche, et ce qui appartient à l'ANTITHÈSE se trouve toujours à droite. Cet ordre a été adopté pour rendre la comparaison plus facile entre la position et l'opposition (1).

---

(1) Cette préface manque dans les éditions suivantes. Elles en ont une autre toute différente, celle que nous donnons dans le supplément II. *(Note de M. Rosenkranz.)*

INTRODUCTION.

I.

Idée de la philosophie transcendentale.

L'expérience est sans doute le premier résultat de notre entendement, qui met en œuvre la matière grossière des sensations. Elle est donc le premier enseignement, et un enseignement si fécond en instructions nouvelles, que l'enchaînement vital de toutes les connaissances futures, susceptibles d'être amassées sur ce terrain, ne fera jamais défaut. L'expérience est cependant loin d'être le seul champ dans lequel notre entendement veuille être limité. Elle nous dit bien ce qui est, mais elle ne nous dit point qu'il doive être nécessairement ainsi, et pas autrement. Elle ne nous donne, par cela même, aucune véritable universalité, et la raison qui est si désireuse de connaissances de cette espèce, se trouve ainsi plutôt excitée que satisfaite. Des connaissances universelles, qui sont en même temps marquées d'un caractère de nécessité intrinsèque, doivent être par elles-mêmes, indépendamment de l'expérience, claires et certaines. C'est pour cette raison qu'on les appelle *à priori*. On appelle au contraire *à posteriori* ou empiriques, pour nous servir des termes reçus, ce qui n'est pris que de l'expérience.

Il résulte de là un fait digne d'être remarqué, c'est qu'à nos connaissances expérimentales il s'en mêle d'autres qui doivent avoir une origine *à priori*, et qui ne servent peut-être qu'à unir nos représentations sensibles. Car si l'on sépare des premières tout ce qui appartient aux sens, il reste encore certains concepts primitifs d'où doivent naître, indépendamment de l'expérience, des jugements tout à fait *à priori*; ces jugements font que l'on peut, ou du moins que l'on croit pouvoir dire des objets des sens quelque chose de plus que ce qu'enseignerait la simple expérience, et que certains jugements possèdent une véritable universalité, une stricte nécessité, qui ne peut être le produit de la connaissance purement empirique (1).

Une chose encore plus importante (2), c'est que certaines connaissances sortent complétement du champ

---

(1) Tout ce commencement ne se trouve pas dans les éditions postérieures à la première; il est remplacé par une introduction plus étendue. V. Suppl. IV.   R.
(2) Que tout ce qui précède. Édit. postér.   R.

de toute expérience possible, et semblent, par le moyen de concepts qui n'ont nulle part un objet sensible correspondant, étendre l'enceinte de nos jugements au delà des limites de l'expérience.

Et c'est précisément dans ces dernières connaissances, qui s'élèvent au-dessus du monde sensible, où l'expérience ne peut ni guider, ni rectifier le jugement, que se font les investigations de notre raison, investigations qui nous paraissent bien préférables et leur but bien supérieur à tout ce que l'entendement peut apprendre dans le champ des phénomènes. Nous tentons même tout, au risque de nous égarer, plutôt que d'abandonner par insuffisance de nos forces, par indifférence ou par mépris, de si importantes recherches.

Il paraît cependant bien naturel qu'après avoir abandonné le champ de l'expérience, on n'élève pas de suite un édifice avec les connaissances que l'on possède, sans savoir auparavant quelle confiance méritent des principes dont personne ne connaît l'origine; sans s'assurer d'abord, par des investigations soigneuses, de la solidité des fondements sur lesquels doit poser cet édifice. On a donc dû, à ce qu'il semble, agiter depuis longtemps la question de savoir comment l'entendement peut parvenir à toutes ces connaissances *à priori;* quelle étendue, quelle légitimité, quel prix ces connaissances peuvent avoir. Rien n'est plus naturel en effet, si par le mot naturel il faut entendre ce qui doit raisonnablement se faire. Mais si l'on entend par là ce qui se fait ordinairement, rien n'est au contraire plus naturel et plus concevable que le long oubli de cette recherche; car une partie de ces connaissances, telles que les mathématiques, est depuis longtemps en possession de la certitude, et fait attendre les autres avec une ferme espérance, quoique celles-ci puissent ne ressembler en rien à celles-là. De plus, quand une fois les barrières de l'expérience sont franchies, on est bien sûr de n'être plus désormais contredit par elle. Le besoin d'étendre ses connaissances est si impérieux, que l'on ne peut être arrêté dans sa marche que par une évidente contradiction sur laquelle on s'achoppe; mais cette contradiction peut être évitée si l'on met de l'habileté dans ses fictions, sans cependant qu'elles perdent rien de leur caractère. Les mathématiques nous donnent un magnifique exemple de la manière dont nous pouvons nous étendre dans la connaissance *à priori* sans le concours de l'expérience. Elles ne s'occupent, il est vrai, des objets et de leur connaissance qu'autant que ces objets peuvent être représentés par l'intuition; mais cette circonstance est facilement négligée, parce que cette intuition peut être donnée même *à priori*, et peut par conséquent se distinguer à peine d'un concept parfaitement pur. Dans la passion d'étendre ses connaissances, la raison abusée par cette preuve de sa puissance, croit voir le champ de l'infini s'ouvrir devant elle. La colombe légère, lorsqu'elle fend d'un vol rapide et libre l'air dont elle sent la résistance, pourrait croire qu'elle volerait mieux encore dans le vide. C'est ainsi que Platon, dédaignant le monde sensible, qui tient la raison dans des bornes si étroites, se hasarde par delà, sur les ailes des idées, dans l'espace vide de l'entendement pur. Il n'aperçoit point qu'il n'avance pas malgré ses efforts; car il manque du point d'appui nécessaire pour se soutenir, et d'où il puisse déplacer l'entendement. Telle est donc la marche ordinaire de la raison humaine qui spécule : elle achève au plus vite son édifice, et ne s'avise que longtemps après de rechercher si le fondement en est solide. Mais, parvenus à ce point, nous trouvons toutes sortes de prétextes pour nous consoler du défaut de solidité de notre ouvrage, ou même pour en rejeter la tardive et périlleuse vérification. Ce qui nous dispense de tout soin, nous délivre de toute appréhension, et nous impose par une apparente solidité dans l'édifice que nous élevons, c'est qu'une grande partie, et peut-être la plus grande partie du travail de notre raison, consiste dans l'analyse des concepts que nous avons déjà des objets. C'est le principe d'une foule de connaissances qui, bien qu'elles ne soient autre chose que des éclaircissements et des explications de ce qui a déjà été pensé dans nos concepts (quoique d'une manière confuse), sont cependant réputées des aperçus nouveaux, du moins quant à leur forme; qu'elles n'ajoutent matériellement rien aux concepts que nous avons, mais seulement les disposent et les rendent plus clairs. Or, comme cette manière de procéder donne une connaissance réelle *à priori* qui comporte un progrès sûr et utile, la raison, cédant à son insu à cette illusion, se livre à des assertions de natures très-diverses, en ajoutant à des concepts donnés d'autres concepts, à la vérité *à priori*, mais qui leur sont complétement étrangers, sans qu'elle sache comment elle s'en trouve en possession, et sans même qu'elle se le demande. Je traiterai donc, tout en commençant, de la différence de ces deux connaissances.

De la différence entre les jugements analytiques et les jugements synthétiques.

Dans tous les jugements où est conçu le rapport d'un sujet à un prédicat (en ne considérant que les jugements affirmatifs, car l'application sera facile à faire ensuite aux jugements négatifs), ce rapport est possible de deux manières : ou le prédicat b appartient au sujet a comme quelque chose d'y contenu (d'une manière cachée); ou bien b est complétement étranger au concept a, quoique, à la vérité, en liaison avec lui. Dans le premier cas, le jugement est *analytique;* dans le second, il est *synthétique.* Les jugements analytiques (affirmatifs) sont donc ceux dans lesquels l'union du prédicat avec le sujet est conçue par identité; ceux au contraire dans lesquels cette liaison est conçue sans identité doivent être appelés jugements synthétiques. On pourrait encore appeler les premiers, jugements *explicatifs*, et les seconds, *extensifs*, par la raison que ceux-là n'ajoutent rien au sujet par l'attribut, mais seulement décomposent ce sujet en concepts partiels, qui déjà y ont été conçus, quoique obscurément; tandis que, au contraire, les derniers ajoutent au concept du sujet un prédicat qui n'y était pas encore conçu, et qui n'aurait pu en être dérivé par aucune décomposition. Quand je dis, par exemple : Tous les corps sont étendus, c'est un jugement analytique; car je ne suis point obligé de sortir du concept de corps pour y trouver unie l'étendue; je n'ai qu'à le décomposer, c'est-à-dire qu'il suffit d'avoir conscience de la diversité que nous pensons toujours dans ce concept pour y trouver le prédicat dont il s'agit. C'est donc un jugement analytique. Au contraire, quand je dis : Tous les corps sont pesants; ici l'attribut est quelque chose de totalement différent de ce que je pense en général par le simple concept de corps. L'adjonction d'un tel prédicat donne donc un jugement synthétique (1).

Il résulte donc évidemment de là : 1° Que notre

(1) Les deux alinéa suivants ont été remplacés dans la seconde édition par une autre exposition qui fait la matière du supplément VI.   R.

connaissance n'est nullement accrue par des jugements analytiques, mais que le concept que j'ai déjà est expliqué, et m'est rendu intelligible à moi-même; 2° que dans les jugements synthétiques je dois avoir, outre le concept du sujet, quelque autre chose encore (x), sur quoi l'entendement s'appuie, pour reconnaître qu'un prédicat qui n'est pas contenu dans ce concept lui appartient cependant.

Pas de difficulté à cela dans les jugements empiriques ou d'expérience. Car cet x est l'expérience complète de l'objet que je conçois par un concept a, lequel ne forme qu'une partie de cette expérience. En effet, quoique je ne comprenne pas dans le concept de corps en général le prédicat pesanteur, ce concept indique cependant une partie totale de l'expérience. J'y puis donc ajouter encore une autre partie de la même expérience, comme appartenant au premier concept. Je puis à l'avance reconnaître analytiquement le concept de corps par les caractères d'étendue, d'impénétrabilité, de figure, etc., caractères qui sont tous conçus dans ce concept. Mais si j'étends ma connaissance, et que, tournant mes regards du côté de l'expérience, dont j'ai tiré ce concept, alors je trouve toujours la pesanteur unie aux caractères précédents. Cet x, qui est en dehors du concept a, et qui est le fondement de la possibilité de la synthèse des prédicats pesanteur b, avec le concept a, appartient donc à l'expérience.

Mais, dans les jugements synthétiques *à priori*, ce moyen manque absolument. Si je dois sortir du concept *a*, pour connaître un autre concept *b* comme lui étant uni, sur quoi m'appuyer, et comment la synthèse sera-t-elle possible, puisque je n'ai pas ici l'avantage de me retourner à cet effet dans le champ de l'expérience. Soit cette proposition : Tout ce qui arrive a sa cause. Dans le concept de quelque chose qui arrive, je conçois, à la vérité, une existence postérieure à un temps, etc., d'où résultent des jugements analytiques. Mais le concept d'une cause indique quelque chose d'entièrement différent de ce qui arrive, et qui par conséquent n'est pas compris dans cette dernière représentation. Comment attribuerais-je en effet à ce qui arrive en général quelque chose qui en est entièrement différent ; et comment connaître que le concept de cause, quoique n'y étant pas compris, s'y rattache cependant, et même nécessairement ? Quel est ici l'x, sur lequel s'appuie l'entendement quand il croit découvrir hors du concept *a* un prédicat qui lui est étranger, qu'il conçoit cependant lui appartenir ? Ce ne peut être une donnée de l'expérience, puisque le principe en question unit le concept d'effet à celui de cause, non-seulement d'une manière plus générale que ne le peut faire l'expérience, mais encore avec l'expression de la nécessité, par conséquent *à priori* et par simples concepts. C'est sur ces sortes de principes systématiques, c'est-à-dire extensifs, que se fonde la fin dernière de notre connaissance spéculative *à priori ;* car les jugements analytiques sont, à la vérité, très-importants et très-nécessaires, mais seulement dans l'intérêt de cette clarté d'idées requise pour une synthèse sûre et étendue, la seule qui puisse réellement ajouter à nos connaissances.

Il y a donc ici un certain mystère (1), dont l'explication peut seule assurer le progrès dans le champ illimité de la connaissance intellectuelle pure. Cette explication consiste à faire ressortir d'une manière suffisamment générale le principe de la possibilité des jugements synthétiques *à priori*, à reconnaître les conditions et la possibilité de toute espèce de jugements de cette nature, à systématiser parfaitement et d'une manière appropriée à tous les usages, loin de se borner à la circonscrire superficiellement, toute cette espèce de connaissance (son genre propre), considérée dans ses sources originelles, dans ses divisions, son étendue et ses limites (2).

De tout ce qui précède résulte donc l'idée d'une

---

(1) Si quelque ancien avait eu la pensée de poser seulement cette question, elle serait devenue à elle seule une barrière puissante contre tous les systèmes de la raison pure jusqu'à nos jours, et aurait épargné bien des tentatives infructueuses qui ont été aveuglément entreprises sans qu'on sût de quoi il s'agissait.

(2) Cet alinéa ne se retrouve pas dans les éditions suivantes; il a été remplacé par une plus longue déduction en deux paragraphes. V. Suppl. VII.   R.

science particulière qui peut servir à la critique de la raison pure (1). Toute connaissance qui n'est mêlée à rien d'étranger s'appelle pure. Mais est absolument pure, et particulièrement appelée ainsi, une connaissance à laquelle ne se mêle aucune expérience ou sensation, une connaissance qui est par conséquent toute possible *à priori*. Or, la raison est la faculté qui met en main les principes de la connaissance *à priori*. La raison pure est donc cette faculté qui contient les principes nécessaires pour connaître quelque chose absolument *à priori*. Un *Organe* de la raison pure serait l'ensemble des principes au moyen desquels toutes les connaissances pures *à priori* pourraient être acquises et réellement constituées. L'application étendue d'un tel organe donnerait un système de la raison pure. Mais comme ce serait beaucoup de demander un pareil système, et qu'il reste encore à savoir si l'extension de notre connaissance est possible et dans quels cas, nous pouvons considérer une science du simple jugement critique de la raison pure, de ses sources et de ses bornes, comme la *Propédeutique* ou science préliminaire du système de la raison pure. Cette propédeutique ne serait pas une science, mais sim-

---

(1) Les éditions postérieures portent : « Qui peut s'appeler critique de la raison pure. » Les deux phrases suivantes ne se trouvent pas dans ces éditions.   R.

plement une critique de la raison pure. Son utilité sous le rapport de la spéculation serait purement négative et ne servirait pas à l'extension, mais à l'épuration de notre raison, qu'elle garantirait de l'erreur ; ce qui serait déjà un grand avantage. J'appelle connaissance *transcendentale* celle qui s'occupe moins des objets que des concepts *à priori* que nous en avons. Un système de ces concepts s'appellerait *Philosophie transcendentale*. Mais ce serait encore trop pour commencer : car, cette science devant contenir toute la connaissance, tant analytique que synthétique *à priori*, elle s'étendrait beaucoup plus loin que ne le demande notre plan, puisque nous ne devons pousser l'analyse qu'autant qu'elle est nécessaire pour apercevoir les principes de la synthèse *à priori* dans toute leur étendue, ce qui est notre unique objet. La seule chose à faire ici, c'est donc une recherche que nous ne pouvons pas proprement appeler science, mais seulement critique transcendentale, parce qu'elle n'a pas pour but l'extension des connaissances mêmes, mais seulement leur réforme définitive, et qu'elle doit fournir la pierre de touche pour apprécier la valeur ou la non-valeur de toutes les connaissances *à priori*. Cette critique est donc, autant que possible, une préparation pour un nouvel Organum ; et si ce nouvel Organum ne devait pas avoir lieu, elle en serait au moins un canon, suivant lequel, en tout cas, le système complet de la philosophie de la raison pure, qu'il doive du reste consister à étendre ou simplement à limiter la connaissance rationnelle, pourrait quelque jour être exposé tant analytiquement que synthétiquement. Car, que ce système soit possible et qu'il ne soit pas même si vaste qu'on ne puisse espérer de l'achever, c'est ce qu'on peut déjà préjuger, si l'on considère qu'il n'a pas pour objet la nature des choses, qui est infinie, mais l'entendement (qui juge de la nature des choses), et même cet entendement considéré seulement sous le rapport de ses connaissances *à priori*. Or, cet objet, qui ne peut nous être caché, puisque nous n'avons point à le chercher hors de nous, ne paraît pas être d'une étendue telle qu'on ne puisse l'embrasser complétement pour en juger la valeur ou la non-valeur, et l'estimer ainsi à son juste prix.

II.

Division de la Philosophie transcendentale.

La Philosophie transcendentale n'est ici que l'idée d'une science dont la critique de la raison pure doit esquisser tout le plan d'une manière *architectonique*, c'est-à-dire par principes, et avec la pleine assurance de la perfection et de la solidité de toutes les parties qui composent cet édifice (1). Si cette Critique ne

---

(1) Les éditions suivantes portent ici : « Elle est le système de tous les principes de la raison pure. »   T.

prend déjà pas elle-même le titre de Philosophie transcendentale, c'est par la seule raison qu'elle devrait, pour former un système complet, comprendre également une analyse détaillée de toutes les connaissances humaines *à priori*. Notre Critique doit sans doute, elle aussi, mettre sous les yeux l'entier dénombrement de tous les concepts fondamentaux qui constituent cette connaissance pure ; mais elle s'abstient avec raison de l'analyse détaillée de ces concepts mêmes, ainsi que de la revue complète de ceux qui en émanent. La raison en est, d'une part, qu'elle se détournerait de son but en s'occupant de cette analyse, laquelle d'ailleurs ne présente pas la même difficulté qu'elle a dans la synthèse, qui est l'objet propre de cette Critique ; et, d'autre part, qu'il serait contraire à l'unité du plan de justifier de l'intégralité de cette analyse et de cette dérivation, dont on peut du reste très-bien se dispenser par rapport à l'objet qu'on se propose ici. Cette double intégralité de l'analyse et de la dérivation des concepts *à priori* qui en découlent ensuite, est facile à suppléer, pourvu seulement qu'ils existent d'abord à titre de principes de la synthèse, et que rien ne manque par rapport à ce but essentiel.

En conséquence, tout ce qui constitue la Philosophie transcendentale appartient à la Critique de la raison pure, qui est elle-même l'idée complète de cette Philosophie, mais pas encore cette science elle-même, parce qu'elle ne pénètre dans l'analyse qu'autant qu'il le faut pour juger parfaitement la connaissance synthétique *à priori*.

La principale attention qu'il faille avoir dans la détermination des parties de cette science, c'est de n'y pas faire entrer des concepts qui contiendraient quelque chose d'empirique; c'est-à-dire de faire en sorte que la connaissance *à priori* soit parfaitement pure. Par conséquent, quoique les premiers principes de la Morale et ses concepts fondamentaux soient des connaissances *à priori*, ils n'appartiennent cependant pas à la Philosophie transcendentale. En effet, bien que les concepts de plaisir et de peine, de désir et d'inclination, etc., qui tous sont d'origine empirique, ne servent pas eux-mêmes de fondement aux obligations morales, ils doivent néanmoins faire partie nécessaire d'un système de Moralité pure *à priori*, comme obstacles qu'il faut surmonter ou comme mobiles auxquels on ne doit pas s'abandonner (1). Il suit de là que la Philosophie transcendentale est la philosophie de la raison pure simplement spéculative; car tout ce qui concerne la pratique, en tant qu'elle renferme des mobiles, se rapporte aux sentiments, qui sont des sources empiriques de connaissance.

(1) La seconde édition a modifié en plusieurs points la phrase précédente. T.

Maintenant, si l'on veut diviser cette science de la raison pure d'après le point de vue général d'un système, elle doit comprendre : 1° *Une théorie élémentaire* de la raison pure, 2° *Une théorie de la méthode* ou la *méthodologie* de la même raison. Chacune de ces parties principales aura ses subdivisions, dont les raisons ne pourraient pas être ici facilement exposées. Ce qui semble seulement convenir à une introduction ou préface, c'est que la connaissance humaine a deux souches, toutes deux sorties peut-être d'une racine commune, mais qui nous est inconnue; ces deux souches sont la sensibilité et l'entendement. Les objets nous sont donnés par la sensibilité, et pensés ou conçus par l'entendement. Or, la sensibilité appartient à la Philosophie transcendentale, en tant qu'elle doit contenir des représentations *à priori*, qui sont les lois, les conditions sous lesquelles les objets nous sont donnés. La théorie transcendentale de la sensibilité doit appartenir à la première partie de la science élémentaire, parce que les conditions sous lesquelles seules les objets sont donnés à la connaissance humaine précèdent celles sous lesquelles ces mêmes objets sont conçus (1).

---

(1) L'introduction des éditions suivantes est divisée en sept sections formellement distinctes : 1° Différence entre la connaissance pure et l'empirique ; — 2° Nous sommes en possession de certaines connaissances *à priori*, et l'état commun lui-même n'en est jamais dépourvu ; — 3° La Philosophie a besoin d'une science qui détermine la possibilité, les principes et l'étendue de toutes les connaissances *à*

priori; — 4° De la différence des jugements analytiques et des jugements synthétiques; — 5° Toutes les sciences théoriques de la raison comprennent à titre de principes, des jugements synthétiques *à priori*; — 6° Problème général de la raison pure; — 7° Idée et division d'une science particulière sous le nom de Critique de la raison pure. V. ces numéros dans le supplément III. Nous les avons rapportés ici pour qu'on en saisît mieux l'ensemble. R.

THÉORIE ÉLÉMENTAIRE TRANSCENDENTALE.

PREMIÈRE PARTIE.

ESTHÉTIQUE TRANSCENDENTALE.

Quelle que soit la manière dont une connaissance peut toujours se rapporter à des objets, par quelques moyens que ce puisse être, cette manière qui fait que la connaissance se rapporte immédiatement aux choses et que la pensée se propose toujours comme moyen, constitue l'*intuition*. Mais cette intuition n'a lieu qu'autant qu'un objet nous est donné; ce qui n'est possible, du moins pour nous autres hommes, qu'à la condition que l'esprit en soit affecté d'une certaine façon. La capacité (réceptivité) de recevoir des représentations par la manière dont les objets nous affectent, s'appelle *sensibilité*. C'est au moyen de la sensibilité que les objets nous sont donnés, elle seule nous fournit des intuitions; mais c'est par l'entendement qu'ils sont *conçus*, et c'est de là que viennent les concepts. Mais toute pensée doit, en dernière analyse, se rapporter directement ou indirectement, par le moyen de certains signes, à des intuitions, et par conséquent à la sensibilité, parce que nul objet ne peut nous être donné autrement.

L'effet d'un objet sur la faculté représentative, en tant que nous en sommes affectés, est la *sensation*. Toute intuition qui se rapporte à un objet par le moyen de la sensation s'appelle *empirique*. L'objet indéterminé d'une intuition empirique s'appelle *phénomène*.

Ce qui, dans le phénomène, correspond à la sensation en est la *matière;* mais ce qui fait que la diversité dans les phénomènes peut être coordonnée dans certains rapports, s'appelle *forme* du phénomène. Ce en quoi les sensations s'ordonnent, et par quoi elles sont susceptibles d'être réduites à une certaine forme, ne peut être encore la sensation. Il n'y a donc que la matière seule de tout phénomène qui nous soit donnée *à posteriori;* sa forme doit l'attendre, toute préparée *à priori* dans l'esprit, et par conséquent pouvoir être considérée indépendamment de toute sensation.

J'appelle *pures* (dans le sens transcendental) toutes les représentations auxquelles rien de ce qui appartient à l'expérience ne se trouve mêlé. D'où il suit que la forme pure des intuitions sensibles en général se trouve *à priori* dans l'esprit, où toute la diversité des phénomènes est perçue dans de certains rapports. Cette forme pure de la sensibilité s'appelle aussi intuition pure. Ainsi, quand je détache de la représentation d'un corps ce que l'entendement en conçoit, comme la substance, la force, la divisibilité, etc.; ce que la sensation en reçoit, comme l'impénétrabilité, la dureté, la couleur, etc., il me reste encore quelque chose de cette intuition empirique, savoir: l'étendue et la figure. Ces deux qualités appartiennent à l'intuition pure, qui a lieu *à priori* dans l'esprit, comme une pure forme de la sensibilité, et sans un objet réel des sens ou sans aucune sensation.

J'appelle *Esthétique* (1) *transcendentale* la science de

(1) Les Allemands sont les seuls qui emploient le mot Esthétique pour signifier ce que d'autres appellent critique du goût. Cette dénomination est due à l'espérance trompée de l'excellent analyste Baumgartem, qui crut pouvoir soumettre le jugement critique du beau à des principes rationnels, et faire une science des règles de ce jugement critique. Peine perdue, car ces règles ou *critères* sont purement empiriques, quant à leurs sources principales, et ne peuvent par conséquent jamais servir à établir des lois *à priori* propres à diriger notre jugement en matière de goût. C'est bien plutôt ce jugement qui est la pierre de touche propre à estimer la légitimité des principes. Il est donc convenable, ou d'abandonner encore une fois cette dénomination et de la restreindre à cette partie de la philosophie qui est véritablement une science (on se rapproche ainsi du langage et du sens que les anciens donnaient aux mots quand ils divisaient la connaissance en connaissance de choses senties, αίσθητα et en connaissance de choses connues, καί νοητα (1), ou d'en diviser le sens entre la philosophie spéculative et l'Esthétique, de manière à donner à ce mot une signification partie transcendentale, partie psychologique.

(*) La note finit ici dans la première édition.

tous les principes *à priori* de la sensibilité. Il doit donc y avoir une science qui forme la première partie de la philosophie élémentaire transcendentale, par opposition à la partie qui a pour objet les principes de la pensée pure, et qu'on appelle Logique transcendentale.

Dans l'Esthétique transcendentale, nous dégagerons d'abord la sensibilité ; c'est-à-dire que nous en distrairons tout ce que l'entendement y conçoit par ses concepts, afin qu'il ne reste rien que l'intuition empirique. En second lieu, nous écarterons encore de cette dernière tout ce qui appartient à la sensation, afin qu'il ne reste rien que l'intuition pure, la simple forme des phénomènes, seule chose que la sensibilité puisse donner *à priori*. Il résultera de cette recherche qu'il y a deux formes pures de nos intuitions sensibles, comme principes de la connaissance *à priori*, savoir : l'Espace et le Temps, que nous allons examiner.

ESTHÉTIQUE TRANSCENDENTALE.

SECTION I.

De l'Espace.

Au moyen du sens externe, qui est une qualité de

notre esprit, nous nous représentons des objets comme hors de nous, et tous ensemble dans l'espace. C'est là que sont déterminés, ou que peuvent l'être, leur figure, leur grandeur et leurs rapports respectifs. Le sens interne, au moyen duquel l'esprit s'aperçoit lui-même, ou sa manière d'être intérieure, ne donne, à la vérité, aucune intuition de l'âme elle-même comme objet; mais c'est cependant une forme déterminée sous laquelle seule l'intuition de son état interne est possible; de telle sorte que tout ce qui constitue les déterminations intérieures est représenté dans les rapports du temps. Le temps ne peut être perçu extérieurement, pas plus que l'espace ne peut être perçu comme quelque chose en nous. Qu'est-ce donc que l'espace et le temps? Sont-ce des êtres réels? sont-ce seulement des déterminations, ou bien encore des rapports des choses; — mais des déterminations telles cependant, qu'elles compètent encore aux choses en soi, quand même elles ne seraient pas perçues; — ou sont-elles au contraire de nature telle, qu'elles appartiennent uniquement à la forme de l'intuition, et par conséquent à la qualité subjective de notre esprit, sans laquelle ces prédicats ne pourraient être attribués à aucune chose? Pour nous en assurer, nous exposerons d'abord le concept d'espace. Mais j'entends par *exposition* la représentation claire (quoique développée) de ce qui constitue un concept; et cette exposition est *métaphysique,* quand elle contient ce qui présente le concept comme donné *à priori* (1).

1° L'espace n'est pas un concept empirique dérivé d'intuitions extérieures. Car pour que certaines sensations soient rapportées à quelque chose d'extérieur à moi (c'est-à-dire à quelque chose qui est dans un lieu de l'espace différent de celui que j'occupe), et même pour que je puisse me représenter les choses comme extérieures les unes aux autres, c'est-à-dire non-seulement comme différentes mais comme occupant des lieux distincts, la représentation de l'espace doit déjà être posée en principe. D'où il suit que la représentation de l'espace ne peut dériver des rapports du phénomène extérieur par l'expérience, mais bien que l'expérience elle-même n'est jamais possible que par cette représentation.

2° L'espace est une représentation nécessaire *à priori*, qui sert de fondement à toutes les intuitions extérieures. On ne peut jamais concevoir qu'il n'y ait aucun espace, quoiqu'on puisse fort bien penser qu'aucun objet n'y est contenu. L'espace est donc considéré comme la condition de la possibilité des phénomènes, et non comme une détermination qui en dépende. C'est donc une représentation *à priori* qui est le fondement nécessaire des phénomènes extérieurs.

3° Cette nécessité *à priori* est le fondement de la certitude apodictique de tous les principes géométriques,

---

(1) Cette dernière phrase ne se trouve pas dans la première édition. T.

et la raison de la possibilité de leur construction *à priori*. Si cette représentation de l'espace était un concept acquis *à posteriori*, qui résultât de l'expérience générale extérieure, les premiers principes de la détermination mathématique ne seraient plus que des perceptions. Ils en auraient par conséquent toute la contingence, et il ne serait dès lors pas nécessaire qu'il n'y ait qu'une seule droite entre deux points, l'expérience le ferait toujours voir. Ce qui est emprunté de l'expérience n'a qu'une universalité comparative, c'est-à-dire une universalité par induction. Tout ce qu'on pourrait dire, c'est que jusqu'ici on n'a trouvé aucun espace qui eût plus de trois dimensions (1).

4° L'espace n'est pas non plus un concept discursif, ou, comme on dit, un concept des rapports des choses en général, mais une intuition pure. Car d'abord, on ne peut se représenter qu'un seul espace ; et quand on parle de plusieurs espaces, on entend seulement par là les parties d'un seul et même espace. Ces parties ne pourraient même pas précéder l'espace unique et universel, comme parties d'un tout qu'elles serviraient à composer par leur ensemble ; elles ne peuvent, au contraire, être conçues qu'en lui. L'espace est essentiellement un ; le multiple en lui, par conséquent aussi le concept général d'espace, tient uni-

---

(1) Cet alinéa du n° 3 n'a pas été reproduit dans la seconde édition, la seule dont nous parlerons désormais, puisque toutes celles qui sont postérieures ont été faites sur celle-là.   R. et T.

quement à des limitations. D'où il suit qu'une intuition *à priori* qui n'est pas empirique, sert de fondement à tous les concepts que nous en avons. C'est ainsi que tous les principes de géométrie, par exemple, Deux côtés d'un triangle pris ensemble sont plus grands que le troisième, ne seront jamais dérivés avec une certitude apodictique des concepts généraux de ligne et de triangle, mais de l'intuition, et d'une *intuition à priori*.

5° L'espace est représenté comme une grandeur infinie donnée. Un concept général d'espace (qui est commun au pied et à l'aune) ne peut rien déterminer sous le rapport de la quantité. Sans l'illimitation dans le progrès de l'intuition, nul concept de rapport n'emporterait un principe de l'infinité de cette intuition (1).

Conséquences des concepts précédents.

a). L'espace ne représente aucune propriété essentielle de quoi que ce soit, ni de ce que les choses sont en elles-mêmes, ni de ce qu'elles sont dans leur rapport aux autres choses : c'est-à-dire qu'il n'en représente aucune détermination qui affecte les objets eux-mêmes, et qui soit encore permanente si l'on

---

(1) Cet alinéa du n° 5, faisant partie du n° 4 et dernier, dans la seconde édition, n'y est pas terminé de la même manière. V. suppl. *K* IX XI. Il y est suivi d'une exposition transcendentale du concept d'espace.   R. et T.

fait abstraction de toutes les conditions subjectives de l'intuition; car des déterminations absolues ou relatives ne peuvent précéder l'existence des choses auxquelles elles compètent, par conséquent ne peuvent être perçues *à priori*.

b). L'espace n'est autre chose que la forme des phénomènes du sens extérieur, c'est-à-dire la condition subjective de la sensibilité, sous laquelle seulement l'intuition extérieure est possible pour nous *à priori*. Et comme la capacité d'être affecté des objets précède nécessairement dans le sujet toutes les intuitions de ces objets, on comprend sans peine comment la forme de tous les phénomènes peut être donnée dans l'esprit avant toutes les perceptions réelles, par conséquent *à priori*; et comment encore, en sa qualité d'intuition pure dans laquelle tous les objets doivent être déterminés, elle peut contenir avant toute expérience les raisons ou principes des rapports de ces objets.

Nous ne pouvons parler que comme hommes, de l'espace, des êtres étendus, etc. Sortons-nous de la condition subjective sous laquelle seulement nous pouvons recevoir l'intuition extérieure, d'après la manière dont nous pouvons être impressionnés par ces objets, alors la représentation de l'espace ne signifie plus rien du tout. Cet attribut n'est accordé aux choses qu'en tant qu'elles nous apparaissent, c'est-à-dire qu'en tant qu'elles sont les objets de la sensibilité. La forme constante de cette capacité que nous appelons sensibilité est une condition nécessaire de tous les rapports sous lesquels les objets sont perçus comme extérieurs à nous ; et si l'on fait abstraction de ces objets, cette forme est l'intuition pure qui prend le nom d'espace. Comme nous ne pouvons faire des conditions spéciales de la sensibilité celles de la possibilité des choses, mais seulement celles de leurs phénomènes, nous pouvons bien dire, à la vérité, que l'espace contient toutes les choses que nous pouvons percevoir extérieurement, mais non pas qu'il contienne toutes les choses en elles-mêmes, qu'elles puissent être du reste perçues ou ne l'être pas, et par quelque être que ce soit. Car nous ne pouvons dire si les intuitions des autres êtres pensants sont soumises aux lois qui limitent les nôtres, et qui sont pour nous d'une valeur universelle. Si nous ajoutons au concept du sujet la restriction d'un jugement, ce jugement est alors inconditionnel, absolu. La proposition : Toutes les choses sont juxtaposées dans l'espace, vaut, sous cette restriction : Si les choses, comme objets, frappent notre intuition sensible. Si j'ajoute ici la condition au concept et que je dise : Toutes les choses, comme phénomènes extérieurs, sont juxtaposées dans l'espace, alors cette règle vaut universellement et sans restriction. Notre exposition nous enseigne donc la *réalité* (c'est-à-dire la valeur objective) de l'espace par rapport à tout ce qui peut nous être présenté extérieurement comme objet; mais elle nous apprend en même temps l'*idéalité* de l'espace par rapport aux choses considérées en elles-mêmes par la raison, c'est-à-dire sans avoir égard à la condition de notre sensibilité. Nous affirmons donc la *réalité empirique* (par rapport à toute expérience extérieure possible), quoique, à la vérité, nous reconnaissions l'*idéalité transcendentale* de ce même espace, c'est-à-dire quoiqu'il ne soit rien aussitôt que nous omettons les conditions de toute expérience, et que nous le prenons comme quelque chose qui servirait de fondement aux objets en soi.

Mais, à l'exception de l'espace, il n'y a pas non plus d'autre représentation subjective et qui se rapporte à quelque chose d'extérieur, qui puisse s'appeler objective *à priori*. Cette condition subjective de tous les phénomènes extérieurs ne peut donc être comparée à aucune autre. Le goût agréable d'un vin n'appartient pas aux déterminations objectives de ce vin, c'est-à-dire d'un objet considéré comme phénomène; c'est une qualité particulière du sens du sujet qui en jouit. Les couleurs ne sont pas des qualités des corps auxquels elles rapportent l'intuition; elles ne sont non plus que des modifications du sens de la vue affecté par la lumière d'une certaine façon. L'espace, comme condition des objets extérieurs, se rapporte nécessairement au contraire au phénomène ou à l'intuition. Le goût et les couleurs ne sont absolument pas des conditions nécessaires, sous lesquelles seules les choses extérieures puissent être pour nous des objets des sens. Ces deux sortes de qualités sensibles sont simplement des effets de l'organisation particulière, accidentellement réunis au phénomène. Ce ne sont donc pas non plus des représentations *à priori*, mais bien des résultats de la sensation ; c'est ainsi que la saveur agréable d'une chose a sa raison dans le sentiment (du plaisir et de la peine), comme effet de la sensation. Aussi personne ne peut avoir *à priori* une représentation d'une couleur, ni celle d'une saveur quelconque : l'espace ne regarde que la forme pure de l'intuition ; il ne contient donc aucune sensation (rien d'empirique), et toutes les espèces d'espace, toutes ses déterminations, peuvent et doivent même être représentées *à priori*, lorsque des concepts de formes ou de rapports doivent avoir lieu. L'espace seul fait que des choses peuvent être pour nous des objets extérieurs (1).

Nous faisons cette observation pour qu'on ne soit pas tenté d'expliquer l'idéalité affirmée de l'espace par des comparaisons très-insuffisantes ; par exemple, par les couleurs, les saveurs, etc., toutes choses qui ne peuvent être considérées avec droit comme qualités des objets, mais seulement comme des chan-

---

(1) Cet alinéa est plus court et conçu différemment dans la seconde édition. V. Suppl. X. R.

gements de notre sujet; changements qui peuvent passer pour différents, suivant les individus. Car dans ce cas, ce qui primitivement n'est qu'un simple phénomène, par exemple, une rose, vaut cependant dans le sens empirique comme une chose en soi, qui peut néanmoins apparaître différemment à chaque œil sous le rapport de la couleur. Au contraire, le concept transcendental des phénomènes dans l'espace est un avertissement critique qu'en général rien de ce qui est perçu dans l'espace n'est une chose en soi; que l'espace n'est pas davantage une forme des choses qui peut-être leur serait propre, si elles étaient considérées en elles-mêmes; mais que les objets en soi nous sont complétement inconnus, et que ce que nous appelons objets extérieurs n'est autre chose que les représentations pures de notre sensibilité, dont la forme est l'espace, mais dont le corrélatif ou correspondant véritable, c'est-à-dire la chose en elle-même, est par cette raison tout à fait inconnu, et le sera toujours, mais sur lequel on n'interroge jamais non plus l'expérience.

ESTHÉTIQUE TRANSCENDENTALE.

SECTION II.

Du Temps.

1° Le temps n'est pas un concept empirique fourni par une expérience quelconque; car la simultanéité ou la succession ne tomberait pas même sous l'observation, si la représentation du temps ne leur servait de fondement *à priori*. Ce n'est que sous cette supposition du temps que l'on peut se représenter la simultanéité des choses ou leur succession.

2° Le temps est une représentation nécessaire qui sert de fondement à toutes les intuitions. On ne peut, par rapport aux phénomènes en général, supprimer le temps, quoiqu'on puisse très-bien faire abstraction des phénomènes dans le temps. Le temps est donc donné *à priori*. En lui seulement est possible toute réalité des phénomènes. Ils peuvent tous être anéantis par la pensée, mais le temps lui-même (comme condition commune de leur possibilité) ne peut être détruit.

3° Sur cette nécessité *à priori* se fonde également la possibilité des principes apodictiques relatifs aux rapports ou aux axiomes du temps en général, tels que : Le temps n'a qu'une dimension. Les différents temps ne sont pas ensemble, mais successivement (de la même manière que différents espaces ne sont pas successifs, mais simultanés). Ces principes ne peuvent se tirer de l'expérience; car elle ne donnerait ni une généralité sans restriction, ni une certitude apodictique. Seulement, nous pourrions dire : ainsi l'enseigne l'observation générale; mais non : il est nécessaire que la chose soit ainsi. Ces principes valent comme des règles suivant lesquelles l'expérience en général est possible, et ils nous instruisent avant elles, et non par elles (1).

4° Le temps n'est point un concept discursif, ou, comme on dit, général, mais une forme pure de l'intuition sensible. Les différents temps ne sont que des parties d'un seul et même temps. Mais la représentation qui ne peut être donnée que par un seul objet est une intuition. Aussi la proposition, que différents temps ne peuvent être en même temps, ne saurait être tirée d'un concept général. Cette proposition est synthétique et ne peut procéder de simples concepts. Elle est donc contenue immédiatement dans l'intuition et la représentation du temps.

5° L'infinité du temps ne signifie autre chose si ce n'est que toutes les quantités déterminées du temps ne sont possibles que par la circonscription d'un temps unique qui leur sert de fondement. Par conséquent la représentation primitive du *temps* doit être donnée comme illimitée. Mais si les parties mêmes, et toute grandeur d'un objet, ne peuvent être représentées déterminément que par une limitation, alors la représentation entière ne peut être donnée par des concepts (car en ce cas les représentations partielles pré-

---

(1) M. Rosenkranz met ici *elles* au pluriel, rapportant ce mot à celui de règles. Il fait remarquer que l'original met cependant le singulier, ce qui fait alors rapporter le pronom *elle* à l'expérience. Si la seconde édition, ajoute-t-il, portait au lieu de *avant* (vor), *de* (von), avec le singulier, il en résulterait sans doute encore un sens, mais pas le sens déterminé dont il s'agit ici. Nous avons suivi sa correction. T.

cèderaient); il faut, au contraire, leur donner l'intuition pour fondement immédiat (1).

Conséquences de ces concepts.

a) Le temps n'est pas quelque chose qui subsiste par lui-même, ou qui appartienne aux choses comme détermination objective, et qui, par conséquent, reste quand on fait abstraction de toutes les conditions subjectives de leur intuition; car, dans le premier cas, il serait quelque chose qui, sans objet réel, serait cependant réellement. Dans le second cas, c'est-à-dire, s'il était une détermination inhérente aux choses mêmes, ou un ordre, il ne pourrait pas précéder les objets, comme en étant la condition, ni par conséquent être reconnu et perçu *à priori* par des jugements synthétiques. Ce dernier fait, au contraire, a lieu facilement si le temps n'est que la condition subjective sous laquelle les intuitions sont possibles en nous; car alors cette forme de l'intuition intérieure peut être représentée avant les objets, et par conséquent *à priori*.

b) Le temps n'est autre chose que la forme du sens interne, c'est-à-dire de l'intuition de nous-mêmes et de notre état intérieur. Car le temps ne peut être une détermination des phénomènes exté-

---

(1) La seconde édition contient ensuite, sous le titre de § V, une exposition transcendentale du concept de temps. V. Suppl. XI. R.

rieurs : il n'appartient ni à la forme, ni à la situation, ni, etc. ; il détermine le rapport des représentations dans notre manière d'être intérieure. Et, comme cette intuition intérieure n'a aucune figure, nous cherchons à suppléer à ce défaut par l'analogie, et nous représentons la succession du temps par une ligne qui pourrait se prolonger à l'infini, dans laquelle la diversité compose une série qui est d'une seule dimension ; et nous dérivons des propriétés de cette ligne toutes celles du temps, une seule exceptée : c'est que les parties de la ligne sont simultanées, tandis que celles du temps sont toujours successives. D'où il faut conclure aussi que la représentation du temps lui-même est une intuition, puisque ses rapports peuvent être exprimés par une intuition extérieure.

c) Le temps est la condition formelle *à priori* de tous les phénomènes en général. L'espace, comme forme pure de toutes les intuitions externes, est restreint, comme condition *à priori*, aux seuls phénomènes extérieurs. Au contraire, puisque toutes les représentations, qu'elles aient ou non des choses extérieures pour objet, appartiennent cependant en elles-mêmes, comme déterminations de l'esprit, à l'état intérieur ; puisque cet état est sous la condition formelle de l'intuition interne, et appartient au temps, — le temps est donc une condition *à priori* de tous les phénomènes en général, savoir, la condition immédiate des phénomènes intérieurs (de nos âmes), et la condition médiate par conséquent des phénomènes extérieurs. Si je puis dire *à priori*: Tous les phénomènes extérieurs sont dans l'espace, et déterminés *à priori* suivant les rapports de l'espace, je puis dire aussi, dans un sens très-général, en partant du principe du sens intime: Tous les phénomènes en général, c'est-à-dire tous les objets des sens, sont dans le temps, et tiennent nécessairement aux rapports du temps.

Si nous faisons abstraction de notre manière de nous percevoir nous-mêmes intérieurement et d'embrasser par cette intuition toutes les intuitions extérieures dans la faculté de représentation, et si par conséquent nous prenons les objets comme ils peuvent être en eux-mêmes, *le temps alors n'est rien*. Ce n'est que par rapport aux phénomènes qu'il a une valeur objective, parce que ce sont déjà des choses que nous regardons comme *des objets de nos sens;* mais le temps n'est plus objectif, quand on fait abstraction de la sensibilité de l'intuition, par conséquent de cette espèce de représentation qui est propre à notre esprit, et quand on parle de *choses en général*. Le temps n'est donc qu'une condition subjective de notre intuition (humaine, qui est toujours sensible, c'est-à-dire en tant que nous sommes affectés par les objets); mais en soi, hors du sujet, il n'est rien. Il est néanmoins objectivement nécessaire par rapport à tous les phénomènes, et par conséquent par rapport à toutes les choses que nous pouvons nous représenter dans l'expérience. Nous ne pouvons pas dire: Toutes les choses sont dans le temps, puisque, dans le concept de choses en général, on fait abstraction de toutes manières de les percevoir, et que l'intuition est la condition propre sous laquelle le temps appartient à la représentation des objets. Mais si cette condition est jointe au concept de choses, et si l'on dit : Toutes les choses, comme phénomènes (objets de l'intuition sensible), sont dans le temps, alors ce principe a sa vérité objective et son universalité *à priori*.

Ce qui a été dit jusqu'ici prouve donc la *réalité empirique* du temps, c'est-à-dire sa valeur objective par rapport à tous les objets qui peuvent jamais s'offrir à nos sens. Et comme notre intuition est toujours sensible, un objet ne peut donc jamais nous être donné en expérience sans tomber sous la condition du temps. Nous soutenons, d'un autre côté, la vanité de toute prétention du temps à la *réalité absolue*, c'est-à-dire à une réalité qui, abstraction faite de notre intuition sensible, adhèrerait simplement aux choses comme condition ou propriété. Les qualités des choses en soi ne peuvent jamais nous être données par les sens. L'*idéalité transcendentale* du temps, suivant laquelle, si l'on fait abstraction des conditions subjectives des intuitions sensibles, le temps n'est absolument rien, consiste donc en ce que le temps ne peut être compté ni parmi les objets considérés en eux-mêmes (indépendamment de leur rapport à notre intuition), ni comme subsistant dans ces objets ou y adhérant. Cependant cette idéalité, non plus que celle de l'espace, ne doit pas être comparée aux subreptions des sensations. Ici l'on suppose au phénomène même auquel se rattachent ces attributs délusoires, une réalité objective. Là cette réalité manque complétement, excepté en tant qu'elle est purement empirique, c'est-à-dire en tant qu'elle concerne l'objet lui-même comme pur phénomène. Voir à ce sujet la remarque de la section précédente.

Explication.

Il m'a été fait contre cette théorie, qui accorde la réalité empirique du temps, mais qui en combat la réalité absolue et transcendentale, une objection si unanime par des hommes pénétrants, que j'ai conclu qu'elle devait se présenter plus naturellement encore à tout lecteur à qui ces sortes de matières sont peu familières. Cette objection consiste à dire qu'il y a des changements (ce que démontre la vicissitude de nos propres représentations, quand même on voudrait nier tous les phénomènes extérieurs ainsi que leurs changements). Or, des changements ne sont possibles que dans le temps; par conséquent le temps est quelque chose de réel. La réponse n'est pas difficile : j'accorde tout l'argument. Le temps est sans doute quelque chose de réel, savoir, la forme réelle de l'intuition interne. Il a donc une réalité subjective par rapport à l'expérience interne, c'est-à-dire qu'effectivement j'ai la représentation du temps et de mes propres déterminations dans le temps. Il ne doit donc pas être regardé réellement comme un objet, mais comme le mode de représentation de moi-même en tant qu'objet. Mais si moi-même je pouvais me percevoir ou être perçu par un autre être, sans cette condition de la sensibilité, les mêmes déterminations que nous nous représentons aujourd'hui comme des changements donneraient une connaissance dans laquelle la représentation du temps, et par conséquent aussi celle de changement, n'aurait plus lieu. Sa réalité empirique reste donc comme condition de toute notre expérience. Seulement, la réalité absolue ne peut, d'après ce qui a été dit, être accordée au temps, qui n'est que la forme de notre intuition interne (1). Si l'on enlève au temps la qualité d'être la condition particulière de notre sensibilité, le concept de temps disparaît également : cette forme n'appartient point aux objets en eux-mêmes, mais seulement au sujet qui les perçoit.

Mais la raison de l'unanimité de cette objection,

---

(1) Je puis bien dire que mes représentations sont successives, mais cela signifie seulement que nous en avons conscience comme dans une succession, c'est-à-dire d'après la forme du sens interne. Le temps n'est pas pour cela quelque chose en lui-même, ni une détermination inhérente aux choses.

faite même par des personnes qui ne savaient rien d'évident à opposer à la doctrine de l'idéalité de l'espace, c'est qu'elles désespéraient de pouvoir prouver apodictiquement la réalité absolue de l'espace, attendu qu'elles ont contre elles l'idéalisme, suivant lequel la réalité des objets extérieurs n'est susceptible d'aucune démonstration. Au contraire, il est clairement et immédiatement démontré par la conscience qu'il existe un objet de notre sens interne (moi-même et mon état). Les objets des sens extérieurs pourraient donc bien n'être qu'une pure apparence, tandis que, suivant l'opinion de ces mêmes personnes, l'objet du sens intime est indubitablement quelque chose de réel. Mais elles n'ont pas fait attention que ces deux sortes d'objets, sans qu'il soit besoin d'en attaquer la réalité *comme représentations*, n'appartiennent cependant qu'au phénomène, lequel a toujours deux faces : l'une, quand l'objet est considéré en lui-même (sans avoir égard à la manière de l'envisager, mais dont par cette raison la nature restera toujours problématique); l'autre, quand on considère la forme de l'intuition de cet objet, forme qui ne doit point être cherchée dans l'objet en soi, mais dans le sujet auquel il se présente, et qui néanmoins convient réellement et nécessairement au phénomène de cet objet.

Le temps et l'espace sont donc deux sources d'où peuvent être dérivées *à priori* différentes connaissances synthétiques, comme les mathématiques pures en particulier donnent un exemple frappant relativement aux connaissances de l'espace et de ses rapports. Le temps et l'espace pris ensemble sont deux formes pures de toute intuition sensible, et rendent par là possibles les propositions synthétiques *à priori*. Mais ces sources de connaissance *à priori*, par le fait seul qu'elles sont de simples conditions de la sensibilité, se posent à elles-mêmes leurs bornes, en ce sens qu'elles se rapportent purement aux objets considérés comme phénomènes, mais non point aux choses en elles-mêmes. Les phénomènes sont le seul champ de la valeur de l'espace et du temps ; si l'on en sort, plus aucune valeur objective n'est possible pour eux. Cette réalité formelle de l'espace et du temps ne porte du reste aucune atteinte à la connaissance expérimentale ; car nous en sommes également certains, que ces formes se rattachent nécessairement, soit aux choses en elles-mêmes, soit seulement à l'intuition que nous en avons. Ceux au contraire qui soutiennent la réalité absolue de l'espace et du temps, qu'ils les prennent comme substances ou simplement comme modifications, sont en contradiction avec les principes de l'expérience ; car ils sont obligés, s'ils prennent le temps et l'espace pour des choses en soi (et c'est le parti que prennent la plupart des physiciens mathématiciens), d'admettre deux non-êtres éternels et infinis (l'espace et le temps), qui n'existent (sans être cependant quelque chose de réel) que pour comprendre dans leur sein ce qui est réellement. S'ils prennent le second parti, celui de rattacher aux choses l'espace et le temps, comme le font quelques physiciens métaphysiciens, pour qui l'espace et le temps sont des rapports des phénomènes (voisins dans l'espace ou successifs dans le temps), abstraits de l'expérience, quoique confusément représentés dans cet état de séparation ; alors ils doivent attaquer la validité des théories mathématiques *à priori*, par rapport aux choses réelles (*v. g.* dans l'espace) : ils doivent au moins en contester la certitude apodictique, puisqu'une semblable certitude n'a pas lieu *à posteriori*, et que les idées d'espace et de temps *à priori* sont, suivant cette opinion, de pures créations fantastiques, qui ont leur source réelle dans l'expérience, dont les rapports abstraits ont servi à l'imagination pour composer quelque chose qui comprend, à la vérité, ce qu'il y a de général dans ces rapports, mais qui ne peut avoir lieu sans les restrictions que la nature y attache. Les premiers ont à la vérité l'avantage de rendre aux mathématiques le champ des phénomènes libre ; mais si l'entendement vient à vouloir sortir de ce champ, ces conditions mêmes, le temps et l'espace considérés comme substances certaines, les embarrassent fort. Les seconds gagnent, il est vrai, sous ce dernier rapport, en ce que les représentations d'espace et de temps ne les entravent pas quand ils veulent juger des objets, non comme phénomènes, mais simplement par rapport à l'entendement. D'un autre côté, ils ne peuvent *à priori* ni donner un fondement à la possibilité des connaissances mathématiques (puisqu'il leur manque une intuition *à priori* vraie et valable objectivement), ni former un système nécessaire des lois de l'expérience et des principes mathématiques. Dans notre théorie sur la véritable nature de ces deux formes primitives de la sensibilité, ces deux difficultés disparaissent.

Il est clair enfin que l'Esthétique transcendentale ne peut contenir que ces deux éléments, l'espace et le temps, puisque tous les autres concepts qui appartiennent à la sensibilité, même celui de mouvement, qui emporte les concepts d'espace et de temps, supposent quelque chose d'empirique; car le mouvement suppose la perception de quelque chose de mobile. Mais, dans l'espace considéré en lui-même, il n'y a rien de mobile : ce qui est mobile doit donc être quelque chose *qui* ne se trouve que *par l'expérience dans l'espace;* par conséquent, une donnée empirique. L'Esthétique transcendentale ne peut non plus compter parmi ses données *à priori* le concept de changement; car le temps lui-même ne change pas : ce qui change, c'est ce qui est dans le temps. Il faut donc pour cela la perception d'une existence quelconque et celle de la succession de ses déterminations; par conséquent, l'expérience.

Observations générales sur l'Esthétique transcendantale.

Avant tout, il est nécessaire d'expliquer notre opinion aussi clairement que possible par rapport à la qualité fondamentale et à la nature de la connaissance qui nous vient des sens en général, afin de prévenir tout malentendu à ce sujet.

Nous avons donc voulu dire que toutes nos intuitions ne sont que des représentations de phénomènes; que les choses que nous percevons ne sont pas en elles-mêmes telles que nous les percevons; que leurs rapports ne sont pas essentiellement non plus ce qu'ils nous paraissent être; et que si nous faisions abstraction de notre sujet, ou simplement même de la qualité subjective des sens en général, c'en serait fait de toute propriété, de tout rapport des objets dans l'espace et le temps, de l'espace et du temps eux-mêmes, car rien de tout cela ne peut exister en soi comme phénomène, mais seulement en nous. Nous ignorons complétement ce que peut être la nature des choses en soi, indépendamment de toute notre capacité (réceptivité). Nous ne connaissons que notre manière de les percevoir, qui est tout à fait propre à notre esprit, et qui ne doit pas être nécessairement celle de tout être, quoique, à la vérité, elle soit celle de chacun de nous. C'est à cette manière de percevoir que nous devons uniquement nous attacher. L'espace et le temps sont les formes pures, et la sensation en général, la matière. Mais nous pouvons connaître l'espace et le temps *à priori*, c'est-à-dire avant toute perception actuelle; et c'est pour cela qu'on les appelle intuitions pures. La sensation, au contraire, est ce qui est connu *à posteriori*, et qu'on appelle intuition empirique. Ces formes de temps et d'espace appartiennent absolument et nécessairement à notre sensibilité, quelle que puisse être la nature de nos sensations; mais les sensations peuvent être très-diverses. Quand même nous pourrions rendre notre intuition le plus clair possible, nous n'approcherions pas pour cela de plus près de la nature des choses en elles-mêmes, car jamais nous ne connaîtrons pleinement que notre mode d'intuition, c'est-à-dire notre sensibilité; et cela toujours uniquement sous les conditions de l'espace et du temps, conditions originairement inhérentes au sujet. Mais ce que les objets peuvent être en eux-mêmes ne nous serait cependant jamais connu par la connaissance parfaite de leurs phénomènes, qui seuls nous sont donnés.

C'est donc fausser, dénaturer les concepts de sensibilité et de phénomène, en rendre la connaissance inutile et vaine, que de faire consister toute la sensibilité dans la représentation confuse des choses, qui comprendrait simplement ce qui leur compète en elles-mêmes, mais seulement sous un amas de caractères et de représentations partielles que nous ne pouvons distinguer les unes des autres dans la conscience. La différence d'une représentation obscure et d'une représentation claire est purement logique, et n'en atteint point la matière ou le contenu. Nul doute que le concept de DROIT, employé par la saine et commune intelligence, ne renferme tout ce que la plus subtile spéculation peut en tirer, quoique dans l'usage général et pratique on n'ait pas conscience dans cette pensée de ces représentations diverses. On ne peut pas dire cependant que le concept vulgaire de droit appartienne aux sens et ne contienne qu'un pur phénomène, car le droit ne peut réellement être perçu; son concept est dans l'entendement, et représente une qualité morale des actions, qui leur compète en elles-mêmes. Au contraire, la représentation intuitive d'un *corps* ne contient absolument rien qui puisse convenir à un objet lui-même, mais simplement le phénomène de quelque chose, et la manière dont nous en sommes affectés. Or cette capacité de notre faculté de connaître s'appelle sensibilité, elle est tout à fait distincte de la connaissance de l'objet en lui-même, pût-on d'ailleurs pénétrer jusqu'à la raison du phénomène.

La philosophie de *Leibnitz* et de *Wolf* a donc assigné un point de vue entièrement faux à toutes les recherches sur la nature et l'origine de nos connaissances, quand elle a considéré la différence entre la sensibilité et l'entendement comme purement logique ; cette différence est visiblement transcendentale et ne concerne pas simplement la forme de la clarté ou de l'obscurité, mais encore l'origine et la matière de nos connaissances : à tel point que, par la sensibilité, nous ne connaissons, je ne dis pas seulement d'une manière obscure, mais absolument, point les choses en elles-mêmes : dès que nous faisons abstraction de notre nature subjective, l'objet représenté ne se trouve ni ne peut se trouver nulle part, non plus que les propriétés à lui attribuées par l'intuition, parce que c'est cette qualité subjective seule qui détermine la forme de l'objet comme phénomène.

Nous distinguons bien d'ailleurs dans les phénomènes, ce qui appartient essentiellement à leur intuition, et qui vaut en général pour chaque sens humain, de ce qui ne lui appartient qu'accidentellement; ceci ne se rencontre pas dans le rapport de la sensibilité en général, mais il dépend uniquement d'une disposition particulière, ou de l'organisation de tel ou tel sens. On dit de la première espèce de connaissance qu'elle représente l'objet en soi, et de la seconde, qu'elle n'en représente que le phénomène. Mais cette différence n'est qu'empirique : si l'on s'en tient là, comme il arrive souvent, et si l'on ne considère pas de nouveau, ainsi qu'on devrait le faire, cette intuition empirique comme un pur phénomène qui ne renferme rien de ce qui appartient à une chose en soi, c'en est fait de toute notre distinction transcendentale, et nous croyons alors connaître les choses en elles-mêmes, quoique partout (dans le monde sensible), même dans les plus profondes recherches, il ne puisse être question que de phénomènes. Si par exemple, dans une pluie de soleil, nous appelons l'arc-en-ciel un simple phénomène, et cette pluie elle-même une chose en soi, la dénomination sera effectivement juste, en ce sens seulement que le dernier concept s'entend physiquement d'une chose qui, dans l'expérience générale, et suivant les expositions diverses par rapport aux sens, est cependant déterminée ainsi dans l'intuition seule, et non indépendamment d'elle. Mai si nous nous demandons d'une manière générale, et abstraction faite de l'accord qui existe entre ce quelque chose d'empirique et l'organisation humaine, s'il représente un objet en soi (je ne dis pas des gouttes de pluie, car elles sont déjà, comme phénomènes, des objets empiriques), la question devient alors transcendentale : et non-seulement ces gouttes sont de purs phénomènes; mais encore leur forme ronde, l'espace même dans lequel elles tombent, ne sont rien en soi, ne sont que de simples modes, ou des dispositions fondamentales de notre intuition sensible, tandis que l'objet transcendental nous reste inconnu.

Une autre chose importante dans notre Esthétique

transcendentale, c'est qu'elle doit être accueillie autrement que comme hypothèse probable, puisqu'elle est aussi certaine, aussi indubitable qu'on peut jamais l'exiger d'une théorie qui doit servir d'Organe. Pour nous en assurer parfaitement, prenons un cas où la valeur de cette Esthétique devienne sensible (1).

Supposé donc que l'espace et le temps soient en eux-mêmes, ou objectivement, et comme des conditions de la possibilité des choses en soi; il en résulte d'abord par rapport à l'un et à l'autre, un très-grand nombre de propositions apodictiques et synthétiques *à priori,* principalement au sujet de l'espace, que nous prendrons ici, par cette raison, pour exemple. Puisque les propositions de géométrie sont connues synthétiquement *à priori* et avec une certitude apodictique, je demande où cette science prend ces propositions, et sur quoi s'appuie notre entendement pour atteindre à ces vérités absolument nécessaires et universellement valables. Il n'y a que deux moyens, les concepts ou les intuitions. Mais ces deux moyens, comme tels, nous sont donnés ou *à priori,* ou *à posteriori.* Les concepts *à posteriori,* c'est-à-dire les concepts empiriques, ainsi que ce sur quoi ils se fondent, l'intuition empirique, ne peuvent donner aucune

---

(1) La seconde édition ajoute : « Et puisse jeter une nouvelle lumière sur ce qui a été dit au § III.   T.

proposition synthétique, à moins que ce ne soit aussi une proposition purement empirique, c'est-à-dire une proposition de l'expérience. Mais une proposition empirique ne peut jamais renfermer la nécessité et l'universalité absolue, deux choses qui sont cependant le caractère de toutes les propositions de géométrie. Quant au premier et unique moyen d'acquérir ces connaissances, je veux dire par de simples concepts ou par des intuitions *à priori*, il est clair qu'il ne peut sortir de ces concepts aucune connaissance synthétique, mais seulement des connaissances analytiques. Soit seulement cette proposition : Un espace ne peut être renfermé dans deux lignes droites, et par conséquent deux lignes droites ne peuvent former une figure, et cherchons simplement à déduire cette proposition de ces concepts de ligne droite et de *nombre deux*. Ou bien, supposez qu'une figure soit possible avec trois lignes, et cherchez à déduire cette vérité de ces mêmes concepts seuls. Peine inutile; vous êtes forcé de recourir à l'intuition, comme la géométrie l'a toujours fait. Vous donnez-vous maintenant un objet en intuition; mais de quelle espèce est cette intuition? Est-elle pure *à priori*, ou empirique? Si elle est empirique, jamais une proposition universellement valable, et moins encore une proposition apodictique, n'en pourra sortir; car l'expérience n'en donne point de telles. Vous êtes donc obligé de vous donner votre objet *à priori* dans une intuition, et d'y fonder votre proposition synthétique. Or, s'il n'y avait pas en vous une faculté d'avoir des intuitions *à priori*, et si cette condition, subjective quant à la forme, n'était pas en même temps la condition *à priori* sous laquelle seule l'objet de cette intuition externe même est possible; si enfin cet objet (le triangle), était quelque chose en soi, sans rapport à votre sujet, comment pourriez-vous dire que ce qui est nécessaire dans vos conditions subjectives pour la construction d'un triangle doit nécessairement faire partie du triangle en soi? Car vous ne pouvez rien ajouter de nouveau (la figure) à vos concepts (de trois lignes), qui doive se trouver nécessairement dans l'objet, puisque cet objet est donné avant votre connaissance, et non par elle. Par conséquent, si l'espace (ainsi que le temps) n'était pas une pure forme de votre intuition, qui contient des conditions *à priori* sous lesquelles seules des choses peuvent être pour vous des objets extérieurs (qui ne sont rien en eux-mêmes ou sans ces conditions subjectives), vous ne pourriez absolument rien prononcer synthétiquement sur ces objets. Il est donc certain de toute certitude, et non simplement possible ou bien encore vraisemblable, que l'espace et le temps, comme conditions nécessaires de toute expérience (tant interne qu'externe), sont des conditions purement subjectives de toute notre intuition. Il est donc également certain que tous les objets, par rapport à l'espace et au temps, ne sont que de simples phénomènes, et non des choses en soi, à les considérer suivant la manière dont ils sont donnés. On peut dire *à priori* beaucoup de choses de la forme des objets, mais rien du tout de la chose en soi, qui doit servir de base à ces phénomènes (1).

(1) La seconde édition contient ensuite un long développement. V. Suppl. XII. R.

THÉORIE ÉLÉMENTAIRE TRANSCENDENTALE.

SECONDE PARTIE.
LOGIQUE TRANSCENDENTALE.

INTRODUCTION.
IDÉE D'UNE LOGIQUE TRANSCENDENTALE.

I.
De la Logique en général.

Notre connaissance découle de deux principales sources intellectuelles : la première est la capacité de recevoir les représentations (la réceptivité des impressions); la seconde, la faculté de connaître un objet par ces représentations (la spontanéité des concepts). Par la première, un objet nous est donné; par la seconde, il est *pensé* en rapport avec cette représentation (comme pure détermination de l'esprit). Une intuition et des concepts, voilà donc les éléments de toute notre connaissance : tellement que les concepts sans intuition correspondante, ou une intuition sans concepts, ne peuvent donner une connaissance. L'intuition et le concept sont ou purs, ou empiriques : *empiriques*, quand une sensation (qui suppose la présence réelle de l'objet) s'y trouve contenue; *purs*, au contraire, quand aucune sensation ne se mêle à la représentation. On peut appeler la sensation, la matière de la connaissance sensible. Une intuition pure ne contient donc que la forme sous laquelle quelque chose est perçu; et un concept pur, la forme seule de la pensée d'un objet en général. Mais des intuitions pures ou des concepts purs ne sont possibles qu'*à priori;* des intuitions et des concepts empiriques ne le sont qu'*à posteriori*.

Nous appellerons *Sensibilité* la capacité (réceptivité) de notre esprit d'avoir des représentations, en tant qu'il est affecté d'une manière quelconque; au contraire, la faculté de produire des représentations mêmes, ou la *spontanéité* de la connaissance, s'appellera *Entendement*. Il est donc de notre nature que l'intuition ne puisse être que *sensible,* c'est-à-dire qu'elle ne comprenne que la manière dont nous sommes affectés par les objets. L'*entendement*, au contraire, est la faculté de *concevoir* l'objet de l'intuition sensible. L'une de ces propriétés de l'âme n'est point préférable à l'autre : elles sont d'une égale importance : sans la sensibilité, aucun objet ne nous serait donné, et sans l'entendement aucun ne serait pensé. Des pensées sans matière ou sans objet sont vaines, des intuitions sans concepts sont aveugles. Il est donc également indispensable, et de rendre ses concepts sensibles (c'est-à-dire de leur donner un objet en intuition), et de rendre intelligibles ses intuitions (en les soumettant à des concepts). Ces deux facultés ou capacités ne peuvent non plus se suppléer l'une l'autre, en changeant respectivement de rôle : l'entendement ne peut rien percevoir, et les sens rien penser. La connaissance ne résulte que de leur union. Il ne faut donc pas confondre leurs attributions; il y a au contraire une grande raison de les séparer et de les distinguer soigneusement. Nous distinguons donc la science des lois de la sensibilité en général, c'est-à-dire l'Esthétique, de la science des lois de l'entendement en général, c'est-à-dire de la Logique.

La Logique peut encore être envisagée sous deux points de vue, suivant qu'il s'agit, ou des opérations générales, ou des opérations particulières de l'entendement. De là une Logique générale et une Logique particulière. La première comprend les règles absolument nécessaires à la pensée, sans lesquelles toute opération intellectuelle est impossible, et n'a par conséquent point à s'occuper de la diversité des objets auxquels l'entendement peut s'appliquer. La Logique particulière comprend les règles pour penser convenablement sur une espèce d'objets déterminés. La première peut s'appeler Logique élémentaire; la seconde,

Organe [ou Instrument] de telle ou telle science. Celle-ci est préalablement enseignée dans les écoles, comme propédeutique des sciences, quoiqu'elle soit la dernière chose à laquelle parvienne la raison humaine dans son développement, lorsque la science est déjà très-avancée et n'attend que la dernière main pour être perfectionnée. En effet, il faut déjà connaître les choses à un degré passablement élevé pour pouvoir donner les règles qui les soumettent à une connaissance scientifique.

Maintenant, la Logique générale est pure ou appliquée. Dans la première, nous faisons abstraction de toutes les conditions empiriques sous lesquelles notre entendement s'exerce, par exemple de l'influence des sens, du jeu de l'imagination, des lois de la mémoire, du pouvoir de l'habitude, de celles de l'inclination, etc.; par conséquent aussi des sources des préjugés, et même en général de toutes les causes d'où nous viennent ou d'où pourraient être supposées nous venir certaines connaissances; et cela, parce que ces causes ne concernent l'entendement que dans des circonstances déterminées de son application, et qu'elles ne peuvent être connues que par l'expérience. La *Logique générale*, mais *pure*, ne consiste donc que dans des principes purement *à priori*, et sert de *canon* ou de *règle à l'entendement* et à la raison, mais uniquement par rapport à la partie formelle de leur opération, de leur usage, quel qu'en soit du reste l'objet (empirique ou transcendental). On dit d'une *Logique générale* qu'elle est *appliquée*, quand elle s'occupe des règles de l'usage de l'entendement, sous les conditions subjectives et empiriques que nous enseigne la Psychologie. Quoique générale, en ce sens qu'elle concerne l'usage de l'entendement sans distinction d'objets, cette Logique a donc des principes empiriques. Elle n'est donc, par cette raison, ni une règle de l'entendement en général, ni un organe de sciences particulières, mais uniquement une cathartique de l'entendement commun.

Il faut donc soigneusement distinguer, dans la Logique générale, la partie qui doit composer la théorie pure de la raison, de celle tout à fait distincte de la précédente, qui constitue la Logique pratique ou appliquée (quoique celle-ci soit elle-même générale). La première seule, bien que courte et aride, telle, en un mot, que l'exige un traité scolastique de la science élémentaire de l'entendement, constitue à proprement parler la science. Dans cette partie de la science, les logiciens ne doivent donc jamais perdre de vue ces deux règles :

1° Comme Logique générale, elle fait abstraction de toute matière de la connaissance de l'entendement et de la diversité de ses objets, pour ne s'occuper que de la forme pure de la pensée.

2° Comme Logique pure, elle n'a aucun principe empirique; elle ne tire conséquemment rien (comme on se l'est quelquefois persuadé faussement) de la Psychologie, qui n'a par conséquent pas la moindre influence sur le canon de l'entendement. Elle est une science démontrée, et tout en elle doit être parfaitement certain *à priori*.

Ce que j'appelle ici Logique appliquée (contrairement à la signification ordinaire de ce mot, par lequel on doit entendre certains exercices dont la Logique pure donne les règles), est donc une représentation de l'entendement et des règles de son usage nécessaire *in concreto*, c'est-à-dire, sous les conditions contingentes du sujet, qui peuvent entraver ou favoriser cet usage, et qui toutes ne sont données qu'empiriquement. Elle traite de l'attention, de ses obstacles et de ses effets, de l'origine de l'erreur, de l'état de doute, d'hésitation, de persuasion, etc. La Logique générale soutient avec elle le même rapport que la morale qui comprend uniquement les lois morales nécessaires d'une volonté libre en général, soutient avec la science propre de la vertu, laquelle considère ces lois par rapport aux entraves des sens, des inclinations et des passions auxquelles les hommes sont plus ou moins sujets, et ne peut jamais être une science véritable, une science démontrée, parce qu'elle a besoin, ainsi que la Logique appliquée, de principes empiriques et psychologiques.

II.

De la Logique transcendentale.

La Logique générale s'abstient, comme nous l'avons dit, de toute matière de la connaissance, c'est-à-dire de tout rapport de la connaissance à son objet; elle ne considère que la forme logique sous le rapport des connaissances entre elles, c'est-à-dire la forme de la pensée en général. Mais comme il y a des intuitions pures et des intuitions empiriques (ainsi que le prouve l'Esthétique transcendentale), il pourrait bien y avoir aussi une différence entre la pensée pure et la pensée empirique des objets. Dans ce cas, il y aurait une Logique dans laquelle on ne ferait pas abstraction de toute matière de la connaissance ; car celle qui comprendrait uniquement les lois de la pensée pure d'un objet exclurait toutes les connaissances provenant d'une matière empirique. Elle traiterait aussi de l'origine de nos connaissances des objets, en tant que cette origine ne peut être attribuée aux objets : tandis que la Logique générale, au contraire, ne s'occupe point de cette origine de nos connaissances, elle considère seulement les représentations suivant les lois d'après lesquelles l'entendement les emploie les unes par rapport aux autres, quand il pense, qu'elles aient primitivement leur origine en nous-mêmes *à priori*, ou qu'elles n'aient qu'une origine *à posteriori*. Elle ne traite donc que de la forme intellectuelle qui peut être attribuée aux représentations, quelle que puisse être d'ailleurs leur origine.

Je ferai ici une observation qui s'applique à tout ce qui doit suivre, et qu'il faut toujours avoir présente à l'esprit : c'est que toute connaissance *à priori* ne doit pas être appelée transcendentale, mais celle-là seule par laquelle nous connaissons que certaines représentations (intuitions ou concepts) ne sont appliquées ou possibles qu'*à priori* et comment elles le sont. Le caractère transcendental des connaissances n'est donc que leur possibilité ou leur usage *à priori*. Par conséquent, ni l'espace, ni une détermination géométrique quelconque de l'espace *à priori*, ne peut être une représentation transcendentale : la connaissance de l'origine non empirique de ces représentations, et du comment il se fait cependant qu'elles se rapportent *à priori* à des objets de l'expérience, peut seule s'appeler transcendentale. L'application de l'espace aux objets en général serait de même transcendentale ; mais si cette application est restreinte aux objets des sens, on l'appelle alors empirique. La différence du transcendental et de l'empirique n'appartient donc qu'à la critique des connaissances, et ne regarde point leur rapport à ce qui en est l'objet.

Dans la présomption qu'il peut y avoir des concepts qui se rapportent *à priori* aux objets, non comme des intuitions pures ou sensibles, mais simplement comme des actes de la pensée pure, concepts dont par conséquent l'origine n'est ni empirique, ni esthétique, nous nous faisons alors, par anticipation, l'idée d'une science de l'entendement pur, et d'une connaissance rationnelle par laquelle nous pensons des objets tout à fait *à priori*. Une science qui déterminerait l'origine, la circonscription et la valeur objective de ces connaissances, pourrait s'appeler *Logique transcendentale,* comme n'ayant affaire uniquement qu'aux lois de l'entendement et de la raison. Cette logique ne s'occupe en effet des objets que d'une manière *à priori*, à la différence de la logique générale, qui s'occupe sans distinction des connaissances empiriques et des connaissances pures.

III.

De la division de la Logique générale en *Analytique* et *Dialectique.*

L'ancienne et célèbre question par laquelle on prétendait pousser à bout les logiciens, en cherchant à les surprendre par un misérable diallèle, ou à leur faire reconnaître leur ignorance, et par conséquent la vanité de tout leur art, est celle-ci : Qu'est-ce que la vérité ? La définition nominale de la vérité, savoir : l'accord de la connaissance avec son objet, est admise et supposée dans cet ouvrage. Mais on voudrait savoir quel est l'universel et sûr critère de la vérité de toute connaissance.

C'est déjà une grande et indispensable preuve de sagesse et de lumière que de savoir ce qu'il faut raisonnablement demander ; car si la question est absurde et n'est susceptible d'aucune réponse sensée, elle emporte, outre la honte pour celui qui la fait, quelquefois aussi l'inconvénient pour celui qui répond imprudemment, d'être poussé à des réponses absurdes, et présente ainsi, sous un aspect ridicule, deux personnes dont l'une (comme disent les anciens) trait le bouc pendant que l'autre tient le baquet.

Si la vérité consiste dans la convenance d'une connaissance avec son objet, cet objet doit, par le fait, être distingué de tous autres ; car une connaissance est fausse si elle ne s'accorde pas avec l'objet auquel elle est rapportée, contînt-elle du reste quelque chose qui pût valoir par rapport à d'autres objets. Or, un critère universel de la vérité serait celui qui vaudrait pour toutes les connaissances sans distinction de leur objet. Mais, puisqu'on fait alors abstraction de toute matière de la connaissance (de tout rapport de la connaissance avec son objet), quoiqu'il n'y ait cependant d'autre vérité que celle qui se rapporte à cette matière, il est clair qu'il est tout à fait impossible, absurde même, de demander un caractère de la vérité de cet objet de la connaissance, et que par conséquent une marque suffisante et néanmoins universelle de la vérité, est impossible à donner. Comme nous avons déjà appelé ci-devant l'objet d'une connaissance sa matière, on devra donc dire de la vérité, quant à la connaissance de la matière, qu'il est contradictoire d'en demander un critère général.

Mais, pour ce qui est de la connaissance quant à la forme pure (sans faire attention à la matière), il est également clair qu'une Logique, en tant qu'elle traite des lois générales et nécessaires de l'entendement, doit exposer par là même les critères généraux de la vérité. Car tout ce qui les contredit est faux, parce qu'alors l'entendement, en allant contre ces lois générales de la pensée, se contredit lui-même. Mais ces critères ne concernent que la forme seule de la vérité, c'est-à-dire de la pensée en général ; ils sont justes à cet égard, il est vrai ; mais aussi ils sont insuffisants : car, quoiqu'une connaissance puisse être parfaitement d'accord avec la forme logique, c'est-à-dire n'être pas contraire à elle-même, elle peut cependant contredire encore l'objet. Le critère purement logique de la vérité, je veux dire l'accord de la connaissance avec les lois universelles et formelles de l'entendement et de la raison, est à la vérité la condition *sine quâ non* et par conséquent négative de toute vérité ; mais la Logique ne peut aller plus loin, ni découvrir par une pierre de touche l'erreur, qui atteindrait la matière et non la forme.

La Logique générale résout donc en ses éléments

tout le travail formel de l'entendement et de la raison, et présente ces éléments comme des principes de tout jugement logique de notre connaissance. Cette partie de la Logique peut donc s'appeler Analytique, et devient par cette raison la pierre de touche, au moins négative, de la vérité, puisque toute connaissance doit être examinée et jugée d'après ces règles, quant à sa forme, avant d'être examinée quant à la matière pour savoir si, dans son rapport avec son objet, elle renfermait une vérité positive. Mais comme la forme pure de la connaissance, quel qu'en puisse être l'accord avec les lois logiques, ne suffit pas à beaucoup près pour constituer la vérité matérielle (objective) de cette connaissance, on ne peut donc entreprendre à l'aide de la Logique seule de juger des objets et d'en affirmer quoi que ce soit, sans en avoir auparavant pris une idée approfondie, indépendamment de la Logique, sauf à rechercher ensuite leur usage et leur liaison en un tout systématique suivant des lois logiques, ou mieux encore, à les soumettre simplement à ces mêmes lois. Il y a toutefois quelque chose de si séduisant dans la possession de l'art spécieux de donner à toutes nos connaissances la forme de l'entendement, quoiqu'on soit encore infiniment pauvre, sous le rapport de leur objet, que la Logique générale, qui n'est qu'un simple *canon* pour juger critiquement, sert en quelque sorte comme d'*Organe* pour obtenir réellement, du moins en apparence, des assertions objectives, et par conséquent a été, dans le fait, employée d'une manière abusive. Or, cette Logique générale, comme prétendu Organe, s'appelle *Dialectique*.

Quelque différente que soit la signification que les anciens donnaient à ce mot, de celle que nous lui donnons, on peut néanmoins conclure, d'après l'emploi réel qu'ils en faisaient, que la dialectique n'était pour eux que la Logique de l'*apparence*. Art sophistique de donner à son ignorance, et même à des prestiges prémédités, la couleur du vrai, en imitant la méthode de la fondamentalité que prescrit la Logique en général, et dont la Topique servait à pallier les plus vaines prétentions. Or, on peut remarquer, et c'est un avertissement non moins sûr qu'utile, que la Logique générale, *considérée comme Organe*, n'est jamais qu'une Logique de l'apparence, c'est-à-dire une Logique dialectique. Car, ne nous apprenant rien sur la matière de la connaissance et ne nous donnant que les conditions formelles de la convenance de cette connaissance avec l'entendement, conditions qui du reste sont parfaitement indifférentes par rapport aux objets, la prétention de s'en servir comme d'un Instrument (Organe) pour étendre ses connaissances et en acquérir de nouvelles, ne doit donc aboutir qu'à un verbiage inutile, par lequel on affirme ou l'on nie tout ce qu'on veut et avec une égale apparence de raison.

Un pareil enseignement n'est point conforme à la dignité de la philosophie. C'est pour cette raison qu'on a préféré donner à la Logique le nom de Dialectique, dans le sens de *Critique de l'apparence dialectique*; et c'est aussi sous ce point de vue que nous l'envisagerons ici.

IV.

Division de la Logique transcendentale en *Analytique* et *Dialectique* transcendentales.

Dans la Logique transcendentale, nous isolons l'entendement (comme nous avons isolé la sensibilité dans l'Esthétique transcendentale), et nous ne prenons de notre connaissance que la partie de la pensée qui a son origine dans l'entendement seul. Mais une condition essentielle pour l'emploi de cette connaissance pure, c'est que des objets auxquels elle puisse s'appliquer soient donnés en intuition : car sans intuition, point d'objet de connaissance, et alors point de connaissance. La partie de la Logique transcendentale qui traite des éléments de la connaissance pure de l'entendement et des principes sans lesquels aucun objet ne peut jamais être pensé, est tout à la fois une Analytique transcendentale et une Logique de la vérité. Car aucune connaissance ne peut se trouver en opposition avec elle sans perdre aussitôt toute sa matière, c'est-à-dire tout rapport à un objet quelconque, par conséquent toute vérité. Mais, comme c'est une chose très-séduisante que l'emploi de ces connaissances et de ces principes purs de l'entendement, même en dehors des bornes de l'expérience, quoiqu'elle seule puisse nous fournir la matière (les objets) à laquelle ces concepts purs de l'entendement peuvent être appliqués, l'entendement court alors le risque de faire, par de vains raisonnements, un usage matériel des principes purement formels de l'entendement pur, et de juger indistinctement des objets qui ne nous sont pas donnés, et qui même ne le seront probablement jamais. Puis donc que la Logique doit proprement et uniquement servir de règle au jugement critique de l'usage empirique, ce serait en abuser que de la faire servir comme l'*Organe* d'un usage général et illimité, et de se hasarder avec le seul entendement pur à juger, à prononcer et à décider *synthétiquement* sur des objets en général. L'usage de l'entendement pur serait donc alors dialectique. La seconde partie de la Logique transcendantale doit donc être une critique de cette apparence dialectique, et s'appeler dialectique transcendantale ; non pas que ce soit l'art trompeur de susciter dogmatiquement cette apparence (art des différents prestiges métaphysiques malheureusement trop fréquents), mais parce qu'elle est une critique de l'entendement et de la raison par rapport à leur usage hyperphysique, critique propre à mettre à découvert la trompeuse apparence des vaines prétentions de ces deux facultés, et à modérer leur ambition démesurée de connaître la vérité et d'en étendre le domaine, au moyen seulement de principes transcendentaux, critique propre encore à réduire cette prétention à un simple jugement critique et à une garantie de l'entendement pur contre les illusions sophistiques.

LOGIQUE TRANSCENDENTALE.

PREMIÈRE DIVISION.

Analytique transcendentale.

Cette analytique est la décomposition de toute notre connaissance *à priori* en éléments de la connaissance de l'entendement pur. En quoi il faut faire attention aux points suivants : 1° que les concepts soient purs et non empiriques ; 2° qu'ils n'appartiennent ni à l'intuition ni à la sensibilité, mais à la pensée et à l'entendement ; 3° qu'ils soient des concepts élémentaires, et tout différents des concepts dérivés ou de ceux qui en sont composés ; 4° que la table en soit complète et qu'ils forment tout le domaine de l'entendement pur. Or, cette intégralité d'une science ne peut être conclue avec certitude sur le comput d'un simple agrégat formé à la suite de recherches laborieuses, mais faites sans méthode : elle n'est donc possible qu'au moyen d'une *idée du tout* de la connaissance intellectuelle *à priori*, et par la division qui sera faite des concepts qui la composent ;

par conséquent au moyen seulement de leur *enchaînement systématique*. L'entendement pur se distingue parfaitement, non-seulement de tout empirisme, mais encore de toute sensibilité. Il forme donc une certaine unité subsistante par elle-même, se suffisant à elle-même, et qui ne peut être augmentée par aucune addition étrangère. L'ensemble de sa connaissance formera donc un système qui devra être contenu et déterminé sous une seule idée, système dont l'intégralité et la distribution peuvent en même temps fournir une pierre de touche pour éprouver la légitimité et la valeur de toutes les parties de la connaissance qui le constituent. Mais cette partie de la Logique transcendentale forme *deux livres*, dont l'un comprend les *concepts*, l'autre les *principes* de l'entendement pur.

ANALYTIQUE TRANSCENDENTALE.

LIVRE PREMIER.

Analytique des concepts.

J'entends par Analytique des concepts, non pas leur analyse ou la méthode ordinairement suivie dans les recherches philosophiques, et qui consiste à décomposer, pour les rendre clairs, les concepts qui se présentent; mais j'entends cette *décomposition*, encore peu usitée jusqu'ici, *de la faculté* même *de l'entendement*, pour reconnaître la possibilité des concepts *à priori*, en ne les recherchant que dans l'entendement seul, comme dans leur sol natal, et en analysant l'usage pur en général de cette faculté. Tel est précisément le but spécial de la philosophie transcendentale : le reste est l'objet du traité logique des concepts dans la philosophie en général. Nous poursuivrons donc les concepts purs jusque dans leurs premiers germes ou rudiments, nous pénètrerons dans les capacités intellectuelles qui leur correspondent, où ils sont préformés, en attendant qu'ils se développent à la faveur de l'expérience, et qu'affranchis par ce même entendement de toutes conditions empiriques à eux inhérentes, ils soient exposés dans toute leur pureté native.

ANALYTIQUE DES CONCEPTS.

CHAPITRE PREMIER.

Du fil conducteur pour découvrir tous les concepts purs de l'entendement.

Lorsqu'on met en jeu une faculté intellectuelle, différents concepts se manifestent suivant les différentes circonstances et font connaître cette faculté. Ils doivent former une liste plus ou moins étendue, suivant qu'on aura mis plus ou moins de temps à leur recherche et qu'on y aura apporté plus ou moins de pénétration. On ne peut décider avec certitude par cette méthode, pour ainsi dire mécanique, le moment où une pareille investigation sera achevée. Aussi les concepts que l'on ne découvre ainsi qu'occasionnellement ne se présentent dans aucun ordre, n'ont aucune unité systématique; ils ne sont au contraire associés définitivement que d'après des ressemblances, et sont disposés par séries, suivant la quantité de leur matière, en allant des plus simples aux plus composés, séries qui sont loin de former un système, quoique composées suivant une certaine méthode.

La philosophie transcendentale a l'avantage ainsi que l'obligation de rechercher ses concepts suivant un principe, parce qu'ils sortent purs et sans mélange de l'entendement comme d'une unité absolue, et doivent par conséquent se lier entre eux suivant un concept ou une idée. Mais cette liaison fournit une règle suivant laquelle la place de chaque concept pur de l'entendement, ainsi que l'intégralité de leur nombre, peuvent être déterminées *à priori;* toutes choses qui autrement dépendraient de la fantaisie ou du hasard.

FIL CONDUCTEUR TRANSCENDENTAL

POUR DÉCOUVRIR LES CONCEPTS PURS DE L'ENTENDEMENT.

SECTION I.

De l'usage logique de l'entendement en général.

L'entendement a été défini plus haut d'une manière purement négative : Une faculté de connaître non sensible. Or, comme nous ne pouvons avoir aucune intuition indépendamment de la sensibilité, l'entendement n'est donc point une faculté intuitive. Mais, ôté l'intuition, il n'y a pas d'autre manière de connaître que par concepts. Par conséquent la connaissance de toute intelligence, du moins de toute intelligence humaine, est une connaissance par concepts, non intuitive, mais discursive [générale]. Toutes les intuitions, comme sensibles, reposent sur des affections, et les concepts par conséquent sur des fonctions. J'entends par fonctions l'unité d'action nécessaire pour ordonner différentes représentations et en faire une représentation commune. Les concepts ont donc pour base la spontanéité de la pensée, comme les intuitions sensibles la réceptivité des impressions. Or, l'entendement ne peut faire d'autre usage de ces concepts que de *juger* par leur moyen. Et comme l'intuition est la seule représentation qui ait immédiatement un objet, jamais donc un concept ne se rapporte immédiatement à un objet, mais bien à quelque autre représentation de cet objet (qu'elle soit une intuition, ou déjà même un concept). Le *jugement* est donc la connaissance médiate d'un objet, par conséquent la représentation d'une représentation de cet objet. Dans tout jugement est un concept applicable à plusieurs choses, et qui, sous cette pluralité, comprend aussi une représentation donnée, laquelle se rapporte immédiatement à l'objet. Ainsi dans le jugement : *Tous les corps sont divisibles,* le concept divisible convient à différents autres concepts, parmi lesquels le concept de corps est celui auquel il se rapporte ici particulièrement. Mais ce concept de corps, à son tour, est relatif à certains phénomènes que nous avons sous les yeux. Ces objets sont donc médiatement représentés par le concept de divisibilité. Tous les jugements sont donc des fonctions de l'unité dans nos représentations, puisqu'au lieu d'une représentation immédiate, une autre plus élevée, et qui contient celle-ci, avec beaucoup d'autres, sert à la connaissance de l'objet, et qu'ainsi un grand nombre de connaissances possibles sont ramenées à une seule. Mais nous pouvons réduire toutes les opérations de l'entendement au jugement, en sorte que l'*entendement* en général peut être représenté comme une *faculté de juger*. Car d'après ce qui précède, c'est la faculté de penser. La pensée est la connaissance par concepts. Mais les concepts, comme attributs de jugements possibles, se rapportent à une représentation quelconque d'un objet encore indéterminé. Ainsi, le concept de corps signifie quelque chose (*v. g.* un métal) qui peut être connu par ce concept. Ce concept n'est donc tel que parce qu'il contient en lui d'autres représentations au moyen desquelles il peut se rapporter à des objets. Il est donc l'attribut d'un jugement possible, *v. g.* de celui-ci : Tout métal est un corps. Les fonctions de l'entendement pourraient donc être toutes découvertes, s'il était possible d'exposer avec certitude les fonctions de l'unité dans le jugement. La section suivante fera voir que c'est chose très-facile.

FIL CONDUCTEUR

POUR DÉCOUVRIR LES CONCEPTS PURS DE L'ENTENDEMENT.

SECTION II.

De la fonction logique de l'entendement dans le jugement.

Si nous faisons abstraction de toute matière d'un jugement en général, et que nous n'y considérions que la forme seule de l'entendement, nous trouverons alors que la fonction de la pensée peut être ramenée à quatre titres, dont chacun comprend trois moments ou degrés. Ils peuvent très-bien être représentés par le tableau suivant :

1er. — *Quantité des jugements.*

Généraux,
Particuliers,
Singuliers.

2e. — *Qualité.*

Affirmatifs,
Négatifs,
Indéfinis.

3e. — *Relation.*

Catégoriques,
Hypothétiques,
Disjonctifs.

4°. — *Modalité.*

Problématiques,
Assertoriques,
Apodictiques.

Comme cette division semble différer, dans quelques parties, de la *Technique* ordinaire des logiciens, parties non essentielles il est vrai, les observations suivantes ne seront pas inutiles pour prévenir une confusion qui, autrement, serait à craindre.

1° Les Logiciens disent avec raison que, dans l'usage que l'on fait des jugements pour les raisonnements, on peut traiter les jugements singuliers comme les jugements généraux. Car, par cela même que ces jugements n'ont aucune pluralité, aucune extension, leur prédicat ne peut se rapporter à quelques-unes seulement des choses qui sont comprises sous le concept du sujet, il doit au contraire s'entendre du sujet tout entier. Il vaut donc sans exception pour tout ce concept, tout comme si c'était un concept général à l'entière circonscription duquel pût s'appliquer le prédicat. Mais si, au contraire, on compare un jugement singulier avec un jugement général, comme simple connaissance, quant à la quantité, le premier est au second comme l'unité à l'indéfini, et s'en distingue essentiellement. Si donc j'apprécie un jugement singulier (*judicium singulare*), non-seulement quant à sa valeur intrinsèque comme jugement, mais encore comme connaissance générale, d'après la quantité qu'il a par rapport à d'autres connaissances, il est certainement différent des jugements universels (*judicia communia*), et doit à ce titre avoir une place particulière dans une table complète des moments de la pensée en général (quoique assurément pas dans une Logique restreinte au simple usage des jugements entre eux). 2° De même, dans la Logique transcendentale, les *jugements indéfinis* doivent être distingués des jugements *affirmatifs*, quoique dans la Logique générale ils en fassent justement partie et ne forment aucun membre de division particulier. Cette Logique fait abstraction de toute matière du prédicat (alors même qu'il est négatif) et considère seulement si cet attribut convient au sujet, ou s'il lui est opposé. Mais la Logique transcendentale envisage en outre le jugement quant à la matière ou contenu de cette affirmation logique qui se fait par un attribut purement négatif, et ce que cette affirmation fait gagner à la connaissance totale. Si je dis de l'âme : Elle n'est pas mortelle, je me garantis au moins d'une erreur par un jugement négatif. J'affirme réellement, quant à la forme logique, en disant que l'âme n'est pas mortelle, puisque je la place dans la circonscription indéterminée des êtres immortels. Or, comme ce qui est mortel comprend une partie du tout circonscrit des êtres possibles, et ce qui n'est pas mortel l'autre partie, je n'ai donc dit autre chose dans ma proposition, sinon que l'âme est un des êtres qui restent de la quantité indéfinie d'eux tous, après qu'on en a retranché tout ce qui est mortel. Mais la sphère indéfinie de tout le possible n'est par là restreinte qu'autant qu'il est nécessaire pour en séparer le mortel, et l'âme est placée dans la circonscription restante de l'étendue de cette sphère. Malgré ce retranchement, cette circonscription reste toujours indéfinie, et plusieurs parties pourraient encore en être supprimées, sans que pour cela le concept d'âme y gagnât le moins du monde, et fût déterminé affirmativement. Par conséquent, ces jugements indéfinis par rapport à la circonscription logique, sont en réalité purement limitatifs quant à la matière de la connaissance en général, et en cette qualité ne doivent pas être omis dans la table transcendentale de tous les moments de la pensée dans les jugements, parce que la fonction qu'y exerce l'entendement peut sans doute être importante dans le champ de sa connaissance pure *à priori*.

3° Tous les rapports de la pensée dans les jugements sont ceux : 1° du prédicat au sujet, 2° du principe à la conséquence, 3° de la connaissance divisée et de tous les membres de la division entre eux. Dans la première espèce de jugement on ne considère que deux concepts seulement; dans la seconde, deux jugements; dans la troisième, plusieurs jugements entre eux. La proposition hypothétique suivante : Si une parfaite justice existe, celui qui persiste dans le mal est puni,—contient proprement le rapport de deux propositions : il y a une justice parfaite, et celui qui persévère dans le mal est puni. Reste à savoir maintenant si chacune de ces propositions est vraie en elle-même ; c'est ce qu'on ne décide pas. La conséquence est donc la seule chose pensée par ce jugement. Enfin, le jugement disjonctif contient le rapport de deux ou de plusieurs propositions entre elles, non par un rapport de conséquence, mais par un rapport d'opposition logique, en tant que la sphère de l'une est exclue par la sphère de l'autre. Il contient en même temps un rapport de communauté, en ce que ces propositions réunies remplissent conjointement la sphère d'une connaissance spéciale. Il contient donc aussi un rapport [total] des parties de la sphère d'une certaine connaissance, puisque la sphère de chacune de ces parties est la partie complémentaire de la sphère de l'autre partie relativement à l'ensemble de la connaissance particulière. Par exemple : Le monde est, ou par une cause fortuite, ou par une nécessité interne, ou par une cause externe. Chacune de ces propositions comprend une partie de la sphère de la connaissance possible sur l'existence d'un monde en général. Toutes ensemble forment la sphère totale. Nier que la connaissance provienne de l'une de ces sphères, c'est la faire rentrer dans l'une des autres ; comme, au contraire, la placer dans l'une d'elles, c'est la retrancher des autres. Il y a donc dans un jugement disjonctif une certaine communauté des connaissances, qui consiste en ce qu'elles s'excluent mutuellement, mais déterminent néanmoins par là, dans le *tout*, la vraie connaissance, puisque, prises ensemble, elles constituent l'objet total d'une connaissance particulière donnée. C'est là seulement ce que je crois devoir faire observer pour l'intelligence de ce qui suit.

4° La modalité des jugements en est encore une fonction toute particulière, qui a pour caractère distinctif de ne contribuer en rien à la matière du jugement (car cette matière ne se compose que de la quantité, de la qualité et du rapport), mais seulement de considérer la valeur de la copule par rapport à la pensée en général. Les jugements *problématiques* sont ceux où l'on prend soit l'affirmation, soit la négation, comme simplement *possible* (hypothétique). Les jugements *assertoriques* sont ceux dont l'affirmation ou la négation est considérée comme *réelle* (vraie). Les jugements *apodictiques* sont ceux dont l'affirmation ou la négation est considérée comme *nécessaire* (1). Ainsi, les jugements dont le rapport constitue d'un côté le ju-

---

(1) Comme si la pensée, dans le premier cas, était une fonction de l'*entendement* ; dans le second, une fonction du *jugement* ; dans le troisième, de la *raison*. Cette remarque sera plus claire quand on aura vu ce qui suit.

gement hypothétique (l'antécédent et le conséquent), et dont la réciprocité forme d'un autre côté la disjonction (membres de la division), sont deux sortes de jugements problématiques seulement. Dans l'exemple précédent, le jugement, *s'il y a une justice parfaite,* n'est point porté assertoriquement ; il n'est pensé que comme un jugement arbitraire que l'on peut admettre ; la conséquence seule est assertorique. D'où il suit que ces sortes de jugements peuvent être visiblement faux, et cependant, une fois pris problématiquement, devenir la condition de la connaissance de la vérité. C'est ainsi que le jugement : *le monde est l'effet d'une cause aveugle,* n'a qu'une signification problématique dans le jugement disjonctif; en ce sens qu'on peut d'abord l'admettre pour un instant, et qu'il sert cependant comme d'indication pour découvrir la véritable voie à prendre par le fait qu'il signale la fausse entre toutes celles dans lesquelles on peut s'engager. La proposition problématique est donc celle qui n'exprime qu'une possibilité logique (qui n'est point la possibilité objective), c'est-à-dire la liberté de prendre une telle proposition pour valable. L'admission d'une semblable proposition dans l'entendement est donc purement arbitraire. Le jugement assertorique énonce une réalité ou vérité logique, à peu près comme dans un raisonnement hypothétique, où l'antécédent est problématique dans la majeure, assertorique dans la mineure, et montre que la proposition est déjà liée à l'entendement suivant des lois qui le régissent. La proposition apodictique, dans la conclusion, conçoit la proposition assertorique déterminée par ces lois de l'entendement même, et, affirmant par conséquent *à priori*, énonce ainsi une nécessité logique. Or, comme tout s'unit ici à l'entendement d'une manière progressive, de telle sorte qu'on juge d'abord quelque chose problématiquement, et qu'après on le prend assertoriquement comme vrai, pour l'unir enfin d'une manière intime à l'entendement, c'est-à-dire pour l'affirmer nécessaire et apodictique, on peut donc appeler ces trois fonctions de la modalité autant de moments de la pensée en général.

FIL CONDUCTEUR
POUR LA DÉCOUVERTE DE TOUS LES CONCEPTS PURS DE L'ENTENDEMENT.

SECTION III.
Des concepts purs de l'entendement ou Catégories.

La Logique générale fait abstraction, comme nous l'avons dit plusieurs fois, de toute matière de la connaissance, et attend que des représentations lui soient données d'ailleurs, d'où que ce soit, pour les convertir d'abord en concepts au moyen de l'analyse. La Logique transcendentale, au contraire, a pour objet une diversité de la sensibilité *à priori*, diversité qui lui est fournie par l'Esthétique transcendentale pour servir de matière aux concepts purs de l'entendement, concepts sans lesquels la Logique serait sans objet, et par conséquent tout à fait vaine. L'espace et le temps contiennent donc une diversité de l'intuition pure *à priori;* mais ils font néanmoins partie des conditions de la réceptivité de notre esprit, conditions sous lesquelles seules il peut se représenter les objets, et qui par conséquent doivent toujours en affecter aussi le concept. Mais la spontanéité de notre pensée exige que cette diversité soit d'abord parcourue d'une certaine manière, qu'elle soit recueillie et liée pour en faire ensuite une connaissance. Cette opération s'appelle synthèse.

J'entends par *synthèse,* dans le sens le plus large, l'action d'ajouter les unes aux autres plusieurs représentations différentes, et d'en saisir la diversité en une seule connaissance. Cette synthèse est *pure,* si la diversité qui en est l'objet n'est pas empirique, mais au contraire donnée *à priori* (comme la diversité dans l'espace et le temps). Ces représentations doivent nous être données avant toute analyse qui les a pour objet, et aucun concept, quant à la matière ou objet, n'est possible analytiquement. Mais la synthèse d'une diversité (donnée soit empiriquement, soit *à priori*) produit d'abord une connaissance qui, à la vérité, peut être *grossière* et *confuse* au premier moment, et qui a par conséquent besoin d'être analysée; mais la synthèse n'en est pas moins ce qui proprement rassemble les éléments servant à former les connaissances, et qui les réunit en une certaine matière. La synthèse est donc la première chose sur laquelle nous devons porter notre attention quand nous voulons juger de l'origine de nos connaissances.

La synthèse est en général, comme nous le verrons plus tard, l'œuvre pure et simple de l'imagination, fonction aveugle de l'âme, mais indispensable, puisque sans elle nous n'aurions aucune connaissance de quoi que ce soit; fonction du reste dont nous avons rarement conscience. Mais l'action de réduire cette synthèse en *concepts* est la fonction de l'entendement, par laquelle nous avons, et pas avant, la connaissance proprement dite.

La *synthèse pure, conçue d'une manière générale,* nous donne donc le concept intellectuel pur. Mais j'entends par synthèse pure celle qui repose sur un principe de l'unité synthétique *à priori*. Ainsi notre manière de compter (ce qui est surtout facile à remarquer dans les nombres élevés), est une *synthèse suivant des concepts,* parce qu'elle a lieu d'après un principe commun de l'unité (par exemple le décimal). L'unité dans la synthèse de la diversité est donc nécessaire sous ce concept.

La Logique générale a pour objet de *soumettre*, à l'aide de l'analyse, des représentations différentes à un seul concept. La Logique transcendentale au contraire apprend à ramener à des concepts, non pas des représentations, mais la *synthèse pure* des représentations. La première chose qui doit nous être donnée pour faciliter la connaissance de tous les objets *à priori*, c'est la *diversité* de l'intuition pure. La *synthèse* de cette diversité par l'imagination est la seconde chose; mais aucune connaissance n'est encore donnée jusque-là. Les concepts qui donnent l'*unité* à cette synthèse pure, et qui consistent dans la simple représentation de cette unité synthétique nécessaire, sont la troisième chose requise pour la connaissance d'un objet quelconque, et reposent sur l'entendement.

La fonction qui donne l'unité aux différentes représentations *d'un jugement* est la même qui la donne aussi à la simple synthèse des différentes représentations en *une seule intuition;* et cette unité, entendue dans un sens général, s'appelle concept pur de l'entendement. Par conséquent, le même entendement, exerçant précisément les mêmes opérations qui lui servent à donner aux concepts la forme logique d'un jugement, au moyen de l'unité analytique, introduit aussi une matière transcendentale dans ses représentations, par le moyen de l'unité synthétique de la diversité dans l'intuition en général : ce qui fait qu'on appelle concepts purs de l'entendement ceux qui se rapportent *à priori* aux objets, résultat que la Logique générale ne peut donner.

Il y a donc précisément autant de concepts purs de l'entendement qui se rapportent *à priori* aux objets de l'intuition en général, qu'il y a dans la table précédente de fonctions logiques dans tous les jugements possibles. Car l'entendement est complétement épuisé, et toute sa faculté parfaitement reconnue et mesurée par ces fonctions. Nous appellerons ces concepts *Catégories*, d'après Aristote, puisque son but était le nôtre, malgré la différence dans l'exécution.

TABLE DES CATÉGORIES.

1. — DE LA QUANTITÉ :

Unité,
Pluralité,
Totalité.

2. — DE LA QUALITÉ :

Réalité,
Négation,
Limitation.

3. — DE LA RELATION :

Inhérence et *substance* (*substantia et accidens*),
Causalité et *dépendance* (cause et effet),
Communauté (réciprocité entre l'agent et le patient).

4. — DE LA MODALITÉ :

Possibilité, — impossibilité ;
Existence, — non-existence ;
Nécessité, — contingence.

Tel est donc l'inventaire de tous les concepts originellement purs de la synthèse que l'entendement renferme en lui-même *à priori*, et à cause desquels seuls on l'appelle entendement pur. Ce n'est en effet que par ces concepts seuls qu'il peut comprendre quelque chose dans la diversité de l'intuition, ou en penser l'objet. Cette division est systématiquement sortie d'un principe commun, savoir, de la faculté de *juger* (qui est la même chose que la faculté de penser); elle ne provient point d'une recherche fortuite et sans ordre des concepts purs, dont l'exactitude de l'énumération ne peut jamais être certaine par ce procédé, puisqu'alors cette énumération n'est conclue que par induction, sans faire attention que l'on ne s'aperçoit jamais, en agissant ainsi, pourquoi précisément les idées qu'on trouve, et non pas d'autres, sont inhérentes à l'entendement pur. Le dessein d'*Aristote*, de rechercher les concepts fondamentaux, était digne d'un si grand homme. Mais Aristote n'étant parti d'aucun principe, il les recueillit comme ils se présentèrent à son esprit, et en rassembla d'abord dix qu'il appela *catégories* (prédicaments). Par la suite, il crut encore en avoir trouvé cinq autres, et les ajouta aux précédents sous le nom de post-prédicaments. Mais sa table n'en resta pas moins imparfaite. De plus, il y a parmi ses catégories, quelques modes de la sensibilité pure (*quando, ubi, situs*, de même que *prius, simul*), ainsi qu'un mode empirique (*motus*), — qui ne font point partie de cette table généalogique de l'entendement. Il fait même entrer des concepts dérivés (*actio, passio*) parmi les concepts primitifs, et quelques-uns de ces derniers manquent au contraire complétement.

Il faut donc remarquer encore, quant aux concepts primitifs ou catégories, que, comme *concepts* véritablement *fondamentaux* de l'entendement pur, ils ont aussi leurs *concepts* purs *dérivés*, qui ne peuvent par conséquent pas être omis dans un système complet de philosophie transcendentale ; mais je puis me contenter de les mentionner dans un essai purement critique.

Qu'il me soit permis d'appeler ces concepts purs de l'entendement, mais dérivés, les *prédicables* de l'entendement pur, par opposition aux prédicaments. Quand on a les concepts primitifs et originaux, les concepts dérivés et subordonnés sont faciles à obtenir ; l'arbre généalogique de l'entendement pur s'élève alors à toute sa hauteur comme de lui-même et sans peine aucune. Comme je n'ai pas ici pour objet de compléter un système, mais uniquement de poser des principes pour faire un système, je réserve ce complément pour un autre travail. Mais on peut remplir passablement ce cadre en prenant des manuels ontologiques, et en ajoutant, v. g., à la catégorie de causalité, les prédicables de force, d'action, de passion ; à la catégorie de communauté, ou de réciprocité, les prédicables de présence, de résistance ; aux prédicaments de modalité, les prédicables de naissance, de mort, de changement, et ainsi de suite. Les catégories combinées avec les *modes* de la sensibilité pure, ou entre elles, donnent une grande quantité de concepts dérivés *à priori,* qu'il serait utile et curieux d'exposer aussi complétement que possible ; mais on peut très-bien s'en dispenser ici.

J'omets donc à dessein, dans ce traité, les définitions de ces catégories, quoiqu'il m'eût été facile de les donner. J'analyserai par la suite ces concepts d'une manière aussi fondamentale qu'il sera nécessaire par rapport à la méthodologie qui m'occupe. Dans un système de la raison pure, on pourrait justement exiger de moi ces définitions, mais ici elles ne feraient que détourner l'attention du but principal de la recherche, parce qu'elles soulèveraient des doutes et des objections que nous pouvons très-facilement renvoyer à une autre occasion sans manquer à notre objet. Il résulte toutefois visiblement du peu que nous avons dit à ce sujet, qu'un vocabulaire complet de ces concepts purs, contenant toutes les explications nécessaires, est non-seulement possible, mais qu'il est même facile à exécuter. Déjà les cases sont prêtes, il ne s'agit plus que de les remplir ; et une Topique systématique, telle que celle-ci, indique facilement la place qui convient à chaque concept, en même temps qu'elle fait apercevoir sans peine les cases encore vides (1).

ANALYTIQUE TRANSCENDENTALE.

CHAPITRE II.
De la déduction des concepts purs de l'entendement

SECTION I.
Des principes d'une déduction transcendentale en général.

Quand les jurisconsultes parlent de droits à exercer et de réclamations judiciaires, ils distinguent dans une cause la question de droit (*quid juris*) de la question de fait (*quid facti*) ; et, comme ils exigent une preuve de chacune d'elles, ils appellent *déduction* la preuve du droit, tendant à démontrer la légitimité de la réclamation. Nous nous servons d'une foule de concepts empiriques sans contradiction de la part de personne ; et même nous nous croyons autorisés sans déduction à leur donner une signification figurée, parce que nous avons toujours l'expérience en main pour en démontrer la réalité objective. Il y a cependant d'autres concepts en circulation, tels que ceux de *fortune*, de *destin*, mais contre lesquels on réclame quelquefois par la question *quid juris*, quoiqu'ils soient généralement employés. Et alors on n'est pas

---

(1) Suit encore dans la seconde édition une longue étude des catégories V. Suppl. XIII.   R.

peu embarrassé d'en donner la déduction, puisqu'on ne peut alléguer aucun argument de droit évident, pris soit de l'expérience, soit de la raison, qui en autorise l'usage.

Mais, parmi le grand nombre de concepts qui composent le tissu très-compliqué de la connaissance humaine, il en est quelques-uns qui sont destinés à un usage pur *à priori* (parfaitement indépendant de toute expérience), et leur droit a toujours besoin d'une déduction : la légitimité d'un tel usage n'étant pas suffisamment établie par des preuves tirées de l'expérience, il faut cependant savoir comment ces concepts peuvent se rapporter à des objets qu'ils ne dérivent pas de l'expérience. C'est précisément l'explication de cette question : Comment des concepts *à priori* peuvent-ils se rapporter à des objets, que j'appelle déduction transcendentale. Je la distingue de la déduction *empirique,* qui indique la manière dont un concept a été acquis par l'expérience et par la réflexion sur l'expérience, déduction qui ne concerne par conséquent pas le droit, mais le fait par lequel nous sommes en possession de ces concepts.

Nous avons déjà maintenant deux sortes de concepts bien différents, mais qui s'accordent néanmoins, en ce que les uns et les autres se rapportent complétement *à priori* à des objets ; savoir : les concepts d'espace et de temps comme formes de la sensibilité, et les catégories comme concepts de l'entendement.

Si nous en voulions chercher une déduction empirique, ce serait peine perdue, parce que leur caractère propre consiste précisément à se rapporter à leurs objets sans rien devoir à l'expérience pour la représentation de ces objets. Si donc leur déduction est nécessaire, elle doit toujours être transcendentale.

Cependant l'on peut chercher dans l'expérience, par rapport à ces concepts, comme par rapport à toute connaissance, sinon le principe de leur possibilité, du moins les causes occasionnelles de leur naissance ou manifestation. Les impressions des sens fournissent en effet la première occasion de développer toute la puissance cognitive en ce qui les regarde (1), et de constituer l'expérience. Or l'expérience contient deux éléments très-différents, à savoir : une *matière* de connaissance fournie par les sens, et une certaine *forme* propre à ordonner cette matière, laquelle forme dérive de la source interne de l'intuition pure et de la *pensée* ; intuition et pensée qui, à l'occasion des impressions sensibles, entrent en exercice et produisent les concepts. Cette recherche des premiers efforts de notre faculté de connaître, pour s'élever de perceptions particulières à des concepts généraux, est sans aucun doute de la plus grande utilité, et c'est au célèbre Locke qu'on a l'obligation d'en avoir le premier ouvert le chemin. Mais une *déduction* des concepts purs *à priori*

---

(1) Ces impressions.   T.

n'aura jamais lieu de cette manière, car elle est tout à fait opposée à cette marche, parce que, relativement à leur usage futur, qui doit être entièrement indépendant de l'expérience, ils doivent avoir à produire un tout autre extrait de naissance que celui qui les ferait dériver de l'expérience. Cette tentative de dérivation psychologique, qu'on ne peut appeler proprement déduction, étant une question de fait, je l'appellerai explication de la *possession* d'une connaissance pure. Il est donc clair que, par rapport à ces concepts, il ne peut y avoir lieu qu'à une déduction transcendentale, et point du tout à une déduction empirique; et que cette dernière n'est, relativement aux concepts purs *à priori*, qu'une vaine tentative digne seulement de celui qui n'a rien compris de la nature exclusivement propre à ses connaissances.

Mais, quoiqu'il n'y ait qu'une seule manière possible de déduire la connaissance pure *à priori*, savoir, la déduction transcendentale, il ne s'ensuit cependant pas qu'elle soit absolument nécessaire. Nous avons précédemment poursuivi jusque dans leur source les concepts d'espace et de temps par une déduction transcendentale, et nous en avons expliqué et déterminé la valeur objective *à priori*. La géométrie ne laisse cependant pas d'aller sûrement son droit chemin à travers les connaissances pures *à priori*, sans avoir besoin de demander à la philosophie un certificat d'authenticité relativement à l'origine pure et légitime de son concept fondamental d'espace. Mais, dans cette science, l'usage du concept d'espace n'a de rapport qu'avec le monde sensible extérieur, de l'intuition duquel l'espace est la forme pure, intuition dans laquelle toute connaissance géométrique a son évidence immédiate, attendu qu'elle se fonde sur l'intuition *à priori*, intuition dans laquelle encore les objets sont perçus *à priori* (quant à la forme), par la connaissance même. Au contraire, avec les *concepts intellectuels purs* commence la nécessité absolue de rechercher non-seulement leur déduction transcendentale, mais encore celle de l'espace. La raison en est que ces concepts affirmés des objets, non par des prédicats de l'intuition et de la sensibilité, mais par des prédicats de la pensée pure *à priori*, se rapportent aux objets sans aucune des conditions de la sensibilité en général. Et comme ils ne sont pas fondés sur l'expérience, ils ne peuvent non plus présenter dans l'intuition *à priori* aucun objet sur lequel se fonde leur synthèse avant toute expérience. De là résulte, non-seulement quelque soupçon sur leur valeur objective et les limites de leur usage, mais encore une certaine équivoque sur le *concept d'espace*, porté qu'on est par ces concepts à l'employer en dehors des conditions de l'intuition sensible ; ce qui a rendu nécessaire la déduction transcendentale précédente de ce concept. Le lecteur doit donc apercevoir l'indispensable nécessité d'une déduction transcendentale avant de faire un seul pas dans le champ de la raison pure, sous peine d'être emporté par un mouvement aveugle, et de revenir, après de nombreuses et graves erreurs, à l'ignorance d'où il était parti. Mais il doit aussi se persuader d'avance de l'inévitable difficulté de ce travail, s'il ne veut pas se plaindre plus tard de l'obscurité qui enveloppe profondément la matière, et surtout pour ne point se laisser fatiguer par les obstacles à vaincre, puisqu'il s'agit de désespérer tout à fait de la connaissance de la raison pure, comme d'un champ très-agréable, situé hors des limites de toute expérience possible, ou de conduire à bonne fin cette recherche critique.

Nous sommes parvenus à faire comprendre sans peine, en traitant précédemment des concepts d'espace et de temps, comment ils doivent, en tant que connaissances *à priori*, se rapporter néanmoins nécessairement aux objets, et comment ils en rendent possible une connaissance synthétique, indépendamment de toute expérience. Car, puisque ce n'est qu'au moyen de ces formes pures de la sensibilité qu'un objet peut nous apparaître, c'est-à-dire peut être soumis à une intuition empirique, il s'ensuit que l'espace et le temps sont des intuitions pures qui contiennent *à priori* les conditions de la possibilité des objets comme phénomènes, et que la synthèse y jouit d'une valeur objective.

Au contraire, les catégories de l'entendement ne

nous présentant pas les conditions sous lesquelles les objets sont donnés en intuition, ces objets peuvent très-bien nous apparaître sans qu'ils doivent nécessairement se rapporter aux fonctions de l'entendement, et par conséquent sans que l'entendement contienne *à priori* les conditions de leur intuition. De là résulte une difficulté que nous ne rencontrons pas dans le champ de la sensibilité : celle de savoir *comment des conditions subjectives de la pensée peuvent avoir une valeur objective;* c'est-à-dire comment des conditions subjectives de la pensée peuvent donner des conditions de la possibilité de toute connaissance des objets : car les phénomènes peuvent très-bien être donnés en intuition sans le secours des fonctions de l'entendement. Je prends pour exemple le concept de cause, désignant une espèce de synthèse qui a lieu quand quelque chose *b*, totalement différent de *a*, lui est cependant postposé suivant une règle. On ne voit pas clairement *à priori* pourquoi des phénomènes devraient contenir quelque chose de semblable (car on ne peut pas rapporter ici des expériences pour preuve, puisque la valeur objective de ce concept doit pouvoir être prouvée *à priori*); il est par conséquent douteux *à priori* si le concept de cause n'est pas chimérique, et s'il a quelque part un objet dans les phénomènes. Il est clair en effet que des objets de l'intuition sensible doivent être d'accord avec les conditions formelles de la sensibilité, qui sont *à priori* dans l'esprit, puisque autrement ces objets n'en seraient pas pour nous; mais il n'est pas aussi facile de concevoir comment il résulte nécessairement de là que ces objets s'accordent de plus avec les conditions dont l'entendement a besoin pour apercevoir synthétiquement la pensée. Car les phénomènes entre lesquels nous établissons le lien de causalité pourraient bien être de nature telle que l'entendement ne les trouvât nullement d'accord avec les conditions de son unité, et que tout fût dans un tel état de confusion que, par exemple, dans la succession des phénomènes, rien ne fournît matière à la règle de la synthèse; qu'il n'y eût rien par conséquent qui s'accordât avec la notion de cause et d'effet, de telle sorte enfin que ce concept fût chimérique et sans le moindre fondement. Et cependant des phénomènes n'en offriraient pas moins des objets à notre intuition, l'intuition n'ayant nul besoin des fonctions de la pensée.

Si l'on pense s'affranchir de ces investigations pénibles, en disant que l'expérience présente sans cesse des exemples de cet ordre de phénomènes, qui donnent assez l'occasion d'en tirer le concept de cause et d'en confirmer en même temps la valeur objective, on ne fait pas attention que le concept de cause ne peut point du tout prendre naissance de cette manière, mais qu'il est fondé tout à fait *à priori* dans l'entendement, ou qu'il doit être rejeté comme entièrement illusoire. Car ce concept exige nécessairement que quelque chose *a* soit de telle sorte qu'une autre chose *b* s'ensuive nécessairement et suivant une *règle absolument universelle*. Des phénomènes, il est vrai, présentent des cas d'où l'on peut tirer une règle suivant laquelle quelque chose arrive ordinairement, mais cette règle n'ira pas jusqu'à une conséquence *nécessaire*. La synthèse de cause et d'effet est donc marquée d'un caractère qu'on ne peut exprimer empiriquement, savoir: que l'effet ne s'ajoute pas simplement à la cause, mais est posé par elle-même et s'ensuit. La stricte universalité d'une règle n'est pas non plus une propriété des règles empiriques, qui ne peuvent recevoir par l'induction qu'une universalité comparative, c'est-à-dire une vaste application. L'usage des concepts purs de l'entendement serait donc tout différent de ce qu'il est, si l'on prétendait ne les traiter que comme des produits empiriques.

Passage à la Déduction transcendantale des catégories.

Il n'y a que deux cas où la représentation synthétique et ses objets peuvent coïncider, se convenir nécessairement, et aller pour ainsi dire mutuellement à leur rencontre, à savoir: quand l'objet seul rend la représentation possible, ou quand la représentation seule rend l'objet possible. Dans le premier cas, le rapport n'est qu'empirique et la représentation n'est jamais possible *à priori;* c'est ce qui a lieu dans les phénomènes par rapport à ce qui appartient en eux à la sensation. Dans le second cas, quoique la représentation en elle-même (car il n'est point ici question de la causalité de la représentation au moyen de la volonté) ne produise pas son objet *quant à l'existence,* elle est néanmoins déterminante *à priori* par rapport à l'objet, lorsqu'on ne peut *connaître* que par elle quelque chose comme *objet*. Mais il y a deux conditions sous lesquelles la connaissance d'un objet est possible : premièrement, une intuition par laquelle l'objet est donné, mais seulement comme phénomène ; secondement, un concept par lequel est pensé un objet qui correspond à cette intuition. Mais il est clair, par ce qui précède, que la première condition, celle sous laquelle seule des objets peuvent être perçus, sert réellement dans l'esprit de fondement *à priori* aux objets quant à la forme. Tous les phénomènes s'accordent nécessairement avec cette condition formelle de la sensibilité, puisqu'ils n'apparaissent, c'est-à-dire ne peuvent être perçus et donnés empiriquement que par elle. Il s'agit maintenant de savoir si des concepts *à priori* ne précèdent pas aussi comme des conditions sous lesquelles seules quelque chose, quoique non perçu, est cependant pensé en général comme objet : alors toute connaissance empirique des choses s'accorderait nécessairement avec des concepts de cette nature, parce que sans la supposition de ces concepts, aucun *objet de l'expérience* ne serait plus possible. Or, outre l'intuition sensible par laquelle quelque chose est donné, toute expérience contient encore un concept d'un objet qui est donné en intuition, ou qui apparaît. Des concepts d'objets en général servent donc, comme conditions *à priori*, de fondement à toute connaissance expérimentale ; par conséquent la valeur objective des catégories, comme concepts *à priori*, repose sur ce fait, que l'expérience, quant à la forme de la pensée, n'est possible que par elles. Car alors elles se rapportent nécessairement et *à priori* aux objets de l'expérience, parce qu'un objet de l'expérience en général ne peut être pensé que par leur intervention.

La déduction transcendentale de tous les concepts *à priori* a donc un Principe auquel doit tendre toute l'investigation, savoir : que ces concepts doivent être reconnus comme conditions *à priori* de la possibilité de l'expérience, qu'il s'agisse de l'intuition expérimentale ou de la pensée, peu importe. Des concepts qui donnent la raison ou le principe objectif de la possibilité de l'expérience sont par là même nécessaires. Mais le développement de l'expérience, dans lequel ils se trouvent, n'est point leur déduction (seulement il les explique et les met dans un plus grand jour), autrement ils n'y seraient que d'une manière fortuite. Sans ce rapport naturel et primitif des concepts à l'expérience possible, auquel sont soumis tous les objets de la connaissance, le rapport de ces concepts à un objet quelconque ne pourrait être compris.

Il y a trois sources primitives (capacités ou facultés de l'âme) qui sont les conditions de la possibilité de toute expérience, et qui ne peuvent être dérivées d'aucune autre faculté de l'esprit : ce sont le *sens*, l'*imagination* et l'*aperception*. Elles sont le fondement 1° de la *synopsis* de la diversité *à priori* fournie par le sens, 2° de la *synthèse* de la diversité fournie par l'imagination, 3° enfin de l'*unité* de cette synthèse par une aperception primitive. Indépendamment de leur usage empirique, ces facultés en ont encore un transcendental qui ne concerne que la forme, et qui est possible *à priori*. Nous avons parlé de cette dernière faculté *par rapport aux sens* dans la première partie ; nous allons essayer de faire connaître la nature des deux autres (1).

DÉDUCTION DES CONCEPTS INTELLECTUELS PURS.

SECTION II.

Des fondements à priori *de la possibilité de l'expérience.*

Il est tout à fait contradictoire et impossible qu'un concept doive être produit parfaitement *à priori* et se

(1) Ce dernier alinéa, supprimé dans la seconde édition, a été remplacé par une critique de Locke et de Hume. V. Suppl. XIV. La déduction suivante est toute différente dans la seconde édition. V. cette variation, Suppl. XV. J. R.

rapporter à un objet, tout en n'entrant pas même dans le concept d'une expérience possible, ou sans être composé d'éléments fournis par une semblable expérience. Car il serait alors sans matière, par la raison qu'il serait sans intuition correspondante, attendu que des intuitions en général, par lesquelles des objets peuvent nous être donnés, constituent le champ ou l'objet total de l'expérience possible. Un concept *à priori* qui ne s'y rapporterait pas, ne serait que la forme logique d'un concept, mais pas le concept même qui servirait à concevoir quelque chose.

Si donc il y a des concepts purs *à priori*, ils ne peuvent à la vérité rien contenir d'empirique, mais ils doivent cependant servir de simples conditions *à priori* pour une expérience possible; ils sont l'unique base de sa volonté objective.

Si donc on veut savoir comment des concepts intellectuels purs sont possibles, on doit rechercher ce que sont les conditions *à priori* de la possibilité de l'expérience, ce qui lui sert de base, tout en faisant abstraction de l'élément empirique des phénomènes. Un concept qui exprime d'une manière générale et suffisante cette condition formelle et objective de l'expérience, est un concept intellectuel pur. Une fois qu'on a trouvé des concepts intellectuels purs, on a par là même trouvé des objets qui sont peut-être impossibles, ou qui, s'ils sont absolument possibles, ne peuvent cependant se rencontrer dans aucune expérience, puisqu'on peut omettre, dans la liaison de concepts, quelque chose qui fait cependant partie nécessaire de la condition d'une expérience possible (comme dans le concept d'un esprit), ou que des concepts intellectuels purs peuvent encore être étendus au delà de ce que peut embrasser l'expérience (comme dans le concept de Dieu). Mais si les *éléments* de toutes les connaissances *à priori*, même des fictions arbitraires et absurdes, ne peuvent pas être empruntés de l'expérience (car autrement ce ne seraient pas des connaissances *à priori*), ils doivent toujours renfermer les conditions pures *à priori* d'une expérience possible et de son objet; autrement, rien ne serait pensé par là; ils ne pourraient pas même, sans des données, se former dans la pensée.

Or, ces concepts, qui renferment *à priori* la pensée pure dans toute expérience, nous les trouvons dans les catégories, et c'est déjà une déduction et une justification suffisante de leur valeur objective, que de pouvoir prouver qu'un objet ne peut être pensé que par leur moyen. Mais comme, dans cette pensée, l'entendement n'est pas la seule faculté de penser qui soit en jeu, et comme l'entendement lui-même, considéré à titre de faculté cognitive qui doit se rapporter à des objets, a besoin d'une explication qui fasse comprendre la possibilité de ce rapport; nous devons tout d'abord nous occuper du caractère transcendental (et non du caractère empirique) des sources subjectives qui constituent les fondements *à priori* de la possibilité de l'expérience.

Si chaque représentation particulière était complétement étrangère à toute autre, si elle était comme isolée et séparée, il n'en résulterait jamais rien de semblable à une connaissance, qui est un ensemble de représentations comparées et réunies. Si donc j'attribue au sens une synopsis, parce qu'il renferme une diversité dans son intuition, c'est qu'à cette synopsis correspond toujours une synthèse, et que la *réceptivité* ne peut rendre les connaissances possibles qu'à condition d'être unie à la *spontanéité*. La spontanéité est donc la raison d'une triple synthèse, qui se révèle nécessairement dans toute connaissance : à savoir, l'*appréhension* des représentations comme modifications de l'esprit dans l'intuition ; leur *reproduction* dans la fantaisie, et leur *reconnaissance* (recognition) dans le concept. Ces trois choses conduisent donc à trois sources de connaissances subjectives, qui rendent possible l'entendement lui-même, et par l'entendement toute expérience, comme en étant le produit empirique.

Avertissement.

La déduction des catégories est si remplie de difficultés, elle oblige à pénétrer si profondément dans les premiers concepts de la possibilité de notre connaissance en général, que, pour éviter la longueur d'une théorie complète, sans cependant rien négliger dans une recherche si nécessaire, j'ai trouvé plus convenable de préparer plutôt le lecteur que de l'instruire dans les quatre numéros suivants, sauf à ne présenter systématiquement l'explication de ces éléments de l'entendement que dans la troisième section qui vient immédiatement après. Le lecteur ne se laissera donc pas rebuter jusque-là par une obscurité inévitable. On entre pour la première fois dans une voie entièrement nouvelle; mais on se sentira parfaitement éclairé, je l'espère, dans la section suivante.

I.

De la synthèse de l'appréhension dans l'intuition.

Quelle que soit l'origine de nos représentations, qu'elles soient dues à l'influence des choses extérieures ou à des causes intérieures, qu'elles se forment *à priori* ou empiriquement comme des phénomènes, toujours est-il qu'en leur qualité de modifications de l'esprit elles appartiennent au sens intime, et qu'à ce titre, toutes nos connaissances sont définitivement soumises à la condition formelle du sens intime, au temps; elles doivent toutes y être coordonnées, liées et mises en rapport. C'est là une observation générale qu'il faut poser pour fondement de tout ce qui suit.

Toute intuition renferme en soi une diversité qui ne serait cependant pas représentée comme telle, si l'esprit ne divisait pas le temps en séries d'impressions successives; car toute impression qui est *comprise dans un instant* n'est jamais autre chose qu'une unité absolue. Afin donc que l'unité de l'intuition résulte de cette diversité (comme, par exemple, dans la représentation de l'espace), il faut d'abord parcourir la diversité, et ensuite la réunir en un tout; j'appelle cette opération *synthèse* de l'*appréhension*, parce qu'elle a précisément pour objet l'intuition qui est fournie sans doute par la diversité, mais qui ne peut cependant jamais être effectuée sans l'intervention de la synthèse, quoique la diversité comme telle soit contenue *dans une représentation*.

Cette synthèse de l'appréhension doit donc aussi être pratiquée *à priori*, c'est-à-dire par rapport aux représentations qui ne sont pas empiriques. Sans elle en effet nous ne pourrions avoir *à priori*, ni représentations de l'espace ni représentations du temps, puisqu'elles ne sont possibles qu'au moyen de la synthèse de la diversité fournie par la sensibilité dans sa réceptivité originelle. Nous avons donc une synthèse pure de l'appréhension.

II.

De la synthèse de la reproduction dans l'imagination.

C'est à la vérité une loi purement empirique, que des représentations qui se sont souvent suivies ou accompagnées, finissent par s'associer entre elles, et forment ainsi une liaison, en conséquence de laquelle, et en l'absence même de l'objet, une de ces représentations amène le passage de l'esprit à une autre, suivant une règle constante. Mais cette loi de la reproduction suppose que les phénomènes mêmes sont réellement soumis à une telle règle, et que la diversité de leur représentation s'accomplit suivant certaines lois d'association simultanée ou consécutive. Car sans cela, notre imagination empirique n'aurait jamais rien à faire de conforme à sa puissance, et resterait par conséquent cachée dans les profondeurs de l'esprit, comme une faculté morte et même inconnue. Le cinabre serait tantôt rouge, tantôt noir, tantôt léger, tantôt lourd; un homme serait changé en un animal, tantôt d'une espèce, tantôt d'une autre; la campagne serait couverte en un long jour, tantôt de fruits, tantôt de neige et de glace. Mon imagination empirique n'aurait pas même l'occasion de faire entrer dans la pensée la pesanteur du cinabre avec la représentation de la couleur rouge; c'est-à-dire qu'un certain mot serait affecté, tantôt à telle chose, tantôt à telle autre, ou bien encore, qu'une même chose serait appelée, tantôt d'un nom, tantôt d'un autre, sans qu'il y eût une règle certaine, à laquelle les phénomènes sont déjà soumis d'eux-mêmes; aucune synthèse empirique de la reproduction ne pouvait donc avoir lieu.

Il doit donc y avoir quelque chose qui rende possible cette reproduction des phénomènes elle-même, en servant de fondement *à priori* à son unité synthétique nécessaire. On ne tarde pas à s'en convaincre quand on se rappelle que des phénomènes ne sont pas des choses en soi, mais le simple jeu de nos représentations, qui sont en définitive des déterminations du sens intime. Si donc nous pouvons faire voir que nos intuitions *à priori*, les plus pures même, ne produisent aucune connaissance à moins de renfermer une liaison du divers qui rende possible une synthèse universelle de la reproduction, alors cette synthèse de l'imagination antérieure même à toute expérience, se trouvera fondée sur des principes *à priori*, et il en faudra reconnaître une synthèse transcendentale pure, qui est même la raison de la possibilité de toute expérience (laquelle suppose nécessairement la reproductibilité des phénomènes). Or, il est évident que si je tire une ligne par la pensée, ou que si je veux concevoir la durée qui sépare un midi d'un autre, ou bien encore si je veux me représenter un certain nombre, je suis dans la nécessité de saisir par la pensée une de ces représentations diverses après l'autre. Mais si les premières parties de la ligne, les parties antérieures du temps, ou les unités successivement représentées s'échappaient toujours de ma pensée et ne se reproduisaient pas, lorsque je passe aux suivantes, jamais il n'en pourrait résulter une représentation totale; aucune des pensées précédentes, pas même les représentations premières et les plus pures d'espace et de temps ne seraient possibles.

La synthèse de l'appréhension est donc indissolublement liée à la synthèse de la reproduction. Et comme celle-là constitue le principe transcendental de la possibilité de toutes les connaissances en général (non-seulement des connaissances empiriques, mais aussi des connaissances pures *à priori*), la synthèse reproductive de l'imagination fait donc partie des actes transcendentaux de l'esprit; ce qui nous détermine à donner aussi à cette faculté le nom de faculté transcendentale de l'imagination.

III.

De la synthèse de la reconnaissance dans le concept.

Sans la conscience que ce que nous pensons est précisément la même chose que ce que nous pensions un instant auparavant, toute reproduction dans la réalité des représentations serait vaine. Car il y aurait pour chaque moment présent une représentation nouvelle qui n'appartiendrait point à l'acte dont elle aurait dû être le produit insensible, et sa diversité ne formerait jamais un tout, parce qu'elle manquerait de l'unité, qu'elle ne peut recevoir que de la conscience. Si, dans la numération, j'oublie que les unités que j'ai maintenant sous les yeux ont été par moi ajoutées insensiblement les unes aux autres, je ne connaîtrai pas la production du nombre par l'addition successive de l'unité à l'unité, par conséquent pas non plus le nombre lui-même; car ce concept consiste uniquement dans la conscience de cette unité de la synthèse.

Le mot concept pourrait déjà nous suggérer à lui seul cette remarque; car cette conscience une est ce qui réunit à une représentation le divers, insensiblement perçu, et ensuite reproduit. Cette conscience peut souvent n'être que faible, de telle sorte que ce ne soit que dans l'effet, mais pas dans l'acte même ou immédiatement, que nous l'associions à la production de la représentation. Malgré cette différence, il doit toujours y avoir une conscience, quoiqu'elle ne soit pas accompagnée d'une clarté frappante; sans elle, des concepts, et avec eux une connaissance des objets, sont entièrement impossibles.

Il s'agit donc ici de bien s'entendre sur l'expression d'un objet des représentations. Nous avons dit plus haut que des phénomènes ne sont que des représentations sensibles qui doivent être considérées en elles-mêmes de la même manière absolument, et non comme des objets (en dehors de la faculté représentative). Mais que veut-on dire lorsqu'on parle d'un objet correspondant à une connaissance, par conséquent aussi d'un objet qui en diffère? Il est facile d'apercevoir que cet objet ne peut être conçu que comme quelque chose en général $=x$, parce qu'en dehors de notre connaissance nous n'avons cependant rien que nous puissions y opposer comme y correspondant.

Mais nous trouvons que notre pensée sur le rapport de toute connaissance à son objet emporte quelque chose de nécessaire, puisque cet objet est regardé comme ce qui y est opposé, et que nos connaissances ne sont pas déterminées d'une certaine manière au hasard ou arbitrairement, mais *à priori*, attendu que, si elles doivent se rapporter à un objet, elles doivent nécessairement aussi s'accorder entre elles par rapport à ce même objet, c'est-à-dire avoir cette unité qui constitue le concept d'un objet.

Mais il est clair que, n'ayant affaire qu'à la diversité de nos représentations, et que cet x, qui leur correspond (l'objet), n'étant rien pour nous, par la raison qu'il doit être quelque chose de différent de toutes nos représentations, l'unité que forme nécessairement l'objet, ne saurait être autre chose que l'unité formelle de la conscience dans la synthèse de la diversité des représentations. Alors nous disons que nous connaissons l'objet quand nous avons opéré l'unité synthétique dans la diversité de l'intuition. Mais cette unité est impossible si l'intuition n'a pu être produite par cette fonction de la synthèse, suivant une règle qui rende nécessaire *à priori* la reproduction du divers, et possible un concept dans lequel ce divers s'unisse. C'est ainsi que nous concevons un triangle comme objet, lorsque nous avons conscience de la composition de trois lignes droites suivant une règle qui rend toujours possible l'exposition d'une pareille intuition. Cette *unité de la règle* détermine donc toute diversité et la restreint à des conditions qui rendent possible l'unité de l'aperception, et le concept de cette unité est la représentation de l'objet $= x$ que je conçois en pensant les prédicats d'un triangle.

Toute connaissance exige un concept, quelle qu'en puisse être l'imperfection ou l'obscurité : mais ce concept, quant à sa forme, est toujours quelque chose de général et qui sert de règle. C'est ainsi que le concept de corps, à cause de l'unité du divers qui y est conçue, sert de règle à notre connaissance des phénomènes extérieurs. Mais il ne peut être une règle pour les intuitions, parce qu'il représente, dans les phénomènes donnés, la reproduction nécessaire de leur diversité, par conséquent l'unité synthétique de leur conscience. Ainsi le concept de corps, dans l'aperception de quelque chose d'extérieur à nous, rend nécessaire la représentation de l'étendue, et avec elle celle de l'impénétrabilité, de la forme, etc.

Toute nécessité a toujours pour fondement une condition transcendentale. Il faut donc trouver un fondement transcendental à l'unité de la conscience, dans la synthèse de la diversité de toutes nos intuitions, par conséquent aussi [dans la synthèse de la diversité] des concepts des objets en général, et par suite encore [dans celle] de tous les objets de l'expérience sans lesquels il serait impossible de concevoir un objet quelconque de nos perceptions; car cet objet est simplement le quelque chose dont le concept exprime cette nécessité de la synthèse.

Cette condition primitive et transcendentale n'est donc pas différente de l'*aperception transcendentale*. La conscience de soi-même, en conséquence des déterminations de notre état, est purement empirique, toujours variable dans la perception interne; elle ne peut donner aucun Même fixe ou permanent dans ce flux de phénomènes intérieurs, et s'appelle ordinairement le *sens intime* ou l'*aperception empirique*. Ce qui doit être *nécessairement* représenté comme numériquement identique, ne peut pas être conçu comme tel au moyen de données empiriques. Il faut une condition antérieure à toute expérience, et qui la rende même possible. L'expérience doit donc être une preuve en faveur de cette hypothèse transcendentale.

Or, il n'y a pas de connaissances, pas de liaison ni d'unité entre elles possibles sans cette unité de conscience antérieure à toutes les données intuitives, et par rapport à laquelle toute représentation des objets est seule possible. Cette conscience primitive pure, immuable, je l'appellerai donc *aperception transcendentale*. La justesse de cette dénomination est déjà rendue sensible par le fait même que l'unité objective la plus pure, celle des concepts *à priori* (espace et temps) n'est possible que par le rapport des intuitions à cette aperception. L'unité numérique de cette aperception sert donc de fondement *à priori* à tous les concepts, de même que la diversité de l'espace et du temps est la base des intuitions de la sensibilité.

Mais cette unité transcendentale de l'aperception fait, de tous les phénomènes possibles, qui peuvent toujours se rencontrer concurremment dans une expérience, un ensemble de toutes ces représentations suivant certaines lois. Cette unité de la conscience serait effectivement impossible si l'esprit, dans la connaissance de la diversité, ne pouvait pas avoir conscience de l'identité de la fonction par laquelle cette unité relie synthétiquement ce divers en une seule connaissance. La conscience originelle et nécessaire de l'identité de soi-même est en même temps une conscience d'une unité non moins nécessaire de la synthèse de tous les phénomènes suivant des concepts, c'est-à-dire selon des règles qui non-seulement les rendent nécessairement reproductibles, mais qui déterminent aussi par là l'objet de leur intuition, c'est-à-dire le concept de quelque chose en quoi ils s'enchaînent nécessairement ; car l'esprit ne pourrait pas concevoir sa propre identité dans la diversité de ses représentations, et même *à priori*, s'il n'avait pas devant les yeux l'identité de ses actions, identité qui soumet toute synthèse de l'appréhension (empirique) à une unité transcendentale, et en rend seule l'ensemble possible suivant des règles *à priori*. Nous pouvons maintenant déterminer d'une manière plus juste nos concepts d'un *objet* : en général toutes les représentations, comme telles, ont leur objet, et peuvent même servir à leur tour d'objets à d'autres représentations. Des phénomènes sont les seuls objets qui puissent nous être immédiatement donnés, et ce qui en eux se rapporte immédiatement à l'objet s'appelle intuition. Mais les phénomènes ne sont pas des choses en soi; ils ne sont que des représentations qui ont de nouveau leur objet, lequel ne peut plus être perçu par nous, et doit par conséquent être appelé non-empirique, c'est-à-dire transcendental $= \infty$.

Le concept pur de cet objet transcendental (qui, dans toutes nos connaissances, est réellement toujours identiquement $= x$) est ce qui dans tous nos concepts empiriques en général peut fournir un rapport à un objet, ou donner une réalité objective. Ce concept ne peut donc contenir aucune intuition déterminée, et ne regarde par conséquent que cette unité qui doit se rencontrer dans la diversité de la connaissance, en tant que cette diversité est en rapport avec un objet. Mais ce rapport n'est autre chose que l'unité nécessaire de la conscience, par conséquent aussi de la synthèse de la diversité, synthèse due à la fonction générale de l'esprit qui a pour objet de réunir le divers en une représentation. Cette unité devant être regardée comme nécessaire *à priori* (puisque autrement la synthèse serait sans objet), le rapport à un objet transcendental, c'est-à-dire la réalité objective de notre connaissance empirique reposera sur la loi transcendentale : Que tous les phénomènes, en tant que des objets doivent nous être donnés par eux, sont soumis aux règles *à priori* de leur unité synthétique, règles suivant lesquelles seules le rapport des phénomènes est possible dans l'intuition empirique; c'est-à-dire qu'ils doivent être soumis, dans l'expérience, aux conditions de l'unité nécessaire de l'aperception, et, dans la simple intuition, aux conditions formelles de l'espace et du temps, et même que toute connaissance n'est définitivement possible qu'à cette double condition.

IV.

Explication préliminaire de la possibilité des catégories, comme connaissances *à priori*.

De même que les perceptions ne peuvent être représentées avec ensemble et régularité que dans une expérience, de même toutes les formes des phénomènes, tout rapport de l'être au non-être, n'est possible que dans un espace et un temps. Quand on parle de différentes expériences, ce sont autant de perceptions seulement, faisant partie d'une seule et même expérience. L'unité universelle et synthétique des perceptions constitue seulement la forme de l'expérience, et n'est autre chose que l'unité synthétique des phénomènes obtenue d'après des concepts.

L'unité de la synthèse suivant des concepts empiriques serait tout à fait contingente, et si ces concepts ne reposaient pas sur un fondement transcendental de l'unité, il serait possible qu'une multitude de phénomènes remplissent notre âme sans que jamais cependant aucune expérience pût en résulter. Mais alors aussi c'en serait fait de tout rapport de la connaissance aux objets, parce qu'il lui manquerait la liaison suivant des lois générales et nécessaires; elle serait donc encore une intuition sans pensée, mais jamais une connaissance, et, par suite, n'aurait pour nous aucune valeur.

Les conditions *à priori* d'une expérience possible en général sont en même temps des conditions de la possibilité des objets de l'expérience. Or, je dis que les catégories ne sont que *les conditions de la pensée, dans une expérience possible,* de même que *l'espace et le temps sont les conditions des intuitions* de cette même expérience. Les catégories sont donc aussi des concepts fondamentaux pour penser des objets en général comme phénomènes, et possèdent en conséquence une valeur objective *à priori;* c'est là proprement ce que nous voulions savoir.

Mais la possibilité, la nécessité même de ces catégories tient au rapport de toute la sensibilité, et par suite aussi de tous les phénomènes possibles, à l'aperception primitive, dans laquelle tout doit nécessairement s'accorder avec les conditions de l'unité générale de la conscience, c'est-à-dire être soumis aux fonctions générales de la synthèse effectuée suivant des concepts, synthèse dans laquelle l'aperception peut seule établir *à priori* son universelle et nécessaire identité. Ainsi le concept d'une cause n'est qu'une synthèse (de ce qui suit avec d'autres phénomènes), suivant des *concepts ;* sans cette unité, qui a sa règle *à priori,* et qui se soumet les phénomènes, une unité de conscience absolue universelle, et nécessaire par conséquent, ne serait pas trouvée dans la diversité des perceptions. Mais celles-ci n'appartiendraient non plus à aucune expérience, seraient par conséquent sans objet, n'étant qu'un vain jeu de représentation, c'est-à-dire moins qu'un songe.

Toutes les tentatives faites pour dériver de l'expérience ces concepts intellectuels purs, pour leur donner une origine tout empirique, sont donc entièrement illusoires et vaines. Je ne prendrai pour exemple que le concept d'une cause, concept qui emporte le caractère de nécessité, que ne peut assurément donner aucune expérience, quoique l'expérience nous apprenne qu'un phénomène ordinaire est suivi d'autre chose ; mais elle ne nous dit pas qu'il doive en être nécessairement suivi, ni que l'on puisse conclure *à priori* et d'une façon tout à fait générale, comme d'une condition, à ce qui suit. Cette règle empirique de l'*association*, qu'il faut néanmoins généralement admettre quand on dit que tout, dans la série des événements, est tellement soumis à une règle, que jamais rien n'arrive s'il n'a été précédé de quelque chose qu'il suit toujours ; cette règle, disons-nous, sur quoi repose-t-elle, comme loi de la nature, et comment cette association même est-elle possible ? Le fondement de la possibilité de l'association du divers qui est dans l'objet, est l'*affinité* du divers même. Je demande donc comment on peut se rendre intelligible l'affinité universelle des phénomènes (au moyen de laquelle ils sont soumis à des lois constantes et *doivent* s'y ranger).

Elle est très-concevable d'après mes principes. Tous les phénomènes possibles, à titre de représentations, appartiennent à toute la conscience possible. L'identité numérique est certaine *à priori*, et inséparable de cette conscience comme représentation transcendentale, parce que rien ne peut être connu sans cette aperception primitive. Or, comme cette identité, nécessaire dans la synthèse de toute diversité phénoménale, doit intervenir ici, les phénomènes sont donc soumis à des conditions *à priori*, avec lesquelles leur synthèse (de l'appréhension) doit être d'accord. Mais la représentation d'une condition générale suivant laquelle *peut* être posée une certaine diversité (par conséquent d'une manière identique), prend le nom de *règle*; et si la diversité *doit* être posée de la sorte, elle prend alors le nom de *loi*. Tous les phénomènes sont donc universellement liés suivant des lois nécessaires, et par conséquent soumis à une *affinité transcendentale*, dont l'*empirique* n'est qu'une simple conséquence.

Que la nature doive se régler sur notre principe subjectif de l'aperception, qu'elle doive même en dépendre quant à sa légitimité, c'est ce qui semble aussi absurde qu'étanger. Mais si l'on fait attention que cette nature n'est en soi qu'un ensemble de phénomènes, par conséquent aucune chose en soi, mais simplement une multitude de représentations de l'esprit; on ne sera pas surpris de ne l'apercevoir que dans la faculté radicale de toute notre connaissance, dans l'aperception transcendentale, dans cette unité qui permet de l'appeler un objet de toute expérience possible, c'est-à-dire une nature. On comprendra que nous puissions, par cette même raison encore, connaître cette unité *à priori*, par conséquent comme nécessaire, ce qui ne serait pas possible si elle était donnée en soi, indépendamment des premières sources de notre pensée. Car je ne saurais pas où nous devrions prendre les propositions synthétiques d'une semblable unité générale de la nature, parce qu'il faudrait alors les emprunter des objets mêmes de la nature. Et comme la chose ne serait possible qu'empiriquement, il n'en pourrait résulter qu'une unité purement contingente, mais qui serait loin de suffire à l'enchaînement nécessaire que l'on conçoit quand on nomme la nature.

DÉDUCTION DES CONCEPTS INTELLECTUELS PURS.

SECTION III.

Du rapport de l'entendement aux objets en général et à la possibilité de les connaître à priori.

Nous exposerons ici, d'une manière suivie et systématique, ce que nous avons dit d'une façon détachée et fragmentaire dans la section précédente. Il y a trois sources de connaissances subjectives, qui sont le fondement de la possibilité d'une expérience en général, et de la connaissance des objets sensibles : le *sens*, l'*imagination* et l'*aperception*. Chacune d'elles peut être regardée comme empirique dans l'application à des phénomènes donnés, mais toutes sont aussi des éléments ou fondements *à priori*, qui rendent possible cet usage empirique même. Le sens *représente* les phénomènes empiriquement dans la *perception*, l'*imagination* dans l'*association* (et la reproduction), l'*aperception* dans la *conscience empirique* de l'identité de ces représentations reproductives avec les phénomènes qui les donnent, par conséquent dans la *reconnaissance*.

Mais toute perception a pour fondement *à priori* l'intuition pure (comme représentation, sa raison *à priori* est la forme de l'intuition pure, le temps); l'association, la synthèse pure de l'imagination; et la synthèse empirique, l'aperception pure, c'est-à-dire l'identité universelle d'elle-même dans toutes les représentations possibles.

Si donc nous voulons poursuivre la raison interne de cette liaison des représentations jusqu'au point où elles doivent toutes converger pour y recevoir à la fin l'unité de connaissance [nécessaire] à une expérience possible, nous devons alors commencer par l'aperception pure. Toutes les intuitions ne sont rien pour nous, et ne nous regardent absolument pas, si elles ne peuvent être saisies dans la conscience, qu'elles y pénètrent directement ou indirectement. C'est à la conscience seule que nous sommes redevables de la connaissance. Nous avons conscience *à priori* de l'identité constante de nous-mêmes par rapport à toutes les représentations qui peuvent jamais faire partie de notre connaissance, comme d'une condition nécessaire de la possibilité de toutes les représentations (parce que ces représentations ne sont telles qu'à la condition qu'elles se rattachent avec tout le reste à la conscience, où par conséquent elles doivent au moins pouvoir être liées). Ce principe est fermement établi *à priori*, et peut s'appeler le *principe transcendental* de l'unité de tout le divers de nos représentations, par conséquent aussi [du divers] dans l'intuition. L'unité du divers dans un sujet est donc synthétique : l'aperception pure fournit donc un principe de l'unité synthétique du divers dans toute intuition possible (1).

Mais cette unité synthétique suppose une synthèse, ou la renferme, et si la première doit être nécessairement *à priori*, la seconde doit aussi être une synthèse *à priori*. L'unité transcendantale de l'aperception se rapporte donc à la synthèse pure de l'imagi-

(1) Il faut bien remarquer cette proposition, qui est d'une grande importance. Toutes les représentations ont un rapport nécessaire à une conscience empirique possible ; car si elles ne l'avaient pas, et qu'il fût impossible d'en avoir conscience, autant vaudrait dire qu'elles n'existent pas. Mais toute conscience empirique a un rapport nécessaire à une conscience transcendantale (antérieure à toute expérience particulière), c'est-à-dire à la conscience de moi-Même, comme aperception primitive. Il est donc absolument nécessaire que dans ma connaissance toute conscience se rapporte à une seule conscience (à moi-Même). Il y a donc ici une unité synthétique de la diversité (de la conscience), qui est connue *à priori*, et qui donne ainsi le fondement des propositions synthétiques *à priori* concernant la pensée pure ; c'est ainsi que l'espace et le temps sont la base des propositions relatives à la forme de la simple intuition. La proposition synthétique, Que toute *conscience empirique* diverse doit être liée en une seule conscience, est le principe absolument premier et synthétique de notre pensée en général. Mais il ne faut pas perdre de vue que la simple représentation *moi* est (par rapport à toutes les autres, dont elle rend possible l'unité collective), la conscience transcendantale. Cette représentation peut donc être claire (conscience empirique) ou obscure, peu importe ici, sa réalité même n'y fait rien ; mais la possibilité de la forme logique de toute connaissance repose nécessairement sur le rapport à cette aperception comme faculté.

nation, comme une condition *à priori* de la possibilité de toute composition de la diversité dans la connaissance. Mais la *synthèse productive* de l'*imagination* peut seule avoir lieu *à priori ;* car la reproduction repose sur des conditions expérimentales. Le principe de l'unité nécessaire de la synthèse (productive) pure de l'imagination antérieur à l'aperception est donc le fondement de la possibilité de toute connaissance, particulièrement de l'expérience.

Or, nous appelons transcendentale la synthèse de la diversité dans l'imagination, quand, sans distinction des intuitions, elle tend simplement à lier le divers *à priori ;* et l'unité de cette synthèse s'appelle transcendentale, lorsqu'elle est représentée comme nécessaire *à priori* dans son rapport avec l'unité primitive de l'aperception. Et comme cette dernière [unité] sert de fondement à la possibilité de toute connaissance, l'unité transcendentale de la synthèse de l'imagination est la forme pure de toute connaissance possible; [forme] qui doit par conséquent servir *à priori* à la représentation de tous les objets de l'expérience possible.

L'unité de l'aperception par rapport à la synthèse de l'imagination est l'entendement, et cette même unité, relativement à la *synthèse transcendentale* de l'imagination, est l'*entendement pur*. Il y a donc dans l'entendement des connaissances pures *à priori* qui renferment l'unité nécessaire de la synthèse pure de l'imagination, par rapport à tous les phénomènes possibles. Ce sont des *catégories*, c'est-à-dire des concepts intellectuels purs. L'intelligence empirique de l'homme doit donc comprendre un entendement qui se rapporte à tous les objets des sens, quoiqu'à l'aide seulement de l'intuition et de leur synthèse par l'imagination, entendement auquel se trouvent ainsi soumis tous les phénomènes comme des données pour une expérience possible. Ce rapport des phénomènes à une expérience possible étant aussi nécessaire (parce que sans elle ils ne nous donneraient aucune connaissance, et qu'ils ne nous regardent par conséquent pas), il s'ensuit que l'entendement pur, grâce aux catégories, est un principe formel et synthétique de toutes les expériences, et que les phénomènes ont un *rapport nécessaire à l'entendement*.

Nous exposerons maintenant l'enchaînement nécessaire de l'entendement avec les phénomènes à l'aide des catégories, en suivant une marche ascendante, c'est-à-dire en partant de l'élément empirique de la connaissance. La première chose qui nous est donnée est le phénomène, qui, s'il est uni à la conscience, s'appelle perception (sans le rapport à une conscience au moins possible, un phénomène ne pourrait jamais devenir un objet de la connaissance, et par conséquent ne serait jamais rien pour nous;

et comme il n'a en soi aucune réalité objective, et qu'il n'existe que dans la connaissance, il ne serait rien nulle part). Mais comme tout phénomène renferme une diversité, et qu'ainsi des perceptions différentes se trouvent comme disséminées et isolées dans l'esprit, elles doivent avoir une liaison qu'elles n'ont pas dans le sens même. Il y a donc en nous un pouvoir actif de synthétiser cette diversité, pouvoir que nous nommons imagination, et dont l'action immédiate sur les perceptions s'appelle appréhension (1). L'imagination doit donc réduire la diversité des intuitions en une *image;* elle doit donc auparavant soumettre à son activité, c'est-à-dire appréhender les impressions.

Mais il est clair que même cette appréhension du divers ne produirait encore toute seule aucune image et aucune composition des impressions, s'il n'existait pas un principe subjectif, une perception d'où part l'esprit pour aller à une autre, appeler du même côté les suivantes, et en exposer ainsi l'entière série; c'est-à-dire s'il n'existait pas une faculté reproduc-

---

(1) Aucun psychologue n'a bien vu encore que l'imagination entre nécessairement dans la perception. C'est que d'une part on a restreint cette faculté aux reproductions, et que, d'autre part, on a cru que les sens non-seulement nous donnent des impressions, mais encore les composent, et produisent des images des objets. Ce résultat exige certainement, outre la réceptivité des impressions, une fonction qui les synthétise.

tive de l'imagination, faculté qui n'est donc encore qu'empirique.

Mais parce que, si des représentations se reproduisent indistinctement les unes les autres, suivant l'ordre de leur coïncidence, loin de former un enchaînement déterminé, elles ne sont qu'un assemblage sans règle, d'où nulle connaissance ne saurait résulter; leur reproduction doit avoir une règle suivant laquelle une représentation s'unit plutôt dans l'imagination avec celle-ci qu'avec celle-là. Ce principe subjectif et empirique de la reproduction suivant des règles s'appelle *association* des représentations.

Si cette unité de l'association n'avait cependant pas aussi un fondement objectif tel qu'il fût impossible que des phénomènes fussent appréhendés par l'imagination autrement que sous la condition d'une unité synthétique possible de cette appréhension, l'accord des phénomènes avec la connaissance humaine serait alors une chose entièrement fortuite. Car bien que nous eussions la faculté d'associer des perceptions, leur associabilité resterait toujours entièrement indéterminée et contingente. Et dans le cas où elles ne seraient pas susceptibles d'association, il pourrait y avoir une foule de perceptions, toute une sensibilité même qui seraient accompagnées d'une multitude de consciences empiriques dans l'esprit, mais distinctes, et qui ne se rattacheraient pas à une conscience de moi-même;

ce qui est impossible. Car de cela seul que je réduis toutes les perceptions à une seule conscience (de l'aperception primitive), je puis dire que j'ai conscience de moi-même dans toutes ces perceptions. Il faut donc admettre *à priori* un fondement objectif, c'est-à-dire antérieur à toutes les lois empiriques de l'imagination, qui serve de base à la possibilité, et même à la nécessité d'une loi s'étendant à tous les phénomènes, celle qui consiste à les regarder tous comme des données des sens susceptibles d'association, et soumises à des lois universelles d'une liaison constante dans la reproduction. J'appelle *affinité* des phénomènes ce principe objectif de leur association. Nous ne pouvons rencontrer ce principe que dans celui de l'unité de l'aperception par rapport à toutes les connaissances qui doivent m'appartenir. Tous les phénomènes doivent, en conséquence, se présenter dans l'esprit ou être saisis de façon à s'accorder avec l'unité de l'aperception; ce qui serait impossible sans l'unité synthétique de leur liaison, qui est par conséquent aussi nécessaire objectivement.

L'unité objective de toute conscience empirique dans une seule conscience (celle de l'aperception primitive) est donc la condition nécessaire de toute perception possible, et l'affinité de tous les phénomènes (proches ou éloignés), est une conséquence nécessaire d'une synthèse dans l'imagination, qui a des règles *à priori*.

L'imagination est donc aussi une faculté d'une synthèse *à priori*, ce qui fait que nous lui donnons le nom d'imagination productive. En tant qu'elle n'a d'autre but que l'unité nécessaire de la diversité des phénomènes, elle peut s'appeler fonction transcendentale de l'imagination. Il est étonnant sans doute, mais clairement établi par ce qui précède, que ce soit par le moyen seul de cette fonction transcendentale de l'imagination, que l'efficacité des phénomènes, et avec elle l'association, et par l'association la reproduction suivant certaines lois, enfin l'expérience elle-même soient possibles; sans elle en effet, aucuns concepts d'objets ne se réuniraient de manière à former une expérience.

Car le moi fixe et permanent (de l'aperception pure) est le corrélatif de toutes nos représentations, en tant qu'il est purement possible d'en avoir conscience, et toute conscience n'appartient pas moins à une aperception pure universellement compréhensive, que toute intuition sensible n'appartient, comme représentation, à une intuition interne pure, c'est-à-dire au temps. Cette aperception est donc ce qui doit s'ajouter à l'imagination pure pour en rendre la fonction intelligible. Car en elle-même, la synthèse de l'imagination, quoique exercée *à priori*, est cependant toujours sensible, parce qu'elle ne lie le divers que comme il apparaît dans l'intuition, par exemple la figure d'un triangle. Mais le rapport du divers à l'unité de l'aperception réalise à l'aide de l'imagination seule en relation avec l'intuition sensible, des concepts intellectuels.

Nous avons donc une imagination pure, comme faculté fondamentale de l'âme humaine, qui est le fondement de toute connaissance *à priori*. Elle nous sert à produire le divers de l'intuition, et à l'unir à l'aide de l'unité nécessaire de l'aperception pure. Les deux termes extrêmes, la sensibilité et l'entendement, doivent être mis en rapport d'une manière nécessaire par le moyen de cette fonction transcendentale de l'imagination ; sans cela ces deux facultés donneraient bien encore des phénomènes, mais pas d'objets d'une connaissance empirique, par conséquent pas d'expérience. L'expérience réelle, qui se compose de l'appréhension, de l'association (de la reproduction), enfin de la reconnaissance des phénomènes, comprendra dans cet élément dernier et suprême (dans l'élément purement empirique de l'expérience), des concepts qui rendent possible l'unité formelle de l'expérience, et avec elle toute valeur objective (vérité) de la connaissance empirique. Ces principes de la reconnaissance du divers, en tant qu'ils ne concernent *que la forme d'une expérience en général*, sont nos *catégories*. Elles servent donc de fondement à toute unité formelle dans la synthèse de l'imagination, et par le moyen de cette synthèse, à toute unité de l'usage empirique de cette faculté (dans la récognition, la reproduction, l'association, l'appréhension), jusqu'aux phénomènes, qui ne peuvent faire partie de la connaissance, et en général, de notre conscience, par conséquent de nous-mêmes, qu'à la condition de ces éléments.

L'ordre et la régularité dans les phénomènes, ce que nous appelons *nature,* est donc notre œuvre à nous, et nous ne l'y trouverions pas, si elle n'y avait pas été mise d'abord par nous, ou par la nature de notre esprit. Car cette unité naturelle doit être une unité nécessaire, c'est-à-dire une certaine unité *à priori* de la liaison des phénomènes. Mais comment pourrions-nous produire une unité synthétique *à priori,* s'il n'y avait pas dans les sources originelles de notre esprit des raisons subjectives d'une semblable unité *à priori,* et si ces conditions subjectives n'étaient pas en même temps objectivement valables, puisqu'elles sont les fondements de la possibilité de connaître en général un objet dans l'expérience?

Nous avons défini plus haut l'entendement de diverses manières; nous l'avons appelé: une spontanéité de la connaissance (par opposition à la réceptivité de la sensibilité), une faculté de penser, ou bien encore une faculté des concepts ou des jugements; toutes définitions qui, mises dans tout leur jour, reviennent à une seule. Nous pouvons à présent le caractériser comme étant la *faculté des règles.* Ce signe est plus fécond, et se rapproche davantage de l'essence de la chose. La sensibilité nous donne des formes (de l'intuition), et l'entendement des règles. Il est toujours appliqué à observer les phénomènes pour y trouver quelque règle. Les règles, si elles sont objectives (si par conséquent elles se rattachent nécessairement à la connaissance de l'objet), s'appellent lois. Quoique nous apprenions beaucoup de lois par expérience, ces lois ne sont cependant que des déterminations particulières de lois supérieures encore, parmi lesquelles les plus élevées (auxquelles toutes les autres sont soumises) procèdent *à priori* de l'entendement même, et ne sont pas empruntées de l'expérience, mais au contraire donnent aux phénomènes leur légitimité, et doivent, par cette raison même, rendre l'expérience possible. L'entendement n'est donc pas simplement une faculté de se faire des règles en comparant des phénomènes : il est même la législation pour la nature : c'est-à-dire que sans l'entendement il n'y aurait pas du tout de nature, ou pas d'unité synthétique de la diversité des phénomènes suivant certaines règles : car des phénomènes, comme tels, ne peuvent avoir lieu hors de nous ; ils n'existent au contraire que dans notre sensibilité. Mais celle-ci, comme objet de la connaissance dans une expérience, avec tout ce qu'elle peut contenir, n'est possible que dans l'unité de l'aperception. Mais l'unité de l'aperception est le fondement transcendental de la légitimité nécessaire de tous les phénomènes dans une expérience. Cette même unité de l'aperception par rapport à la diversité des représentations (pour la déterminer en partant d'une seule) est la règle, et la faculté de ces règles l'entendement. Tous les phénomènes, comme expériences possibles, sont donc *à priori* dans l'entendement, et en tirent leur possibilité formelle, de la même manière qu'ils sont, à titre de pures intuitions, dans la sensibilité, et qu'ils ne sont possibles que par elle sous le rapport de la forme.

L'entendement pur est donc dans les catégories la loi de l'unité synthétique de tous les phénomènes, et rend par là possible originellement et avant tout l'expérience quant à la forme. Mais nous n'avions, dans la déduction transcendentale des catégories, qu'à faire comprendre ce rapport de l'entendement à la sensibilité, et par son moyen à tous les objets de l'expérience, par conséquent à établir la valeur objective de ses concepts purs *à priori* et à fixer ainsi leur origine et leur vérité.

IDÉE SOMMAIRE
De la légitimité et de l'unique possibilité de cette déduction des concepts intellectuels purs.

Si les objets de notre connaissance étaient des choses en soi, nous n'en pourrions pas avoir des concepts *à priori*. Car où faudrait-il les prendre? Si nous les tirions de l'objet (sans même rechercher comment cet objet pourrait nous être donné), nos concepts seraient purement empiriques, il n'y en aurait pas *à priori*. Si nous les tirons de nous-mêmes, alors ce qui n'est simplement qu'en nous ne peut déterminer la qualité d'un objet différent de nos représentations, c'est-à-dire être une raison nécessaire de l'existence d'un objet auquel se rapporte quelque chose de semblable à ce que nous avons déjà pensé, une raison qui ne doive pas plutôt nous faire regarder toute cette représentation comme vaine. Si au contraire il n'est partout question que de phénomènes, alors il est non-seulement possible, mais nécessaire encore, que certains concepts *à priori* précèdent la connaissance empirique des objets. Comme phénomènes, ils forment effectivement un objet qui n'est qu'en nous, par la raison qu'une pure modification de notre sensibilité ne se rencontre absolument pas hors de nous. Or, la représentation même que tous ces phénomènes, par conséquent tous les objets dont nous pouvons nous occuper, sont tous en moi, c'est-à-dire des déterminations de mon Même identique, exprime la nécessité d'une unité universelle de ces déterminations dans une seule et même aperception. Cette unité de la conscience possible constitue la forme de toute connaissance des objets (par lesquels le divers est conçu comme appartenant à un objet unique). La manière dont la diversité de la représentation sensible (de l'intuition) appartient à la conscience, précède donc toute connaissance de l'objet, comme en étant la forme intellectuelle, et constitue même une connaissance formelle *à priori* de tous les objets, en tant qu'ils sont conçus (catégories). Leur synthèse par l'imagination pure, l'unité de toutes les représentations par rapport à l'aperception primitive, précède toute connaissance empirique. Des concepts intellectuels purs ne sont donc possibles qu'*à priori;* ils sont même nécessaires relativement à l'expérience, parce que notre connaissance ne se rapporte qu'à des phénomènes, dont la possibilité réside en nous, dont la liaison et l'unité (dans la représentation d'un objet) ne se trouvent qu'en nous encore, et doivent par conséquent précéder toute expérience, afin d'en rendre avant tout la forme possible. C'est en partant de ce fondement, le seul possible entre tous, que notre déduction des catégories a été exécutée.

ANALYTIQUE TRANSCENDENTALE.

LIVRE DEUXIÈME.

Analytique des principes.

La Logique générale s'élève sur un fondement parfaitement d'accord avec la division précédente des facultés supérieures de connaître, qui sont : l'*entendement,* le *jugement* et la *raison.* Cette science traite donc, dans son Analytique, des *concepts,* des *jugements* et des *raisonnements,* suivant les fonctions et l'ordre des facultés intellectuelles que l'on comprend en général sous la dénomination large d'entendement.

Cette Logique purement formelle, faisant abstraction de toute matière de la connaissance (pure ou empirique), et ne s'occupant en général que de la forme de la pensée (de la connaissance discursive), peut comprendre aussi dans sa partie analytique le canon ou la règle de la raison, dont la forme a son prescrit certain, prescrit qui, sans considérer la nature particulière de la connaissance qu'on y traite, peut être aperçu *à priori*, par la simple décomposition des actes de la raison en leurs divers moments.

La Logique transcendentale étant restreinte à un objet déterminé, à la connaissance pure *à priori*, ne peut imiter la Logique générale dans cette division; car on comprend que l'usage transcendental de la raison ne vaut point objectivement, et n'appartient par conséquent pas à la *logique de la vérité*, c'est-à-dire à l'Analytique; mais que, comme *logique de l'apparence*, elle réclame une partie spéciale de la science scolastique, sous le nom de *Dialectique transcendentale*.

L'entendement et le jugement sont donc susceptibles d'un canon pour leur usage objectivement valable, et par conséquent vrai, dans la logique transcendentale, et appartiennent en conséquence à la partie analytique de cette logique. Mais la *raison*, dans ses tentatives pour décider quelque chose *à priori* sur les objets, et étendre la connaissance au delà des bornes de l'expérience possible, est toute *dialectique*, et ses affirmations d'apparence ne peuvent absolument pas s'accommoder à un canon tel cependant que doit le contenir l'Analytique.

L'*Analytique des principes* n'est donc simplement qu'un canon pour la *faculté de juger*. Elle apprend au jugement à faire aux phénomènes l'application des concepts intellectuels qui contiennent la condition de règles *à priori* (1). Me proposant de traiter des Principes propres *de l'entendement*, je me servirai donc des mots *Théorie du jugement* pour désigner plus particulièrement ce traité.

INTRODUCTION.

Du jugement transcendental en général.

Si je fais de l'entendement en général la faculté des règles, la faculté de juger sera la faculté de *subsumer*, c'est-à-dire de distinguer si quelque chose est ou n'est pas soumis à une règle donnée (*casus datæ legis*). La Logique générale ne contient pas de prescrits pour le jugement et n'en peut pas même contenir ; car, puisqu'elle *fait abstraction de toute matière de la connaissance*, il ne lui reste qu'à

---

(1) *Règle*, signifie ici idée générale.   T.

exposer analytiquement la simple forme de la connaissance dans les concepts, dans les jugements et les raisonnements, et à établir par là les règles formelles de tout usage de l'entendement. Si donc elle voulait faire voir en général comment on doit subsumer à ces règles, c'est-à-dire comment on doit distinguer si quelque chose y est ou non soumis, il est évident qu'elle ne le pourrait encore qu'en suivant quelque règle. Mais cette règle, par là même qu'elle en serait une, exigerait une nouvelle instruction pour le jugement. D'où l'on voit que l'entendement est, à la vérité, capable d'instruction au moyen de règles, mais que le jugement est un don naturel particulier qui ne peut absolument pas être appris, mais qui veut seulement être cultivé. Cette faculté est donc aussi la partie constitutive du bon sens, dont le défaut ne peut être réparé par aucune étude; car quoique cette étude puisse donner, inoculer, pour ainsi dire, à une intelligence bornée de nombreuses règles empruntées à un esprit étranger, cependant la faculté de s'en servir convenablement appartient à l'élève lui-même, et aucune des règles qu'on peut prescrire à ce sujet n'est un sûr garant contre le mauvais usage qu'il pourrait faire des premières par suite du défaut de ce don de la nature (1). C'est pourquoi un juge, un

---

(1) Le défaut de jugement est proprement ce qu'on appelle stu-

publiciste peut avoir dans la tête un grand nombre de règles pathologiques, juridiques, ou politiques, au point d'être en cela même un profond docteur, et cependant faillir très-facilement dans leur application, soit parce qu'il manque de jugement naturel (quelque sain que soit son entendement), pouvant en effet apercevoir le général *in abstracto*, sans pouvoir plus rien distinguer dans un cas particulier *in concreto*; ou bien encore parce qu'il a été accoutumé à juger par des exemples et dans des affaires réelles. Les exemples ont une grande et unique utilité, celle d'exercer le jugement; car, pour ce qui regarde la justesse et la précision de l'aperçu intel-

pidité. Il n'y a pas de remède à un tel *vice*. Une tête obtuse et bornée, qui ne manque qu'à un certain degré d'entendement, et de concepts intellectuels, est très-susceptible de s'orner par l'instruction, même jusqu'à l'érudition. Mais aussi, comme le plus souvent il y a défaut de jugement chez ces sortes de gens (comme dans la seconde épître de saint Pierre*), il n'est pas rare de trouver des hommes très-instruits qui laissent apercevoir dans l'emploi de leur science ce vice irrémédiable.

* Je dois dire ici, pour l'acquit de ma conscience, que cette version porterait à croire que la seconde épître de saint Pierre est marquée du vice intellectuel en question; tandis que le traducteur anglais croit, au contraire, qu'il s'agit d'une allusion faite à ce défaut par saint Pierre. Je n'ai pas su trouver cette allusion. Mais, comme je ne voudrais pas faire dire à Kant ce qu'il n'a pas dit en effet, voici sa phrase et les versions que j'en ai sous les yeux. Il vient de parler d'une tête obtuse : *Ein stumpfer... Kopf*, etc. *Da es aber gemeiniglich alsdann auch an jenem (der secunda Petri) zu fehlen pflege....* Littéralement : *à celui-là* (à la seconde [ou de la seconde, ou plutôt encore dans la seconde, puisque l'auteur conserve ici la terminaison latine de l'ablatif] de Pierre)... Dans tous les cas, il y a ellipse. Voici les autres traductions : 1º Angl. *But as then commonly there is the want alluded to (secunda Petri).....* 2º Ital. *Ma, siccome in ingegni così fatti è d'ettosa ordinariamente anche la della facoltà (la seconda di Pietro)...* 3º Lat. *Sed quoniam plerumque etiam allora pars Petri deesse videtur...* T.

lectuel, ils lui portent en général un grand préjudice, parce qu'ils cadrent rarement d'une manière parfaite avec la condition de la règle (comme *casus in terminis*), et affaiblissent souvent en outre la contention d'esprit nécessaire pour apercevoir abstraitement les règles dans toute leur unité, indépendamment des cas particuliers de l'expérience, et font enfin que l'esprit s'accommode à l'usage de ces règles plutôt comme à des formules que comme à des principes. Les exemples sont donc en quelque sorte l'instrument qui sert à aiguiser le jugement, et dont ne peut jamais se passer celui à qui cette faculté n'a point été départie par la nature.

Mais, quoique la *Logique générale* ne puisse pas donner de préceptes au jugement, il en est cependant tout autrement de la Logique transcendentale ; tellement que celle-ci semble avoir pour attribution propre de redresser et de garantir le jugement dans l'usage de l'entendement pur par des règles déterminées. Car la philosophie ne semble pas être nécessaire, ou plutôt paraît être abusivement employée, pour donner de l'extension à l'entendement dans le champ de la connaissance pure *à priori*, et par conséquent lorsqu'on la fait servir comme doctrine, puisqu'en fait on a peu ou point gagné de terrain, malgré toutes les tentatives faites jusqu'ici pour arriver à ce but. Mais comme Critique, c'est-à-dire comme moyen de prévenir les faux pas du jugement (*lapsus judicii*) dans l'usage du peu de concepts intellectuels purs que nous avons, la philosophie s'offre avec toute sa pénétration et toute son habileté d'examen : en quoi son utilité est purement négative.

Mais la philosophie transcendentale a cela de propre, qu'outre la règle (ou plutôt la condition générale des règles) qui est donnée dans le concept pur de l'entendement, elle peut en même temps faire voir *à priori* le cas auquel ces règles doivent être appliquées. La cause de sa supériorité en cela par rapport à toutes les autres sciences enseignantes (excepté les mathématiques), c'est qu'elle traite de concepts qui doivent se rapporter *à priori* à leurs objets, et dont par conséquent la valeur objective ne peut pas être démontrée *à posteriori* ; car il ne s'agirait pas là de la valeur objective expérimentale de ces concepts. Mais la philosophie transcendentale doit cependant donner en même temps dans des caractères généraux, et néanmoins, suffisants des conditions sous lesquelles des objets puissent être donnés en accord avec ces concepts, autrement ils manqueraient d'objets, et ne seraient que de simples formes logiques et non des concepts purs de l'entendement.

Cette *théorie transcendentale de la faculté de juger* se réduit donc à deux chapitres : le premier, qui traite de la condition sensible sous laquelle seule des concepts purs de l'entendement peuvent être employés c'est-à-dire du *schématisme* de l'entendement pur ;

le second, qui traite des jugements synthétiques dérivant des concepts purs de l'entendement sous cette condition *à priori*, et qui servent de fondement aux autres connaissances *à priori*, c'est-à-dire des principes de l'entendement pur.

THÉORIE TRANSCENDENTALE DU JUGEMENT
(OU ANALYTIQUE DES PRINCIPES).

CHAPITRE PREMIER.
Du schématisme des concepts intellectuels purs.

Dans toute subsomption d'un objet sous un concept, la représentation de l'objet doit être d'une *nature analogue* à celle du concept; c'est-à-dire que le concept doit contenir ce qui est représenté dans l'objet à subsumer, car c'est précisément ce que signifie la proposition qu'un objet est contenu sous un concept. Ainsi le concept empirique d'un *plat* a de l'analogie avec le concept géométrique pur d'un cercle, puisque la rondeur qui est connue dans le premier peut être perçue dans le second.

Mais les concepts purs de l'entendement, en comparaison avec des intuitions empiriques (avec des intuitions sensibles en général) en sont tout à fait *différents* et ne peuvent jamais se trouver dans une intuition. D'où vient donc la *subsomption* des intuitions sous les concepts, par conséquent l'*application* des catégories aux phénomènes, quand cependant personne ne peut dire que ces catégories, par exemple la causalité, puissent aussi être perçues par les sens, être comprises dans le phénomène ? Cette question, si naturelle et si importante, est donc proprement la raison qui rend nécessaire la théorie transcendentale du jugement, pour faire voir comment des *concepts purs de l'entendement* peuvent en général être appliqués à des phénomènes. Dans toutes les autres sciences où les concepts par lesquels l'objet en général est pensé ne sont pas essentiellement différents de ceux qui le représentent *in concreto* comme il est donné, il n'est pas nécessaire, pour l'application du concept à l'objet, de donner une explication particulière.

Il est clair maintenant qu'il doit y avoir un moyen terme qui ressemble en partie à la catégorie, en partie au phénomène, et qui rende possible l'application de la première au dernier. Cette représentation intermédiaire doit être pure (n'avoir rien d'empirique), et cependant, d'une part, être *intellectuelle*, et de l'autre *sensible*. Tel est le *schème transcendental*.

Le concept intellectuel renferme l'unité synthétique pure de la diversité en général. Le temps, comme condition formelle de la diversité du sens intime, par conséquent de la liaison de toutes les représentations, contient une diversité *à priori* dans l'intuition pure. Or, une détermination transcendentale de temps, en tant qu'elle est analogue à la *catégorie* (qui en fait l'unité), est universelle comme elle, et repose sur une règle *à priori*. Mais, d'un autre côté, elle est analogue au *phénomène*, puisque le temps est compris dans toute représentation empirique de la diversité. Une application de la catégorie à des phénomènes devient donc possible par le moyen de la détermination transcendentale du temps ; et cette détermination, comme schême des concepts de l'entendement, rend possible la subsomption des phénomènes à la catégorie.

D'après ce qui a été démontré dans la déduction des catégories, personne, je pense, n'hésitera à prononcer sur la question : Si l'usage de ces concepts purs est seulement empirique, ou bien encore s'il est transcendental; c'est-à-dire si ces concepts, comme conditions d'une expérience possible, se rapportent *à priori* seulement à des phénomènes ; ou si, comme conditions de la possibilité des choses en général, ils peuvent se rapporter à des objets en soi (sans aucun égard à notre sensibilité). Car nous avons vu que des concepts sont tout à fait impossibles et qu'ils ne peuvent avoir aucun sens quand un objet ne leur est pas donné soit à eux-mêmes, soit aux éléments dont ils se composent ; que par conséquent ils ne peuvent concerner les choses en soi (sans considérer si et comment ces choses peuvent nous être données). Nous avons vu, de plus, que la seule manière dont ces choses nous sont données, est la modification de notre sensibilité; enfin, que des concepts purs *à priori* doivent contenir *à priori*, indépendamment de la fonction de l'entendement dans la catégorie, des conditions formelles de la sensibilité (particulièrement du sens intime), conditions qui en renferment une autre générale sous laquelle seule la catégorie peut être appliquée à un objet quelconque. Nous appellerons cette condition formelle et pure de la sensibilité, à laquelle le concept intellectuel est restreint dans son usage, le *schême* de ce concept intellectuel ; et le procédé de l'entendement relatif à ce *schême*, le *schématisme* de l'entendement pur.

Le schême n'est toujours en lui-même qu'un produit de l'imagination ; mais comme la synthèse de cette dernière n'a pour but aucune intuition particulière, mais seulement l'unité dans la détermination de la sensibilité, le schême doit donc être distingué de l'image. Ainsi, quand je dispose cinq points l'un après l'autre de cette manière....., j'ai une image du nombre cinq. Au contraire, quand je conçois seulement un nombre en général, qui peut être ou cinq, ou cent, cette pensée est plutôt alors la représentation d'une méthode pour représenter en une image une multiplicité (v. g. mille) conformément à un certain concept, que pour représenter cette image même, qu'il me serait d'ailleurs très-difficile, dans le dernier cas, de parcourir des yeux et de comparer avec le concept. Or, cette représentation d'un procédé général de l'imagination, pour donner à un concept son image, s'appelle le schême de ce concept.

En effet, nos concepts sensibles purs n'ont point pour fondement des images des objets, mais des schèmes. Aucune image d'un triangle quelconque ne pourrait jamais être adéquate au concept d'un triangle en général; car jamais elle n'atteindrait la généralité du concept qui fait qu'il vaut pour tous les triangles, rectangles, isocèles, etc.; elle serait toujours restreinte à une seule partie de cette sphère. Le schème du triangle ne peut exister ailleurs que dans la pensée, et indique une règle de la synthèse de l'imagination par rapport aux figures pures dans l'espace. Un objet de l'expérience ou son image atteint bien moins encore le concept empirique; ce concept se rapporte toujours immédiatement au schème de l'imagination, comme à une règle de la détermination de notre intuition, suivant un certain concept général. Le concept de chien désigne une règle d'après laquelle mon imagination peut décrire la figure d'un quadrupède en général sans être restreinte à aucune figure particulière que nous offre l'expérience, non plus qu'à une image possible quelconque que je pourrais me représenter *in concreto*. Ce schématisme de notre entendement, par rapport aux phénomènes et à leurs simples formes, est un art secret dans les profondeurs de l'âme humaine, dont nous aurons de la peine à jamais arracher le vrai procédé à la nature pour le mettre en quelque sorte sous les yeux. Seulement, il nous est permis de dire que l'*image* de la faculté empirique est un produit de l'imagination productive, et que le *schême* des concepts sensibles (comme de figures dans l'espace) est un produit, et comme un monogramme de l'imagination pure *à priori*, par lequel et suivant lequel seul les images sont définitivement possibles. Mais ces images ne peuvent jamais être liées au concept que par l'intervention du schême qu'elles indiquent et auquel elles ne sont point en elles-mêmes parfaitement adéquates. Au contraire, le schême d'un concept pur de l'entendement est quelque chose qui ne peut être réduit à aucune image ; il n'est que la synthèse pure, réalisée suivant une règle de l'unité, d'accord avec des concepts, en général, et qu'exprime la catégorie. C'est un produit transcendental de l'imagination, qui concerne la détermination du sens intime en général, suivant les conditions de sa forme (du temps) par rapport à toutes les représentations, en tant qu'elles doivent être liées *à priori*, en un concept conformément à l'unité de l'aperception.

Sans nous arrêter à une aride et fastidieuse analyse de ce qui est exigé pour des schêmes transcendentaux des concepts purs de l'entendement en général, nous exposerons plus volontiers ces schêmes suivant l'ordre des catégories et en rapport avec elles.

L'image pure de toutes les quantités ou grandeurs (*quantorum*), pour le sens externe, est l'espace ; celle de tous les objets des sens en général, c'est le temps.

Mais le *schême* pur de la *quantité* (*quantitatis*) comme concept de l'entendement, c'est le *nombre*, qui est une représentation comprenant l'addition successive de un à un (des choses de même espèce). Le nombre n'est donc autre chose que l'unité de la synthèse de la diversité d'une intuition homogène en général, par le fait que je produis le temps lui-même dans l'appréhension de l'intuition.

La réalité dans un concept pur de l'entendement est ce qui correspond en général à une sensation quelconque, par conséquent ce dont le concept désigne un être en soi (dans le temps). La négation est ce dont le concept représente un non-être (dans le temps). L'opposition de ces deux choses consiste dans la différence du même temps, comme plein ou vide. Puisque le temps consiste uniquement dans la forme de l'intuition, par conséquent dans la forme des objets, comme phénomènes, il s'ensuit que ce qui répond en eux à la sensation est la matière transcendentale de tous les objets comme choses en soi (réalité essentielle). Or, toute sensation a un degré ou une intensité par laquelle elle peut plus ou moins remplir le même temps, c'est-à-dire le sens intime, par rapport à une représentation d'un objet, jusqu'à ce qu'elle se réduise à rien (= o = *negatio*). Il y a donc un rapport et un enchaînement, ou plutôt un passage de la réalité à la négation, qui rend représentable toute réalité comme quantité ; et le schême d'une réalité, comme de la quantité de quelque chose, en tant que cette chose remplit le temps, est purement la production continue et uniforme de cette réalité dans le temps, lorsqu'on descend chronologiquement de la sensation, qui a un certain degré, jusqu'à son évanouissement, ou que l'on monte insensiblement de la négation de la sensation à sa quantité.

Le schême de la substance est la permanence du réel dans le temps, c'est-à-dire sa représentation comme un substratum de la détermination empirique du temps en général, lequel substratum, par conséquent, reste quand tout change. Le temps ne passe pas, mais en lui passe l'existence du muable. Par conséquent au temps, qui est par lui-même immuable et permanent, correspond dans le phénomène, l'immuable dans l'existence, c'est-à-dire la substance ; et en elle seule peuvent être déterminées la succession et la simultanéité du phénomène quant au temps.

Le schême de la cause et de la causalité d'une chose en général est le réel, qui, s'il est posé à volonté, est toujours suivi de quelque autre chose. Il consiste donc dans la succession de la diversité en tant qu'elle est soumise à une règle.

Le schême de la réciprocité de l'action et de la réaction, ou de la causalité mutuelle des substances par rapport à leurs accidents, est le rapport simultané des déterminations de l'un avec les déterminations de l'autre, suivant une règle générale.

Le schême de la possibilité est l'accord de la synthèse de différentes représentations avec les conditions du temps en général (le contraire, par exemple ne pouvant exister en même temps dans une chose, mais seulement d'une manière successive); par conséquent la détermination de la représentation d'une chose en un certain temps.

Le schême de la réalité essentielle est l'existence dans un temps déterminé.

Le schême de la nécessité est l'existence d'un objet en tout temps.

On voit donc par tout cela que le schême de chaque catégorie, tel que celui de la quantité, contient et représente la production (la synthèse) du temps lui-même dans l'appréhension successive d'un objet; le schême de la qualité, la synthèse de la sensation (perception) avec la représentation du temps, ou l'occupation, le remplissement du temps; le schême de la relation, le rapport des perceptions entre elles en tout temps (c'est-à-dire suivant une règle de la détermination de temps) ; enfin, le schême de la modalité et de ses catégories, le temps lui-même, comme le corrélatif de la détermination d'un objet, si et comment cet objet appartient au temps.

Les schêmes ne sont donc que des déterminations de temps *à priori* d'après des règles qui, suivant l'ordre des catégories, ont pour objet la *série du temps*, la *matière du temps*, l'*ordre du temps*, et enfin l'*ensemble du temps* par rapport à toutes les choses possibles.

D'où il résulte que le schématisme de l'entendement par la synthèse transcendentale de l'imagination ne concerne que l'unité de toute diversité de l'intuition dans le sens intime, et indirectement l'unité de l'aperception, comme fonction correspondante au sens intime (à une réceptivité). Les schèmes des concepts purs de l'entendement sont donc les vraies et uniques conditions pour donner à ces concepts un rapport aux objets, et par conséquent pour leur donner *une signification*; en sorte que les catégories n'ont en définitive qu'un usage empirique possible, puisqu'elles servent simplement à soumettre les phénomènes aux règles générales de la synthèse à l'aide de principes d'une unité nécessaire *à priori* (à cause de la liaison nécessaire de toute conscience en une seule aperception originelle), et à rendre ainsi les phénomènes susceptibles d'une liaison universelle en une expérience.

Mais dans cet ensemble de toute expérience possible sont toutes nos connaissances; et dans le rapport général à cette expérience, consiste la vérité transcendentale qui précède toute vérité empirique et la rend possible.

Mais cependant il est visible que les schèmes de la

sensibilité, tout en réalisant avant tout les catégories, les restreignent néanmoins, c'est-à-dire qu'ils les bornent à des conditions étrangères à l'entendement (savoir, à la sensibilité). C'est pourquoi le schème n'est proprement qu'un phénomène, ou le concept sensible d'un objet, d'accord avec la catégorie (NUMERUS *est quantitas phænomenon ;* SENSATIO *realitas phænomenon;* CONSTANS *et perdurabile rerum substantia phænomenon.* —— ÆTERNITAS, NECESSITAS, *phænomena, etc.*). Si donc nous omettions une condition restrictive, nous étendrions par le fait, à ce qu'il semble, le concept limité auparavant ; et ainsi les catégories devraient valoir dans leur signification pure sans toutes les conditions de la sensibilité à l'égard des objets en général, *tels qu'ils sont,* au lieu que leurs schèmes *représentent* ces objets seulement *comme ils apparaissent.* Elles auraient donc une valeur indépendante de tout schème, valeur beaucoup plus étendue que celle des schèmes. Dans le fait, cependant, si l'on opère cette suppression, et que l'on fasse abstraction de toute condition sensible, les concepts purs de l'entendement n'auront plus qu'une valeur purement logique, celle de la seule unité des représentations, mais de représentations sans objet ; c'est-à-dire que ces concepts ne pourront se rapporter à aucun objet, ne signifieront rien. La substance, par exemple, si l'on omet la détermination sensible de la permanence, ne signifiera plus que quelque chose qui peut être pensé comme sujet (sans être le prédicat de quelque autre chose). Or, je ne puis rien faire de cette représentation, puisqu'elle ne me montre pas les déterminations de la chose qui, comme telle, doit valoir à titre de premier sujet. Les catégories sans schèmes ne sont donc que des fonctions de l'entendement pour les concepts et ne représentent aucun objet. Cette signification d'un objet leur vient de la sensibilité, qui réalise l'entendement en le restreignant.

DOCTRINE TRANSCENDENTALE DU JUGEMENT
(OU ANALYTIQUE DES PRINCIPES).

CHAPITRE II.
Système de tous les principes de l'entendement pur.

Dans le chapitre précédent nous n'avons considéré la faculté transcendentale de juger que d'après les conditions générales sous lesquelles seules elle peut faire un légitime usage des concepts purs de l'entendement dans les jugements synthétiques. Nous devons maintenant exposer en un tout systématique les jugements que l'entendement forme réellement *à priori* avec cette circonspection critique. Notre table des catégories doit infailliblement donner pour ce travail un guide naturel et sûr; car elles sont précisément ce dont le rapport à une expérience possible doit constituer *à priori* toute connaissance pure de l'entendement, et ce dont le rapport à la sensibilité en général fera connaître intégralement et en un système tous les principes transcendentaux de l'usage de l'entendement.

Des principes *à priori* sont ainsi appelés, non-seulement parce qu'ils sont la base d'autres jugements, mais encore parce qu'ils ne sont pas eux-mêmes fondés sur des connaissances plus élevées et plus générales. Cette propriété ne les dispense cependant pas toujours d'une preuve. Car, quoique cette preuve ne puisse être établie plus objectivement et que toute connaissance soit au contraire la base de son objet (1), cela n'empêche cependant pas qu'une preuve ne puisse être prise des sources subjectives de la possibilité d'une connaissance de l'objet en général, et même que cette preuve ne soit nécessaire; autrement le principe encourrait le grave soupçon d'être une affirmation gratuite.

Ensuite, nous nous bornerons simplement aux principes qui se rapportent aux catégories. Par conséquent les principes de l'Esthétique transcendentale,

---

(1) Le texte diffère ici suivant les éditions; la première porte : *Sondern vielmehr alle Erkenntniss seines Objects zum Grunde liegt*, etc.; la seconde : *Sonder vielmehr aller Erkenntniss*, etc. Nous avons suivi la première, qui nous paraît préférable pour le sens. Le traducteur italien a fait de même. Nous avions d'abord suivi la seconde, parce que nous ne connaissions pas la première. C'est sans doute cette raison qui a aussi déterminé le traducteur anglais, ainsi que l'auteur de la traduction latine.   T.

suivant lesquels l'espace et le temps sont les conditions de la possibilité de toutes choses comme phénomènes, de même que la restriction de ces principes, consistant en ce qu'ils ne peuvent se rapporter aux choses en soi, n'appartiennent pas au champ de notre investigation. Les principes mathématiques ne font pas non plus partie de ce système, parce qu'ils ne sont pris que de l'intuition et non des concepts de l'entendement. Cependant comme ils sont des jugements synthétiques *à priori*, leur possibilité trouvera nécessairement ici sa place ; non pas, à la vérité, pour démontrer leur justesse et leur certitude apodictique, ce qui n'est pas nécessaire, mais seulement pour faire comprendre et pour déduire *à priori* la possibilité de ces connaissances évidentes.

Nous parlerons aussi du principe des jugements analytiques, mais à la vérité, par opposition aux jugements synthétiques, qui sont ceux dont nous avons proprement à nous occuper, parce que cette opposition même affranchit de toute équivoque la théorie de ces derniers jugements, et l'expose clairement dans sa nature propre.

SYSTÈME DES PRINCIPES DE L'ENTENDEMENT PUR.

SECTION I.
Du principe suprême de tous les jugements analytiques.

Quelle que soit la matière de notre connaissance,

et de quelque manière qu'elle se rapporte à l'objet, cependant la condition générale, quoique purement négative, de tous nos jugements, est qu'ils ne se contredisent pas eux-mêmes; autrement ils ne sont rien par eux-mêmes (sans égard à l'objet). Mais quoiqu'il n'y ait aucune contradiction dans notre jugement, il peut cependant lier des concepts d'une manière qui répugne à l'objet, ou sans raisons suffisantes à nous connues, soit *à priori*, soit *à posteriori*. Un jugement peut donc être faux ou non fondé, sans du reste renfermer aucune contradiction.

Le principe : Un attribut qui répugne à une chose, ne lui convient point, s'appelle principe de contradiction. C'est un criterium universel de toute vérité, quoique purement négatif; mais il appartient par là même exclusivement à la Logique, puisqu'il vaut pour les connaissances, purement comme connaissances en général, sans égard à leur objet, et déclare que la contradiction fait complétement disparaître ces connaissances.

Mais on en peut cependant faire un usage positif, c'est-à-dire le faire servir, non simplement à découvrir l'erreur (en tant qu'elle porte sur une contradiction), mais encore à connaître la vérité. Car *si le jugement est analytique,* qu'il soit négatif ou affirmatif, la vérité doit toujours pouvoir en être connue parfaitement en vertu du principe de contradiction. A l'égard de ce qui est déjà dans la connaissance de l'objet comme concept, et qui se trouve déjà pensé, le contraire en est effectivement toujours nié avec raison ; et alors ce concept doit s'affirmer nécessairement, par la raison que le contraire de ce concept répugnerait à cet objet.

Nous devons donc faire valoir le *principe de contradiction* comme *principe* général et parfaitement suffisant pour *toute connaissance analytique ;* mais son autorité et son usage ne sont qu'un criterium suffisant de la vérité. Ce qui fait que ce principe est la condition *sine quâ non*, mais non un principe de détermination de la vérité de nos connaissances, c'est qu'aucune ne peut lui être contraire sous peine de s'anéantir elle-même. Comme nous n'avons proprement affaire maintenant qu'à la partie synthétique de notre connaissance, nous devrons toujours avoir soin de n'agir jamais contre cet inviolable principe, sans cependant pouvoir en espérer aucun éclaircissement par rapport à la vérité de cette même espèce de connaissance, la vérité synthétique.

Il y a cependant une formule de ce principe célèbre, purement formel et dépourvu de contenu, formule qui renferme une synthèse mal à propos confondue avec le principe lui-même et sans la moindre nécessité ; la voici : Il est impossible qu'une chose soit et ne soit pas *en même temps.* Outre qu'ici la certitude apodictique a été ajoutée inutilement (par le mot *impossible*), certitude qui doit se comprendre d'elle-même par la proposition, ce jugement est encore affecté par la condition du temps et signifie en quelque sorte : Une chose = A, qui est quelque chose = B, ne peut pas en même temps être non B. Mais elle peut très-bien être successivement l'un et l'autre (B et non B); par exemple, un homme qui est jeune ne peut être vieux en même temps, mais ce même homme peut très-bien être jeune dans un temps, et n'être pas jeune ou être vieux dans un autre temps. Or, le principe de contradiction, comme principe purement logique, ne doit pas restreindre ces énoncés aux rapports de temps ; par conséquent une semblable formule est tout à fait contraire à son but. Le malentendu vient uniquement de ce que l'on sépare d'abord un prédicat d'une chose du concept de cette chose, et qu'ensuite on joint à ce même prédicat son contraire, ce qui ne donne jamais une contradiction avec le sujet, mais seulement avec son prédicat qui lui est uni synthétiquement, contradiction qui n'a même lieu qu'autant que le premier et le second prédicat sont posés dans le même temps. Si je dis : un homme qui est ignorant n'est pas instruit, la condition *en même temps* doit être exprimée, car celui qui est ignorant dans un temps peut très-bien être instruit dans un autre. Mais si je dis : aucun homme ignorant n'est instruit, la proposition sera analytique, parce que le caractère (de l'ignorance) constitue maintenant le concept du sujet; et alors la proposition qui nie découle immédiatement de la proposition contradictoire sans que la condition *en même temps* doive intervenir. Telle est aussi la raison pour laquelle j'ai changé plus haut la formule de contradiction, de manière que la nature d'une proposition analytique fût par là expliquée clairement.

SYSTÈME DES PRINCIPES DE L'ENTENDEMENT PUR.

SECTION II.
Du principe suprême de tous les jugements synthétiques.

L'explication de la possibilité de tous les jugements synthétiques est un problème dont la Logique générale n'a pas à s'occuper, dont elle n'a pas même besoin de connaître le nom. Mais, dans la Logique transcendantale, c'est la chose de toutes la plus importante, et même la seule, s'il est question de la possibilité des jugements synthétiques *à priori*, ainsi que des conditions et de l'extension de leur validité. Car une fois cette question décidée, elle atteindra complétement son but, qui est de déterminer la circonscription et les bornes de l'entendement pur.

Dans le jugement analytique, je m'attache à un concept donné pour décider quelque chose à son égard. Doit-il être affirmatif : je n'attribue alors à ce concept que ce qui y était déjà pensé. Doit-il être négatif : je ne sépare du concept que ce qui lui est opposé. Mais dans les jugements synthétiques, je dois aller au delà du concept donné, pour considérer en rapport avec ce concept quelque chose tout différent de ce qui y était pensé : ce qui, par conséquent, ne donne jamais un rapport d'identité ni de contradiction ; et, en cela, le jugement ne peut présenter en lui-même ni vérité ni erreur.

Par conséquent si l'on accorde qu'il faut sortir d'un concept donné pour le comparer synthétiquement avec quelque autre, il faudra un certain moyen terme dans lequel seul la synthèse de deux concepts puisse s'opérer. Mais quel est ce terme moyen de tous les jugements synthétiques ? Ce ne peut être qu'un ensemble dans lequel toutes nos représentations sont comprises, savoir : le sens intime et sa forme *à priori*, le temps. La synthèse des représentations repose sur l'imagination, mais leur unité synthétique (qui est requise pour le jugement) repose sur l'unité de l'aperception. C'est donc là qu'il faut chercher la possibilité des jugements synthétiques. Et comme ces trois choses sont les sources des représentations *à priori*, la possibilité des jugements synthétiques purs y doit être également cherchée. Ils en dérivent même nécessairement, s'il doit y avoir une connaissance des objets qui ne repose que sur la synthèse des représentations.

Pour qu'une connaissance puisse avoir une réalité objective, c'est-à-dire se rapporter à un objet, elle doit avoir un sens et une signification par rapport à lui ; l'objet doit donc pouvoir être donné d'une manière quelconque : sans cela les concepts sont vains. Et quand même on aurait pensé sans cette condition, rien ne serait réellement connu par cette pensée; on aurait seulement joué avec des représentations. Donner un objet, si l'on n'entend pas seulement par là une intuition médiate, mais bien l'intuition immédiate de cet objet, ce n'est pas faire autre chose que d'en rapporter la représentation à l'expérience (réelle ou possible). L'espace et le temps même, en tant que concepts purs, sont exempts de tout empirisme; et bien qu'il soit certain qu'ils sont représentés parfaitement *à priori* dans l'esprit, ils seraient cependant sans valeur objective, sans signification ni sens, si leur usage ne se montrait nécessaire dans les objets de l'expérience. Leur représentation même est un pur schème qui se rapporte toujours à l'imagination reproductive. Cette imagination rappelle les objets de l'expérience qui, sans elle, n'auraient aucune signification; il en est de même de tous les concepts sans distinction.

La *possibilité de l'expérience* est donc ce qui donne à toutes nos connaissances *à priori* une réalité objective. Or, l'expérience repose sur l'unité synthétique des phénomènes, c'est-à-dire sur une synthèse faite suivant les concepts de l'objet des phénomènes en général, synthèse sans laquelle il n'y aurait absolument pas de connaissance, mais seulement un assemblage de perceptions qui n'auraient entre elles aucune liaison selon des règles d'une conscience universellement conjointe (possible), et qui, par conséquent, ne se prêterait point à l'unité transcendentale nécessaire de l'aperception. L'expérience a donc posé pour fondement, des principes de sa forme *à priori*, je veux dire des règles générales de l'unité dans la synthèse des phénomènes, dont la réalité objective et la possibilité même peuvent toujours être démontrées dans l'expérience, à titre de conditions nécessaires. Mais, hors de ce rapport, les propositions synthétiques *à priori* sont absolument impossibles, puisqu'elles n'ont aucun troisième terme, aucun objet pur dans lequel l'unité synthétique de leurs concepts puisse établir la réalité objective.

C'est pourquoi, bien que nous connaissions plusieurs choses *à priori* dans les jugements synthétiques relativement à l'espace en général ou relativement aux figures que l'imagination productive décrit dans l'espace, sans que nous ayons réellement besoin d'aucune expérience pour cela; cependant cette connaissance ne serait qu'une pure chimère si l'espace ne devait pas être pris comme condition des phénomènes qui sont la matière de l'expérience externe. D'où il suit que les jugements synthétiques purs se rapportent, quoique d'une manière médiate seulement, à l'expérience possible, ou plutôt à sa possibilité même, et fondent uniquement là-dessus la validité objective de leur synthèse.

Puis donc que l'expérience, comme synthèse empirique, est, dans sa possibilité, la seule manière de connaître qui donne de la réalité à toute autre synthèse, celle-ci, comme connaissance *à priori*, n'a donc de vérité (accord avec l'objet) qu'autant qu'elle ne contient rien que ce qui est indispensable à l'unité synthétique de l'expérience en général.

Par conséquent, le premier principe de tous les jugements synthétiques est que : Tout objet est soumis aux conditions nécessaires de l'unité synthétique de la diversité de l'intuition dans une expérience possible.

De cette manière les jugements synthétiques *à priori* sont possibles lorsque nous rapportons les conditions formelles de l'intuition *à priori*, la synthèse de l'imagination et son unité nécessaire dans une aperception transcendentale, à une connaissance expérimentale possible en général, et que nous disons : les conditions de la *possibilité de l'expérience* en général sont en même temps des conditions de la *possibilité des objets de l'expérience*, et possèdent par cette raison une valeur objective dans un jugement synthétique *à priori*.

SYSTÈME DES PRINCIPES DE L'ENTENDEMENT PUR.

SECTION III.

Exposition systématique de tous les principes synthétiques de l'entendement pur.

Partout où il y a lieu à des principes, c'est l'effet du seul entendement pur, qui est non-seulement la faculté des règles par rapport à ce qui arrive, mais encore la source des principes. Suivant cette source, tout (ce qui peut se présenter à nous seulement comme objet) est nécessairement soumis à des règles, parce que sans elles jamais une connaissance d'un objet correspondant aux phénomènes ne conviendrait à ces phénomènes. Les lois mêmes de la nature, quand elles sont considérées comme principes de l'usage empirique de l'entendement, emportent en même temps une expression de nécessité, par conséquent au moins la présomption d'une détermination d'après des principes qui valent en soi *à priori* et avant toute expérience. Mais toutes les lois de la nature sans distinction, sont soumises à des principes supérieurs de l'entendement, puisqu'elles n'en sont que des applications à des cas particuliers du phénomène. Par conséquent ces principes seuls donnent le concept qui comprend la condition et comme l'exposant d'une règle générale, tandis que l'expérience donne le cas soumis à la règle.

Mais il n'y a pas à craindre à ce sujet que des principes purement empiriques soient pris pour des principes de l'entendement pur, ou réciproquement; car la nécessité conceptionnelle (1), qui distingue les

---

(1) Je ne trouve pas de mot plus propre pour rendre la locution *nach Begriffen* et si j'avais osé, je l'aurais hasardé plus tôt. Je ne me propose cependant pas de l'employer désormais, seulement il m'a paru bien préférable ici à la locution *suivant des concepts*. J'aurais bien mis *logique*, par opposition à *physique*; mais aurais-je été plus clair ? T.

principes de l'entendement pur, et dont le défaut dans toute proposition empirique, si générale qu'elle puisse être, est facilement remarqué, peut toujours prévenir la confusion. Toutefois il y a des principes purs *à priori* que je ne puis proprement attribuer à l'entendement pur, parce qu'ils ne dérivent pas de concepts purs, mais d'intuitions pures (quoique par l'intervention de l'entendement), tandis que l'entendement est la faculté des concepts. Les mathématiques ont des principes de ce genre; mais leur application à l'expérience, par conséquent leur valeur objective, et même la possibilité d'une telle connaissance synthétique *à priori* (sa déduction), repose cependant toujours sur l'entendement pur.

C'est pour cette raison que je ne ferai pas entrer dans mes principes ceux des mathématiques, mais bien ceux sur lesquels se fonde leur possibilité et leur valeur objective *à priori,* et qui peuvent en conséquence être regardés comme le principe de ceux des mathématiques, allant (1) des *concepts* à l'intuition, et non de *l'intuition* aux concepts.

Dans l'application des concepts purs de l'entendement à l'expérience possible, l'usage de leur synthèse est ou *mathématique,* ou *dynamique;* car elle concerne

---

(1) Ce participe a pour sujet les principes qui servent de base à ceux des mathématiques. C'est ainsi que les traducteurs italiens et anglais, ont entendu le texte. G. Born l'entend autrement et rapporte le verbe *aller* au sujet *je*.   T.

en partie *l'intuition*, en partie *l'existence* d'un phénomène en général. Mais les conditions *à priori* de l'intuition sont tout à fait nécessaires par rapport à une expérience possible ; celles de l'existence des objets soumis à une intuition empirique possible ne sont que contingentes dès qu'elles viennent à être considérées en elles-mêmes. Les principes de l'usage mathématique sont donc absolument nécessaires, c'est-à-dire qu'ils prononcent apodictiquement. Les principes de l'usage dynamique emportent aussi, à la vérité, le caractère d'une nécessité *à priori*, mais seulement sous la condition d'une pensée empirique dans une expérience, par conséquent d'une manière médiate et indirecte seulement. Ils ne contiennent donc pas cette évidence immédiate, propre aux principes mathématiques, sans préjudice cependant de leur certitude par rapport à l'expérience en général. Toutefois, ceci sera plus sensible à la fin du présent traité des principes.

La table des catégories nous donne le plan tout naturel de celle des principes, parce qu'ils ne sont autre chose que les règles de l'usage objectif des catégories. Tous les principes de l'entendement pur sont donc :

1. — AXIOMES
de
l'intuition.

2. — ANTICIPATIONS
de la
perception.

3. — ANALOGIES
de
l'expérience.

4. — POSTULATS
de la
pensée empirique
en général.

J'ai choisi ces dénominations à dessein, pour faire ressortir les différences par rapport à l'évidence et à l'usage de ces principes. Mais on verra bientôt, pour ce qui est de l'évidence et de la détermination *à priori* des phénomènes suivant les catégories de *quantité* et de *qualité* (pour ne faire attention qu'à la forme de ces derniers), que les principes de ces deux catégories diffèrent considérablement de ceux des deux autres; les premiers sont susceptibles d'une certitude intuitive, et les seconds d'une certitude purement discursive, bien qu'ils soient indistinctement d'une parfaite certitude. Par cette raison j'appelle les premiers principes *mathématiques*, et ceux-ci principes *dynamiques* (1). Mais on remarquera que je considère aussi peu les principes des Mathématiques dans l'un de ces cas, que les principes de la Dynamique générale (Physique) dans l'autre; je ne m'occupe que des principes de l'entendement pur par rapport au sens intime (sans distinction des représentations données en lui), dont ils reçoivent tous indistinctement leur possibilité. Je les appelle donc ainsi plutôt en considération de leur application que de leur matière, et

---

(1) V. Suppl. XVI.

j'en aborde l'examen dans l'ordre même où la table les présente.

I.

AXIOMES DE L'INTUITION (1).

Principe de l'entendement pur : Tous les phénomènes sont des quantités *extensives* quant à leur intuition.

J'appelle quantité extensive celle dans laquelle la représentation des parties rend possible celle du tout et (par conséquent la précède nécessairement). Je ne puis me représenter une ligne, si petite qu'elle soit, sans la tirer par la pensée, c'est-à-dire sans en produire successivement toutes les parties d'un point à un autre, et sans par là rendre enfin sensible cette intuition. Il en est exactement de même de toutes les parties du temps, même de la plus petite. Je n'y pense que la progression successive d'un instant à un autre, d'où résulte enfin, au moyen de toutes les parties du temps et de leur addition, une quantité de temps déterminée. Puisque la simple intuition dans tous les phénomènes est ou l'espace ou le temps, tout phénomène est, comme intuition, une quantité extensive, par la raison qu'il ne peut être connu dans l'appréhension que par la synthèse successive de partie à partie. Tous les phénomènes sont donc perçus d'abord comme agrégats (multitude

(1) La seconde édition porte ensuite : Leur principe est que: *Tous les phénomènes coexistent dans des quantités extensives.* Cette formule est suivie d'une preuve. V. Suppl. XVII.   R.

de parties données primitivement); ce qui n'arrive pas toujours dans toute espèce de quantité, mais seulement pour celles que nous nous représentons et que nous saisissons *extensivement* comme telles.

Sur cette synthèse successive de l'imagination *productive* dans la création des figures se fondent les mathématiques de l'étendue (la géométrie) avec leurs axiomes, qui expriment les conditions de l'intuition sensible *à priori,* sous lesquelles seules le schème d'un concept pur du phénomène extérieur est possible; par exemple : Entre deux points il n'y a qu'une seule ligne droite possible; Deux lignes droites ne renferment aucun espace, etc. Ce sont là des axiomes qui ne concernent proprement que les grandeurs (*quanta*), comme telles.

Pour ce qui est de la quantité (*quantitas*), c'est-à-dire de la réponse à la question : Quelle est la grandeur d'une chose, il faut remarquer que sous ce rapport il n'y a proprement aucun axiome, quoique plusieurs de ces sortes de propositions soient *synthétiquement* et immédiatement certaines (*indemonstrabilia*) : car, que le pair ajouté au pair ou retranché du pair donne le pair ; ce sont là des propositions analytiques, puisque je suis immédiatement certain de l'identité de la production d'une quantité avec l'autre, au lieu que les axiomes doivent être des principes synthétiques *à priori*. Au contraire, les propositions évidentes exprimant les rapports numériques, telles que les propositions géométriques, sont à la vérité absolument synthétiques, mais non générales, et ne peuvent, précisément pour cette raison, s'appeler axiomes, mais seulement formules numériques. Que $7 + 5 = 12$, il n'y a rien là d'analytique. Car je ne pense 12 ni dans la représentation de 7, ni dans la représentation de 5, ni dans la représentation de ces deux nombres (il ne s'agit pas ici de savoir si 12 doit être pensé *dans l'addition* de ces deux nombres ; dans la proposition analytique il est seulement question de savoir si je pense réellement l'attribut dans la représentation du sujet). Quoique cette proposition soit synthétique, elle n'est cependant qu'une proposition singulière. En tant que la synthèse de l'homogène (des unités) est la seule chose que l'on considère ici, elle ne peut avoir lieu que d'une seule manière, quoique *l'usage* de ces nombres soit ensuite général. Quand je dis : un triangle peut être construit avec trois lignes, dont deux prises ensemble sont plus grandes que la troisième, il n'y a ici qu'une pure fonction de l'imagination productive, qui peut tracer des lignes plus grandes ou plus petites, et construire des angles à volonté. Au contraire, le nombre 7 n'est possible que d'une seule manière; il en est de même du nombre 12 qui se forme par la synthèse de 7 et de 5. De telles propositions ne doivent donc pas être nommées axiomes (car autrement il y en aurait une infinité), mais formules numériques.

Ce principe transcendental des mathématiques des phénomènes agrandit beaucoup notre connaissance *à priori*; car seul il rend les mathématiques pures applicables dans toute leur précision aux objets de l'expérience : ce qui non-seulement ne serait pas évident de soi sans ce principe, mais qui a même occasionné plusieurs contradictions. Des phénomènes ne sont rien en eux-mêmes. L'intuition empirique n'est possible que par l'intuition pure (de l'espace et du temps) ; par conséquent, ce que les géomètres disent de celle-ci vaut aussi, sans contredit, à l'égard de la première. L'on ne peut prétexter que les objets des sens ne doivent pas se conformer aux lois de la construction dans l'espace (v. g., à l'infinie divisibilité des lignes ou des angles); car on contesterait par là même toute valeur objective à l'espace et à toutes les mathématiques, et l'on ne saurait plus pourquoi ni jusqu'à quel point ces dernières sont applicables aux phénomènes. La synthèse des espaces et des temps, comme formes essentielles de toute intuition, est ce qui rend en même temps possible l'appréhension du phénomène, par conséquent toute expérience extérieure, et par suite aussi, toute connaissance expérimentale des objets : ce que prouvent les mathématiques dans leur application pure à cette synthèse sera également valable par rapport à l'expérience. Toutes les objections qu'on fait contre, cela ne sont que des chicanes d'une raison mal éclairée, qui pense à tort affranchir les objets des sens de la loi formelle de notre sensibilité, et les représente comme objets en soi donnés à l'entendement, bien qu'ils ne soient que de purs phénomènes. S'il en était ainsi, rien sans doute n'en pourrait être connu synthétiquement *à priori*, et par conséquent par des concepts purs d'espace ; et la science qui les détermine, la géométrie en un mot, serait elle-même impossible.

Le principe qui anticipe toutes les perceptions comme telles, est celui-ci : Dans tous les phénomènes, la sensation et le réel qui lui correspond dans l'objet (*realitas phænomenon*), est une *quantité intensive*, c'est-à-dire un degré.

II.

ANTICIPATION DE LA PERCEPTION (1).

On peut appeler anticipation toute connaissance par laquelle je puis connaître et déterminer *à priori* ce qui appartient à la connaissance empirique ; c'est sans doute la signification que donnait Épicure au mot πρόληψις. Mais, comme il y a quelque chose dans les phénomènes qui n'est jamais connu *à priori*, et qui par conséquent constitue aussi la différence propre entre l'empirisme et la connaissance *à priori*, je veux dire la sensation (comme matière de la per-

(1) Le premier alinéa qui suit ce titre dans la seconde édition ne trouvait pas dans la première. V. Suppl. XVIII.   R.

ception), la sensation est donc proprement ce qui ne peut être anticipé. Au contraire, nous pourrons appeler les déterminations pures dans l'espace et le temps, par rapport soit à la figure, soit à la quantité, anticipations des phénomènes, parce qu'elles représentent *à priori* ce qui peut toujours être donné *à posteriori* dans l'expérience. Mais, supposé qu'il se trouve pourtant quelque chose susceptible d'être connu *à priori* dans toute sensation, comme sensation en général (sans qu'une sensation particulière puisse être donnée), cela pourrait être appelé anticipation dans un sens extraordinaire. Je dis extraordinaire, parce qu'il paraît surprenant d'anticiper sur l'expérience en cela même qui constitue sa matière, et qu'on ne peut tirer que d'elle. Et c'est cependant ce qui a lieu ici.

L'appréhension ne remplit, avec la sensation seule, qu'un instant (si l'on n'a pas égard à la succession d'un grand nombre de sensations). Comme il y a dans le phénomène quelque chose dont l'appréhension n'est point une synthèse successive, laquelle va des parties à la représentation totale, cette appréhension par conséquent manque de quantité extensive; l'absence de la sensation dans le même point de temps le représenterait comme vide, comme $= 0$. Ce qui, dans l'intuition empirique, correspond à la sensation, est donc réalité (*realitas, phænomenon*); ce qui répond à l'absence ou défaut de la sensation, c'est la négation = zéro. Mais toute sensation est susceptible de plus ou de moins, tellement qu'elle peut décroître et disparaître insensiblement. De là, entre la réalité phénoménale et la négation, une suite continue de beaucoup de sensations intermédiaires possibles dont la différence des unes aux autres est toujours moindre que la différence entre une sensation donnée et zéro, ou la parfaite négation. C'est-à-dire que le réel dans le phénomène a toujours une quantité, mais qui ne se trouve pas dans l'appréhension, puisque celle-ci s'opère en un clin-d'œil par le moyen de la seule sensation, et non par la synthèse successive de beaucoup de sensations, et par conséquent ne va pas des parties au tout : il a donc une quantité, mais pas extensive.

Or, j'appelle cette quantité, qui est appréhendée seulement comme unité, et dans laquelle la multiplicité, ne peut être représentée que par approximation à la négation = 0, *quantité intensive*. La réalité dans le phénomène a donc une quantité intensive, c'est-à-dire un degré. Quand on considère cette réalité comme *cause* (soit de la sensation ou d'une autre réalité dans le phénomène, v. g., d'un changement), on l'appelle moment, v. g., le moment de la pesanteur. Toutefois, cette dénomination n'est usitée que pour indiquer que le degré désigne seulement une quantité dont l'appréhension n'est point successive, mais instantanée. Je ne fais qu'effleurer cette matière en passant, car je n'ai pas encore à m'occuper de la causalité.

Ainsi toute sensation, par conséquent toute réalité dans le phénomène, si petite qu'elle soit, a un degré, c'est-à-dire une quantité intensive, qui peut cependant toujours être diminuée; et entre la réalité et la négation il y a un enchaînement continu de réalités possibles et de petites perceptions possibles. Une couleur quelconque, v. g., le rouge, a un degré qui, si petit qu'il puisse être, n'est jamais le plus petit possible; il en est de même de la chaleur, du moment de la pesanteur, etc., partout où il y a lieu.

La propriété des quantités qui fait qu'aucune de leurs parties n'est en elles la plus petite possible (aucune partie simple) est ce qu'on appelle leur *continuité*. L'espace et le temps sont des *quantités continues (quanta continua)*, parce qu'aucune de leurs parties ne peut être donnée sans être renfermée dans des limites (des points et des instants), de telle sorte par conséquent que cette partie même n'est encore qu'un espace et qu'un temps. L'espace ne se compose donc que d'espaces, le temps que de temps. Des points et des instants ne sont que des limites c'est-à-dire simplement les endroits de leur circonscription; mais ces endroits supposent toujours des intuitions qui doivent les limiter ou les déterminer, et ni l'espace ni le temps ne peuvent être conçus composés de simples parties qu'on supposerait déjà données avant l'espace ou le temps. Les quantités de cette nature peuvent être appelées *fluentes* parce que la synthèse (de l'imagination productive) les produit par une progression dans le temps, dont la continuité peut être rendue par le mot *fluxion*.

Tous les phénomènes en général sont donc des quantités continues, tant par leur intuition que par leur simple perception (sensation et par conséquent réalité). Dans le premier cas, ce sont des quantités extensives; dans le second, des quantités intensives. Lorsque la synthèse de la diversité des phénomènes est interrompue, cette diversité n'est alors qu'un agrégat d'un certain nombre de phénomènes, et non proprement un phénomène, comme un certain *quantum*, qui n'est point produit par la simple progression de la synthèse *productive* d'une certaine espèce, mais par la répétition d'une synthèse toujours interrompue. Quand je dis que 13 thalers font une quantité d'argent, je veux seulement faire entendre par là que je comprends sous cette dénomination la valeur d'un marc d'argent fin; ce marc d'argent est certainement une quantité continue dans laquelle il n'y a aucune partie qui soit la plus petite possible, mais dont chaque partie pourrait former une pièce de monnaie qui contiendrait toujours la matière de plus petites parties. Mais si par la dénomination de 13 thalers j'entends comme autant de pièces rondes (quel qu'en soit la valeur), c'est improprement que j'appelle cela une quantité (*quantum*) de thalers ; il faut l'appeler un agrégat, c'est-à-dire un nombre de pièces d'argent. Et, comme dans tout nombre une unité quelconque doit servir de principe, le phénomène, comme unité, est un *quantum*, et, comme tel, toujours un *continu*.

Or, si tous les phénomènes considérés, soit extensivement soit intensivement, sont des quantités continues, il s'ensuit que la proposition : Tout changement (passage d'une chose d'un état à un autre) est continu, pourrait être ici facilement prouvée avec une évidence mathématique, si la causalité ne plaçait pas un changement en général tout à fait en dehors d'une philosophie transcendentale, et ne supposait pas des principes empiriques. Car, qu'une cause qui change l'état des choses, c'est-à-dire qui les détermine en sens contraire d'un certain état donné, soit possible, c'est ce dont l'entendement ne nous donne aucune connaissance *à priori*, non-seulement parce qu'il n'en voit pas la possibilité (car cette vue nous manque dans un grand nombre de connaissances *à priori*), mais encore parce que la mutabilité n'atteint que certaines déterminations des phénomènes, que l'expérience seule peut enseigner, puisque la cause en est cachée dans l'immuable. Mais comme nous n'avons rien ici dont nous puissions nous servir, excepté les concepts fondamentaux purs de toute expérience possible, qui ne doivent rien contenir d'empirique, nous ne pouvons, sans altérer l'unité du système, anticiper sur la physique générale qui a pour fondement des principes d'expérience certains.

Nous ne manquons cependant pas d'arguments qui établissent la grande influence de notre principe dans l'anticipation des perceptions ; ce principe fait même suppléer aux défauts des perceptions de manière à prévenir les fausses conséquences qui pourraient en résulter.

Si toute réalité dans la perception a un degré, entre ce degré et la négation se trouve une série infinie de degrés inférieurs ; et néanmoins chaque sens doit avoir un degré déterminé de réceptivité pour la sensation. Il n'y a donc pas de perception, par conséquent pas d'expérience possible, qui démontre une absence totale de toute réalité dans le phénomène, soit médiatement soit immédiatement (quel que soit le détour par lequel on arriverait à cette conclusion) ; c'est-à-dire qu'il ne pourra jamais être tiré de l'expérience une preuve de la vacuité de l'espace ou du temps, car le manque total de réalité dans l'intuition sensible ne peut d'abord être lui-même perçu ; en second lieu, il ne peut se déduire d'aucun phénomène singulier, ni de la différence de son degré de réalité, et ne doit jamais être pris pour l'explication de cette réalité. — Car, quoique l'entière intuition d'un espace ou d'un temps déterminé soit tout à fait réelle, c'est-à-dire qu'aucune partie n'en soit vide, cependant, comme chaque réalité a son degré qui peut décroître suivant une infinité d'autres degrés jusqu'à zéro (jusqu'au vide) sans que la quantité extensive des phénomènes cesse d'être la même, il faut bien qu'il y ait une infinité de degrés différents qui remplissent l'espace et le temps, et que dans les divers phénomènes il puisse y avoir une quantité intensive plus ou moins grande, bien que la quantité extensive des phénomènes n'éprouve aucun changement.

Nous en donnerons un exemple. Presque tous les physiciens, en remarquant la grande différence d'une quantité de matières de diverse nature sous un volume égal (soit par rapport au moment de la pesanteur, soit par rapport au moment de la résistance à une autre matière en mouvement), concluent d'une seule voix que ce volume (quantité extensive du phénomène) doit contenir du vide dans toutes les sortes de matières, quoique dans des proportions différentes. Mais qui penserait jamais que ces scrutateurs de la nature, la plupart mathématiciens et mécaniciens, fondent leurs conclusions sur une simple hypothèse métaphysique, sorte d'hypothèses qu'ils se montrent si jaloux d'éviter ? Et cependant ils prétendent que le *réel* dans l'espace (que je ne puis appeler ici ni impénétrabilité, ni pesanteur, puisque ce sont là des concepts empiriques) est *partout identique,* et qu'il ne peut être distingué que par la quantité *extensive,* c'est-à-dire par la multiplicité. A cette supposition, qui ne peut avoir aucun fondement dans l'expérience, et qui par conséquent n'est que métaphysique, j'oppose une démonstration transcendentale qui, à la vérité, ne doit pas expliquer la différence trouvée dans les espaces étendus solides, mais qui cependant fait disparaître la prétendue nécessité de cette supposition, qu'on ne peut expliquer la différence en question qu'en admettant des espaces vides, et qui a du moins l'avantage de donner à l'entendement la liberté de concevoir d'une autre manière cette différence entre les corps, si toutefois l'explication physique exigeait ici une hypothèse. En effet, nous le voyons, quoique des espaces égaux puissent être parfaitement remplis par des matières différentes, de telle sorte qu'il n'y ait dans chacun d'eux aucun point où la matière ne soit pas présente, tout réel de même quantité a néanmoins un certain degré (de résistance ou de pesanteur) qui, sans que la quantité extensive ou la multiplicité diminue, peut être de plus en plus petit à l'infini, avant que cette quantité soit réduite au vide et à zéro. Ainsi, une expansion qui remplit un espace, v. g., le calorique ou toute autre réalité (dans le phénomène), sans que la moindre partie de cet espace reste vide, peut décroître par degrés à l'infini, et remplir néanmoins cet espace par des degrés moindres, et dans un autre phénomène par des degrés plus grands. Mon but n'est point ici d'affirmer que telle soit en effet la raison de la différence des corps, quant à leur pesanteur spécifique, mais seulement de faire voir, par un principe de l'entendement pur, que la nature de nos perceptions rend une telle explication plausible, et que l'on prend faussement le réel du phénomène comme égal quant au degré, et différent quant à son agrégation et à sa quantité extensive seulement, et que c'est à tort qu'on l'affirme *à priori* par un principe de l'entendement.

Cette anticipation de la perception a néanmoins quelque chose qui choque toujours un scrutateur devenu d'autant plus circonspect qu'il est plus accoutumé à l'anticipation transcendentale. Il ne peut donc manquer d'être porté à réfléchir sur le fait que l'entendement peut anticiper une proposition synthétique, telle que celle du degré de toute réalité dans les phénomènes (et par conséquent celle de la possibilité de la distinction intrinsèque de la sensation elle-même, en faisant abstraction de sa qualité empirique)(1). C'est donc une question qui mérite d'être résolue, que celle de savoir comment l'entendement peut ici prononcer synthétiquement *à priori*, sur les phénomènes, et les anticiper jusque dans ce qui est proprement et purement empirique, dans ce qui touche à la sensation.

---

(1) Les textes de la phrase précédente ne sont pas d'accord : nous avons suivi la correction proposée par le Dr Schopenhauer (note de M. R.), et, pour la parenthèse, l'édition de M. Hartenstein. T.

La *qualité* de la sensation est toujours purement empirique, et ne peut être représentée *à priori*,(v. g., des couleurs, des saveurs, etc.). Mais le réel qui correspond aux sensations en général, en opposition avec la négation = 0, représente seulement quelque chose dont le concept contient en soi une existence, et ne signifie que la synthèse dans une conscience empirique en général ; car la conscience empirique peut s'élever dans le sens intime depuis zéro jusqu'à un degré supérieur quelconque ; de sorte que la même quantité extensive de l'intuition (comme une surface éclairée) excite une sensation aussi grande que plusieurs autres (surfaces moins éclairées) prises ensemble. On peut donc faire complétement abstraction de la quantité extensive du phénomène, et se représenter néanmoins dans la seule sensation, à un certain moment, une synthèse d'augmentation uniforme depuis zéro jusqu'à la conscience empirique donnée. Toutes les sensations sont donc, comme telles, données seulement *à posteriori* ; mais la propriété qui les rend susceptibles de degrés peut être connue *à priori*. Il est donc à remarquer que nous ne pouvons connaître *à priori* dans une quantité en général qu'une seule qualité, savoir : la *continuité* ; mais que dans toute qualité (dans le réel des phénomènes) nous n'en connaissons *à priori* que la *quantité* intensive, c'est-à-dire qu'elle a un certain degré. Tout le reste est du domaine de l'expérience.

III.
ANALOGIES DE L'EXPÉRIENCE.

Leur principe général est que : Tous les phénomènes sont soumis, quant à leur existence, à des règles *à priori*, touchant la détermination de leur rapport entre eux dans le temps (1).

Les trois modes du temps sont : la *permanence*, la *succession* et la *simultanéité*. De là, trois lois de tous les rapports chronologiques des phénomènes, au moyen desquelles l'existence de chacun d'eux peut être déterminée relativement à l'unité de tout le temps, lois qui précèdent toute expérience et qui la rendent seule possible.

Le principe général de ces trois analogies repose sur l'*unité* nécessaire de l'aperception par rapport à toute conscience empirique possible (de la perception) *dans chaque temps;* et comme cette unité est un fondement *à priori*, le principe en question repose par conséquent sur l'unité synthétique *à priori* de tous les phénomènes suivant leur rapport dans le temps. Car l'aperception originelle se rapporte au sens intime (l'ensemble de toutes les représentations), et *à priori* à sa forme, c'est-à-dire au rapport de la conscience empirique diversifiée dans le temps. Or, dans l'aperception originelle, toute cette diversité doit être réunie suivant ses rapports de temps; c'est ce

(1) Ce principe est formulé autrement dans la seconde édition, et suivi d'une preuve. V. suppl. XIX. R.

que signifie son unité transcendentale *à priori*, à laquelle est soumis tout ce qui doit faire partie de ma connaissance (c'est-à-dire de ma connaissance propre), et qui par conséquent peut devenir un objet par rapport à moi. Cette *unité synthétique* dans le rapport chronologique de toutes les perceptions, unité qui *est déterminée à priori*, est donc la loi qui veut que toutes les déterminations empiriques du temps soient soumises aux lois de la détermination générale du temps, et que les analogies de l'expérience dont nous devons parler maintenant, y soient elles-mêmes soumises.

Ces principes ont cela de particulier, qu'ils ne s'occupent pas des phénomènes, ni de la synthèse de leur intuition empirique, mais seulement de leur *existence*, et de leur *rapport* entre eux relativement à cette existence. Or, la manière dont quelque chose est appréhendé dans le phénomène, peut être déterminée *à priori*, de telle sorte que la loi de sa synthèse peut donner en même temps cette intuition *à priori* dans tout cas empirique particulier, c'est-à-dire l'effectuer en partant de là (1). Mais l'existence des phénomènes ne peut être connue *à priori*, et, quoique nous puissions arriver de cette manière à conclure quel-

---

(1) *D. i. sie daraus zu Stande bringen kann.* M. Mantovani traduit, en paraphrasant, de cette manière : *vale à dire che la regola, effettui colla sintesi, la ristone ;* c'est-à-dire que la règle effectue avec la synthèse, l'intuition.　　　　　　　　　　T.

que existence, nous ne la connaissons cependant pas déterminément, c'est-à-dire que nous ne pouvons anticiper ce qui en distingue l'intuition empirique de celle de tous les autres phénomènes.

Les deux principes précédents, que j'ai appelés mathématiques, par la considération qu'ils autorisent à appliquer les mathématiques à l'expérience, ont pour objet les phénomènes quant à leur simple possibilité, et enseignent comment ces phénomènes peuvent être engendrés suivant les règles d'une synthèse mathématique, soit quant à leur intuition, soit par rapport à la réalité de leur perception. C'est pourquoi les quantités numériques, et avec elles par conséquent la détermination du phénomène comme quantité, peuvent être appliquées sous ces deux points de vue. Nous pourrions, par exemple, construire et donner déterminément *à priori* le degré de la sensation de la lumière solaire en ajoutant environ deux cent mille fois à elle-même celle de la lune. Nous pouvons donc appeler *constitutifs* ces premiers principes.

Il en est tout différemment des principes qui doivent soumettre l'existence des phénomènes à des règles *à priori*. Car, comme elle ne peut se construire, il en résulte que ces principes n'atteignent que le rapport de l'existence et ne peuvent être que des principes *régulateurs*. Il ne faut par conséquent chercher ici ni axiomes, ni anticipations : il s'agit au contraire de savoir si lorsqu'une perception nous est donnée dans un rapport de temps relativement à une autre perception (quoiqu'indéterminée) nous ne pourrons dire *à priori quelle est cette autre* perception, *quelle en est la quantité,* mais seulement comment elle est nécessairement liée à la première, quant à l'existence, dans *ce mode* de temps. En philosophie, les analogies ont une signification bien différente de celle qu'elles ont en mathématiques. Dans cette dernière science, ce sont des formules qui énoncent l'égalité de deux rapports de quantité, et toujours *constitutivement ;* de telle sorte que, si deux membres de la proportion sont donnés, le troisième peut aussi être donné ou construit à l'aide de ces formules. Mais, en philosophie, l'analogie n'est pas l'égalité de deux rapports de *quantité,* mais celle de deux rapports de *qualité,* rapports dans lesquels je puis seulement, à l'aide de trois membres donnés, connaître et déterminer *à priori* le rapport à un quatrième, mais non *ce* quatrième *membre* lui-même; mais j'ai une règle pour le chercher dans l'expérience et un signe auquel on peut l'y reconnaître. L'analogie de l'expérience ne sera donc qu'une règle suivant laquelle l'unité de l'expérience (et non la perception elle-même comme intuition empirique en général) doit résulter de perceptions ; elle vaudra donc à l'égard des objets (des phénomènes) comme principe, non pas *constitutif,* mais purement *régulateur.* Il en est de même des postulats de la pensée empirique en général ; ils se rapportent en même temps et à la synthèse de la simple intuition (de la forme du phénomène), et à la synthèse de la perception (à sa matière), et à la synthèse de l'expérience (du rapport de ces perceptions). Ils valent donc comme principes régulateurs seulement, et se distinguent des principes mathématiques (qui sont constitutifs), non pas, à la vérité, par la certitude qui est *à priori* dans les uns et dans les autres, mais cependant par l'espèce d'évidence, c'est-à-dire par la nature de leur intuition (par conséquent aussi par la nature de leur démonstration).

Mais ce que l'on a rappelé dans tous les principes synthétiques, et qui doit être remarqué ici plus particulièrement encore, c'est : 1° que ces analogies, comme principes, non de l'usage transcendental de l'entendement, mais simplement de son usage empirique, n'ont pas une valeur différente de la sienne, et par conséquent ne peuvent être démontrées que comme principes empiriques; 2° que par conséquent les phénomènes ne peuvent absolument pas être subsumés aux catégories, mais seulement à leurs schèmes. Car, si les objets auxquels ces principes doivent être rapportés étaient des choses en soi, il serait absolument impossible d'en connaître quoi que ce fût synthétiquement *à priori*. Mais ils ne sont que les phénomènes dont la parfaite connaissance, à laquelle tous les principes *à priori* doivent cependant toujours aboutir en définitive, n'est que l'expérience possible : ces principes ne peuvent donc avoir pour but que les simples conditions de l'unité de la connaissance empirique dans la synthèse des phénomènes. Mais cette synthèse n'est pensée que dans le seul schême du concept intellectuel pur, dont la catégorie de l'unité, comme catégorie de l'unité d'une synthèse quelconque, contient la fonction, que ne restreint aucune condition sensible. Nous serons donc autorisés par ces principes à ne combiner les phénomènes avec l'unité logique et générale des concepts que suivant une analogie, et par conséquent à nous servir de la catégorie dans le principe lui-même à la vérité, sauf dans l'exécution (l'application aux phénomènes), à substituer au principe le schême de la catégorie, comme clef de son usage, au principe, ou plutôt à le placer à côté de la catégorie pour le faire servir de condition restrictive, sous le nom d'une formule du schême (1).

(1) N'étant pas sûr de la fidélité de cette traduction, et voulant donner une fois au lecteur une idée des difficultés que présente à chaque instant le tissu grammaticalement équivoque de la phrase de Kant, je rapporte ici le texte et les différentes versions que j'en connais.

Texte. — Wir werden also durch diese Grundsätze die Erscheinungen nur nach einer Analogie, mit der logischen und allgemeinen Einheit der Begriffe, zusammen zu setzen berechtigt werden, und daher uns in dem Grundsatze selbst zwar der Kategorie bedienen, in der Ausführung aber (der Anwendung auf Erscheinungen) das Schema derselben, als den Schlüssel ihres Gebrauchs an dessen Stelle, oder jener vielmehr, als restringirende Bedingung, unter dem Namen einer Formel, zur Seite setzen.

Trad. latine. — Igitur hisce decretis licebit, ut visa tantum ad

PREMIÈRE ANALOGIE.

PRINCIPES DE LA PERMANENCE.

Tous les phénomènes contiennent la permanence (*substance*) comme l'objet même, et le muable n'en est que la simple détermination, c'est-à-dire une manière d'être de l'objet.

PREUVE DE CETTE PREMIÈRE ANALOGIE.

Tous les phénomènes sont dans le temps. Il peut analogiam quamdam cum unitate illa conceptuum logica et universali componamus, ideoque in ipso quidem decreto categoria utemur in explicatione [?] autem (in usu ad phænomena) schema illorum [??-?] tanquam clavem usus eorum [??-?], in locum hujus [?], vel illi [??] potius, qua legem adstringentem quam formulam superioris [?] dicemus, ad latus ponemus.

Trad. italienne. — Con questi principj adunque saremo autorisati a combinare le apparizioni colla unità logica ed universale dei concetti, giusta solo una qualche analogia; ed a bensì quindi giovarci della categoria nel principio medesimo : nell' eseguimento però (nell' applicazione ai fenomeni), porremo da banda il di lei schema, qual chiave del uso respettivo in sua vece; od ommitteremo anzi la stessa categoria, come condizione restrittiva, sotto nome di una formola del primo (dello schema).

Trad. anglaise. — We shall therefore.... but in operation (the application to the phenomena) we shall set alongside the schema of this category as the key to its use in place of the one, or rather of the other, as restrictive condition under the title of a formula of the first.

Je ne discute pas ces différentes traductions non plus que le texte ; ma version fait assez voir comme je l'entends. Mais il est remarquable que la traduction latine, faite par un philosophe allemand, est de toutes la moins intelligible. Elle est non-seulement obscure, mais encore erronée.   T.

déterminer de deux manières le rapport dans *leur existence,* suivant qu'ils se *succèdent* ou qu'ils sont simultanés. Dans le premier cas, le temps est regardé comme *succession;* dans le second, comme *durée circonscrite* (Zeitumfang) (1).

Notre *appréhension* de la diversité du phénomène est toujours successive, et par conséquent toujours changeante. Nous ne pouvons donc jamais décider par elle seule si cette diversité, comme objet de l'expérience, est simultanée ou successive ; à moins qu'elle n'ait pour fondement quelque chose qui *est toujours,* c'est-à-dire quelque chose de *permanent* et de *constant,* à l'égard duquel tout changement et toute simultanéité ne sont que comme autant de manières (modes du temps) d'exister du permanent. Les rapports de temps ne sont donc possibles que dans le permanent (car la simultanéité et la succession sont les seuls rapports dans le temps); c'est-à-dire que dans le permanent et le *substratum* de la représentation empirique du temps permanent lui-même, dans lequel seul toute détermination de temps est possible. La permanence exprime en général le temps, comme le corrélatif constant de toute existence des phénomènes, de tout changement et de toute coexistence ; car le

---

(1) Le principe de la permanence de la substance et sa preuve sont présentés un peu autrement dans la seconde édition. V. Supplém. XX.
R.

changement ne concerne pas le temps lui-même, mais seulement les phénomènes dans le temps (de même que la simultanéité n'est point un mode du temps lui-même, qui ne contient aucune partie simultanément à une autre, toutes les parties en étant successives). Si l'on attribuait une succession au temps lui-même, il faudrait alors concevoir encore un autre temps dans lequel cette succession fût possible. Par le permanent seul, l'*existence* reçoit dans les différentes parties de la série successive du temps une *quantité* qu'on appelle *durée*. Car, dans la simple succession, l'existence finit et recommence sans cesse, n'ayant jamais la moindre quantité. Il n'y a donc aucun rapport de temps sans le permanent. Or, le temps ne pouvant être perçu en lui-même, ce permanent dans les phénomènes est donc le substratum de toute détermination de temps, par conséquent aussi la condition de la possibilité de toute unité synthétique des perceptions, c'est-à-dire de l'expérience. Et toute existence, tout changement de ce permanent dans le temps, ne peut être considéré que comme un mode de ce qui demeure et continue. Le permanent est donc dans tous les phénomènes l'objet même, c'est-à-dire la substance (*phœnomenon*); mais tout ce qui change ou peut changer n'appartient qu'à la manière dont cette substance existe, et par conséquent à ses déterminations.

Je trouve que, dans tous les temps, non-seulement

le philosophe, mais le vulgaire même, a supposé cette permanence comme un substratum de tout changement, et il le supposera toujours comme indubitable. Il y a cependant cette différence, que le philosophe s'exprime d'une manière un peu plus précise sur ce sujet quand il dit : dans tous les changements qui arrivent en ce monde, la *substance* reste, l'*accident* seul change. Mais nulle part je ne trouve la moindre tentative pour démontrer cette proposition synthétique ; elle se trouve même rarement en tête des ouvrages qui traitent des lois pures de la nature, valant universellement *à priori*, quoique ce soit là sa place. En effet, la proposition : que la substance est permanente, est tautologique. Car cette permanence seule est la raison pour laquelle nous appliquons la catégorie de substance au phénomène, et l'on aurait dû prouver que dans tous les phénomènes il y a quelque chose de permanent dans lequel le muable n'est que la détermination de son existence. Mais comme cette preuve ne peut être dogmatique, c'est-à-dire tirée de concepts, puisqu'elle a pour objet une proposition synthétique, et que jamais personne n'a pensé que de telles propositions ne valussent que par rapport à l'expérience possible, et qu'elles ne pussent par conséquent être démontrées que par une déduction de la possibilité de l'expérience, il n'est pas étonnant que cette proposition synthétique, quoique servant de fondement à toute expérience (parce qu'on en a besoin dans la connaissance empirique), n'ait jamais été démontrée.

Un philosophe, à qui l'on demandait quel est le poids de la fumée, répondit : retranchez du poids du bois brûlé celui de la cendre, et vous aurez le poids de la fumée. Il supposait donc comme incontestable que la matière (substance) ne perd rien, même dans le feu, mais seulement que la forme éprouve un changement. De même la proposition : Rien ne se fait de rien, n'était que la conséquence du principe de la permanence, ou plutôt de l'existence continuée du sujet propre dans les phénomènes. Car, si ce que l'on appelle substance, dans le phénomène, doit être le substratum propre de toute détermination de temps, il s'ensuit que toute existence, soit dans le temps passé, soit dans le temps à venir, doit pouvoir être déterminée seulement et uniquement dans ce substratum. Nous ne pouvons donc donner à un phénomène le nom de substance que parce que nous lui supposons l'existence en tout temps ; ce qui n'est pas convenablement exprimé par le mot permanence, qui semble plutôt se rapporter au temps à venir. Cependant, comme la nécessité interne de continuer est indissolublement attachée à la nécessité d'avoir toujours été, l'expression peut rester. *Gigni de nihilo nihil, in nihilum nil posse reverti*, étaient deux propositions intimement liées entre elles dans l'esprit des anciens, et que l'on sépare quelquefois maintenant mal à propos, attendu qu'on croit percevoir les choses en elles-mêmes, et qu'on s'imagine que la première de ces deux propositions est contraire à la dépendance où est le monde d'une cause suprême (même quant à sa substance). Crainte sans fondement, puisqu'il n'est ici question que des phénomènes dans le champ de l'expérience, dont l'unité ne serait jamais possible si l'on voulait qu'il existât des choses nouvelles (quant à la substance). Car alors disparaîtrait ce qui peut seul représenter l'unité du temps, je veux dire l'identité du substratum, comme ce en quoi seul tout changement a une unité universelle. Cette qualité de durer n'est pourtant rien autre que la manière dont nous nous représentons l'existence des choses (dans le phénomène).

Les déterminations d'une substance, qui ne sont que des modes particuliers de son existence, s'appellent *accidents*. Elles sont toujours réelles, parce qu'elles concernent toujours l'existence de la substance (des négations ne sont que des déterminations exprimant la non-existence de quelque chose dans la substance). Quand donc on attribue une existence particulière à ce réel dans la substance (v. g., au mouvement, comme à un accident de la matière), on appelle alors cette existence *inhérence*, à la différence de l'existence de la substance, qu'on nomme *subsistence*. Mais il résulte de là plusieurs interprétations vicieuses, et l'on s'exprimerait avec plus de précision et de justesse si, par accident, l'on entendait seulement la manière dont l'existence d'une substance est positivement déterminée. Cependant, eu égard aux conditions de l'usage logique de notre entendement, il est inévitable de considérer isolément ce qui peut changer dans l'existence d'une substance, quand la substance reste; de l'isoler en quelque sorte et de le mettre en rapport avec le permanent propre, le radical. Par conséquent, cette catégorie se retrouve précisément aussi sous le titre des rapports, plutôt comme condition de ces rapports que comme contenant elle-même un rapport.

Sur cette permanence se fonde donc aussi la légitimité du concept de *changement*. La naissance et la mort ne sont pas des changements de ce qui naît ou de ce qui périt. Le changement est un mode d'existence qui succède à une autre manière d'être du même objet. Par conséquent tout ce qui change est *permanent*, son état seul *change*. Et comme ce changement ne se rapporte qu'aux déterminations qui peuvent finir ou commencer, l'on peut dire (quoique avec une apparence de paradoxe) que le permanent seul (la substance) est changé ; que le muable n'éprouve aucun changement, mais seulement une *vicissitude*, puisque certaines déterminations commencent quand d'autres cessent.

Le changement ne peut donc être perçu que dans des substances ; et si le naître ou le mourir n'est pas une simple détermination du permanent, il ne peut être l'objet d'aucune perception possible, parce que c'est précisément le permanent qui rend possible la représentation du passage d'un état à un autre, et du non-être à l'être ; passage qui, conséquemment, ne peut être connu que d'une manière empirique comme mode variable de ce qui reste. A supposer que quelque chose commence d'être absolument, il est nécessaire qu'il y ait eu un instant où il n'était pas. Mais à quoi rattacherait-on cet instant, si ce n'est à ce qui était déjà ? car un temps vide antérieur n'est l'objet d'aucune perception. Mais si l'on rattache cette naissance des choses qui étaient auparavant et qui durent jusqu'à cette naissance, alors celle-ci n'a été qu'une détermination de la première, comme du permanent. Il en est de même de la cessation d'être, car elle suppose la représentation empirique d'un temps où un phénomène n'est plus.

Les substances (dans le phénomène) sont les substratums de toutes les déterminations de temps. La naissance des unes et l'anéantissement des autres feraient disparaître jusqu'à la condition propre de l'unité empirique du temps, et les phénomènes se rapporteraient alors à deux sortes de temps dont l'existence s'écoulerait conjointement ; ce qui est absurde. Car il n'est qu'*un seul* temps, dans lequel tous les différents temps ne doivent pas être posés ensemble, mais successivement.

La permanence est donc une condition nécessaire sous laquelle seule des phénomènes, comme choses (**Dinge**), ou des objets, sont déterminables dans une expérience possible. Mais on recherchera plus tard quel est le criterium empirique de cette permanence nécessaire, ainsi que de la substantialité des phénomènes.

SECONDE ANALOGIE.

PRINCIPE DE LA SUCCESSION DES TEMPS SUIVANT LA LOI DE CAUSALITÉ.

Tout ce qui *arrive* (commence d'être), suppose quelque chose qu'il suit *conformément à une règle* (1).

L'appréhension de la diversité du phénomène est toujours successive. Les représentations des parties se succèdent les unes aux autres. De savoir si elles se succèdent aussi dans l'objet, c'est un second point de la réflexion qui n'est pas contenu dans le premier. Or, on peut, à la vérité, appeler objet toute chose, même toute représentation, en tant que nous en avons conscience ; mais de savoir ce que ce mot doit signifier en fait de phénomènes, non en tant

(1) V. une autre formule de ce principe, et une introduction plus étendue à la preuve, supplém. XXI. R.

Ce n'est pas seulement l'introduction à la preuve qui est plus étendue, mais encore la preuve elle-même. T.

qu'ils sont objets (comme représentations), mais seulement en tant qu'ils désignent un objet, c'est ce qui est une question plus profonde. N'étant, comme simples représentations, que des objets de la conscience, ils ne diffèrent nullement de l'appréhension, c'est-à-dire de l'admission dans la synthèse de l'imagination ; et l'on peut dire, conséquemment, que le divers des phénomènes est toujours produit successivement dans l'esprit. Si les phénomènes étaient des choses en soi, personne ne pourrait comprendre par la succession des représentations de leur diversité, comment cette diversité est liée dans l'objet. Car nous n'avons affaire qu'à nos représentations ; il est tout à fait en dehors de la sphère de nos connaissances de savoir comment les choses en soi (sans égard aux représentations par lesquelles nous en sommes affectés) sont possibles. Or, quoique les phénomènes ne soient pas des choses en soi, et bien qu'ils soient cependant la seule chose dont nous puissions avoir connaissance, je dois cependant faire voir quelle liaison compète dans le temps à la diversité elle-même des phénomènes, tandis que la représentation en est toujours successive dans l'appréhension. Ainsi, par exemple, l'appréhension de la diversité dans le phénomène d'une maison en face de moi est successive. Or, la question est de savoir : si le divers de cette maison est aussi successif en soi ; ce que personne assurément n'accordera. Si maintenant j'élève mes concepts d'un objet au point de vue transcendental, la maison n'est assurément pas un objet en soi, mais seulement un phénomène, c'est-à-dire une représentation dont l'objet transcendental m'est inconnu. Qu'entends-je donc par cette question : Comment la diversité dans le phénomène même (qui cependant n'est jamais rien en soi) peut-elle être liée ? Ici, ce qui se trouve dans l'appréhension successive est considéré comme représentation ; mais le phénomène qui m'est donné, quoique n'étant qu'un ensemble de ces représentations, est considéré comme l'objet de cette représentation avec lequel mon concept tiré des représentations de l'appréhension doit s'accorder. On voit de suite que, puisque l'accord de la connaissance avec l'objet constitue la vérité, on ne peut rechercher ici que les conditions formelles de la vérité empirique ; et que le phénomène, considéré par opposition aux représentations de l'appréhension, ne peut être représenté que comme objet différent d'elle, lorsque l'appréhension est soumise à une règle qui la fait distinguer de toute autre appréhension, et qui rend nécessaire une sorte de synthèse de la diversité. Ce qui, dans le phénomène, contient la condition de cette règle nécessaire de l'appréhension, est l'objet.

Arrivons donc à notre question. Qu'il arrive quelque chose, c'est-à-dire que quelque chose, ou un état qui n'était pas auparavant, survienne, c'est ce qui ne peut être perçu empiriquement dans le cas où il n'y a pas auparavant un phénomène qui contienne cet état ; car une réalité qui suit un temps vide, par conséquent une naissance qui ne précède aucun état des choses, est aussi peu appréhensible que le temps vide lui-même. Toute appréhension d'un certain événement est donc une perception qui en suit une autre. Mais, comme dans toute synthèse de l'appréhension il y a répétition de ce que j'ai fait voir plus haut dans le phénomène de la maison, celle-ci ne diffère donc en rien des autres. Mais je remarque encore que si, dans un phénomène qui contient un événement, j'appelle *a* l'état qui précède la perception, et *b* l'état qui suit, *b* ne peut que suivre *a* dans l'appréhension, mais que la perception *a* ne peut pas suivre *b,* qu'elle ne peut au contraire que le précéder. Je vois, par exemple, un bateau se diriger suivant le cours d'un fleuve : ma perception de l'endroit qu'il occupe plus bas succède à la perception de l'endroit du cours du fleuve qu'il occupait plus haut ; et il est même impossible que, dans l'appréhension de ce phénomène, le bateau puisse être observé d'abord plus bas, ensuite plus haut. L'ordre successif des perceptions dans l'appréhension est donc ici déterminé, et cette appréhension est liée à l'ordre des perceptions. Dans l'exemple précédent de la maison, mes perceptions pouvaient commencer dans l'appréhension par le faîte et finir par les fondements, mais elles pouvaient commencer aussi par le bas et finir par le haut ; elles pouvaient de même appréhender la diversité de l'intuition empirique par la droite ou par la gauche. Il n'y avait donc dans la série de ces perceptions aucun ordre déterminé qui m'obligeât, si j'étais dans la nécessité de commencer l'appréhension, à synthétiser empiriquement le divers. Mais cette règle doit toujours se trouver dans la perception de ce qui arrive, et rend *nécessaire* l'ordre des perceptions successives (dans l'appréhension de ce phénomène).

Je dériverai donc, dans le cas qui nous occupe, la *succession subjective* de l'appréhension, de la *succession objective* des phénomènes ; parce que, d'ailleurs, la première est absolument indéterminée et ne distingue aucun phénomène d'un autre. La première ne prouve rien concernant la liaison de la diversité dans l'objet, parce qu'elle est totalement arbitraire. La seconde consistera donc dans l'ordre de la diversité du phénomène, suivant lequel ordre l'appréhension d'une chose (qui arrive) suit, conformément à *une règle*, l'appréhension d'une autre chose (qui précède). Je puis donc dire avec raison du phénomène lui-même, et non simplement de mon appréhension, qu'il y a succession : ce qui signifie que je ne puis établir l'appréhension que dans cette succession.

Il faut donc, suivant cette règle, que, dans ce qui précède en général un événement, se trouve la condition de la règle suivant laquelle cet événement suit toujours et nécessairement ; mais je ne puis réciproquement remonter de l'événement, et déterminer (par l'appréhension) ce qui précède. Car du point de temps qui suit ne part aucun phénomène vers le temps qui précède, quoiqu'il se rapporte cependant à quelque chose d'antécédent ; au contraire, d'un temps donné il y a progression nécessaire à un temps suivant déterminé. C'est pourquoi, de cela seul que ce qui suit est quelque chose, il faut nécessairement que je le rapporte à quelque autre chose qui précède et qu'il suit conformément à une règle, c'est-à-dire nécessairement ; de sorte que l'événement, comme *conditionné*, indique avec certitude une condition, par laquelle il est déterminé.

Supposons qu'un événement n'est précédé de rien qu'il puisse suivre conformément à une loi ; alors toute succession de la perception ne serait que dans l'appréhension, c'est-à-dire d'une manière subjective seulement ; et il ne serait pas du tout décidé objectivement par là quelle chose doit précéder et quelle chose doit suivre dans les perceptions. Nous n'aurions de cette manière qu'un jeu de représentations qui ne se rapporteraient à aucun objet : c'est-à-dire qu'un phénomène ne différerait point par notre perception de tout autre, quant au rapport de temps, parce que la succession dans l'acte d'appréhender est partout la même, partout identique, et qu'il n'y a rien dans le phénomène qui la détermine de manière à en faire une succession certaine et comme objectivement nécessaire. Je ne dirai donc pas que dans le phénomène deux états se succèdent, mais seulement qu'une appréhension en suit une autre : ce qui est purement *subjectif* et ne détermine aucun objet, et ne peut par conséquent valoir comme connaissance d'un objet (pas même dans le phénomène).

Quand donc nous voyons quelque chose arriver, nous supposons toujours alors que quelque autre chose précède, après quoi vient, suivant une loi, ce qui arrive. Car autrement, je ne pourrais pas dire d'un objet qu'il suit, attendu que la simple succession dans mon appréhension, si elle n'est pas déterminée par une règle relativement à quelque chose de précédent, n'autorise aucune succession dans l'objet. Il arrive donc toujours, par rapport à une règle suivant laquelle les phénomènes sont déterminés dans leur succession par un état précédent, c'est-à-dire suivant leur avénement, que je rends objective ma synthèse subjective (de l'appréhension) : ce n'est même que sous cette supposition que l'expérience de quelque chose qui arrive est possible.

Ceci semble à la vérité contredire toutes les remarques qu'on a toujours faites sur la marche de l'usage de notre entendement. Suivant ces remarques, nous aurions d'abord été conduits, par les successions perçues et comparées de plusieurs événements concordant avec les phénomènes précédents, à concevoir une règle suivant laquelle certains événements succèdent toujours à certains phénomènes ; ce qui nous aurait enfin portés à nous faire le concept de cause. De cette manière, ce concept serait purement empirique, et la règle qu'il donne, que tout ce qui arrive a une cause, serait fortuite comme l'expérience elle-même ; sa généralité et sa nécessité ne seraient alors que fictives et n'auraient aucune valeur vraiment générale, parce qu'elle ne serait pas fondée *à priori*, mais seulement sur l'induction. Il en est ici comme de toutes les autres représentations pures *à priori* (v. g., l'espace et le temps), que nous ne pouvons, pour cette raison, dériver de l'expérience, comme concepts clairs, que parce que nous les y avons mis et que nous avons réalisé l'expérience au moyen de ces concepts mêmes. Sans doute que la clarté logique de cette représentation d'une règle qui, comme concept de cause, détermine la série des événements, n'est possible qu'autant que nous en avons fait usage dans l'expérience ; mais la connaissance de cette règle, comme condition de l'unité synthétique des phénomènes dans le temps, était le fondement de l'expérience même, et par conséquent l'a précédée *à priori*.

Il faut donc faire voir par un exemple que, dans l'expérience même, nous n'attribuons jamais à l'objet la succession (d'un événement où arrive quelque chose qui n'était pas auparavant), que nous la distinguons de notre appréhension subjective, comme si une règle servant de principe nous forçait à garder cet ordre de perception plutôt qu'un autre, et même que cette contrainte est proprement ce qui rend enfin possible la représentation d'une succession dans l'objet.

Nous avons en nous des représentations dont nous pouvons aussi avoir conscience. Mais si étendue et si fidèle que cette conscience puisse être, les représentations ne sont cependant toujours que des représentations, c'est-à-dire des déterminations intérieures de l'esprit dans tel ou tel rapport de temps. D'où vient donc que nous faisons de ces représentations un objet, ou, qu'indépendamment de leur réalité subjective comme modifications, nous leur attribuons encore je ne sais quelle réalité objective? La valeur objective ne peut consister dans le rapport avec une autre représentation (de ce qu'on voudrait être celle de l'objet), car autrement, reviendrait la question : Comment cette représentation sort-elle de nouveau d'elle-même et acquiert-elle une valeur objective outre cette valeur subjective qui lui est propre comme détermination de l'état de l'esprit? Si nous cherchons quelle propriété nouvelle le *rapport à un objet* donne à nos représentations et quelle importance elles en retirent, nous trouvons qu'il ne fait que rendre nécessaire une certaine liaison des représentations et la soumettre à une règle; et que réciproquement, par cela seul qu'un certain ordre de nos représentations est nécessaire dans le rapport de temps, elles ont une valeur objective.

Dans la synthèse des phénomènes, le divers des représentations est toujours successif. Aucun objet n'est représenté par là, puisque par la succession, qui est commune à toute appréhension, rien n'est distingué de rien. Mais dès que je perçois ou que je suppose dans cette succession un rapport à un état précédent d'où résulte la représentation suivant une règle, alors quelque chose se présente comme événement ou comme arrivant ; c'est-à-dire que je connais un objet que je dois placer dans le temps en un certain point déterminé qui ne peut lui être échu autrement, en conséquence d'un état précédent. Quand j'aperçois que quelque chose arrive, cette représentation implique d'abord que quelque chose précède, puisque ce n'est précisément qu'à cette condition que le phénomène acquiert un rapport de temps, ou qu'il existe par rapport à un temps passé dans lequel il n'était pas encore. Mais il ne reçoit dans ce rapport sa place de temps déterminée qu'en supposant dans un état passé quelque chose que suit toujours ce phénomène, c'est-à-dire conformément à une règle. D'où il résulte d'abord que je ne puis intervertir la série en mettant avant ce qui vient après; secondement, que, posé l'état antérieur, cet événement déterminé arrive immanquablement et nécessairement. Il suit de là qu'il est un certain ordre dans nos représentations, suivant lequel le présent (en tant qu'arrivé) indique un état précédent, comme corrélatif, quoique encore indéterminé, de l'événement donné, mais qui se rattache à celui-ci comme à sa conséquence, et se le rattache nécessairement dans la série du temps.

Si donc c'est une loi nécessaire de notre sensibilité, par conséquent *une condition formelle* de toutes les perceptions, que le temps qui précède détermine nécessairement celui qui suit (puisque je ne puis arriver au temps qui suit que par celui qui précède), c'est encore une loi inévitable de la *représentation empirique* de la succession, que les phénomènes du temps passé déterminent toutes les existences dans le temps qui suit, et que ces phénomènes, comme événements, n'aient lieu qu'autant que d'autres événements les ont déterminés quant à l'existence dans le temps, c'est-à-dire les ont fixés suivant une règle. Car nous ne *pouvons connaître empiriquement cette continuité dans l'enchaînement des temps, que dans le phénomène.*

L'entendement est indispensable pour toute expérience et même pour la possibilité de l'expérience;

et la première chose qu'il ait à faire à cet égard n'est pas de rendre claire la représentation d'un objet, mais de rendre possible la représentation d'un objet en général. D'où il arrive par conséquent qu'il transporte l'ordre du temps aux phénomènes et à leur existence, en assignant à chacun d'eux, comme successif par rapport aux phénomènes précédents, une place déterminée *à priori* dans le temps, sans laquelle un phénomène ne s'accorderait point avec le temps même qui détermine *à priori* une place pour toutes les parties de ce phénomène. Cette détermination des places ne peut donc provenir du rapport des phénomènes à un temps absolu (car il n'est point un objet de perception); mais au contraire, les phénomènes doivent déterminer entre eux réciproquement leur place dans le temps même, et la rendre nécessaire dans l'ordre du temps. C'est-à-dire que ce qui suit ou arrive, doit suivre suivant une règle générale ce qui était contenu dans un temps antérieur. De là une série de phénomènes, qui, au moyen de l'entendement, produit et rend nécessaires précisément le même ordre et le même enchaînement continu dans la série des perceptions possibles, que l'ordre et l'enchaînement trouvés *à priori* dans la forme de l'intuition interne (du temps), dans laquelle toutes les perceptions doivent avoir leur place.

L'avénement de quelque chose est donc une perception qui appartient à une expérience possible, et qui est réelle dès que j'aperçois le phénomène comme déterminé quant à sa place dans le temps, par conséquent comme un objet qui peut toujours être trouvé suivant une règle, dans l'enchaînement des perceptions. Or, cette règle, servant à déterminer quelque chose quant à la succession du temps, est que : Dans ce qui précède se trouve la condition sous laquelle l'événement suit toujours (c'est-à-dire nécessairement). Par conséquent le principe d'une raison suffisante est le principe de l'expérience possible, savoir de la connaissance objective des phénomènes, eu égard à leur rapport dans la succession du temps.

Mais le fondement de cette proposition porte uniquement sur les raisons qui suivent (1). A toute connaissance empirique appartient essentiellement la synthèse de la diversité par l'imagination, synthèse toujours successive, c'est-à-dire dans laquelle

---

(1) *Der Beweisgrund dieses Satzes aber beruht lediglich auf folgenden Momenten.* — In momentis... quæ mox adferemus (Gott. Born.). — Nei momenti che seguono (Mantovani); — Upon the succeeding moments (F. H.). Malgré deux de ces autorités, je serais fort tenté de traduire : la raison de cette proposition repose uniquement sur des moments successifs : ce qui voudrait dire que, sans la succession, la loi de la causalité ne pourrait être conçue; l'entendement ne la produirait pas. Cette interprétation est parfaitement d'accord avec la doctrine du schématisme, et n'exclut point la vérité du résumé qui va suivre. La grammaire est aussi pour moi, puisqu'il n'y a pas d'article dans la proposition. V. aussi le commencement de l'alinéa suivant. T.

les représentations viennent toujours les unes après les autres. Mais la succession n'est point déterminée dans l'imagination quant à l'ordre (de ce qui doit précéder ou qui doit suivre) ; et la série de l'une des représentations qui se suivent peut être prise soit de la fin au commencement, soit du commencement à la fin. Mais si cette synthèse est une synthèse de l'appréhension (de la diversité d'un phénomène donné), l'ordre est alors déterminé dans l'objet ; ou, pour parler plus exactement, il y a là un ordre de la synthèse successive qui détermine un objet, et suivant lequel quelque chose précède nécessairement, et suivant lequel encore, ce quelque chose posé, une autre chose suit nécessairement aussi. Si donc ma perception doit renfermer la connaissance d'un événement, quand il arrive effectivement quelque chose, elle doit donc être un jugement empirique par lequel on pense que la succession est indéterminée ; c'est-à-dire qu'elle suppose un autre phénomène antérieur, quant au temps, auquel le phénomène actuel succède nécessairement ou suivant une loi. Au contraire, si je supposais le phénomène antérieur, et que l'événement ne suivît pas nécessairement, je devrais le tenir pour un jeu purement subjectif de mon imagination, et le regarder comme un songe si j'y voyais quelque chose d'objectif. Par conséquent, le rapport des phénomènes (comme perceptions possibles) suivant lequel le subséquent (ce qui arrive) est rendu nécessaire quant à l'existence par quelque chose qui précède et se trouve déterminé dans le temps suivant une règle ; ce rapport, dis-je, celui de la cause à l'effet, est la condition de la valeur objective de nos jugements empiriques, relativement à la série des perceptions, et par suite relativement à leur vérité empirique ainsi qu'à l'expérience. Le principe du rapport de causalité dans la succession des phénomènes vaut donc aussi à l'égard de tous les objets de l'expérience (sans les conditions de la succession), puisqu'il est lui-même la cause de la possibilité de cette expérience.

Il se présente encore ici une difficulté qui doit être résolue. Le principe de la liaison causale entre les phénomènes est restreint dans notre formule à la succession de leurs séries, quoique dans son usage on trouve cependant qu'il convient aussi lorsqu'ils s'accompagnent et que la cause et l'effet peuvent être en même temps. Telle est, par exemple, dans une chambre, une chaleur qu'on ne trouve pas à l'air libre. J'en cherche la cause, et je trouve un foyer allumé. Or, ce foyer, comme cause, est en même temps que son effet, la chaleur de la chambre ; il n'y a donc ici aucune succession quant au temps, entre la cause et l'effet ; ces deux choses sont en même temps, et cependant le principe est applicable. La majeure partie des causes actives dans la nature sont en même temps que leurs effets, et la succession des effets tient seulement à ce que la cause ne peut opérer en un clin-d'œil son effet tout entier. Mais dans l'instant même où cet effet se manifeste, il est toujours en même temps avec la causalité de sa cause, puisque, si cette cause eût cessé d'être un instant auparavant, l'effet n'aurait pas eu lieu. Il faut bien remarquer ici qu'il ne s'agit que de *l'ordre* du temps et non de son *cours*; le rapport reste, quoiqu'aucun temps ne soit écoulé. Le temps, entre la causalité de la cause et son effet immédiat, peut s'évanouir (et la cause et l'effet en même temps par conséquent) ; mais le rapport de la cause à l'effet n'en reste pas moins déterminable quant au temps. Si je considère une boule posée sur un duvet comme cause de l'enfoncement qu'elle y occasionne, alors l'effet sera en même temps que la cause. Cependant je les distingue l'un de l'autre par le rapport de temps qui existe entre leur liaison dynamique. Car, si je mets la boule sur le duvet, alors la dépression du duvet succède à l'uni de sa surface et se modèle sur la boule; mais si le duvet présente déjà un enfoncement (peu importe à quelle occasion), alors il ne suit plus les contours de cette boule.

La succession est donc absolument l'unique criterium empirique de l'effet par rapport à la causalité de la cause qui précède. Le verre est la cause de l'élévation de l'eau au-dessus de sa surface horizontale, quoique les deux phénomènes soient en même temps. Car je n'ai pas plutôt puisé l'eau avec le verre dans un plus grand vase, qu'il suit quelque chose, savoir, le changement de l'état horizontal que l'eau affectait dans ce vase, et un état concave qu'elle prend dans le verre.

Cette causalité conduit au concept d'action, celui-ci au concept de force ou de faculté, et par là au concept de substance. Comme je ne veux pas mêler à mon plan critique, qui concerne seulement les sources de la connaissance synthétique *à priori*, l'analyse des concepts, qui n'a pour objet que leur explication (non leur extension), j'en renvoie l'exposition détaillée à un système futur de la raison pure, quoiqu'on trouve déjà en grande partie cette analyse dans les auteurs classiques de ce genre qui ont paru jusqu'ici. Mais je ne puis passer sous silence le criterium empirique d'une substance en tant qu'elle semble se montrer, non par la permanence du phénomène, mais plutôt et plus facilement par l'action.

Là où est l'action, par conséquent l'activité et la force, là est aussi la substance; et dans celle-ci seule doit être cherchée la source féconde des phénomènes. C'est bien : mais s'il faut expliquer à ce sujet ce que l'on entend par substance, et que l'on veuille éviter un cercle vicieux, la réponse n'est pas si facile. Comment conclure de l'action à *la perma-*

nence de l'agent, ce qui est cependant un criterium essentiel et propre de la substance (*phœnomenon*)? Mais d'après ce que nous avons dit plus haut, la question n'est point embarrassante, tout insoluble qu'elle puisse être par la manière ordinaire (de traiter ses concepts par l'analyse seule). Le mot action désigne déjà le rapport du sujet de la causalité à l'effet. Or, comme tout effet consiste dans ce qui arrive, par conséquent dans le muable qui caractérise le temps sous le rapport successif, le dernier sujet de ce qui change est le *permanent*, comme substratum de toute vicissitude, c'est-à-dire la substance. Car, suivant le principe de causalité, les actions sont toujours le premier fondement de toute vicissitude des phénomènes, et ne peuvent par conséquent se trouver dans aucun sujet qui change lui-même, parce qu'autrement d'autres actions et un autre sujet seraient nécessaires pour déterminer ce changement. La force du sujet actuellement en action en démontre donc, comme criterium empirique suffisant, la substantialité, sans qu'il soit nécessaire d'en rechercher avant tout la permanence par les perceptions comparées ; ce qui d'ailleurs ne pourrait se faire par ce moyen avec le détail nécessaire pour établir la stricte généralité du concept. Que le premier sujet de la causalité de toute naissance et de toute mort ne puisse lui-même (dans le champ des phénomènes) ni naître, ni mourir, c'est effectivement là une conséquence certaine qui aboutit à la nécessité empirique et à la permanence dans l'existence, par conséquent au concept d'une substance comme phénomène.

Quand quelque chose arrive, alors l'événement seul, sans égard à ce qui arrive, est déjà par lui-même un objet de recherche. Le passage du non-être à l'état actuel, supposé que cet état ne contienne aucune qualité phénoménale, doit à lui seul être recherché. Cet événement, comme nous l'avons fait voir plus haut dans la première analogie, ne regarde pas la substance (car il ne s'en forme point), mais son état. C'est donc un pur changement, et non point l'origine de quelque chose tiré de rien. Si cette origine est considérée comme effet d'une cause étrangère, elle s'appelle alors création. Mais cette création comme événement ne peut point être admise dans les phénomènes, puisque sa possibilité seule romprait déjà l'unité de l'expérience. Néanmoins, en regardant toutes les choses non comme phénomènes, mais comme des choses en soi et comme objets de l'entendement seul, elles peuvent cependant, quoique substances, être considérées quant à leur existence comme dépendantes d'une cause étrangere. Mais alors la signification des mots serait tout à fait différente, et ce point de vue ne conviendrait pas aux phénomènes comme objets possibles de l'expérience.

Comment donc en général quelque chose peut-il être changé? d'où vient qu'à un état peut succéder en un instant un autre état opposé? Nous n'en avons pas la moindre notion *à priori*. La connaissance des forces réelles est ici nécessaire, connaissance qui ne peut être donnée qu'empiriquement ; v. g., la connaissance des forces motrices, ou, ce qui revient au même, de certains phénomènes successifs (comme mouvements) par lesquels ces forces se révèlent. Mais la forme de tout changement, la condition sous laquelle ce changement, comme survenance d'un autre état, peut s'opérer (quelle qu'en soit la matière, c'est-à-dire quel que puisse être l'état qui est changé), par conséquent la succession des états mêmes (l'événement), peut toutefois être considérée *à priori* par rapport à la loi de la causalité et quant aux conditions du temps (1).

Quand une substance passe d'un état a à un autre état b, alors l'instant du second état est différent de l'instant du premier et le suit. De même le second état, comme réalité (dans le phénomène) diffère du premier, dans lequel cette réalité n'était pas, comme b diffère de zéro; c'est-à-dire que si l'état b ne se

---

(1) Il faut bien remarquer que je ne parle pas du changement de certaines relations en général, mais du changement d'état. Par conséquent, si un corps se meut uniformément, son état (le mouvement) ne change point; mais cet état change seulement dans le cas où le mouvement s'accroît ou diminue.

distingue de l'état a que par la quantité, alors le changement est la naissance de $b-a$, qui n'était pas dans le premier état, par rapport auquel $b-a$ était $= 0$.

On demande donc : comment une chose peut passer d'un état $= a$ à un autre état $= b$? Entre deux moments se trouve toujours un certain temps, et entre deux états est toujours quelque différence ayant une quantité (car toutes les parties des phénomènes sont encore des quantités). Par conséquent, le passage d'un état à un autre s'opère toujours dans un temps compris entre deux instants, dont le premier détermine l'état que la chose quitte, et le second celui qu'elle prend. Tous deux sont donc les limites du temps d'un changement, par conséquent d'un état mitoyen entre deux états, et appartiennent comme tels au changement total. Or, tout changement a une cause qui démontre sa causalité dans le temps total pendant lequel le changement s'opère. Cette cause ne produit donc pas son changement subitement (dans un instant indivisible), mais dans un temps; tellement que, de même que le temps croît depuis le premier instant a jusqu'à son intégralité b, de même aussi la quantité de réalité $(b-a)$ s'engendre par tous les petits degrés qui séparent le premier moment du second. Tout changement n'est donc possible que par une action continue de la causalité, qui en tant qu'uniforme s'appelle un moment. Le chan gement ne se compose pas de ces moments, mais en est produit comme leur effet.

Telle est donc la loi de la continuité de tout changement, dont le principe est que : Ni le temps ni le phénomène dans le temps ne se composent de parties qui soient les plus petites possibles, et cependant l'état de la chose qui change n'arrive à son second état qu'en passant par toutes ces parties comme par autant d'éléments. Il n'y a *aucune différence* du réel dans le phénomène, non plus que dans la quantité des temps, qui soit *la plus petite possible*. Ainsi le nouvel état de la réalité sort du premier, dans lequel cette réalité n'était point, par tous les degrés infinis de cette même réalité, dont les différences des uns aux autres sont toutes moindres que celle qui sépare o de a.

Il n'est pas ici question de chercher quelle utilité ce principe peut avoir dans l'investigation de la nature. Mais ce qui mérite notre examen, quoiqu'on voie au premier abord que ce principe est réel et légitime, et qu'on puisse par conséquent se croire dispensé de répondre à la question de savoir comment la chose est possible, c'est de comprendre cependant comment un tel principe, qui semble étendre ainsi notre connaissance de la nature, est parfaitement possible *à priori*. Car il y a tant de prétentions non fondées d'étendre notre connaissance par la raison pure, qu'on doit se faire une règle générale d'être défiant, de ne rien croire, de ne rien accepter, même sur un argument dogmatique très-clair, sans des faits (*Documente*) antécédents qui puissent fournir une déduction fondamentale.

Tout accroissement de la connaissance empirique, toute progression de la perception n'est qu'une extension de la détermination du sens interne, c'est-à-dire un progressus dans le temps, quels que soient les objets, phénomènes ou intuitions pures. Ce progressus dans le temps détermine tout et n'est lui-même déterminé par rien ; c'est-à-dire que ses parties sont seulement dans le temps et données par la synthèse du temps, mais non avant elle. Dans une perception, tout passage à quelque chose qui suit dans le temps est donc une détermination du temps par la production de cette perception ; et comme cette détermination du temps est toujours une quantité et dans toutes ses parties, il en est de la production d'une perception comme d'une quantité qui passe par une infinité de degrés dont aucun n'est le plus petit possible, de zéro jusqu'à son degré déterminé. Il est donc clair par là que nous pouvons connaître *à priori* la loi des changements quant à leurs formes. Nous anticipons seulement notre propre appréhension, dont la condition formelle doit nécessairement pouvoir être connue *à priori*, puisqu'elle-même est en nous avant tous les phénomènes donnés.

C'est pourquoi, de même que le temps contient la

condition sensible *à priori* de la possibilité de la progression continue de ce qui existe à ce qui doit suivre, de même l'entendement contient, par le moyen de l'unité de l'aperception, la condition *à priori* de la possibilité d'une détermination continue de tous les instants des phénomènes dans ce temps, par la série de causes et d'effets, dans laquelle les causes se rattachent inévitablement aux effets, pour en expliquer l'existence, et rendent ainsi valable objectivement la connaissance empirique des rapports de temps dans chaque temps (en général).

TROISIÈME ANALOGIE.

PRINCIPES DE LA RÉCIPROCITÉ.

Toutes les substances, lorsqu'elles sont *contemporaines*, sont en commerce universel (c'est-à-dire en action et réaction mutuelle) (1).

Des choses sont en même temps, quand elles existent dans un seul et même temps. Mais comment connaître qu'elles sont dans un seul et même temps? Si l'ordre dans la synthèse de l'appréhension de cette diversité est indifférent, c'est-à-dire si l'on peut passer de *a* par *b*, *c*, *d*, *e*, ou réciproquement de *e* en *a*. Car si cet ordre était chronologique (qu'il commençât par *a* et finît en *e*), il serait impossible que l'ap-

---

(1) V. l'autre formule de ce principe et l'introduction plus étendue à la preuve. Suppl. XXII.   R.

préhension dans la perception commençât par *e*, et se continuât en *a*, puisque *a* appartiendrait à un temps passé, et ne pourrait par conséquent plus être un objet de l'appréhension.

Si donc on suppose que, dans la diversité des substances comme phénomènes, chacune d'elles soit complétement isolée, c'est-à-dire qu'aucune n'agisse sur l'autre et n'en soit à son tour nullement influencée, je dis que leur *simultanéité* ne peut être l'objet d'aucune perception, et que l'existence de l'une ne peut conduire par aucun moyen de la synthèse empirique à l'existence de l'autre. Car si on se les figure séparées par un espace parfaitement vide, alors la perception qui passe de l'une à l'autre dans le temps pourrait, à la vérité, déterminer l'existence de la seconde par une perception subséquente, mais on ne pourrait distinguer si le phénomène succède objectivement à la première, ou si plutôt il n'est pas en même temps qu'elle.

Il faut donc qu'il y ait quelque chose outre l'existence seule, par quoi *a* détermine à *b* sa place dans le temps, et réciproquement *b* à *a* ; parce que ce n'est qu'à cette seule condition que les substances pensées peuvent être représentées empiriquement comme existant *simultanément*. Or, cela seul qui est la cause d'une chose ou de ses déterminations en assigne la place dans le temps. Par conséquent, toute substance (puisqu'elle ne peut être conséquence que par rapport à ses déterminations) doit comprendre en soi la causalité de certaines déterminations dans d'autres substances, et en même temps les effets de la causalité des autres substances en elle; c'est-à-dire qu'elles devront être en commerce dynamique (immédiatement ou médiatement), pour que le simultané puisse être connu dans une expérience possible. Or, tout cela est nécessaire par rapport aux objets de l'expérience, sans quoi l'expérience même de ces objets serait impossible. Il est donc nécessaire que toutes substances dans le phénomène, en tant qu'elles sont ensemble, soient en commerce universel d'action mutuelle.

Dans notre langue, le mot commerce [*Gemeinschaft*, qui signifie proprement *société*], a une double signification, et veut dire d'abord commerce (*commercium*) et aussi communauté (*communio*). Nous l'employons ici dans le premier sens, pour signifier une société dynamique sans laquelle précisément la communauté locale (*communio spatii*) ne serait jamais connue empiriquement. Il est facile de remarquer dans nos expériences que les influences continues dans toutes les parties de l'espace peuvent seules conduire nos sens d'un objet à un autre; que la lumière qui brille entre nos yeux et les corps célestes entretient un commerce médiat entre eux et nous, et que par là le simultané des premiers se trouve prouvé ; que nous ne pouvons changer d'aucun lieu empiriquement (percevoir ce changement) sans que partout la matière nous rende possible la perception des lieux que nous occupons, qu'elle ne peut faire connaître sa simultanéité que par le moyen de son influence réciproque, et qu'elle peut aussi par là donner à connaître (quoique d'une manière médiate seulement) la coexistence des objets les plus éloignés. Sans commerce, toute perception (du phénomène dans l'espace) est isolée d'une autre, et la chaîne des représentations empiriques, c'est-à-dire l'expérience, commencerait tout de nouveau par un autre objet, sans que le précédent pût constituer un rapport de temps avec le second ni s'y rattacher le moins du monde. Mon intention n'est pas pour cela de combattre la vacuité de l'espace : car il peut toujours être, sans qu'il y ait en lui des perceptions, et par conséquent sans qu'il y ait aucune connaissance empirique de la simultanéité ; mais alors il n'est point un objet de l'expérience possible.

Il faut remarquer pour plus de clarté que, dans notre esprit, tous les phénomènes doivent, comme compris dans une expérience possible, être en communauté (*communio*) d'aperception, et qu'en tant que les objets doivent être représentés comme liés ensemble, il est nécessaire qu'ils déterminent réciproquement leur place dans un temps, afin de composer un tout. Pour que ce commerce subjectif repose sur un fondement objectif ou soit rapporté aux phénomènes comme substances, la perception de l'un, comme principe, doit rendre possible la perception de l'autre et réciproquement, pour que la succession, qui est toujours dans les perceptions comme appréhensions, ne soit pas attribuée aux objets, mais que ceux-ci puissent être représentés comme coexistants. C'est là une influence mutuelle, c'est-à-dire un commerce réel des substances, sans lequel le rapport empirique de la simultanéité ne pourrait avoir lieu dans l'expérience. Au moyen de ce commerce, les phénomènes, en tant qu'extérieurs les uns aux autres, et cependant liés ensemble, forment un composé (*compositum reale*) dont il peut exister de plusieurs sortes. Les trois rapports dynamiques qui donnent naissance à tous les autres sont donc l'inhérence, la conséquence et la composition.

* * *

Telles sont donc les trois analogies de l'expérience. Elles ne sont autre chose que les principes de la détermination de l'existence des phénomènes dans le temps d'après ses trois modes, c'est-à-dire d'après le rapport au temps lui-même, comme quantité (la quantité de l'existence, c'est-à-dire la durée), d'après le rapport dans le temps comme série (succession), et d'après le temps en lui-même comme ensemble de toute existence (simultanéité). Cette unité de la détermination du temps est toute dynamique; c'est-à-dire que le temps n'est pas considéré comme ce en quoi l'expérience détermine immédiatement la place de chaque existence, ce qui est impossible, parce que le temps absolu n'est point un objet de la perception, au moyen duquel les phénomènes puissent être comparés entre eux ; mais la loi de l'entendement par laquelle seule l'existence des phénomènes devient susceptible de l'unité synthétique suivant les rapports de temps, détermine à chacun d'eux sa place dans le temps, par conséquent *à priori* et valablement pour tous les temps et pour chaque temps.

Par le mot nature (dans le sens empirique), nous comprenons l'ensemble des phénomènes, quant à leur existence, d'après des règles nécessaires, c'est-à-dire des lois. Ce sont donc certaines lois, et même *à priori*, qui, en définitive, rendent la nature possible ; les lois empiriques ne peuvent avoir lieu ni être découvertes que par le moyen de l'expérience, et même en vertu de ces lois primordiales suivant lesquelles seules l'expérience elle-même est possible. Nos analogies font donc proprement connaître l'unité de la nature dans l'enchaînement de tous les phénomènes sous certains exposants, qui n'expriment que le rapport du temps (en tant qu'il embrasse toute existence) à l'unité de l'aperception, unité qui n'a lieu que dans la synthèse suivant des règles. Leur signification commune est donc celle-ci : Tous les phénomènes sont dans une nature unique et doivent y être, puisque sans cette unité *à priori* aucune unité expérimentale, par conséquent aucune détermination des objets, ne serait possible dans l'expérience.

Mais il y a encore une remarque à faire sur la manière dont nous avons prouvé ces lois naturelles transcendentales, et sur le caractère propre de ce genre de preuves; et cette remarque doit être très-importante en même temps comme règle pour toute autre tentative de démontrer *à priori* des thèses intellectuelles qui sont en même temps synthétiques. Si nous avions démontré ces analogies dogmatiquement, c'est-à-dire si nous eussions voulu établir par concepts que tout ce qui existe ne se rencontre que dans ce qui est permanent; que tout événement suppose quelque chose dans un état précédent, à quoi il succède suivant une règle; enfin, que dans la diversité qui existe en même temps les états sont ensemble en rapport entre eux suivant une certaine loi (sont en commerce) : alors notre peine aurait été entièrement perdue. Car on ne peut aller d'un objet et de son existence à l'existence d'un autre, ou à sa manière d'être, par les seuls concepts de ces choses, de quelque manière qu'on en fasse l'analyse. Que nous restait-il donc ? la possibilité de l'expérience, comme connaissance dans laquelle tous les objets doivent pouvoir nous être enfin donnés, si leur représentation doit avoir pour nous une réalité objective. Dans ce moyen terme, dont la forme essentielle consiste dans l'*unité* synthétique de l'aperception de tous les phénomènes, nous avons donc trouvé les conditions *à priori* de la détermination chronologique nécessaire et permanente de toute existence dans le phénomène, sans laquelle la détermination empirique même du temps serait impossible, et nous avons découvert les règles de l'unité synthétique *à priori* au moyen desquelles nous pouvons anticiper l'expérience. A défaut de cette méthode, et dans la fausse persuasion que des propositions synthétiques, que l'usage de l'expérience de l'entendement recommandait comme ses principes, pouvaient être prouvées dogmatiquement, il est arrivé que l'on a souvent cherché, mais toujours en vain, une démonstration du principe de la raison suffisante. Personne n'a pensé aux deux autres analogies, quoiqu'on s'en servît toujours sans s'en douter (1). Si l'on n'y a pas songé, c'est que le fil conducteur des catégories manquait, et qu'il est le seul qui puisse découvrir et rendre sensibles les lacunes de l'entendement, soit dans les concepts, soit dans les principes.

(1) L'unité de l'univers, dans lequel tous les phénomènes doivent être liés, n'est manifestement qu'une conséquence du principe tacitement admis du commerce de toutes les substances, qui sont en même temps; car, si elles étaient isolées, elles ne formeraient point un tout comme parties, et si leur union (action réciproque de la diversité) n'était déjà pas nécessaire pour la simultanéité, on ne pourrait pas conclure de celle-ci comme d'un rapport purement idéal à cette union comme à quelque chose de réel. Nous avons fait voir en son lieu que ce commerce est proprement la cause de la possibilité d'une connaissance empirique, de la coexistence, et que par conséquent on conclut proprement et exclusivement de celle-ci à celui-là comme à sa condition.

IV.

POSTULATS.

De la pensée empirique en général.

1. Ce qui s'accorde avec les conditions formelles de l'expérience (quant à l'intuition et aux concepts) est *possible*.

2. Ce qui se rattache aux conditions matérielles de l'expérience (de la sensation) est *réel*.

3. Ce dont la connexion avec le réel est déterminée suivant des conditions générales de l'expérience (existe) est *nécessaire*.

Développement.

Les catégories de la modalité ont cela de particulier, qu'elles n'ajoutent rien comme détermination de l'objet au concept auquel elles se rattachent comme attributs, mais qu'elles expriment seulement le rapport à la faculté de connaître. Lorsque le concept d'une chose est déjà parfait, ne puis-je pas cependant demander encore à l'occasion de cette chose : ou si elle est simplement possible, ou si de plus elle existe, ou si, existant, elle est encore nécessaire? Tout cela ne fait penser aucune détermination de plus dans la chose; seulement il est question de savoir par là quel est le rapport de cette chose (et de toutes ses déterminations) avec l'entendement et son usage empirique, avec le jugement empirique et avec la raison (dans son application à l'expérience).

Par cette raison donc, les principes de la modalité ne sont que les explications des concepts de la possibilité, de la réalité et de la nécessité dans leur usage empirique, et en même temps la restriction de toutes les catégories au seul usage empirique, sans en admettre ni en permettre l'usage transcendental. Car, si elles n'ont pas une valeur purement logique, et qu'elles ne doivent pas exprimer analogiquement la forme de la *pensée*, mais qu'elles doivent, au contraire, concerner *les choses*, leur possibilité, leur réalité ou leur nécessité, elles devraient se rapporter à l'expérience possible et à son unité synthétique, dans laquelle seule les objets de la connaissance sont donnés.

Le postulat de la possibilité des choses exige donc que leur concept s'accorde avec les conditions formelles de l'expérience en général. Mais l'expérience en général, c'est-à-dire la forme objective de l'expérience en général, contient toute synthèse requise pour la connaissance des objets. Un concept qui comprend une synthèse, ou est vain et ne se rapporte à aucun objet, si cette synthèse n'appartient pas à l'expérience; ou, s'il en est comme emprunté, il s'appelle alors un *concept empirique*. Mais si cette synthèse, comme condition *à priori*, sert de base à l'expérience en général (en est la forme), alors le concept est un *concept pur* qui appartient cependant à l'expérience, puisque son objet ne peut être trouvé qu'en elle. Car, où prendre le caractère de la possibilité d'un objet conçu par un concept synthétique *à priori*, si ce n'est de la synthèse qui constitue la forme de la connaissance empirique des objets ? C'est même une condition logique nécessaire, qu'il ne doit y avoir dans ce concept aucune contradiction. Mais il s'en faut beaucoup que cela suffise pour la réalité objective du concept, c'est-à-dire pour la possibilité d'un objet tel qu'il est pensé par le concept. Ainsi il n'y a aucune contradiction dans le concept d'une figure contenue entre deux lignes droites ; car le concept de lignes droites et de leur rencontre ne contient pas la négation d'une figure. L'impossibilité ne tient donc point au concept lui-même, mais à sa construction dans l'espace, c'est-à-dire aux conditions de l'espace et de ses déterminations ; et celles-ci ont à leur tour leur réalité objective, c'est-à-dire qu'elles se rapportent à des choses possibles, puisqu'elles contiennent *à priori* la forme de l'expérience en général.

Faisons donc voir la grande utilité et l'influence de ce postulat de la possibilité. Si je me représente une chose qui soit permanente, en sorte que tout ce qui s'y passe appartienne seulement à son état, je ne puis jamais connaître par ce concept si cette chose est possible. De même, si je me représente quelque chose qui doive être de telle nature que, s'il est posé, quelque autre chose doive suivre immanquablement, assurément cela pourra se concevoir sans contradiction ; mais on ne peut juger par là si cette propriété (comme causalité) se trouve dans une chose possible. Enfin, je puis concevoir des choses (substances) différentes, qui sont telles que l'état de l'une amène une conséquence dans l'état de l'autre, et réciproquement ; mais on ne comprend point par ces concepts qui contiennent une simple synthèse arbitraire, si un tel rapport peut appartenir aux choses. Seulement, de ce que ces concepts expriment *à priori* les rapports des perceptions dans toute expérience, on connaît la réalité objective de ces concepts, c'est-à-dire leur vérité transcendentale, et même sans le secours de l'expérience, mais cependant pas indépendamment de tout rapport à la forme d'une expérience en général. On en connaît aux mêmes conditions l'unité synthétique, dans laquelle seule des objets peuvent être empiriquement connus.

Mais si l'on voulait se former de nouveaux concepts de substances, de forces et de réciprocités, avec la matière que la perception nous fournit et sans prendre de l'expérience même l'exemple de leur liaison, on tomberait alors dans de vraies chimères ; leur possibilité n'a en soi aucun criterium, puisqu'on n'aurait pas pris dans ces concepts l'expérience pour guide, et qu'ils n'en dérivent point. De tels concepts fictifs ne peuvent, à l'exemple des catégories, recevoir la marque de leur possibilité *à priori*, comme conditions d'où dépend toute expérience, mais seulement *à posteriori*, comme donnés par l'expérience. Leur possibilité même doit être connue *à posteriori* ou empiriquement, sans quoi elle ne peut pas l'être du tout. Une substance qui serait constamment présente dans l'espace, sans cependant le remplir (comme ce milieu entre la matière et le principe pensant que quelques-uns ont voulu introduire), ou une faculté particulière de notre esprit de voir l'avenir (non pas simplement par voie de conséquence), ou enfin une faculté de cet esprit de soutenir avec les autres hommes un commerce de pensées (quelque éloignés les uns des autres qu'ils puissent être); ce sont là des concepts dont la possibilité est tout à fait dépourvue de fondement, puisqu'elle ne peut pas reposer sur l'expérience ou sur ses lois connues, sans lesquelles cette possibilité n'est qu'une association de pensées arbitraires, qui, quoiqu'à la vérité exempte de contradiction, ne peut cependant prétendre à la réalité objective, ni par conséquent à la possibilité d'un objet tel qu'on le conçoit ici. Pour ce qui est de la réalité, on ne peut la concevoir comme telle *in concreto*, sans avoir recours à l'expérience, parce qu'elle n'a rapport qu'à la sensation, comme matière de l'expérience, et ne regarde nullement la forme du rapport, forme avec laquelle l'esprit pourrait peut-être se jouer dans des fictions.

Je laisse de côté tout ce dont la possibilité ne peut

être comprise que par la réalité dans l'expérience, pour ne considérer ici que la possibilité des choses par concepts *à priori*. Or, je persiste à dire que ces concepts seuls et en soi ne peuvent jamais donner les choses, qu'ils ne les donnent du moins qu'à titre de conditions formelles et objectives d'une expérience en général.

Il semble, à la vérité, que la possibilité d'un triangle puisse être connue par son concept pris en lui-même (qui est certainement indépendant de l'expérience) : car, en fait, nous pouvons lui donner un objet complétement *à priori*, c'est-à-dire le construire. Mais comme cette construction n'est que la forme d'un objet, le triangle n'est toujours qu'un produit de l'imagination. Or, la possibilité de l'objet produit par cette faculté reste encore douteuse, puisqu'il faudrait en outre, pour qu'elle eût lieu, que cette figure fût conçue sous les seules conditions qui servent de fondement à tous les objets de l'expérience. Or, la seule chose qui ajoute à ce concept la notion de la possibilité de son objet, c'est l'intervention de l'espace comme condition formelle *à priori* de l'expérience extérieure, et l'identité de la synthèse représentative (au moyen de laquelle nous construisons un triangle dans l'imagination), avec celle que nous formons dans l'appréhension d'un phénomène pour nous en faire un concept empirique. Ainsi la possibilité des quantités continues, même des quantités en général, puisque leurs concepts sont tous synthétiques, ne sera jamais expliquée par les concepts seuls, mais par les concepts comme conditions formelles de la détermination des objets dans l'expérience en général. Et où devrait-on chercher des objets correspondants aux concepts, si ce n'est dans l'expérience, par laquelle seule les objets nous sont donnés? Nous pouvons, à la vérité, sans expérience préalable, connaître et caractériser la possibilité des choses, mais seulement par rapport aux conditions formelles sous lesquelles quelque chose en général est déterminé dans l'expérience comme objet, par conséquent *à priori*, quoique toujours par rapport à cette expérience et dans ses limites.

Le postulat, pour connaître la *réalité* des choses, exige *perception*, par conséquent sensation avec conscience au moins médiate de l'objet dont l'existence doit être connue; mais il faut cependant qu'il y ait connexion entre cet objet et une perception réelle, et cela suivant les analogies de l'expérience, qui font connaître toute liaison réelle dans l'expérience en général.

Le caractère de l'existence d'une chose ne peut absolument se trouver dans son *seul concept*; car, quoique le concept soit si parfait qu'il n'y manque absolument rien pour penser une chose avec toutes ses déterminations intrinsèques, il n'y a rien de commun entre l'existence et ces déterminations, mais bien entre l'existence et la question de savoir si une chose nous est donnée de telle sorte que sa perception puisse précéder en tout cas le concept. Car l'antériorité du concept relativement à la perception établit seulement la possibilité de la chose ; la perception qui fournit la matière pour le concept est le seul caractère de la réalité.

Mais on peut aussi, avant d'avoir la perception de la chose, et par conséquent comparativement *à priori*, en connaître l'existence, pourvu seulement qu'elle se rattache à quelques perceptions, suivant les principes de leur union empirique (les analogies). Car alors l'existence de la chose est rattachée à nos perceptions dans une expérience possible, et nous pouvons parvenir, en suivant le fil de ces analogies, dans la série des perceptions possibles, de notre perception réelle jusqu'à la chose. C'est ainsi que nous connaissons l'existence de la matière magnétique circulant par tous les corps, en partant de la perception de la limaille de fer attirée, quoiqu'une perception immédiate de cette matière nous soit impossible par la nature de nos organes. Car, en général, dans une expérience, nous aboutirions, suivant les lois de la sensibilité et le contexte de nos perceptions, à une intuition empirique immédiate de ce corps, si nos sens étaient plus pénétrants ; mais la forme de l'expérience possible en général n'a rien à démêler avec leur grossièreté. Là où, par conséquent, la perception et ses dépendances ont lieu suivant des lois empiriques, là aussi s'étend notre connaissance de l'existence des choses. A moins donc de partir de l'expérience, et de suivre les lois de la liaison empirique des phénomènes, en vain nous espérons pouvoir deviner ou connaître l'existence de quoi que ce soit (1).

* * *

Enfin, le troisième postulat considère la nécessité matérielle dans l'existence, et non la nécessité purement formelle et logique dans la liaison des concepts. Or, comme nulle existence des objets des sens ne peut être connue absolument *à priori,* mais cependant *à priori,* c'est-à-dire relativement à une autre existence déjà donnée (ne pouvant toutefois se rapporter qu'à une existence qui doit être comprise dans l'ensemble de l'expérience dont la perception donnée fait partie), alors la nécessité de l'existence ne peut jamais être connue par concepts, mais seulement par la liaison avec ce qui est observé, conformément aux lois générales de l'expérience. Or, il n'est aucune existence qui puisse être connue en tant que nécessaire sous la condition d'autres phénomènes donnés, si ce n'est l'existence des effets par des causes

---

(1) La seconde édition intercalle ici une réfutation directe de l'idéalisme (matériel), que nous reproduisons dans le Suppl. XXIII.
R.

données suivant les lois de la causalité. Ce n'est donc pas l'existence des choses (substances), mais seulement la nécessité de leur état que nous pouvons connaître, et même par d'autres états donnés en perception, suivant les lois empiriques de la causalité. D'où il suit que le criterium de la nécessité ne se trouve que dans cette loi de l'expérience possible : Tout ce qui arrive est déterminé *à priori* dans le phénomène par sa cause. Nous ne pouvons donc connaître que la nécessité des *effets* dans la nature, lorsque des causes nous en sont données; et la marque de cette nécessité dans l'existence ne s'étend pas au delà du champ de l'expérience possible : elle n'y a même pas de valeur touchant l'existence des choses comme substances, parce qu'elles ne peuvent jamais être considérées comme effets empiriques, ou comme quelque chose qui arrive ou qui naît. La nécessité ne concerne donc que le rapport des phénomènes suivant la loi dynamique de la causalité, et la possibilité fondée sur cette loi de conclure *à priori*, d'une existence donnée (d'une cause) à une autre existence (à l'effet). Tout ce qui arrive est hypothétiquement nécessaire; c'est un principe qui soumet le changement dans le monde à une loi, c'est-à-dire à une règle de l'existence nécessaire, loi sans laquelle une nature n'aurait pas même lieu. Ce qui fait que le principe : Rien n'arrive par une *cause aveugle (in mundo non datur casus)*, est une loi *à priori* de la nature. Il en est de même de la proposition : Aucune nécessité dans la nature n'est aveugle, mais elle est conditionnée, c'est-à-dire une nécessité intelligente (*non datur fatum*). Ces deux propositions sont des lois qui soumettent le jeu des révolutions à *la nature des choses* (comme phénomènes), ou, ce qui revient au même, à l'unité intellectuelle, dans laquelle seule, comme unité synthétique des phénomènes, elles peuvent faire partie de l'expérience. Ces deux principes fondamentaux sont donc dynamiques. Le premier est proprement une conséquence du principe de causalité (parmi les analogies de l'expérience). Le second appartient aux principes de la modalité, qui ajoute à la détermination causale le concept de la nécessité, mais d'une nécessité soumise cependant à une règle de l'entendement. Le principe de la continuité interdit tout saut (*in mundo non datur saltus*) dans la série des phénomènes (des changements), toute lacune ou hiatus entre deux phénomènes (*non datur hiatus*) dans l'ensemble de toutes les intuitions empiriques dans l'espace ; car ce principe peut s'énoncer ainsi : Rien ne peut se présenter dans l'expérience qui prouve un *vacuum*, ou même qui le permette seulement comme une partie de la synthèse empirique. Car ce vide que l'on peut concevoir hors du champ de l'expérience possible (du monde), n'est pas soumis à la juridiction du seul entendement, qui ne prononce que sur les questions concernant l'usage des phénomènes donnés par rapport à la connaissance empirique ; c'est de plus un problème pour la raison idéale, qui sort de la sphère de l'expérience possible pour juger de ce qui environne et limite cette sphère. Cette question doit donc être examinée dans la dialectique transcendentale. Nous pourrions facilement exposer d'une manière suivie, en nous conformant à l'ordre des catégories, ces quatre principes (*in mundo non datur hiatus, non datur saltus, non datur casus, non datur fatum*) comme tous les principes d'origine transcendentale, et trouver la place de chacun d'eux ; mais le lecteur déjà exercé le fera de lui-même, ou en trouvera facilemeut le fil conducteur. Ces principes s'accordent tous en cela seulement, qu'ils ne permettent rien à la synthèse empirique qui puisse porter atteinte ou déroger à l'entendement et à l'enchaînement continu de tous les phénomènes, c'est-à-dire à l'unité de ses concepts. Car l'entendement est la seule chose en quoi seul l'unité des expériences soit possible, en quoi toutes les perceptions doivent trouver leur place.

Le champ de la possibilité est-il plus grand que celui de la réalité ; celui-ci plus grand que celui de la nécessité ? Ce sont là des questions curieuses, et qui exigent une solution synthétique, mais qui retombent ainsi sous la seule juridiction de la raison, car elles reviennent à peu près à celle-ci : Toutes les choses, comme phénomènes, font-elles partie de l'ensemble et du contexte d'une seule expérience, dont toute perception donnée ne serait qu'une partie, qui par conséquent ne pourrait être liée à aucun autre phénomène; ou bien mes perceptions peuvent-elles (dans leur enchaînement général) se rapporter à quelque chose de plus qu'à une expérience possible ? L'entendement ne donne *à priori* à l'expérience en général que les règles, suivant les conditions subjectives et formelles de la sensibilité et de l'aperception, qui seules la rendent possible. D'autres formes de l'intuition que l'espace et le temps, de même que d'autres formes de l'entendement (que les formes discursives de la pensée ou de la connaissance par concepts), fussent-elles possibles, ne peuvent cependant être inventées ni comprises par nous d'aucune manière; et quand même elles le pourraient, elles n'appartiendraient cependant pas à l'expérience comme seule connaissance dans laquelle les objets nous sont donnés. L'entendement n'ayant affaire qu'à la synthèse de ce qui est donné, ne peut décider si d'autres perceptions que celles qui sont en général propres à toute notre expérience possible peuvent être données, et si par conséquent il peut y avoir encore un champ de la matière tout différent. D'ailleurs, la pauvreté de ses raisonnements ordinaires par lesquels nous créons le grand empire du possible, dont le réel (tout objet de l'expérience) n'est qu'une faible partie, est évidente. Tout réel est possible, d'où suit naturellement, suivant les lois logiques de la conversion, cette proposition purement particulière : Quelques-unes des choses possibles sont réelles. Ce qui signifie qu'il y a beaucoup de choses possibles qui ne sont pas réelles. Il paraît, à la vérité, que l'on peut concevoir le nombre du possible plus grand que celui du réel, puisqu'il doit être ajouté quelque chose au possible pour qu'il y ait existence. Mais je ne reconnais point cette accession au possible, puisque ce qui devrait y être ajouté serait impossible. Tout ce qui peut être ajouté dans mon entendement à la convenance avec les conditions formelles de l'expérience, c'est la liaison avec telle ou telle perception. Mais ce qui est joint à cette perception, suivant des lois empiriques, est réel, quoique non immédiatement perçu. Toutefois, on ne peut conclure de ce qui est donné, et moins encore si rien n'est donné (puisque rien, absolument rien, ne peut être pensé sans matière), que dans l'enchaînement universel avec ce qui est donné dans la perception, il puisse y avoir une autre série de phénomènes, et que par conséquent plus d'une seule expérience comprenant tous les phénomènes soit possible. Mais ce qui n'est possible que sous des conditions simplement possibles elles-mêmes ne l'est pas sous *tous les rapports*. Et cependant la question doit être envisagée en ce sens [c'est-à-dire sous tous les rapports], quand il s'agit de savoir si la possibilité des choses s'étend plus loin que l'expérience.

Je n'ai fait mention de ces questions que pour ne

laisser aucune lacune dans ce qui appartient, suivant l'opinion commune, aux concepts de l'entendement. En effet, cette possibilité absolue (qui vaut sous tous les rapports) ne peut être un simple concept intellectuel, ni avoir un usage empirique d'aucune façon ; mais elle (1) appartient proprement à la raison, qui dépasse tout usage intellectuel possible. Nous avons donc dû nous borner ici à une remarque simplement critique, nous réservant du reste d'expliquer la chose dans le traité suivant.

Avant d'achever ce quatrième numéro, et en même temps le système de tous les concepts de l'entendement pur, je dois dire pourquoi j'ai appelé postulats les principes de la modalité. Je ne prends pas ici ce mot dans le sens que lui ont donné quelques philosophes modernes, contre l'acception des mathématiciens, auxquels cependant il appartient en propre, à savoir en ce sens que postulat veuille dire : prendre un principe pour immédiatement certain, sans l'accompagner de sa déduction ou preuve. Car s'il fallait reconnaître qu'on doit accorder un assen-

---

(1) *In der that ist aber die absolute Möglichkeit.... kein blosser Verstandesbegriff, und kann auf keinerlei Weise von empirischem Gebrauche seyn, sondern* ER *gehört allein,* etc. Il semble qu'il faudrait *sie* au lieu de *er*, qui se trouve dans les deux dernières éditions que j'ai sous les yeux. J'ai donc traduit en conséquence; mais si l'on entend par *er* le concept de la possibilité, le sens sera le même au fond. La grammaire exigerait cependant que *er* fût rapporté à *Verstandesbegriff*, mais le sens s'y refuse. T.

timent absolu, sans déduction préalable, et sur la simple autorité de leur propre énoncé, à des propositions synthétiques, quelque évidentes qu'elles puissent être, c'en serait fait de toute critique de l'entendement. Et comme il ne manquerait pas de prétentions hardies qui ne souffriraient cependant pas difficulté pour la foi commune (mais qui manquent de lettres de créance), notre entendement serait ainsi ouvert à toute opinion, sans qu'il pût refuser son assentiment à des propositions qui, quoique illégitimes, n'en demandent pas moins à être admises avec la même assurance que des axiomes véritables. Lors donc qu'une détermination synthétique *à priori* s'ajoute au concept de quelque chose, alors doit suivre nécessairement, sinon la preuve d'une telle proposition, du moins la déduction de la légitimité de son assertion.

Mais les principes de la modalité ne sont pas objectivement synthétiques, parce que les prédicats de la possibilité, de la réalité et de la nécessité n'ajoutent rien du tout au concept dont ils sont énoncés, et n'étendent en aucune manière la représentation de l'objet. Quoiqu'ils soient cependant toujours synthétiques, ils ne le sont donc que d'une manière purement subjective, c'est-à-dire qu'ils ajoutent au concept d'une chose (du réel), dont ils n'énoncent rien de plus d'ailleurs, la faculté de connaître dans laquelle ce concept a son origine et son siége. De telle sorte que, si ce concept est simplement uni dans l'entendement aux conditions formelles de l'expérience, on dit alors que son objet est possible; s'il est simplement lié à la perception (la sensation comme matière des sens) et s'il est déterminé par elle au moyen de l'entendement, son objet est appelé réel; si enfin il est déterminé par l'enchaînement des perceptions suivant des concepts, son objet est alors nécessaire. Les principes de la modalité n'expriment donc à l'égard d'un concept que l'action de la faculté de connaître qui lui donne naissance. Or, on appelle postulat, en mathématiques, la proposition pratique qui ne contient que la synthèse par laquelle nous nous donnons d'abord un objet, et par laquelle nous en créons la conception : par exemple, avec une ligne donnée décrire d'un point donné un cercle sur une surface. Une semblable proposition ne peut pas être démontrée, par la raison que le procédé qu'elle exige est précisément ce par quoi nous créons d'abord le concept d'une telle figure. Nous pouvons donc, avec le même droit, postuler les principes de la modalité, parce qu'ils n'ajoutent rien aux concepts des choses (1); ils montrent

---

(1) La réalité d'une chose dit plus sans doute que sa possibilité, mais ce plus n'est pas dans la chose, car elle ne peut jamais contenir dans la réalité plus qu'il n'était compris dans sa possibilité absolue. Mais comme la possibilité était la simple position de la chose par rapport à l'entendement (à son usage empirique), de même la réalité est l'union de la chose et de la perception.

seulement la manière dont ce concept en général est lié à la faculté de connaître (1).

SCIENCE TRANSCENDENTALE DU JUGEMENT

(ANALYTIQUE DES PRINCIPES).

CHAPITRE III.

Du fondement de la distinction de tous les objets en général en PHÉNOMÈNES et NOUMÈNES.

Jusqu'ici nous n'avons pas seulement parcouru le domaine de l'entendement pur en examinant chaque partie avec soin, nous l'avons encore mesuré, et nous y avons déterminé la place de chaque chose. Mais ce pays est une île renfermée par la nature même dans des bornes qui ne peuvent être déplacées. C'est le champ de la vérité (mot flatteur), mais entouré d'un vaste et tempêtueux océan, empire de l'illusion, où beaucoup de nuages et beaucoup de bancs de glace sur le point de disparaître, simulent à chaque instant un pays nouveau, et attirent sans cesse, par un espoir toujours trompé, le navigateur vagabond qui cherche de nouvelles terres à travers des périls continuels auxquels il ne peut renoncer, et dont il ne verra cependant jamais la fin. Mais avant de nous confier à cette mer, pour l'explorer dans toute son étendue, et pour nous assurer s'il y a quelque chose

(1) Vient ensuite, dans la seconde édition, une observation générale sur le système de principe. V. Suppl. XXIV. R.

à y espérer, il ne sera pas inutile de jeter auparavant un coup d'œil sur la carte du pays que nous allons quitter, et de voir d'abord si nous ne pourrions pas nous contenter en tout cas de ce qu'il nous offre; ou si nous ne devrions pas aussi être satisfaits, par nécessité, pour le cas où il n'y aurait nulle part ailleurs, d'autre terre où nous pussions nous établir, de nous assurer ensuite à quel titre nous possédons ce pays, et comment nous pouvons nous y maintenir contre toutes les prétentions ennemies. Quoique nous ayons déjà suffisamment répondu à ces questions dans le traité de l'Analytique, cependant la conviction se fortifiera encore par un court résumé de ces solutions, d'autant plus que les moments de cette Analytique seront réunis comme en un seul point.

Nous avons vu en effet que tout , que l'entendement tire de lui-même, sans l'emprunter de l'expérience, il ne l'a pour aucun autre usage que pour celui de l'expérience. Les principes de l'entendement pur, qu'ils soient constitutifs *à priori* (comme les principes mathématiques), ou purement régulateurs (comme les principes dynamiques), ne contiennent en quelque sorte que le pur schème de l'expérience possible; car elle tire exclusivement son unité de l'unité synthétique, que l'entendement donne de lui-même et originellement à la synthèse de l'imagination en rapport à l'aperception, et avec laquelle les phénomènes, comme données pour la connaissance possible, doivent être *à priori*, en rapport et en harmonie. Or, quoique les règles de l'entendement soient non-seulement vraies *à priori*, mais encore la source de toute vérité, c'est-à-dire de l'accord de notre connaissance avec les objets, en ce qu'elles contiennent la cause de la possibilité de l'expérience, comme de l'ensemble de toute connaissance dans laquelle les objets peuvent nous être donnés, il nous semble cependant qu'il ne suffit pas d'exposer ce qui est vrai, qu'il faut encore exposer ce que l'on désire savoir. Si donc par cette recherche critique, nous n'apprenons rien de plus que ce que nous aurions très-bien appris de nous-mêmes dans l'usage empirique de l'entendement, sans une si subtile investigation, l'avantage qui en résulte ne paraît pas compenser les peines qu'il coûte. On peut, à la vérité, répondre à cela, qu'aucune témérité n'est plus préjudiciable à l'agrandissement de notre connaissance, que celle qui exige toujours de voir une utilité avant qu'on se soit mis à la recherche de cette connaissance, et avant que l'on puisse se faire la moindre idée de cette utilité, quand même elle se présenterait sous les yeux. Mais il y a cependant un avantage qui peut être facilement compris du plus réfractaire et du plus chagrin disciple de cette investigation transcendentale, et qui peut aussi lui devenir cher et agréable: c'est que l'entendement, occupé simplement de son usage empirique, et qui ne réfléchit pas sur les sources de sa connaissance propre, peut très-bien fonctionner, il est vrai, mais qu'il ne peut déterminer à lui-même les limites de son usage, ni savoir qu'est-ce qui est en deçà ou en delà des bornes qui lui sont imposées; car, pour cela, il faut précisément les investigations profondes que nous avons établies. Mais, s'il ne peut s'assurer que certaines questions sont ou ne sont pas dans son horizon, il ne sera jamais certain de ses droits ni de ses possessions; il ne devra s'attendre qu'à essuyer d'humiliants et nombreux redressements, si (comme c'est inévitable) il franchit continuellement les limites de son domaine et se laisse entraîner à l'opinion et aux illusions.

L'entendement ne peut donc jamais faire un usage transcendental de tous ses principes *à priori;* il ne peut même employer tous ses concepts qu'empiriquement, mais jamais transcendentalement. C'est là un principe qui, s'il peut être connu avec conviction, tend aux plus graves conséquences. L'usage transcendental d'un concept dans un principe consiste en ce qu'il se rapporte aux choses *en général* et *en soi,* tandis que l'usage empirique ne se rapporte qu'aux seuls *phénomènes,* c'est-à-dire aux objets d'une *expérience* possible. L'on conçoit par là que ce dernier usage est le seul qui puisse avoir lieu. Il faut d'abord pour tout concept la forme logique d'un concept en général (de la pensée), et ensuite la possibilité de lui soumettre un objet auquel il se rapporte. Sans cet objet il n'a pas de sens et manque de contenu, quoiqu'il puisse toujours renfermer la fonction logique servant à former un concept au moyen de certaines données. Or, un objet ne peut être donné à un concept que dans l'intuition; et quoique une intuition pure soit possible *à priori* avant l'objet, cependant elle ne peut recevoir son objet, et par conséquent sa valeur objective, que par l'intuition empirique dont elle est la forme. Tous les concepts, et avec eux par conséquent tous les principes, tout *à priori* qu'ils puissent être, se rapportent cependant à des intuitions empiriques, c'est-à-dire à des données de l'expérience possible. Autrement, ils n'ont aucune valeur objective, et ne sont qu'un vrai jeu, soit de l'imagination, soit de l'entendement, avec les représentations respectives de l'une ou de l'autre de ces facultés. Qu'on prenne seulement pour exemple les concepts mathématiques, et d'abord même dans leurs intuitions pures. L'espace a trois dimensions; D'un point à un autre point on ne peut tirer qu'une ligne droite; etc. Quoique tous ces principes et la représentation de l'objet qui composent cette science soient absolument produits *à priori* dans l'esprit, ils ne signifieraient cependant rien si nous ne pouvions toujours faire voir leur valeur dans les phénomènes (objets empiriques). Il faut donc aussi *rendre sensible* un concept particulier, c'est-à-dire exposer en intuition l'objet qui lui correspond, parce que sans cet objet le concept resterait (comme on dit) sans aucun *sens*, c'est-à-dire sans signification [sans valeur]. Les mathématiques satisfont à cette condition par la construction de la figure, qui est un phénomène perceptible au sens (quoique produit *à priori*). Le concept de quantité cherche, dans la même science, son expression, sa valeur, dans le nombre ; celui-ci à son tour dans les doigts, dans des tables à calculer, ou dans des points et des lignes placés sous les yeux. Le concept reste toujours produit *à priori*, ainsi que les principes synthétiques ou les formules résultant de ces concepts ; mais leur usage et leur rapport aux objets supposés ne peut être cherché, en définitive, que dans l'expérience, dont la possibilité (quant à la forme) est contenue *à priori* dans ces principes ou concepts.

Mais la même chose a lieu aussi avec toutes les catégories et les principes qui s'en forment ; c'est ce qui résulte également de ce que nous n'en pouvons absolument définir réellement une seule, c'est-à-dire de ce que nous ne pouvons rendre intelligible la possibilité de leur objet, sans nous rabattre sur les conditions de la sensibilité, par conséquent sur la forme des phénomènes, conditions auxquelles ces catégories doivent par conséquent être restreintes comme à leur unique objet. En effet, si l'on fait disparaître cette condition, toute valeur, tout sens, c'est-à-dire tout rapport à l'objet disparaît, et l'on ne peut concevoir alors par aucun exemple ce que peut être l'objet propre de ces concepts (1).

En traçant plus haut la table des catégories, nous nous sommes dispensé de les définir en particulier; notre but, uniquement restreint à leur usage spéculatif, ne nous en faisait pas une nécessité, et il ne faut pas entreprendre de donner des réponses qui ne sont pas nécessaires. Ce n'était pas une défaite, mais bien une règle de prudence très-importante, celle de ne pas se hasarder prématurément à définir, ni d'essayer ou de prétexter la perfection ou la précision dans la détermination du concept, quand on peut se contenter de l'un ou de l'autre de ses caractères [ou éléments], sans qu'il soit nécessaire de faire la complète énumération de tous ceux qui constituent le concept total. Mais on voit à présent que le motif de cette réserve est encore plus profond, puisque nous n'aurions pas pu définir les catégories, alors même que nous l'aurions voulu (2). Mais si l'on ne tient pas compte au contraire de toutes les conditions de la

(1) Ce qui suit, jusqu'à la fin de l'alinéa, a été supprimé dans la seconde édition. R.
(2) J'entends ici la définition réelle, qui ne substitue pas simplement au nom d'une chose d'autres mots intelligibles, mais qui renferme un caractère clair, auquel l'*objet (definitum)* peut toujours être sûrement reconnu, et rend possible l'application du concept défini. La définition réelle serait donc celle qui éclaircit non-seulement un concept, mais aussi la *réalité objective* de ce concept. Les définitions mathématiques, qui exposent en intuition l'objet, conformément au concept, sont de la dernière espèce.

sensibilité, qui les signalent comme des concepts d'un usage empirique possible, et qu'on les prenne pour des concepts de choses en général (par conséquent d'un usage transcendental), il ne reste plus, en ce qui les concerne, qu'à garder la fonction logique dans les jugements comme la condition de la possibilité des choses mêmes, sans néanmoins pouvoir montrer le moins du monde, dans quel cas leur application et leur objet, par conséquent elles-mêmes, peuvent avoir dans l'entendement pur, et sans l'intervention de la sensibilité, un sens et une valeur objective.

On ne peut guère définir le concept de quantité en général que de cette manière à peu près : c'est cette détermination d'une chose qui consiste à concevoir l'unité plusieurs fois dans cette chose. Mais ce nombre de fois est fondé sur la répétition successive, par conséquent sur le temps et sur la synthèse (de l'homogène) en lui. La réalité ne peut être définie par opposition à la négation qu'en pensant un temps (comme l'ensemble de toute existence), qui est plein de réalité, ou qui en est vide. Si je fais abstraction de la permanence (qui est une existence de tout temps), il ne me reste, pour le concept de substance, que la représentation logique de sujet, que je crois réaliser en me représentant quelque chose qui peut avoir lieu simplement comme sujet (sans être attribut de rien). Mais ce n'est pas là pure ignorance des conditions sous lesquelles cette prérogative logique pourrait convenir proprement à une chose; car elle ne peut absolument servir à aucun autre usage, et l'on n'en peut tirer la moindre conséquence, puisqu'aucun objet au service de ce concept n'est déterminé par elle, et qu'on ignore complétement si ce concept signifie quelque chose. Quant au concept de cause (si je faisais abstraction du temps dans lequel quelque chose succède à une autre chose suivant une règle), je ne trouverais rien dans la catégorie pure, si ce n'est qu'il y a quelque chose d'où l'on peut conclure à l'existence d'une autre chose; et alors, non-seulement on ne pourrait pas distinguer par ce moyen la cause de l'effet; mais encore, comme il faut, pour que ce raisonnement soit possible, des c̟   s dont je ne sais absolument rien, ce conc̟   t alors aucune détermination par rapport à la m̟   ere dont il cadre avec un objet. Le prétendu principe : Tout contingent a une cause, se présente ici, assez gravement, il est vrai, comme s'il avait une valeur propre. Si je demande maintenant ce que l'on entend par contingent, l'on répond : C'est ce dont le non-être est possible. Mais est-il possible de savoir à quoi l'on reconnaît cette possibilité du non-être, si ce n'est en se représentant dans la série des phénomènes une succession, et dans celle-ci une existence qui suit la non-existence (ou réciproquement), c'est-à-dire en général, en se représentant un changement? Car que la non-existence d'une chose ne soit pas contradictoire en soi, c'est là un pitoyable appel à une condition logique, nécessaire pour le concept, à la vérité, mais qui n'est pas à beaucoup près suffisante pour la possibilité réelle. En effet, de ce que je puis supprimer par la pensée toutes les substances existantes, sans être en contradiction avec moi-même, je n'en puis cependant pas conclure la contingence objective dans leur existence, c'est-à-dire la possibilité de leur non-existence en elle-même. Pour ce qui est du concept de commerce ou de réciprocité, on comprend facilement que, comme les catégories pures de substance et de causalité ne permettent aucune définition qui détermine l'objet, la causalité réciproque dans le rapport des substances entre elles (*commercium*) n'en est pas plus susceptible. Personne n'a donc pu définir que par une tautologie manifeste la possibilité, l'existence et la nécessité, en voulant tirer cette définition du seul entendement pur. Car, ceux qui substituent la possibilité logique du *concept* (lorsque ce concept ne se contredit pas lui-même) à la possibilité transcendentale *des choses* (lorsqu'un objet répond au concept), se font une illusion dont les inhabiles seuls peuvent se contenter (1).

(1) Au lieu de l'alinéa qui va suivre, la seconde édition ne contient qu'une petite note que nous reproduisons dans le XXV° Supplément.

Il y a quelque chose d'étonnant et même de contradictoire à ce qu'un concept nécessaire ne soit susceptible d'aucune définition, quoiqu'il ait cependant un sens. Mais c'est là un caractère commun avec les catégories : elles ne peuvent avoir une signification déterminée et un rapport à quelque objet qu'au moyen de la *condition sensible* générale. Or cette condition ne se rencontre pas dans la catégorie pure, puisque celle-ci ne peut contenir que la fonction logique consistant à soumettre le divers à un concept. Et cette fonction, c'est-à-dire la forme du concept, ne peut en rien servir à faire connaître et distinguer l'objet qui s'y trouve soumis, par la raison précisément qu'on fait abstraction de la condition sensible sous laquelle, en général, des objets peuvent se rapporter à cette forme. Il faut donc aux catégories, outre le concept intellectuel pur, des déterminations de leur application à la sensibilité en général (un schème), sans quoi elles ne sont pas des concepts qui puissent servir à faire connaître un objet et le distinguer des autres ; elles ne sont qu'autant de manières de concevoir un objet aux intuitions possibles, et de lui donner sa signification suivant une des fonctions de l'entendement (et encore sous des conditions requises), c'est-à-dire de *le définir* : elles ne peuvent donc pas elles-mêmes être définies. Les fonctions logiques des jugements en général, l'unité et la multiplicité, l'affirmation et la négation, le sujet et le prédicat, ne peuvent être définies sans qu'on tombe dans un cercle vicieux, attendu que la définition doit elle-même être un jugement, et, par conséquent, déjà contenir ces fonctions. Mais les catégories pures ne sont que des représentations des choses en général, en tant que la diversité de leur intuition peut être conçue par l'une ou l'autre de ces fonctions logiques. La grandeur est la détermination qui ne peut être conçue que par un jugement ayant quantité (*judicium commune*); la réalité, celle qui ne peut être conçue que par un jugement affirmatif; la substance, ce qui doit être, par rapport à l'intuition, le dernier sujet de toutes les autres déterminations. Mais on ne décide par là d'aucune manière ce que sont des choses par rapport auxquelles on doit se servir de cette fonction plutôt que d'une autre. Sans la condition de l'intuition sensible, but de leur synthèse, les catégories n'ont donc pas le moindre rapport à quelque objet déterminé que ce soit, et n'en peuvent définir aucun; elles n'ont donc par elles-mêmes aucune valeur des concepts subjectifs.

Il suit donc incontestablement de là (1) que les concepts purs de l'entendement ne peuvent jamais avoir un usage *transcendental*, mais seulement un usage *toujours empirique*, et que les principes de l'entende-

---

(1) Cette forme de conclusion a été conservée dans la seconde édition, quoique ce raisonnement n'y ait plus de prémisses propres. R.

ment pur ne se rapportent aux objets des sens que quand les sens sont en rapport avec les conditions générales d'une expérience possible, mais jamais aux choses en général (sans égard à la manière dont nous pouvons les percevoir).

L'Analytique transcendentale a donc l'important résultat de faire voir que l'entendement ne peut jamais aboutir *à priori* qu'à anticiper la forme d'une expérience possible en général, et que ce qui n'est pas perçu, ce qui n'est pas phénomène, ne pouvant être un objet d'expérience, l'entendement ne peut jamais dépasser les bornes de la sensibilité, en deçà desquelles seulement les objets nous sont donnés. Ces principes sont donc simplement des principes de l'exposition des phénomènes, et le nom fastueux d'une ontologie qui prétend donner une connaissance synthétique *à priori* des choses dans une doctrine systématique (v. g., le principe de causalité), doit faire place à la dénomination modeste de simple Analytique de l'entendement pur.

La pensée est l'action de rapporter une intuition donnée à un objet. Si l'espèce de cette intuition n'est donnée d'aucune manière, l'objet est alors simplement transcendental, et le concept intellectuel n'a qu'un usage transcendental, savoir : l'unité de la pensée d'une diversité en général. Par une catégorie pure, dans laquelle on fait abstraction de toute condition de l'intuition sensible, comme de la seule qui nous est possible, aucun objet n'est donc déterminé : seulement la pensée d'un objet en général est par là exprimée suivant différents *modes*. Il faut encore, pour l'usage d'un concept, une fonction du jugement par laquelle un objet est subsumé à ce concept ; il faut donc par conséquent la condition formelle au moins, sous laquelle quelque chose peut être donné en intuition. Si cette condition du jugement (schême) n'est pas remplie, la subsomption ne peut plus avoir lieu, car rien alors n'est donné qui puisse être subsumé au concept. L'usage purement transcendental des catégories est donc nul par le fait, et n'a aucun objet déterminé, ni même déterminable quant à la forme. D'où il suit que la catégorie pure ne convient non plus à aucun principe synthétique *à priori* ; que les principes de l'entendement pur n'ont qu'un usage empirique, mais jamais un usage transcendental, et que nulle part hors du champ de l'expérience possible, il ne peut y avoir des principes synthétiques *à priori*.

Il peut donc être convenable de s'exprimer ainsi : Les catégories pures, sans conditions formelles de la sensibilité, ont un sens purement transcendental ; mais elles ne sont d'aucun usage transcendental, car cet usage est impossible en soi, parce qu'elles manquent de toutes les conditions d'un usage quelconque (dans les jugements), à savoir, des conditions formelles de la subsomption d'un objet supposable à ces concepts. Puis donc que (comme catégories pures) elles ne doivent avoir aucun usage empirique, et qu'elles n'en peuvent avoir un transcendental, elles ne sont d'aucun usage, si on les isole de toute sensibilité ; c'est-à-dire qu'elles ne peuvent être appliquées à aucun objet supposable : elles sont plutôt uniquement des formes pures de l'usage de l'entendement par rapport aux objets en général et à l'usage de la pensée, sans que par elles seules aucun objet puisse être pensé ou déterminé (1).

Des apparences, si elles sont conçues comme des objets suivant l'unité des catégories, s'appellent *Phænomena*. Mais si j'admets des choses qui sont simplement des objets de l'entendement, et qui, à ce titre, puissent néanmoins être donnés en intuition, quoique pas en intuition sensible (comme *coram intuitu intellectuali*) ; alors, de semblables choses s'appellent *noumena (intelligibilia)*.

On doit maintenant concevoir que le concept des phénomènes, limité par l'esthétique transcendentale, donne déjà de lui-même la réalité objective des *noumènes*, et justifie la division des objets en *phénomènes* et en *noumènes*, par conséquent aussi celle du monde, en monde des sens et en monde de l'entendement (*mundus sensibilis et intelligibilis*), de telle

---

(1) Les sept alinéa suivants ont été remplacés, dans la seconde édition, par un autre raisonnement. V. Suppl. XXVI.   R.

sorte même que la distinction ne regarde pas simplement ici la forme logique de la connaissance obscure ou claire d'une seule et même chose, mais bien la différence dans la manière dont ces objets peuvent être donnés primitivement à notre connaissance, et suivant laquelle ils se distinguent en eux-mêmes les uns des autres quant au genre. Car lorsque les sens nous représentent simplement quelque chose *comme il apparaît,* ce quelque chose doit être aussi une chose en soi, et un objet d'une intuition non sensible, c'est-à-dire un objet de l'entendement. Il doit donc y avoir une connaissance possible, sans mélange de sensibilité, qui ait seule une réalité absolument objective, et par laquelle des objets nous soient représentés *comme ils sont,* lorsque, au contraire, des choses ne nous sont connues dans l'usage empirique de notre entendement que *comme elles apparaissent.* Il y aurait donc, outre l'usage empirique des catégories (qui est restreint aux conditions sensibles), un usage pur et cependant d'une valeur objective; et nous ne pourrions pas affirmer ce que nous avons prétendu jusqu'ici, à savoir, que nos connaissances intellectuelles pures ne seraient jamais autre chose que des principes de l'exposition des phénomènes, principes qui ne s'étendent pas *à priori* au delà de la possibilité formelle de l'expérience ; car, ici un tout autre champ se trouverait ouvert devant nous, un monde serait comme pensé dans l'esprit (peut-être aussi perçu), et ce monde ne serait ni moins instructif, ni moins intéressant pour notre entendement pur.

Toutes nos représentations sont, dans le fait, rapportées par l'entendement à quelque objet, et comme des phénomènes ne sont que des représentations, l'entendement les rapporte à un *quelque chose*, comme à l'objet de l'intuition sensible ; mais ce quelque chose n'est, sous ce rapport, que l'objet transcendental. Ce qui signifie un quelque chose $= x$, dont nous ne savons absolument rien, dont nous ne pouvons rien savoir en général (d'après la constitution actuelle de notre entendement), mais qui ne peut servir qu'à titre de corrélatif de l'unité de l'aperception dans l'intérêt de l'unité du divers de l'intuition sensible, au moyen de laquelle l'entendement unit ce divers dans le concept d'un objet. Cet objet transcendental est absolument inséparable des *données* sensibles, parce qu'alors il n'y aurait plus rien qui servît à le faire concevoir. Ce n'est donc pas un objet de la connaissance en soi, mais seulement la représentation du phénomène sous le concept d'un objet en général, [concept] qui peut être déterminé par la diversité phénoménale.

C'est pour cette raison précisément que les catégories ne représentent aucun objet particulier donné à l'entendement seul ; elles ne servent, au contraire, qu'à déterminer l'objet transcendental (le concept de quelque chose en général), par ce qui est donné dans la sensibilité, pour connaître ainsi empiriquement des phénomènes sous des concepts d'objets.

Quant à la cause pour laquelle, non content du substratum de la sensibilité, on a reconnu encore des *noumènes* aux *phénomènes*, elle tient uniquement à ce que la sensibilité et son champ, celui des phénomènes, ne s'étend pas, pour l'entendement, aux choses en elles-mêmes, mais seulement à la manière dont les choses nous apparaissent, eu égard à notre nature (*Beschaffenheit*) subjective. Tel a été le résultat de toute l'esthétique transcendentale, et il suit naturellement du concept d'un phénomène en général, que quelque chose qui n'est pas en soi phénomène doit lui correspondre, attendu qu'un phénomène n'est rien en soi et en dehors de notre mode de représentation. Par conséquent, et pour éviter un cercle perpétuel, le mot phénomène indique déjà un rapport à quelque chose dont la représentation immédiate est à la vérité sensible, mais qui, en soi et indépendamment de notre nature sensible (base de la forme de notre intuition), peut être quelque chose, c'est-à-dire un objet indépendant de la sensibilité.

De là donc le concept d'un *noumène*, concept qui n'est pas du tout positif, et qui n'indique pas une connaissance déterminée d'une chose quelconque, mais seulement la pensée de quelque chose en général, abstraction faite de toute forme de l'intuition sensible. Mais pour qu'un noumène signifie un véritable objet, un objet distinct de tout phénomène, il ne suffirait pas que j'*affranchisse* ma pensée de toutes les conditions de l'intuition sensible, je devrais encore pouvoir *admettre* une espèce d'intuition différente de celle-là, et qui servît à connaître un pareil objet, car autrement ma pensée serait vide, quoique exempte de contradiction. A la vérité, nous n'avons pas pu prouver précédemment que l'intuition sensible soit l'unique intuition possible en général, mais seulement que nous n'en avons pas d'autre; nous n'avons pas pu prouver, non plus, qu'il y ait encore une autre espèce d'intuition possible; et quoique notre pensée puisse faire abstraction de cette sensibilité, reste cependant la question de savoir si ce n'est pas alors une simple forme d'un concept, et si après cette séparation il y a partout encore un objet.

L'objet auquel je rapporte le phénomène en général est l'objet transcendental, c'est-à-dire la pensée indéterminée de quelque chose en général. Cet objet transcendental ne peut pas s'appeler le *noumène*; car je ne sais pas ce qu'il est en lui-même, et je ne m'en forme d'autre notion que celle de l'objet d'une intuition sensible en général, qui est, par conséquent, identique pour tous les phénomènes. Je ne puis le concevoir par aucune catégorie; car une catégorie ne s'applique qu'à l'intuition empirique pour la soumettre à un concept de l'objet en général. Un usage par des catégories est à la vérité possible, c'est-à-dire sans contradiction, mais alors elles n'ont aucune valeur objective, parce qu'elles ne se rapportent à aucune intuition qui doive en recevoir l'unité objective ; car la catégorie n'est, après tout, qu'une fonction de la pensée, qui ne donne pas d'objet, mais qui sert uniquement à concevoir ce qui peut être donné dans l'intuition.

Si l'on retranche d'une connaissance empirique toute pensée (par catégories), il ne reste plus aucune connaissance d'un objet ; car rien n'est pensé par la seule intuition : et, de ce que cette affection de la sensibilité est en moi, il ne s'ensuit aucun rapport de ces mêmes représentations à un objet. Si je supprime au contraire toute intuition, la forme de la pensée, c'est-à-dire la manière d'assigner un objet à la diversité d'une intuition possible, demeure néanmoins ; ce qui fait que les catégories s'étendent plus loin que l'intuition sensible, puisqu'elles pensent les objets en général sans égard à la manière particulière (de la sensibilité) dont ils peuvent être donnés. Mais elles ne déterminent pas par là une plus grande sphère d'objets, puisqu'on n'en peut supposer d'autres donnés qu'en supposant possible une autre espèce d'intuition sensible ; ce à quoi nous ne sommes point autorisés.

J'appelle problématique un concept qui ne renferme aucune contradiction, et qui, comme limite des concepts donnés, tient à d'autres connaissances, mais dont la réalité objective ne peut être connue d'aucune manière. Le concept d'un *noumène*, c'est-à-dire d'une chose qui doit être pensée, non comme objet des sens, mais comme une chose en soi (seulement par un entendement pur), n'est point du tout contradictoire ; car on ne peut affirmer de la sensibilité qu'elle soit la seule manière possible de percevoir. De plus, ce concept est nécessaire pour que l'intuition sensible ne s'étende pas jusqu'aux choses en soi, et par conséquent pour que la valeur objective de la connaissance sensible soit limitée (car le reste, que l'intuition sensible n'atteint pas, s'appelle, par cette raison, noumène, pour indiquer que cette connaissance ne peut s'étendre au delà de ce que pense l'entendement). Mais, en définitive, la possibilité de ces noumènes ne peut être aperçue, et en dehors de la sphère des phénomènes tout est vide (par rapport à nous). C'est-à-dire que nous avons un entendement qui s'étend *problématiquement* plus loin que l'intuition, mais que nous n'avons aucune intuition, ni même aucun concept d'une intuition possible par laquelle des objets nous soient donnés hors du champ de la sensibilité, et que l'entendement ne peut être employé *assertoriquement* en dehors de ce champ. Le concept d'un noumène est donc simplement un *concept limitatif* destiné à circonscrire les prétentions de la sensibilité, et son usage est par conséquent purement négatif. Néanmoins, ce concept n'est point une fiction arbitraire, mais il est inhérent à la sensibilité, sans cependant que quelque chose de positif puisse être établi hors de la circonscription de celle-ci.

La distinction des objets en *phénomènes* et *noumènes*, en monde sensible et en monde intellectuel, ne peut recevoir un *sens positif*, quoique des concepts puissent réellement se distinguer en sensibles et en intellectuels ; car on ne peut déterminer aucun objet à ces derniers, qui par conséquent ne sauraient avoir une valeur objective. Si l'on sort des sens, comment faire concevoir que nos catégories (qui seraient les seuls concepts restants pour les noumènes) signifiassent jamais quelque chose, quand, pour leur rapport à un objet quelconque, il faudrait quelque chose de plus que la seule unité de la pensée, à savoir, une intuition possible donnée à laquelle cette unité pût se rapporter ? Néanmoins, le concept d'un *noumène*, pris d'une manière simplement problématique, est non-seulement admissible, mais comme concept qui limite la sensibilité, il est de plus indispensable. Mais alors, non-seulement le noumène n'est pas un *objet intelligible* particulier de notre entendement, mais c'est même une question de savoir s'il peut y avoir un entendement, quel qu'en soit le sujet, capable de connaître son objet, non discursivement par des catégories, mais intuitivement par une intuition non sensible, objet de la possibilité duquel nous ne pouvons nous faire la moindre idée. Notre entendement reçoit donc, de cette manière, une extension négative ; c'est-à-dire qu'il n'est point borné par la sensibilité, mais plutôt qu'il la limite en appelant *noumènes* les choses en soi (non considérées comme phénomènes). Mais il se pose aussi par le fait même des bornes qui l'empêchent de connaître les noumènes par aucunes catégories ; ce qui le réduit à ne les concevoir par conséquent que sous le nom de quelque chose d'inconnu.

Je trouve néanmoins dans les écrits des modernes une acception toute différente des mots (*mundi sensibilis et intelligibilis*) (1), et tout à fait différente de celle qu'y attachaient les anciens, acception qui cependant ne présente assurément aucune difficulté, mais qui n'est qu'une inutile substitution de mots. Il a donc plu à quelques-uns d'appeler l'ensemble des phénomènes, en tant qu'ils sont perçus, monde sensible, et monde intellectuel, en tant que leur enchaînement est conçu suivant des lois générales de l'entendement. L'astronomie théorétique, qui traite de l'observation du ciel étoilé, serait en conséquence appelée le monde sensible, et l'astronomie contemplative (expliquée à peu près suivant le système de *Copernic*, ou par les lois de la gravitation de *Newton*), le monde intelligible. Mais ce renversement de mots

(1) Une petite note a été ajoutée ici. V. Suppl. XXVII. R.

n'est qu'un subterfuge sophistique pour éviter une question incommode, en dénaturant, chacun à son gré, le sens des mots. Par rapport aux phénomènes, l'entendement et la raison ont sans doute leur usage; mais on demande si l'un et l'autre en seraient encore susceptibles si l'objet n'était pas phénomène (mais noumène), et si l'on prend l'objet en ce sens quand il est pensé en soi comme purement intelligible, c'est-à-dire quand il est donné à l'entendement seul, et non aux sens. On demande donc si, outre cet usage empirique de l'entendement (même dans la représentation newtonienne du système du monde), il en est encore un transcendental possible qui considère le noumène comme objet en soi : à quoi nous avons répondu négativement.

Quand donc nous disons : les sens nous représentent les objets comme ils apparaissent, et l'entendement comme ils sont; il ne faut pas prendre cette dernière expression dans le sens transcendental, mais simplement dans le sens empirique, savoir : comme ils doivent être représentés, en tant qu'objets de l'expérience, dans l'enchaînement universel des phénomènes, et non d'après ce qu'ils peuvent être hors du rapport de l'expérience possible, et par conséquent hors du rapport des sens en général, c'est-à-dire comme objets de l'entendement pur. Car cela nous sera inconnu à jamais, au point que nous ne savons pas même si une telle connaissance transcendentale (extraordinaire) est absolument possible, au moins une connaissance analogue à celle qui est soumise à nos catégories ordinaires. L'*entendement* et la *sensibilité* ne peuvent déterminer en nous des objets que dans leur *union*. Si nous les séparons, nous avons des intuitions sans concepts, ou des concepts sans intuitions, et dans les deux cas, des représentations que nous ne pouvons rapporter à aucun objet déterminé.

Si, après tous ces éclaircissements, on hésite encore à renoncer à l'usage purement transcendental des catégories, qu'on essaye de les faire servir à quelque affirmation synthétique. Car une affirmation analytique ne mène pas loin l'entendement; l'on ne s'y occupe que de ce qui est déjà pensé dans le concept, laissant en doute si ce concept en lui-même a rapport à des objets, ou si seulement il désigne l'unité de la pensée en général (unité qui fait complétement abstraction de la manière dont un objet peut être donné): il lui suffit de savoir ce qui est dans son concept, peu importe à quoi se rapporte ce concept. Que l'on procède donc, dis-je, avec un principe synthétique et prétendu transcendental, tel que ceux-ci : Tout ce qui est existe comme substance ou comme détermination; ou bien : Tout ce qui est contingent existe en tant qu'effet d'une autre chose, savoir de sa cause; etc. Je demande alors où l'on prendra ces principes synthétiques, puisque dans cette hypothèse, les concepts ne doivent pas valoir par rapport à l'expérience possible, mais seulement par rapport aux choses en soi (aux noumènes)? Où est ce moyen toujours requis dans une proposition synthétique pour unir entre elles, dans le même concept, des choses qui n'ont aucune affinité logique (analytique)? On ne démontrera jamais une pareille proposition; et, ce qui plus est, on ne pourra jamais s'assurer de la possibilité d'une telle affirmation pure sans recourir à l'usage empirique de l'entendement, et par conséquent sans renoncer absolument à un jugement pur et indépendant des sens. Ainsi, le concept d'objets purs simplement intelligibles est absolument dépourvu de tous principes de son application, parce que l'on ne peut imaginer aucune manière dont ces objets pourraient être donnés, et que la pensée problématique, qui leur laisse cependant un lieu tout ouvert, sert seulement comme d'un espace vide destiné à circonscrire les principes empiriques, sans cependant renfermer en soi ni faire voir aucun autre objet de la connaissance hors de la sphère de ces derniers.

APPENDICE.

DE L'AMPHIBOLIE DES CONCEPTS DE LA RÉFLEXION

par la

Confusion de l'usage empirique avec l'usage transcendental de l'entendement.

La *réflexion* (*reflexio*) ne s'occupe pas des objets mêmes pour en acquérir directement des concepts:

mais elle est l'état de l'esprit par lequel nous nous préparons à la découverte des conditions subjectives sous lesquelles nous pouvons parvenir aux concepts. Elle est la conscience du rapport des représentations données aux sources diverses de notre connaissance, conscience par laquelle seule peut être déterminé exactement le rapport des représentations avec les capacités intellectuelles correspondantes. La première question qui se présente à traiter au sujet de nos représentations, est celle-ci : Par quelle faculté de connaître se trouvent-elles réunies ? Est-ce par l'entendement ou par les sens qu'elles sont liées ou comparées ? Plusieurs jugements sont acceptés par habitude ou liés par inclination ; mais parce qu'aucune réflexion ne les précède, ou du moins ne les suit critiquement, ils valent comme ayant leur origine dans l'entendement. Mais tous les jugements n'ont pas besoin d'un *examen,* c'est-à-dire d'une attention aux principes de leur vérité ; car, s'il y en a de certains immédiatement, par exemple, dans cette proposition : Il n'y a qu'une ligne droite possible entre deux points, ils ne peuvent avoir un caractère de vérité plus immédiat que celui même qu'ils expriment. Mais tous les jugements, toutes les comparaisons exigent une *réflexion,* c'est-à-dire une distinction de la faculté de connaître à laquelle se rapportent les concepts donnés. J'appelle *réflexion transcendentale* l'action de comparer des représentations en général avec la la faculté de connaître dans laquelle elles s'accomplissent, et de distinguer si elles sont comparées entre elles comme appartenant à l'entendement ou à l'intuition sensible. Mais les rapports dans lesquels les concepts peuvent s'appartenir mutuellement dans un état de l'esprit, sont ceux d'*identité* et de *diversité*, de *convenance* et de *répugnance*, d'*interne* et d'*externe*, enfin de *déterminable* et de *détermination* (de matière et de forme). La détermination légitime de ces rapports consiste à savoir dans laquelle des deux facultés de connaître, de la sensibilité ou de l'entendement, ces concepts tiennent *subjectivement* les uns aux autres : car la différence des facultés dont ces concepts pourraient dépendre est elle-même le principe d'une grande différence dans la manière dont les concepts doivent être pensés.

Avant tout jugement objectif, nous comparons les concepts pour arriver à l'IDENTITÉ (de plusieurs représentations sous un seul concept), afin d'obtenir des jugements *universels;* ou pour saisir la DIVERSITÉ de ces mêmes représentations, afin d'obtenir des jugements *particuliers;* ou pour en saisir l'ACCORD, ce qui donne naissance aux jugements *affirmatifs;* ou pour en saisir l'opposition ou le DÉSACCORD, d'où naissent les jugements *négatifs,* etc. Nous devrions par cette raison, ce semble, appeler les concepts dont il s'agit, concepts comparatifs (*conceptus comparationis*). Mais parce que, quand il ne s'agit pas de la forme logique des concepts, mais bien de leur matière, c'est-à-dire de savoir si les choses mêmes sont identiques ou diverses, d'accord ou en désaccord, etc., les choses peuvent avoir un double rapport à notre faculté de connaître, savoir, à la sensibilité et à l'entendement, et comme la manière dont elles s'appartiennent réciproquement dépend de leur rapport à telle ou telle faculté ; — la réflexion transcendentale, c'est-à-dire la conscience du rapport des représentations données à l'une ou à l'autre faculté, pourra donc seule déterminer *leur* rapport entre elles. L'on ne pourra donc pas décider par les concepts mêmes, au moyen de la simple comparaison (*comparatio*), si les choses sont identiques ou diverses, d'accord ou opposées, etc.; mais seulement par la distinction du mode de connaître auquel elles appartiennent, c'est-à-dire au moyen d'une réflexion (*reflexio*) transcendentale. On pourrait donc dire que la *réflexion logique* est une simple comparaison, car on y fait abstraction de la faculté de connaître à laquelle appartiennent les représentations données, lesquelles par conséquent demandent à être traitées comme homogènes, eu égard à leur siége dans l'esprit ; mais que la *réflexion transcendentale* (qui concerne les objets mêmes) renferme le principe de la possibilité de la comparaison objective des représentations entre elles, et diffère par conséquent beaucoup de la réflexion logique, parce que la faculté de connaître à laquelle ces

représentations appartiennent n'est pas la même.
Cette réflexion transcendentale est un devoir dont
personne ne peut se dispenser, s'il veut porter un
jugement *à priori* sur quelque chose. Nous nous en
occuperons d'abord, et nous n'en tirerons pas peu de
lumière pour la détermination de l'œuvre propre de
l'entendement.

1° *Identité* et *Diversité*. Quand un objet se présente
plusieurs fois à nous, mais chaque fois avec les
mêmes déterminations internes (*qualitas* et *quantitas*),
alors il est le même : s'il vaut comme objet de l'entendement pur, il est toujours le même, et n'est pas
plusieurs choses, mais une seule chose (*numerica
identitas*); si c'est au contraire un phénomène, alors
il ne s'agit pas de la comparaison des concepts ; quelque identique que tout puisse être par rapport à ces
concepts, cependant la diversité de ce phénomène
dans le même temps est une raison très-suffisante de
la *diversité numérique* de l'objet même (des sens).
Ainsi dans deux gouttes d'eau l'on peut absolument
faire abstraction de toute différence interne (de la
qualité et de la quantité); il suffit qu'elles soient perçues dans différents lieux en même temps pour qu'on
les tienne pour numériquement différentes. *Leibnitz*
prit les phénomènes pour des choses en soi, par conséquent pour des *intelligibilia,* c'est-à-dire pour des
objets de l'entendement pur (quoiqu'il les signalât du
nom de phénomènes, à cause de la confusion de leur

représentation); et alors son principe des *indiscernables* (*principium identitatis indiscernibilium*) ne pouvait certainement être attaqué. Mais comme ce sont des objets de la sensibilité, et que l'entendement en rapport avec eux n'est susceptible que d'un usage empirique, et non d'un usage pur, la multiplicité et la diversité numérique sont données par l'espace même, comme condition des phénomènes extérieurs. Car une partie de l'espace, quoique absolument égale et semblable à une autre, lui est cependant extérieure, et par là même une partie différente de la première, à laquelle elle s'ajoute pour composer avec elle un plus grand espace; et ceci doit valoir pour tout ce qui est ensemble dans les divers endroits de l'espace, si semblable et égal que tout cela puisse être d'ailleurs.

2° *Convenance* et *Disconvenance*. Quand la réalité ne nous est présentée que par l'entendement pur (*realitas noumenon*), aucune disconvenance ne peut se concevoir entre les réalités; c'est-à-dire qu'on ne peut concevoir un rapport tel que ces réalités, étant unies dans un même sujet, détruisent mutuellement leurs conséquences, et que $3 - 3 = 0$ (1). Au contraire, les réalités dans le phénomène (*realitas phænomenon*) peuvent, sans aucun doute, être opposées entre elles, et réunies dans un même sujet; l'une peut détruire

---

(1) Cf. p. 233-235, 301 et 311. T.

tout à fait ou en partie la *conséquence de l'autre*, par exemple, deux forces motrices sur la même ligne droite, en tant qu'elles dirigent, pressent un point dans une direction opposée, ou même le plaisir qui compense la douleur.

3° *Interne* et *Externe*. Dans un objet de l'entendement pur, cela seul est interne qui n'a aucun rapport, quant à l'existence, à quelque chose différent de lui. Au contraire, les déterminations internes d'une *substantia phœnomenon* dans l'espace ne sont que des rapports, et la *substantia phœnomenon* (1) elle-même n'est qu'un ensemble de pures relations. Nous ne connaissons la substance dans l'espace que par les forces qui se manifestent en lui, soit attractivement (attraction), soit répulsivement (répulsion et impénétrabilité) ; nous ne pouvons connaître les autres propriétés qui composent le concept de la substance qui apparaît dans l'espace et que nous appelons matière. Comme objet de l'entendement pur, toute substance au contraire doit avoir des déterminations et des forces intérieures qui en modifient la réalité interne. Mais que puis-je concevoir comme accidents internes, sinon ceux qui me sont rapportés par mon sens intime, savoir : ou ce qui est une *pensée*, ou ce qui y

---

(1) Gott. Born et Mantovani entendent le texte comme si c'étaient les rapports et non la substance phénoménale, qui ne fussent qu'un ensemble de pures relations. Le sens nous a semblé exiger une autre interprétation.   T.

est analogue ? C'est ce qui conduisit *Leibnitz* à faire de toutes les substances des sujets simples, doués de la faculté représentative, en un mot, des MONADES, parce qu'il concevait les substances comme des *noumena*, sans excepter les parties constitutives de la matière, après toutefois en avoir retranché par la pensée tout ce qui peut être regardé comme relation externe, par conséquent aussi la *composition*.

4° *Matière* et *Forme*. Ces deux concepts servent de fondement à toute autre réflexion, tant ils sont intimement unis à tout usage de l'entendement. La matière désigne le déterminable en général, la forme en désigne la détermination (toutes les deux dans le sens transcendental, puisque l'on fait abstraction de toute différence de ce qui est donné et de la manière dont il est déterminé). Les logiciens appelaient autrefois forme, le général, la matière, et la différence spécifique. Dans tous jugements on peut appeler les concepts donnés, la matière logique (du jugement), et leur rapport (par le moyen de la copule), la forme du jugement. Dans tout être, les parties essentielles (*essentialia*) de cet être en constituent la matière; la manière dont ces parties sont liées en une chose en est la forme essentielle. Par rapport aux choses en général, la réalité non bornée était aussi regardée comme matière de toute possibilité, et sa limitation (négation), comme la forme par laquelle une chose se distingue d'une autre suivant des concepts transcendentaux. L'entendement exige donc d'abord que quelque chose soit donné (au moins en concept), pour pouvoir le déterminer d'une certaine manière. La matière précède donc la forme dans le concept de l'entendement pur, et c'est pour cette raison que *Leibnitz* admet d'abord des choses (des monades), et ensuite leur faculté représentative intérieure, faculté qui leur est inhérente, pour ensuite fonder là-dessus leur rapport externe et le commerce de leurs états (des représentations). L'espace et le temps étaient donc possibles ; le premier par le rapport des substances seulement, le second par la liaison réciproque de leurs déterminations, comme principes et conséquences.

Il en devrait être effectivement ainsi dans le cas où l'entendement pur pourrait se rapporter immédiatement aux objets, et si l'espace et le temps étaient des déterminations des choses en soi. Mais si ce sont de pures intuitions sensibles, dans lesquelles nous déterminons tous les objets simplement comme phénomènes, alors la forme de l'intuition (comme qualité subjective de la sensibilité) précède toute matière des sensations ; par conséquent l'espace et le temps précèdent tous les phénomènes, toutes les données de l'expérience, et celle-ci n'est même possible qu'à ces conditions. Le philosophe intellectualiste ne pouvait supporter que la forme précède les choses mêmes, et qu'elle doive en déterminer la possibilité. Prétention tout à fait juste, après avoir supposé que nous voyons les choses telles qu'elles sont réellement (quoique d'une manière confuse). Mais comme l'intuition sensible est une condition subjective particulière qui sert de fondement *à priori* à toute perception, et en est la forme primitive, alors la forme en soi est seule donnée ; et tant s'en faut que la matière (ou les choses mêmes qui apparaissent) doive servir de fondement (comme on devrait le penser d'après les seuls concepts), qu'au contraire la possibilité de la matière suppose comme donnée d'avance l'intuition formelle (l'espace et le temps).

OBSERVATION

Sur l'Amphibolie des concepts réfléchis.

Qu'il me soit permis d'appeler *lieu transcendental* la place que nous avons assignée à un concept, soit dans la sensibilité, soit dans l'entendement pur. De cette manière, la détermination de la place qui convient à tout concept, suivant la diversité de son usage, et la méthode propre à fixer ce lieu par règles pour tous les concepts, serait la *Topique transcendentale ;* science qui garantirait fondamentalement des surprises de l'entendement pur et des illusions qui en sont la suite, puisqu'elle distinguerait toujours à quelle faculté cognitive appartiennent proprement les concepts. On peut appeler *tout concept*, tout titre auquel plusieurs connaissances sont soumises, un *lieu logique*: c'est là-dessus que se fonde la *Topique logique* d'Aristote, dont les rhéteurs et les orateurs pouvaient se servir pour chercher sous certains titres de la pensée ce qui convenait le mieux à un sujet proposé, et pour pouvoir subtiliser ou parler longuement sur un sujet donné, avec une apparence de profondeur.

La Topique *transcendentale* ne contient au contraire que les quatre titres précédents de toute comparaison et de toute distinction ; titres qui diffèrent des catégories en ce qu'ils ne présentent pas l'objet suivant ce qui compose son concept (quantité, réalité), mais en ce qu'ils représentent seulement dans toute sa diversité la comparaison des représentations qui précède le concept des choses. Cette comparaison a besoin, avant tout, d'une réflexion, c'est-à-dire d'une détermination du lieu auquel appartiennent les représentations des choses comparées, afin de savoir si c'est l'entendement pur qui les pense, ou si la sensibilité les donne dans le phénomène.

Les concepts peuvent être comparés logiquement, sans pour cela qu'on se soucie du lieu auquel appartiennent leurs objets, c'est-à-dire si, comme noumènes, ils appartiennent à l'entendement, ou si, comme phénomènes, ils appartiennent à la sensibilité. Mais si, avec ces concepts, nous voulons arriver aux objets, il est besoin avant tout d'une réflexion transcendentale pour savoir à quelle faculté cognitive sont soumis les objets, si c'est à l'entendement pur ou à la sensibilité. Sans cette réflexion, je fais un usage très-incertain de ces concepts, et de là de prétendus principes synthétiques que la raison critique ne peut reconnaître, et qui ne sont fondés que sur une amphibolie transcendentale, c'est-à-dire sur la confusion de l'objet intellectuel pur avec le phénomène.

A défaut de cette Topique transcendentale, et par conséquent trompé par l'amphibolie des concepts réfléchis, le célèbre *Leibnitz* édifia un *système intellectuel du monde,* ou plutôt crut connaître la nature intime des choses, puisqu'il compara tous les objets seulement avec l'entendement et avec les concepts formels et abstraits de la pensée. Notre table des concepts réfléchis nous procure l'avantage inattendu de nous faire voir ce qu'il y a de particulier dans toutes les parties de la doctrine de Leibnitz (1), et en même temps la cause de cette manière particulière de penser, laquelle cause ne portait que sur une équivoque. Leibnitz compara toutes choses les unes aux autres

---

(1) *Das Unterscheidende seines Lehrbegriffes in allen seinen Theilen,* etc. Ce passage semble avoir été entendu un peu différemment par le traducteur italien : il s'agirait ici, suivant lui, de ce que Leibnitz appelait le discernable, par opposition à l'indiscernable. T.

par concepts seulement, et ne trouva très-naturellement d'autres différences que celles par lesquelles l'entendement distingue ces concepts purs les uns des autres. Il méconnut les conditions de l'intuition sensible, conditions qui portent en elles leurs différences propres; car la sensibilité n'était pour lui qu'une espèce de représentation confuse, et non une source particulière de représentations; le phénomène était pour lui la représentation *de la chose en soi*, quoique différente de la connaissance par l'entendement, quant à la forme logique, puisque la sensibilité, qui manque ordinairement d'analyse, entraîne dans le concept de la chose un certain mélange de représentations concomitantes les unes des autres, que l'entendement sait en séparer. En un mot, *Leibnitz intellectualise* les phénomènes, comme *Locke sensualise* tous les concepts de l'entendement, suivant un système de *Noogonie* (si je puis me servir de ce mot), c'est-à-dire les fait passer pour des concepts purement empiriques, ou pour des concepts réfléchis abstraits.

Au lieu de chercher dans l'entendement et dans la sensibilité deux sources très-différentes de représentations, mais qui ne peuvent juger objectivement des choses d'une manière valable qu'autant qu'ils *jugent conjointement*, chacun de ces grands hommes s'attacha seulement à l'une de ces deux sources, la rapporta immédiatement aux choses en soi, tandis que l'autre source ne faisait que confondre ou ordonner les représentations de la première.

Leibnitz compare donc entre eux les objets des sens comme choses en général dans l'entendement seul :

1° En tant qu'ils en doivent être jugés identiques ou différents. Et comme il considérait seulement les concepts de ces objets et non leur place dans l'intuition, dans laquelle seule les objets peuvent être donnés; comme il négligeait complétement le lieu transcendental de ces concepts (oubliant d'examiner si l'objet doit être compté parmi les phénomènes ou parmi les choses en soi) : il ne put manquer d'étendre aux objets des sens (*mundus phœnomenon*) son principe des indiscernables, qui n'est uniquement valable que pour les concepts des choses en général, et de croire avoir reculé par là de beaucoup la connaissance de la nature. Assurément si je reconnaissais une goutte d'eau comme une chose en soi, quant à toutes ses déterminations internes, je ne pourrais accorder que l'une de ces gouttes est différente d'une autre, si son concept total est identique avec elle. Mais si cette goutte est un phénomène dans l'espace, elle a alors son lieu, non simplement dans l'entendement (parmi les concepts), mais encore dans l'intuition sensible extérieure (dans l'espace); et comme les lieux physiques sont indifférents par rapport aux déterminations internes des choses, un lieu $= b$ peut tout aussi bien recevoir une chose égale et absolument semblable à une autre chose qui se trouve dans un lieu $= a$, que si cette première chose différait beaucoup intérieurement de la seconde. La diversité des lieux fait que la multiplicité et la différence des objets comme phénomènes sont non-seulement possibles en soi, mais encore nécessaires, sans autre condition. Cette loi apparente n'est donc point une loi de la nature, c'est seulement une règle analytique de la comparaison des choses par simples concepts.

2° Le principe, que des réalités (comme simples affirmations) ne répugnent jamais logiquement entre elles, est une proposition très-vraie touchant le rapport des concepts, mais qui est sans valeur aucune par rapport à la nature, et surtout par rapport à une chose en soi (dont nous n'avons aucun concept). Car il y a lieu à une contradiction réelle partout où $a - b = o$ (1), c'est-à-dire où deux réalités dans un sujet font mutuellement disparaître leur effet respectif, ce que tous les obstacles et les effets opposés dans la nature des choses mettent continuellement sous les yeux; effets qui, ayant leur raison dans des forces, doivent cependant être appelés *realitatis phænomena*. La mécanique générale, en considérant l'opposition des directions, peut donc faire voir dans une loi à

---

(1) V. la note, p. 292.—Cf. cependant, p. 233-235, 301, 311. Pareillement, etc. n. 1.   T.

priori, la condition empirique de cette opposition, condition dont le concept transcendental de la réalité ne sait absolument rien. Quoique *Leibnitz* n'ait pas annoncé cette proposition comme nouvelle, il l'a fait cependant servir à de nouvelles affirmations, et ses successeurs l'ont introduite expressément dans leur doctrine *Leibnitzo-Wolfienne*.

D'après ce principe, tous les maux, par exemple, ne sont que des conséquences des limites des créatures, c'est-à-dire des négations, parce que ces négations sont l'unique chose qui répugne à la réalité (et il en est effectivement ainsi dans le simple concept de choses en général, mais non dans les choses comme phénomènes). Les sectateurs de Leibnitz trouvent de même qu'il est non-seulement possible, mais naturel même, de concilier toute réalité dans un être, sans crainte d'opposition, parce qu'ils ne reconnaissent d'autre opposition que celle de la contradiction (par laquelle le concept d'une chose même disparaît); mais ils ne connaissent pas l'opposition de perte mutuelle qui a lieu lorsqu'un principe réel détruit l'effet d'un autre. C'est dans la sensibilité seule que nous rencontrons les contradictions nécessaires pour nous représenter cette opposition ou contrariété.

3° La monadologie de Leibnitz n'a d'autre fondement que la distinction faite par ce philosophe entre l'interne et l'externe par rapport à l'entendement. Les substances en général doivent avoir quelque chose d'*interne*, qui par conséquent soit indépendant de tous rapports extérieurs, et, par suite aussi, exempt de composition. Le simple est donc le fondement de l'interne des choses en soi; mais l'interne de leur état ne peut plus consister dans le lieu, la forme, le contact ou le mouvement (déterminations qui sont toutes des rapports externes); et nous ne pouvons pas attribuer aux substances d'autre état interne que celui par lequel nous déterminons nous-même notre sens intime, je veux dire l'*état des représentations*. C'est ainsi tout justement que furent faites les monades, qui doivent composer la matière première de tout l'univers; leur force active ne consiste que dans des représentations par lesquelles elles ne sont proprement actives qu'en elles-mêmes.

Mais par cette raison précisément, le principe du *commerce possible des substances* entre elles dut être une *harmonie préétablie*, et ne pouvait consister en une influence physique. Car n'étant occupé qu'à l'intérieur, c'est-à-dire que de ses représentations, l'état des représentations d'une substance ne pouvait consister dans aucune union active avec l'état d'une autre substance. Il fallait donc imaginer une troisième substance qui influençât toutes les autres substances ensemble et qui en rendît les états correspondants entre eux, non, à la vérité, par un secours occasionnel et donné dans chaque cas particulier (*systema assistentiæ*), mais par l'unité de l'Idée d'une cause valant pour tous les cas, dans laquelle toutes les substances doivent trouver leur existence et leur permanence, et par conséquent aussi contracter une correspondance mutuelle suivant des lois générales.

4° Le fameux système de **Leibnitz** sur le *temps* et l'*espace*, dans lequel il intellectualise ces formes de la sensibilité, provenait uniquement de cette même illusion de la réflexion transcendentale. Si je veux me représenter par l'entendement seul les rapports extérieurs des choses, je ne puis le faire que par le moyen d'un concept de leur action réciproque, et si je dois unir l'état d'une chose à un autre état de la même chose, je ne puis le faire que dans l'ordre des principes et des conséquences. Ainsi, **Leibnitz** conçut l'espace comme un certain ordre dans le commerce des substances, et le temps comme la conséquence dynamique de leurs états. Mais ce que l'espace et le temps ont de propre et d'indépendant des choses, ce que l'un et l'autre semblent posséder en eux-mêmes, il l'attribua à la *confusion* de ces concepts, confusion qui faisait que ce qui est une simple forme de rapports dynamiques est considéré comme une intuition propre existant par elle seule et précédant les choses mêmes. L'espace et le temps étaient donc les formes intelligibles de l'union des choses en soi (des substances et de leurs états). Mais les choses étaient des substances intelligibles (*substantiæ noumena*). Il voulait néanmoins faire valoir ces concepts comme des phénomènes, par la raison qu'il ne reconnaissait aucune espèce d'intuition propre à la sensibilité, et qu'il cherchait dans l'entendement toutes les représentations, même les représentations empiriques, ne laissant aux sens que la méprisable attribution de confondre et de brouiller les concepts de l'entendement.

Mais quand bien même nous pourrions aussi dire quelque chose synthétiquement par l'entendement pur touchant les *choses en elles-mêmes* (ce qui est toutefois impossible), cela ne pourrait cependant se rapporter en aucune manière aux phénomènes, qui ne représentent pas les choses en soi. Dans ce dernier cas, je ne devrai donc jamais comparer mes concepts, dans la réflexion transcendentale, que sous les conditions de la sensibilité, et alors l'espace et le temps ne sont, non des déterminations des choses en soi, mais des déterminations des phénomènes. J'ignore ce que les choses peuvent être en elles-mêmes, et je n'ai même pas besoin de le savoir, puisqu'une chose ne peut jamais se présenter à moi que dans le phénomène.

Je traite de la même manière les autres concepts réfléchis. La matière est substance-phénomène (*substantia phænomenon*). Je cherche ce qui lui convient intérieurement dans toutes les parties de l'espace qu'elle occupe, et dans tous les effets qu'elle produit, effets qui ne peuvent toujours être assurément que des phénomènes du ressort des sens externes. Je n'ai donc rien, il est vrai, d'absolument interne, mais bien quelque chose de comparativement interne seulement, qui résulte encore de rapports extérieurs. Mais cet interne absolu (quant à l'entendement pur) de la matière est aussi une pure chimère ; car nulle part la matière n'est l'objet de l'entendement pur : l'objet transcendental qui peut être le fondement de ce phénomène que nous appelons la matière est simplement un je ne sais quoi, dont nous ne comprendrions pas davantage l'essence, lors même qu'elle pourrait nous être exposée par quelqu'un ; car nous ne pouvons rien comprendre que ce qui emporte avec soi dans l'intuition quelque chose de correspondant à nos expressions. Se plaindre de *ne pas apercevoir l'intérieur des choses*, c'est se plaindre de ne pas saisir par l'entendement pur ce que les choses qui nous apparaissent sont en elles-mêmes. Ces plaintes sont donc injustes et déraisonnables ; car on voudrait pouvoir connaître les choses, et par conséquent apercevoir, et cela cependant sans le secours des sens: on voudrait donc avoir une faculté de connaître entièrement différente de celle de l'homme, non-seulement en degré, mais encore quant à l'intuition et à l'espèce; on voudrait donc ne pas être des hommes, mais des créatures dont nous ne pouvons pas même dire si elles sont possibles, et bien moins encore ce qu'elles sont. L'observation et l'analyse des phénomènes pénètre l'intérieur de la nature, et l'on ne peut savoir jusqu'où elles peuvent aller avec le temps. Mais les questions transcendentales qui dépassent la nature ne pourront cependant jamais être résolues par nous, quand même la nature entière se laisserait voir à découvert, puisqu'il ne nous est pas même donné d'observer notre propre esprit avec une autre intuition que celle du sens intime ; et cependant l'esprit renferme le secret de l'origine de notre sensibilité. Le rapport de la sensibilité à un objet, ce qui est la base transcendentale de cette unité est sans doute caché trop profondément pour que nous, qui ne nous connaissons nous-mêmes que par le sens intime, par conséquent comme phénomènes, puissions faire usage d'un instrument d'investigation si peu propre à trouver quelque chose autre que des phénomènes, dont nous désirons cependant toujours approfondir la cause impercevable.

Ce que cette critique des conclusions tirées des seules opérations de la réflexion nous procure de très-utile, c'est qu'elle démontre la vanité de tous les raisonnements sur les objets comparés entre eux dans l'entendement seul, et qu'elle confirme en même temps ce sur quoi nous avons surtout et si fort insisté, savoir que, quoique les phénomènes ne soient pas compris comme choses en soi dans les objets de l'entendement pur, ils sont cependant les seules choses en quoi notre connaissance puisse avoir une réalité objective, c'est-à-dire en quoi l'intuition correspond aux concepts.

Quand nous ne réfléchissons que logiquement, alors nous comparons nos concepts entre eux dans l'entendement, pour voir si les deux concepts comprennent la même chose, s'ils se contrarient ou ne se contrarient pas, si quelque chose est intrinsèquement compris dans le concept ou s'y ajoute extrinsèquement; et quel est de deux concepts celui qui doit valoir comme donné, quel est, au contraire, celui qui ne doit valoir que comme une manière de concevoir celui qui est donné. Mais si j'applique ces concepts à un objet en général (dans le sens transcendental), sans déterminer davantage cet objet, pour savoir si c'est un objet de l'intuition sensible ou de l'intuition intellectuelle, aussitôt se manifestent des limites (pour empêcher de sortir du concept de cet objet) qui interdisent tout usage empirique de ces concepts et prouvent par là que la représentation d'un objet, comme chose en général, n'est sans doute pas simplement *insuffisante*, mais que si, de plus, elle est sans détermination sensible de cet objet, et indépendante de toute condition empirique, elle est encore *contradictoire;* qu'il faut, par conséquent, ou faire abstraction de tout objet (dans la logique), ou, si l'on en prend un, le penser sous les conditions de l'intuition sensible; par conséquent, que l'intelligible, pour être perçu, exigerait une intuition tout à fait particulière qui nous manque, et à défaut de laquelle il n'est rien pour nous. D'un autre côté, les phénomènes ne peuvent pas non plus être des objets en soi ; car, si je conçois simplement les choses en général, alors assurément la diversité des rapports extérieurs ne peut pas faire une diversité des choses elles-mêmes, mais celle-ci est plutôt supposée par la première ; et, si le concept de l'une de ces choses ne diffère pas intrinsèquement du concept d'une autre, je ne fais que mettre une seule et même chose dans des rapports différents. De plus, par l'addition d'une simple affirmation (réalité) à une autre, le positif est même augmenté, et rien ne lui est enlevé ou retiré. Le réel dans les choses en général ne peut donc être contradictoire, et ainsi du reste.

* * *

Les concepts de la réflexion, comme on l'a fait voir, ont, par une certaine interprétation vicieuse, une influence telle sur l'usage de l'entendement, qu'ils ont pu conduire un des plus pénétrants philosophes à un prétendu système de la connaissance intellectuelle, suivant lequel on déterminerait les objets sans l'intervention des sens. C'est pourquoi le développement des causes trompeuses de l'amphibolie de ces concepts, à l'occasion de faux principes, est d'une grande utilité pour déterminer sûrement les bornes de l'entendement et garantir de ces écarts.

On doit dire, à la vérité, que tout ce qui convient

à un concept général convient ou répugne aussi à tous les concepts particuliers compris dans ce concept général (*dictum de Omni et Nullo*); mais il serait absurde de conclure de là que ce qui n'est pas compris dans un concept général ne l'est pas non plus dans les concepts particuliers qu'il renferme; car ceux-ci ne sont des concepts particuliers que parce qu'ils contiennent plus qu'il n'est pensé dans le concept général. Or, c'est cependant réellement sur ce dernier principe que tout le système intellectuel de *Leibnitz* est élevé. Il tombe donc, en même temps que le principe, avec toute l'amphibolie qui en résulte, dans l'usage de l'entendement.

Le principe de l'indiscernable se fondait proprement sur la proposition que si, dans le concept d'une chose en général, il ne se trouve pas une certaine différence, elle ne se trouve pas non plus dans les choses mêmes; par conséquent que toutes les choses qui ne se distinguent déjà pas les unes des autres dans le concept, quant à la qualité, sont parfaitement identiques (*numero eadem*). Mais, comme dans le simple concept d'une chose on fait abstraction de plusieurs conditions nécessaires à une intuition, il arrive, par une singulière précipitation, que ce dont on fait abstraction est regardé par la raison comme quelque chose qu'on ne trouve nulle part, et qu'on n'accorde à la chose que ce qui est compris dans le concept qu'on s'en fait.

Le concept d'un pied cube d'espace, partout et

aussi souvent que je voudrais le concevoir, est en soi parfaitement identique. Mais deux pieds cubes ne sont cependant différents (*numero diversa*) dans l'espace que par les lieux qu'ils occupent ; ces lieux sont les conditions de l'intuition dans laquelle l'objet de ce concept est donné, conditions qui n'appartiennent pas au concept, mais bien cependant à toute la sensibilité. Pareillement, il n'y a aucune contradiction dans le concept d'une chose, si rien de négatif n'est lié à quelque chose d'affirmatif ; et des concepts simplement affirmatifs réunis ne peuvent engendrer aucune négation. Mais dans l'intuition sensible, dans laquelle une réalité (par exemple, le mouvement) est donnée, se trouvent des conditions (les directions opposées) dont on faisait abstraction dans le concept de mouvement en général, et qui en ne partant que de ce qui est positif, zéro = 0, rendent possible une contradiction qui n'a certainement pas le caractère de la contradiction logique. L'on ne pourrait donc pas dire que toutes les réalités se conviennent, par la raison qu'il ne se trouve aucune contradiction entre leurs concepts (1). Suivant les concepts seuls, l'interne est le substratum de tous les

---

(1) Si l'on était tenté de recourir ici au subterfuge accoutumé, qu'au moins les *realitatis noumena* ne peuvent être opposés entre elles, il faudrait alors donner un exemple de ces noumènes purs et insensibles, afin que l'on comprît s'ils représentent quelque chose ou rien. Mais on ne peut prendre d'exemple que de l'expérience, qui ne donne que des phénomènes ; et ainsi cette proposition ne

rapports et de toutes les déterminations extérieures. Quand donc je fais abstraction de toutes les conditions de l'intuition, et que je m'attache seulement au concept de chose en général, je puis faire abstraction de tout rapport extérieur, et cependant il doit me rester un concept de ce qui n'indique pas de rapport, mais de simples déterminations internes. Il semble donc résulter de là que dans tout objet (substance) il y a quelque chose de simplement interne et qui précède toutes les déterminations extérieures, puisque ce n'est que par lui qu'elles sont possibles, que par conséquent ce substratum est quelque chose qui ne renferme plus aucun rapport extérieur, et qui conséquemment est *simple* (car les choses corporelles ne sont toujours que rapports, au moins des parties entre elles) ; et comme nous ne connaissons d'autres déterminations absolument internes que celle du sens intime, non-seulement ce substratum est simple aussi, mais encore (par analogie à notre sens intime) déterminé par des *représentations;* c'est-à-dire que toutes les choses seraient proprement des *monades* ou des êtres simples doués de représentations. Tout cela serait encore vrai si rien de plus que le concept de choses en général ne constituait les conditions sous lesquelles seules des objets extérieurs peuvent nous être donnés, et dont le

signifie autre chose si ce n'est que le concept purement affirmatif ne contient rien de négatif; ce dont on n'a jamais douté.

concept pur fait abstraction. Car il est clair alors qu'un phénomène permanent dans l'espace (l'étendue impénétrable) pourrait contenir de simples rapports, et rien absolument d'interne, et qu'il pourrait être cependant premier substratum de toutes les perceptions extérieures. Je ne puis assurément rien penser d'externe par simples concepts sans quelque chose d'interne, par la raison précisément que les concepts relatifs supposent des choses absolument données, sans lesquelles ils ne seraient pas possibles. Mais il y a dans l'intuition quelque chose qui n'est pas dans le simple concept de chose en général, et ce quelque chose nous donne le substratum qui ne pourrait être connu par les concepts seuls, savoir un espace qui consiste, avec tout ce qu'il comprend, dans des rapports purement formels ou même réels. Je ne puis donc dire alors, sous prétexte qu'aucune *chose* ne peut être représentée *par de simples concepts* sans quelque chose d'absolument interne, qu'il n'y a dans les choses même comprises sous ces concepts, ni dans leur *intuition*, rien d'externe qui n'ait pas pour fondement quelque chose d'absolument interne. Car, quand nous avons fait abstraction de toutes les conditions de l'intuition, rien assurément ne reste dans le simple concept, si ce n'est l'interne en général et son rapport avec lui-même (1), rapport par lequel seul

---

(1) *Das Verhältniss desselben unter einander.* Son rapport mutuel.   T.

l'externe est possible. Mais cette nécessité, qui repose uniquement sur l'abstraction, n'a pas lieu dans les choses, en tant qu'elles sont données dans l'intuition avec des déterminations qui n'expriment que des rapports, sans avoir quelque chose d'interne pour fondement, parce qu'elles ne sont pas des choses en soi, mais seulement des phénomènes. Nous ne connaissons dans la matière que de simples rapports (ce que nous en appelons les déterminations internes n'est interne que comparativement) ; mais, parmi ces rapports, il en est de permanents par lesquels un objet déterminé nous est donné. De ce que, si je fais abstraction de ces rapports, je n'ai plus rien à penser, le concept de chose, comme phénomène, n'est point enlevé par là, ni le concept d'un objet *in abstracto*, mais bien toute possibilité d'un objet qui soit déterminable par les concepts seuls, c'est-à-dire la possibilité d'un noumène. Sans doute qu'il est surprenant d'entendre dire qu'une chose doit consister tout entière en rapports; mais aussi une telle chose est simple phénomène, et ne peut être pensée par des catégories pures; elle consiste dans les seuls rapports de quelque chose en général avec les sens. De même, on ne peut concevoir les rapports des choses *in abstracto*, en commençant par les seuls concepts, qu'autant que l'un est cause des déterminations de l'autre; car tel est notre concept intellectuel de rapport même. Mais, comme nous faisons alors abstraction de toute intuition, c'en est fait de toute la manière dont le divers peut déterminer réciproquement son lieu, savoir de la forme de la sensibilité (l'espace), qui cependant précède toute causalité empirique.

Si par objets purement intelligibles nous entendons les choses pensées par des catégories pures sans aucun schême de la sensibilité, ces objets sont alors impossibles. Car la condition de l'usage objectif de tous nos concepts intellectuels est simplement le mode de notre intuition sensible par lequel les objets nous sont donnés; et si nous faisons abstraction de ce mode, ces concepts n'auront aucun rapport à un objet. Et même, si nous supposons une autre espèce d'intuition que notre intuition sensible, les fonctions de notre pensée seront à son égard sans aucune valeur. Mais entendons-nous seulement par objets intelligibles des objets d'une intuition non sensible, touchant lesquels nos catégories ne valent pas, il est vrai, sans doute, et dont nous ne pouvons par conséquent jamais avoir aucune connaissance (soit intuition, soit concept) : alors il faudra certainement admettre des noumènes dans ce sens purement négatif, puisqu'ils signifient simplement que notre espèce d'intuition ne se rapporte pas à toutes choses, mais seulement aux objets de nos sens; que par conséquent sa valeur objective est bornée, et qu'il y a peut-être lieu à une autre espèce d'intuition, et par conséquent à d'autres choses qui en sont l'objet. Mais alors le concept d'un *noumène* est problématique, c'est-à-dire la représentation d'une chose dont nous ne pouvons dire si elle est ou n'est pas possible, puisque nous ne connaissons aucune autre espèce d'intuition que la nôtre, qui est sensible, et aucune autre espèce de concepts que les catégories; mais ni cette intuition ni ces concepts ne sont propres à faire connaître une chose *extra-sensible*. Nous ne pouvons donc agrandir positivement le champ des objets de notre pensée au delà des conditions de notre sensibilité, ni admettre des objets de la pensée pure en dehors des phénomènes, c'est-à-dire des objets *noumènes*, parce que ces objets n'ont aucune valeur positive. Car il faut avouer que les catégories seules ne suffisent pas pour la connaissance des choses en soi, et que sans les données de la sensibilité, elles seraient de simples formes subjectives de l'activité intellectuelle, mais sans objet. L'acte de la pensée, le penser, n'est pas, il est vrai, un produit des sens, et de cette manière il n'est pas circonscrit par eux : mais il n'est pas pour cela d'un usage propre et pur; car il faut que la sensibilité intervienne, parce que sans elle la pensée n'aurait pas d'objet. On ne peut pas non plus appeler noumène un tel *objet* de l'entendement pur, car un pareil objet, pour nous, désigne le concept problématique d'un objet pour une tout autre intuition et un tout autre entendement que le nôtre, entendement qui par conséquent est lui-même un problème. Le concept de noumène n'est donc pas l'idée d'un objet, mais c'est le problème invinciblement lié à la circonscription de notre sensibilité, celui de savoir si des choses peuvent être données dégagées entièrement de leur intuition, problème qui ne peut être résolu qu'indéterminément, savoir, en disant que par le fait que l'intuition ne concerne pas toutes choses indistinctement, il peut y avoir plusieurs autres objets. Ces objets ne peuvent donc pas être niés absolument, mais seulement à défaut d'un concept déterminé (puisque aucune catégorie n'est propre à le fournir); mais ils ne peuvent pas non plus être affirmés comme objet de notre entendement.

L'entendement limite donc la sensibilité, sans agrandir pour cela son propre champ, et tandis qu'il avertit de ne point prétendre à considérer les choses en soi, mais seulement les phénomènes, il conçoit un objet en soi, mais seulement comme objet transcendental, qui est la cause du phénomène (par conséquent pas le phénomène lui-même), et qui ne peut être pensé ni comme quantité, ni comme réalité, ni comme substance (parce que ces concepts exigent toujours des formes sensibles dans lesquelles ils déterminent un objet); mais nous ignorons absolument si cet objet peut être trouvé en nous ou hors de nous; s'il disparaît en même temps que la sensibilité, ou s'il subsiste encore après la suppression de celle-ci.

Appellerons-nous noumène cet objet, par la raison que sa représentation n'est pas sensible : soit. Mais, comme nous ne pouvons appliquer aucun de nos concepts intellectuels à cet objet, cette représentation reste donc sans valeur pour nous, et ne sert uniquement qu'à indiquer les bornes de notre entendement sensible, à laisser un vide que nous ne pouvons combler ni par l'expérience possible, ni par l'entendement pur.

La critique de cet entendement pur ne permet donc pas de se créer un nouveau champ d'objets en dehors de ceux qui lui sont offerts comme phénomènes, ni de s'élancer dans les mondes intelligibles, pas même dans leur concept. La faute qui porte à cela de la manière la plus séduisante, et qui sans doute est une raison d'excuse, quoiqu'elle ne puisse être justifiée, c'est que l'usage de l'entendement est rendu transcendental contrairement à sa fin, et que les objets, c'est-à-dire les intuitions possibles, doivent se régler sur des concepts, et non les concepts sur des intuitions possibles (comme conditions sur lesquelles seules repose la valeur objective de ces concepts). La raison en est encore que l'aperception, et avec elle la pensée, précède tout arrangement déterminé possible des représentations. Nous pensons donc quelque chose en général, et nous le déterminons en partie sensiblement; mais nous distinguons cependant l'objet général, et représenté *in abstracto*, de cette manière de le percevoir. Il nous reste donc une seule manière de le déterminer simplement par la pensée, manière qui est, à la vérité, une simple forme logique sans contenu, mais qui cependant nous semble être un mode d'existence de l'objet en soi (*noumenon*), sans égard à l'intuition, qui est restreinte à notre sensibilité.

* * *

Avant de quitter l'analytique transcendentale, nous devons encore ajouter quelque chose qui, quoique sans être d'une grande importance par soi-même, pourrait cependant paraître indispensable à l'intégralité du système. Le concept le plus élevé d'où la philosophie transcendentale a coutume de partir est ordinairement la division générale en possible et en impossible. Mais, comme toute division suppose un concept divisé, un concept plus élevé encore doit être donné, et ce concept est celui d'un objet en général (pris problématiquement, sans déterminer s'il est quelque chose ou rien). Puisque les catégories sont les seuls concepts qui se rapportent aux objets eux-mêmes, la distinction d'un objet sur la question de savoir s'il est quelque chose ou s'il n'est rien procédera suivant l'ordre et la direction des catégories.

1. Aux concepts de totalité, de pluralité et d'unité, est opposé celui qui supprime tout, c'est-à-dire celui d'*aucun;* et ainsi l'objet d'un concept auquel

aucune intuition indicable ne correspond = rien ; c'est-à-dire que c'est un concept sans objet, comme les noumènes, qui ne peuvent être comptés parmi les possibilités, quoiqu'ils ne doivent pas pour cette raison être donnés comme impossibles (*entia rationis*); ou peut-être comme certaines forces primitives nouvelles, que l'on pense, à la vérité sans contradiction, mais aussi sans exemple tiré de l'expérience par la pensée, et qui ne doivent conséquemment pas être compris parmi les possibilités.

2. La réalité est *quelque chose,* la négation n'est *rien ;* c'est un concept de l'absence d'une chose, comme l'ombre, le froid (*nihil privativum*).

3. La simple forme de l'intuition, sans substance, n'est pas un objet en soi, mais seulement la condition simplement formelle d'un objet (comme phénomène), par exemple l'espace pur, le temps pur (*ens imaginarium*), qui sont, à la vérité, quelque chose comme formes, pour percevoir, mais qui ne sont pas des objets qui soient perçus (1).

4. L'objet d'un concept qui se contredit n'est rien, parce que le concept rien est l'impossible; à peu près comme la figure rectiligne de deux côtés (*nihil negativum*).

La table de cette division du concept de *rien* (car la division du concept de quelque chose, semblable

---

(1) L'*ens imaginarium,* qui se trouve plus haut, a été reporté ici dans les éditions suivantes.   T.

à celle-ci, se fait d'elle-même) devra donc s'exécuter ainsi :

Rien,

comme :

1.

Concept vide sans objet,
ens rationis ;

2.   3.

Objet vide d'un concept, Intuition vide sans objet,
nihil privativum;   *ens imaginarium ;*

4.

Objet vide sans concept,
nihil negativum.

On voit que l'être de raison (n° 1) diffère du rien négatif ou de la non-chose (n° 4), en ce que le premier ne doit pas être compté dans la possibilité, parce qu'il n'est qu'une simple fiction, tandis que celui-ci est opposé à la possibilité, puisque le concept se détruit lui-même. Mais tous deux sont des concepts vides ou vains. Au contraire, le *rien privatif* (n° 2) et l'*être imaginaire* (n° 3), sont des données vides pour des concepts. Si la lumière ne s'offre pas aux sens, on ne peut se représenter aucune obscurité, et si les êtres observés n'étaient pas étendus, aucun espace ne pourrait être représenté. La négation, comme la simple forme de l'intuition, sans quelque chose de réel, ne sont pas des objets.

SUPPLÉMENTS.

I.

(Pag. ii de la dédicace.)

BACO DE VERULAMIO

Instauratio Magna. Præfatio.

De nobis ipsis silemus : de re autem quæ agitur petimus ut homines eam non opinionem, sed opus esse cogitent; ac pro certo habeant non sectæ nos alicujus, aut placiti, sed utilitatis et amplitudinis humanæ fundamenta moliri. Deindè ut suis commodis æqui in commune consulant, et ipsi in partem veniant. Præterea, ut bene sperent, neque instaurationem nostram ut quiddam infinitum et ultra mortale fingant et animo concipiant, quum revera sit infiniti erroris finis et terminus legitimus.

II.

PRÉFACE DE LA SECONDE ÉDITION.

(Pag. 18.)

On ne tarde pas à voir, par le résultat même, si un travail sur des connaissances qui sont plus spécialement l'affaire de la raison, suit le chemin sûr d'une science, ou s'il s'en écarte. Si l'auteur, après de longs préliminaires, et près d'atteindre le but, se trouve arrêté tout à coup, ou s'il est obligé pour arriver de revenir souvent sur ses pas et de prendre une autre route, ou bien encore s'il n'est pas possible de mettre d'accord ceux qui travaillent à la même tâche, sur la manière dont le but commun doit être poursuivi ; on peut toujours être persuadé qu'une telle étude est loin d'être sur la voie certaine d'une véritable science, et qu'elle n'est au contraire qu'un simple tâtonnement. Dans un tel état de choses, c'est déjà bien mériter de la raison que de découvrir, autant que possible, en quoi consiste la route dont nous parlons, dût-on même abandonner comme vains une bonne partie des résultats qu'on s'était d'abord inconsidérément proposés.

On voit que la *Logique* possède le caractère d'une

science exacte depuis fort longtemps, puisqu'elle ne s'est pas trouvée dans la nécessité de reculer d'un pas depuis Aristote ; à moins qu'on ne regarde comme des améliorations le retranchement de certaines subtilités superflues, ou l'explication plus claire de ce qui avait déjà été exposé auparavant : mais ceci tient plutôt à l'élégance qu'à la certitude de la science. Ce qu'il y a encore de remarquable dans la logique, c'est aussi qu'elle n'a pu faire jusqu'ici un seul pas de plus et qu'elle semble, suivant toute apparence, avoir été complétement achevée et perfectionnée à sa naissance : car, si quelques modernes ont cru l'étendre en y ajoutant des chapitres, soit *psychologiques* sur les différentes facultés de connaître (telles que l'imagination, l'esprit), soit *métaphysiques* sur l'origine de la connaissance, sur les différentes espèces de certitude, suivant la diversité des objets (par conséquent sur l'idéalisme, le scepticisme, etc.), soit *anthropologiques* sur les préjugés, leurs causes et leurs remèdes ; — ils n'ont fait cela que parce qu'ils ignoraient la nature propre de cette science. En agissant ainsi, on n'étend pas les sciences, on les dénature, en les confondant les unes avec les autres. Les bornes de la Logique ont été suffisamment déterminées lorsqu'on en a fait la science qui a pour objet d'exposer complétement et de démontrer strictement les règles formelles de toute pensée, que cette pensée soit du reste *à priori* ou qu'elle soit empirique, quelle que soit son origine ou son objet, qu'elle doive rencontrer dans l'esprit des obstacles accidentels ou naturels.

La Logique ne doit le grand avantage de sa perfection qu'à sa circonscription. C'est en effet ce qui lui permet et l'oblige de s'abstenir de tous les objets de la connaissance, ainsi que de leurs différences. En Logique, l'entendement n'a donc affaire qu'à lui-même et à sa forme. Il doit être naturellement plus difficile à la raison d'entrer dans le chemin sûr de la science toutes les fois qu'elle n'a pas à s'occuper exclusivement d'elle-même, mais encore des objets. La Logique, comme Propédeutique, n'est donc, pour ainsi dire, que le vestibule des sciences. Lorsqu'il est question de connaissances, l'on suppose, il est vrai, une Logique qui les juge, mais il faut chercher l'acquisition de ces connaissances dans les sciences proprement et objectivement appelées ainsi.

En tant donc qu'il doit y avoir de la raison dans ces sciences, il doit aussi y avoir quelque chose de connu *à priori*. La connaissance qui constitue ce quelque chose peut se rapporter de deux manières à son objet : ou pour le *déterminer*, lui et son concept (qui doit être donné d'ailleurs), ou même pour le *réaliser*. La première de ces deux sortes de connaissances de la raison est la connaissance *théorétique*, l'autre est la connaissance *pratique*. La partie *pure* de chacune d'elles, grande ou petite, c'est-à-dire la partie par laquelle la raison détermine entièrement *à priori* son objet, doit être traitée seule et la première; ce qui provient d'une autre source n'y doit point être mêlé. C'est en effet mal administrer une fortune que d'en dépenser inconsidérément le revenu, sans pouvoir distinguer ensuite, quand les produits cessent, quelle partie du gain peut supporter la dépense, et sur quelle partie il faut économiser.

Les *Mathématiques* et la *Physique* sont les deux connaissances théorétiques de la raison qui doivent déterminer *à priori* leur *objet*; la première d'une manière entièrement pure, la seconde au moins en partie, mais alors aussi dans la proportion des sources de la connaissance étrangère à la raison.

Dès les temps les plus reculés dans l'histoire de l'esprit humain, les Mathématiques prirent chez les Grecs, peuple qui commande l'admiration, le caractère certain d'une science. Mais il ne faut pas croire qu'il ait été aussi facile de trouver, ou plutôt de se frayer la route royale de la science en Mathématiques qu'en Logique, la raison n'ayant à s'occuper ici que d'elle-même. Je crois plutôt qu'on tâtonna longtemps pour les Mathématiques (particulièrement en Égypte), et que le changement fut l'effet d'une *révolution* intellectuelle opérée par une heureuse idée d'un seul homme. De cette tentative sera résultée la méthode à suivre, méthode qui ne pouvait plus être perdue, qui traça et fraya le chemin sûr de la science pour tous les temps, et à des distances infinies. L'histoire de cet homme de génie, auteur de cette révolution intellectuelle, celle de cette révolution même, histoire beaucoup plus intéressante que celle de la découverte du fameux Cap, ne sont pas arrivées jusqu'à nous. Cependant la tradition que Diogène de Laërte nous transmet (1) sur le nom du prétendu inventeur des plus simples éléments de la démonstration géométrique, éléments qui, suivant l'opinion commune, n'ont besoin d'aucune preuve, nous dit assez que la mémoire du changement opéré par le premier pas dans cette route nouvellement tracée devait paraître extrêmement importante aux mathématiciens, et par là même être arrachée à l'oubli. Celui qui démontra le premier le *triangle* isocèle (2), (qu'il s'appelât Thalès ou de tout autre nom) dut être frappé d'une grande lumière; car il s'aperçut qu'il ne devait pas s'attacher à ce qu'il voyait dans la figure, ni même au concept de cette figure, pour en connaître en quelque façon les propriétés, mais qu'il devait faire voir par construction ce qu'il pensait et démontrait *à priori* du concept même. Il comprit que, pour savoir sûrement quoi que ce soit *à priori*, il ne faut attribuer aux choses que ce qui résulte nécessairement des propriétés qu'on leur a données, conformément au concept qu'on s'en est fait.

---

(1) V. *Diog. L. s. v° Thalès.*   T.

(2) Le texte porte équilatéral. Mais il doit y avoir isocèle (*Euclid. Élém.* I. *prop.* 5). Kant, dans une lettre adressée à *Schütz* (V. bio-

La physique fut bien plus longtemps sans trouver le chemin de la science ; car il n'y a guère plus d'un siècle et demi que le conseil de l'ingénieux Bacon *de Vérulam* suggéra en partie cette découverte, vers laquelle on était aussi porté par la révolution subite qui venait de s'opérer alors dans la manière de penser. Je ne considèrerai ici la physique qu'en tant qu'elle est fondée sur des principes *empiriques*.

Lorsque Galilée eut fait rouler sur un plan incliné des boules dont il avait lui-même choisi le poids, ou que Torricelli eut fait supporter à l'air un poids qu'il savait d'avance être égal à celui d'une colonne d'eau à lui connue, ou que plus tard encore Stahl eut converti des métaux en chaux, et fait repasser celle-ci à l'état métallique, en leur enlevant et en leur rendant quelque chose (1) ; alors une nouvelle lumière éclaira tous les physiciens. Ils comprirent que la raison n'aperçoit que ce qu'elle produit elle-même d'après ses propres aperçus ; qu'elle doit prendre l'avance, munie pour ses jugements des principes fondés sur des lois constantes ; et que, loin de se laisser conduire au gré de la nature, comme par la lisière, elle doit la forcer à répondre aux in-

---

graphie de ce dernier par son fils, Halle, 1835, T. I, p. 208), a fait lui-même cette correction.   N. de R.

(1) Je ne suis pas ici scrupuleusement le fil de l'histoire de la méthode expérimentale, dont les commencements ne sont pas non plus bien reconnus.

terrogations qu'elle lui adresse: autrement, des observations fortuites, faites sans aucun plan arrêté d'avance, ne sont pas ramenées à une loi nécessaire, et c'est là cependant ce que demande la raison et ce dont elle a besoin.

La raison, tenant d'une main ses principes, suivant lesquels seuls des phénomènes concordants peuvent valoir comme lois, et de l'autre l'expérimentation qu'elle a imaginée d'après ces principes, doit aborder la nature pour s'en faire instruire, non pas comme un écolier qui se laisse dire tout ce que bon semble à son maître, mais comme un juge établi pour faire subir un interrogatoire à des témoins. La physique doit donc l'heureux changement de sa méthode à l'idée, non pas d'imaginer, mais de rechercher dans la nature, conséquemment aux données de la raison dans la connaissance spontanée des choses extérieures, ce qu'elle doit en apprendre, et dont elle ne peut rien savoir par elle-même. C'est ainsi seulement que la Physique est entrée dans le véritable chemin de la science, après avoir tâtonné pendant tant de siècles.

La *Métaphysique,* qui consiste exclusivement dans la connaissance rationnelle spéculative, et qui s'élève au-dessus de l'expérience, par le moyen des seuls concepts (à la différence des Mathématiques, qui ne sortent de l'expérience que par l'application des concepts à l'intuition), la Métaphysique dans le domaine de laquelle la raison n'a par conséquent d'autre maître qu'elle-même, n'a pas encore eu le bonheur de pouvoir se tracer une marche scientifique certaine, quoiqu'elle soit ce qu'il y a de plus ancien en fait de sciences, et qu'elle dût survivre, si toutes les autres venaient à être englouties dans le gouffre de la barbarie. La raison s'y trouve constamment embarrassée, lors même qu'elle désire seulement connaître *à priori* les lois confirmées par l'expérience la plus vulgaire, ce qui est cependant sa prétention. Il faut refaire sans cesse le chemin de la Métaphysique, parce qu'on trouve qu'il ne conduit pas où l'on veut aller. Quant à ce qui regarde l'accord de ses partisans dans leurs assertions, la Métaphysique en est d'autant plus éloignée qu'elle semble n'être pour eux qu'une arène exclusivement destinée à des jeux établis pour développer les forces, et dans laquelle aucun des champions n'a pu ou se rendre maître du plus petit poste, ou affirmer la possession qu'il s'était acquise par la victoire. Nul doute donc que la méthode suivie jusqu'ici par les métaphysiciens n'a été qu'un pur tâtonnement, et, ce qui est pis, un tâtonnement entre de simples concepts.

Pourquoi cette science n'a-t-elle pas encore pu s'ouvrir un chemin sûr? Serait-il impossible à trouver? Pourquoi donc la nature a-t-elle affligé notre raison du soin infatigable de rechercher la certitude métaphysique, comme son intérêt le plus grand ? Il y a plus : pourquoi nous fait-elle accorder une si grande confiance à notre raison, quand nous en avons si peu de motifs ; quand non-seulement elle nous abandonne dans la partie la plus importante de l'objet de notre curiosité, mais encore nous attire par un vain espoir pour nous tromper enfin ! Mais si la méthode seule a été jusqu'ici défectueuse, de quelle indication pourrons-nous profiter pour espérer, en renouvelant l'investigation, que nous serons plus heureux que ceux qui nous ont précédés ?

Je devais penser que l'exemple des Mathématiques et de la Physique, sciences qui sont devenues ce qu'elles sont par une révolution opérée tout d'un coup, est assez remarquable pour que je dusse rechercher la partie essentielle de ce changement de méthode, qui a été si avantageuse à ces deux sciences, et pour en imiter la réforme dans ma recherche, autant du moins que le permet l'analogie de ces deux sciences (comme connaissances de la raison) avec la Métaphysique. Jusqu'ici l'on a cru que toute notre connaissance devait se régler d'après les objets ; mais tous nos efforts pour décider quelque chose *à priori* sur ces objets, au moyen de concepts, afin d'accroître par là notre connaissance, sont restés sans succès dans cette supposition. Essayons donc si l'on ne réussirait pas mieux dans les problèmes métaphysiques, en supposant que les objets doivent se régler sur nos connaissances; ce qui s'accorde déjà mieux avec la possibilité de la connaissance de ces objets *à priori*, cette possibilité devant nécessairement établir quelque chose à leur égard, avant qu'ils nous soient donnés. Il en est ici comme de la première pensée de Copernic, lequel, voyant qu'il ne servait de rien, pour expliquer les mouvements des corps célestes, de supposer que les astres se meuvent autour du spectateur, essaya s'il ne vaudrait pas mieux supposer que c'est le spectateur qui tourne et que les astres restent immobiles. Or, en Métaphysique, on peut tenter la même chose pour ce qui concerne l'*intuition* des objets. Si l'intuition devait se régler sur la nature des objets et s'y rapporter, je ne vois pas comment l'on pourrait en connaître quelque chose *à priori;* mais si l'objet (comme objet des sens) se règle sur la nature de notre faculté percevante, je puis très-bien me faire une idée de cette possibilité. Mais je ne puis m'en tenir à ces intuitions si elles doivent être converties en connaissance; il faut que je les rapporte, en tant que représentations, à quelque chose qui en est l'objet, et qui se trouve par là déterminé, et alors je puis supposer de deux choses l'une : ou que les *concepts* par lesquels j'opère cette détermination se composent aussi sur les objets, auquel cas je me retrouve dans le même embarras par rapport à la manière dont je puis savoir quelque chose *à priori* de ces objets; — ou que les objets, ou, ce qui est la même chose, l'*expérience* dans laquelle seule les objets (au moins comme objets donnés) peuvent être connus, se règlent sur les concepts ; et dans ce cas, j'aperçois aussitôt une issue très-facile. En effet, l'expérience elle-même est une manière de connaître qui requiert l'entendement, (dont je dois supposer la règle en moi,) avant que les objets me soient donnés, et par conséquent *à priori ;* règle qui s'exprime en concepts *à priori,* sur lesquels par conséquent tous les objets doivent nécessairement se composer, et avec lesquels ils doivent nécessairement aussi s'accorder. Quant à ce qui concerne les objets, en tant qu'ils sont pensés par la raison seule, et même nécessairement, en tant qu'ils ne peuvent être donnés par l'expérience (au moins comme la raison les pense), nos recherches pour penser ces objets (car il faut qu'ils le soient) donneront plus tard une excellente pierre de touche de ce que nous regardons comme la réforme de l'art de penser : c'est que nous ne connaissons *à priori* des objets que ce que nous y avons mis nous-mêmes (1).

(1) Cette méthode, empruntée au physicien, consiste à rechercher les éléments de la raison pure dans *ce qui se confirme ou se détruit par l'expérimentation.* Mais on ne peut soumettre les principes de la raison pure à aucune expérimentation (comme en physique) au moyen des objets de cette raison, surtout quand ils sont en dehors de toutes les bornes de l'expérience possible. Cette méthode ne sera donc praticable qu'avec des *concepts* et des *principes* admis *à priori,* en les disposant de telle sorte que les mêmes objets puissent être considérés sous deux points de vue différents ; d'*un côté,* comme objets des sens et de l'entendement pour l'expérience, et, d'*un*

Cette tentative réussit à souhait, et promet à la Métaphysique, dans sa première partie, où elle ne s'occupe que de concepts *à priori*, dont les objets correspondants et conformes à ces concepts peuvent être donnés dans l'expérience, la marche assurée d'une science. Car on peut très-bien expliquer, après ce changement dans la manière de voir, la possibilité d'une connaissance *à priori*; et, ce qui est plus encore, prouver suffisamment les lois qui servent de fondement *à priori* à la nature, comme ensemble des objets de l'expérience ; deux choses impossibles par la méthode suivie jusqu'ici. Mais cette déduction de la faculté de connaître *à priori* donne, pour la première partie de la Métaphysique, un étrange résultat qui est en même temps, suivant toute apparence, très-désavantageux au but de la seconde partie de cette science. Ce résultat n'est pas moins que la démonstration que nous ne pouvons jamais dépasser par la connaissance les bornes de l'expérience possible, ce qui est cependant l'affaire essentielle de la Métaphysique. Mais ce qui sert précisément de contre-épreuve à la vérité du résultat de cette première

autre côté cependant, comme objets que l'on pense purement et simplement, c'est-à-dire, comme objets de la seule raison pure, en tant qu'elle s'efforce de sortir des bornes de l'expérience. Si l'on trouve que, quand les choses sont considérées sous ce double point de vue, l'accord avec le principe de la raison pure a lieu, mais que, considérées sous un seul point de vue, il y a nécessairement combat de la raison avec elle-même, alors l'expérimentation décide pour la légitimité de cette distinction.

application de la faculté de connaître *à priori*, c'est que cette faculté n'atteint que des phénomènes, sans pouvoir s'étendre aux choses *en elles-mêmes*, quoique du reste elles existent réellement *pour elles-mêmes*, tout inconnues qu'elles soient de nous. Car ce qui nous oblige à sortir des bornes de l'expérience et de tous les phénomènes, c'est l'*inconditionné*, l'absolu que la raison exige nécessairement et avec toute justice dans les choses en elles-mêmes et pour tout conditionné, afin que la série des conditions soit parfaite. Si donc, en admettant que notre faculté de connaître en fait d'expérience se règle sur les objets comme choses en soi, l'on trouve que l'inconditionné ne peut *absolument pas* être *conçu sans contradiction;* si en admettant au contraire que notre représentation des choses, telles qu'elles nous sont données, ne se règle point sur elles comme choses en soi, mais que ces objets considérés comme phénomènes, se règlent bien plutôt sur notre mode de représentation, l'on trouve alors que *la contradiction cesse*, et que par conséquent l'inconditionné doit être trouvé, non dans les choses telles que nous les connaissons (telles qu'elles nous sont données), mais bien en elles-mêmes en tant qu'elles nous sont inconnues, et comme choses en soi : il devient pour lors évident que ce que nous n'avons d'abord admis que provisoirement est fondé (1). Mais après avoir refusé

(1) Cette expérience de la raison pure a beaucoup d'analogie avec

à la raison spéculative le droit d'entrer dans le champ du sursensible, il reste encore à savoir si elle ne trouve pas dans sa connaissance pratique des données pour déterminer le concept rationnel transcendant de l'inconditionné, et si, de cette manière, elle peut, au gré de la Métaphysique, franchir les bornes de toute expérience possible, à l'aide de notre connaissance *à priori*, mais sous le point de vue pratique seulement. La raison spéculative, en procédant ainsi, nous a du moins laissé le champ libre pour nous étendre de la sorte, quoiqu'elle ait dû l'abandonner immédiatement. Il nous est donc encore permis, et nous y sommes même invités par elle, de l'occuper, si nous pouvons, par ses données *pratiques* (1).

celle que des *chimistes* appellent souvent essai de *réduction*, mais qui est en général une *opération synthétique*. L'analyse du *métaphysicien* divise la connaissance pure *à priori* en deux éléments de nature très-diverse, savoir : l'élément des choses comme phénomènes, et celui des choses en elles-mêmes. La *dialectique* unit de nouveau ces deux éléments à l'idée rationnelle nécessaire de l'*inconditionné*, pour former du tout un *accord*, et trouve que cet accord n'est possible que par la distinction dont nous venons de parler, distinction qui est par conséquent vraie.

(1) C'est ainsi que les lois centrales du mouvement des corps célestes démontrèrent ce que *Copernic* n'admit d'abord qu'hypothétiquement, et établirent en même temps la force qui tient en rapport les pièces de l'édifice du monde (l'attraction de *Newton*), et qui n'aurait jamais été découverte si le premier de ces grands hommes n'avait pas osé rechercher, en se fondant sur la raison contre le témoignage des sens, non dans les corps célestes, mais dans le spectateur, l'explication des mouvements observés. Dans cette préface,

C'est cette tentative de changer la marche adoptée jusqu'ici en Métaphysique, à l'exemple de la révolution entreprise par les géomètres et les physiciens, qui constitue la Critique de la raison spéculative. C'est un traité de la méthode, non un système de la science même. Elle indique néanmoins la circonscription totale de la science, tant par rapport à ses limites que par rapport à l'ensemble systématique de ses parties. Car la raison spéculative pure a cela de particulier, qu'elle doit et peut apprécier la portée de sa propre faculté d'après la manière diverse dont cette faculté se donne des objets à penser, qu'elle peut et doit connaître parfaitement les différentes manières de se poser un problème et tracer ainsi l'esquisse entière d'un système de Métaphysique. D'une part, en effet, rien dans la connaissance *à priori* ne peut être attribué aux objets que ce que le sujet pensant tire de lui-même; et, d'autre part, la raison pure est, par rapport aux principes de la connaissance, une unité complétement distincte, subsistant par elle-même, dans laquelle chaque mem-

je ne donne non plus la réforme dans la façon de penser sur la connaissance humaine, réforme analogue à l'hypothèse de Copernic, et que j'exposerai dans la critique, que comme une hypothèse. Mais cette hypothèse est démontrée, non pas hypothétiquement, mais apodictiquement, dans le Traité de la nature de nos représentations de l'espace et du temps, et dans celui des concepts élémentaires de l'entendement. J'ai seulement voulu faire remarquer ici que les premières tentatives d'une pareille révolution sont nécessairement hypothétiques.

bre de la connaissance *à priori* est fait pour tous les autres comme dans un corps organisé, et dans laquelle aucun principe ne peut être pris avec certitude dans *un* rapport déterminé, si l'on n'en connaît en même temps le rapport *universel* à l'usage général de la raison pure. C'est pourquoi la Métaphysique a aussi le rare bonheur, qui ne peut être le partage d'aucune autre science rationnelle s'occupant d'objets de la connaissance (car la Logique ne s'occupe que de la forme de la pensée en général), que, si elle est introduite par cette Critique dans la voie sûre de la science, elle peut saisir parfaitement tout le champ de la connaissance de son objet, par conséquent accomplir son œuvre et la léguer à la postérité comme un capital qui ne pourra jamais être augmenté, parce qu'elle s'occupe uniquement des principes et des limites de leur usage, limites qui sont déterminées par les principes mêmes. Comme science fondamentale, elle est tenue à cette perfection, et l'on doit pouvoir dire d'elle: *nihil actum reputans, si quid superesset agendum.*

Mais on nous demandera sans doute quels sont les trésors de science que nous pensons laisser à nos neveux dans une Métaphysique ainsi épurée par la Critique, et par là même réduite à l'immobilité? On croira remarquer, en parcourant superficiellement cet ouvrage, que l'utilité en est purement *négative,* et qu'avec la raison spéculative nous n'allons jamais au delà des bornes de l'expérience ; telle est en effet sa première utilité. Mais en y regardant de plus près, on s'aperçoit qu'elle devient bientôt *positive.* Il suffit de remarquer que les principes dont se prévaut la raison spéculative pour tenter de franchir ses limites, ont en effet pour conséquence inévitable, non l'*extension,* mais la *restriction* de l'usage de notre raison. En effet, ces principes menacent de faire tout dominer par la sensibilité, à laquelle ils appartiennent proprement, et d'abolir ainsi l'usage pratique pur de la raison. La *Critique,* qui resserre et limite l'usage spéculatif de la raison, est donc bien *négative* jusque-là ; mais puisqu'en même temps elle lève par là un obstacle qui circonscrivait l'usage pratique de la raison, et semble vouloir le faire complétement disparaître, elle a réellement une utilité *positive,* utilité qu'on trouvera très-importante si l'on se persuade qu'il y a un usage pratique de la raison pure absolument nécessaire (l'usage moral), dans lequel la raison dépasse nécessairement les bornes de la sensibilité. Quoiqu'elle n'ait pas à cet effet le moindre besoin de la raison spéculative, elle doit néanmoins être rassurée contre la réaction de cette raison, pour ne pas tomber en contradiction avec elle-même. Contester une utilité *positive* dans le service rendu par la Critique, ce serait dire que la police n'a aucune utilité positive, attendu que sa principale attribution est d'empêcher que les citoyens ne se nuisent entre eux, et de faire en sorte que chacun puisse vaquer à ses affaires librement et sans crainte.

Il sera démontré dans la partie analytique de la Critique que l'espace et le temps ne sont que des formes de l'intuition sensible, par conséquent seulement des conditions de l'existence des choses comme phénomènes ; qu'en outre nous n'avons des choses aucun concept intellectuel, et par conséquent aucun élément de leur connaissance, qu'autant qu'une intuition qui corresponde à ces concepts nous est offerte ; que nous ne pouvons donc avoir aucune connaissance de quelque objet que ce puisse être comme chose en soi, mais en tant seulement que cet objet se trouve soumis à l'intuition sensible, c'est-à-dire en tant que phénomène. D'où il résulte que toute connaissance rationnelle spéculative possible se réduit nécessairement aux seuls objets de l'*expérience*. Néanmoins, ce qu'il faut bien remarquer, c'est qu'il nous est toujours libre de *penser* ces mêmes objets, comme existant en soi, bien qu'il ne nous soit jamais donné de les *connaître* ainsi (1). Si en effet cette pensée nous

---

(1) Pour *connaître* une chose, il faut que j'en puisse prouver la possibilité (soit par le témoignage de l'expérience de sa réalité, soit *à priori* par la raison). Mais je puis *penser* tout ce que je veux, pourvu que je ne me mette pas en contradiction avec moi-même, c'est-à-dire pourvu que mon concept soit une pensée possible, quoique, à la vérité, je ne puisse pas répondre qu'il y ait ou non, dans l'ensemble de toutes les possibilités, un certain objet correspondant

était interdite, il s'ensuivrait cette absurdité : qu'il y a des phénomènes, des apparences, et rien cependant qui apparaisse. Si nous supposons maintenant que cette distinction nécessaire des choses par la critique, en choses comme objets de l'expérience et en choses en soi, n'a pas été faite; alors le principe de causalité, et par conséquent le mécanisme de la nature dans la détermination de ce principe, valent par le fait pour toutes choses en général comme causes efficientes. Je ne pourrais donc pas dire d'un même être, par exemple de l'âme humaine, que sa volonté est libre, et qu'elle est en même temps soumise à la nécessité de la nature, c'est-à-dire qu'elle n'est pas libre, sans tomber dans une contradiction manifeste; parce que, dans l'une et l'autre proposition, j'aurais pris le mot âme dans un même sens, savoir comme chose en général (comme chose en soi). Il y a plus : c'est que sans le secours préalable de la Critique, je ne pourrais pas même la prendre autrement. Mais si la Critique n'est point en défaut lorsqu'elle prescrit d'envisager les objets dans *deux sens*, savoir, ou comme phénomènes, ou comme choses en soi; si la déduction de leurs concepts intellectuels est juste, et que par conséquent le principe de causalité ne se

à cette pensée. Mais, pour attribuer à un tel concept une valeur objective (une possibilité ontologique, car la précédente n'est que logique), il faut plus encore. Mais il n'est pas nécessaire de chercher ce *plus* dans les sources théorétiques de la connaissance; il peut se trouver également dans les sources pratiques.

rapporte aux choses que dans le premier sens, c est-à-dire en tant qu'elles sont l'objet de l'expérience, mais que les mêmes choses prises dans le second sens ne soient plus sujettes à ce principe : il s'ensuivra que la même volonté, considérée dans le phénomène (dans les actions sensibles) comme nécessairement conforme à la loi physique, est par conséquent conçue comme *non libre* en ce sens; tandis que si elle est considérée, d'un autre côté, comme appartenant à une chose en soi, et comme indépendante de cette loi, elle est au contraire pensée *libre*, sans qu'il y ait ombre de contradiction. Or, quoique je ne puisse connaître mon âme, envisagée sous ce dernier point de vue, par aucune raison spéculative (et bien moins encore par l'observation empirique), et que je ne puisse par conséquent connaître la liberté comme attribut d'un être auquel je rapporte cependant des effets dans le monde sensible, puisqu'il faudrait pour cela que je connusse positivement et déterminément cet être appelé âme, sans cependant le *connaître* dans le temps (ce qui est impossible, puisque je ne puis soumettre à mon concept une intuition que je n'ai pas); — cependant je puis *concevoir* la liberté, c'est-à-dire que sa représentation ne renferme du moins aucune contradiction, dès qu'une fois l'on admet, et la distinction critique de deux espèces de représentations (l'une sensible et l'autre intellectuelle), et, comme conséquence de cette distinction, la circonscription des concepts purs de l'entendement, et, par suite aussi, celle des principes qui en découlent.

Si maintenant nous admettons que la Morale suppose nécessairement la liberté (dans le sens le plus strict), comme attribut de notre volonté, puisqu'elle présente des principes pratiques originellement dans notre raison comme en étant des *données à priori,* principes qui seraient tout à fait impossibles sans la supposition de la liberté; si nous supposons en même temps que la raison spéculative ait prouvé que cette liberté ne peut absolument pas être conçue : la première supposition, la supposition de la Morale, devra certainement céder à la seconde, dont le contraire est visiblement contradictoire; et dès lors la *liberté,* et avec elle la moralité (dont le contraire n'est effectivement contradictoire qu'autant que la liberté est déjà supposée) font place au *mécanisme de la nature.* Mais, comme il suffit à la philosophie morale que la liberté ne se contredise point, et qu'elle se laisse au moins concevoir par voie de conséquence, sans qu'il soit nécessaire d'en apercevoir autre chose; qu'elle ne mette du reste aucun obstacle au mécanisme naturel d'une même action (prise sous un autre rapport): alors la Morale et la Physique se trouvent pouvoir coexister. Ce qui n'aurait pas eu lieu si la Critique ne nous eût pas éclairés auparavant sur notre ignorance inévitable relativement aux choses en elles-mêmes, et n'eût restreint aux phénomènes seuls tout ce que nous pouvons *connaître* théorétiquement.

Cette utilité positive des principes critiques de la raison pure pourrait être également démontrée par rapport au concept de *Dieu*, et à celui de la *simplicité* de notre *âme ;* mais je ne le ferai pas, pour plus de brièveté. Je ne puis donc pas même *admettre Dieu*, ni la *liberté*, ni l'*immortalité*, en faveur de l'usage pratique nécessaire de ma raison, si je n'*enlève* en même temps à la raison spéculative ses prétentions aux aperçus transcendentaux : parce que, pour les obtenir, elle a besoin de principes qui, par cela même qu'ils se rapportent uniquement aux objets de l'expérience possible, dès qu'ils viennent à être appliqués à des objets qui ne sont pas susceptibles d'expérience, les transforment toujours en phénomènes, et déclarent ainsi toute *extension pratique* de la raison pure impossible. Je devais donc abolir la *science*, pour faire place à la *foi*. Le dogmatisme de la Métaphysique, c'est-à-dire le préjugé d'avancer dans cette science sans critique de la raison pure, est la vraie source de l'incrédulité qui combat la morale ; car cette incrédulité est toujours très-dogmatique.

Si donc il n'est pas impossible de laisser à la postérité une Métaphysique systématique établie sur la critique de la raison pure, le legs ne sera pas de peu de valeur ; soit que l'on considère simplement la culture de la raison au moyen d'une science certaine en général, comparée au vain tâtonnement et à la divagation sans critique qui en est la suite ; soit que l'on considère le meilleur emploi du temps d'une jeunesse avide de connaître, qui, en suivant la méthode dogmatique ordinaire, est jetée de si bonne heure et si violemment dans des matières où elle se plaît à subtiliser (mais auxquelles elle n'entend et n'entendra jamais rien, non plus que qui que ce soit au monde) ou à découvrir quelque pensée ou opinion nouvelle, et néglige ainsi l'étude d'une science solide. Mais le bienfait de cette science serait surtout sensible si elle fournissait l'avantage inappréciable d'en finir pour toujours, à la manière *socratique,* avec les objections contre la morale et la religion, en faisant ressortir l'ignorance des adversaires. Une Métaphysique en effet a toujours été dans le monde et y sera toujours ; mais avec elle aussi se trouve une dialectique de la raison pure, qui est naturelle à cette raison. Le premier et le plus grand soin de la philosophie est donc de tarir, une fois pour toutes, les sources de l'erreur, et de lui enlever ainsi toute influence pernicieuse.

Malgré cette importante révolution opérée dans le champ des sciences, et le *préjudice* que doit en éprouver la raison spéculative dans ce qu'elle avait regardé jusqu'ici comme sa possession, tout cependant reste dans le même état qu'auparavant par rapport aux affaires générales de l'humanité et à l'utilité que le monde a recueillie jusqu'à nous des doctrines de la raison pure; la perte n'atteint que le *monopole des écoles,* mais nullement l'*intérêt du genre humain.* Je demande au plus obstiné dogmatiste si l'argument de l'immortalité de l'âme, tiré de la simplicité de la substance; si celui de la liberté de la volonté contre le mécanisme universel, tiré de ces subtiles, quoique impuissantes distinctions, d'une nécessité pratique subjective et objective; ou si l'argument de l'existence de Dieu, déduit du concept d'un être souverainement réel (de la contingence des choses muables, et de la nécessité d'un premier moteur): je demande, dis-je, si toutes ces choses, depuis qu'elles sont sorties des écoles, ont jamais pu devenir le partage du vulgaire et avoir sur lui la moindre influence? S'il n'en a rien été jusqu'ici, et s'il n'en sera jamais rien, à cause de la faiblesse de l'intelligence du commun des hommes pour des spéculations si subtiles; si, au contraire, en ce qui concerne la première question, cet état remarquable de la nature humaine, de ne pouvoir être satisfaite de rien de temporel (comme insuffisant au besoin de sa complète destination), a dû faire naître tout simplement l'espérance d'une *vie future;* si, par rapport à la seconde question, la simple et claire exposition des devoirs, en opposition avec les exigences des inclinations, a dû produire la conscience de la *liberté;* et enfin si, pour ce qui est de la troisième question, l'ordre admirable, la beauté et la providence qui brillent dans la nature des choses, doivent seuls opérer la foi en un sage et grand *auteur du monde*, et la persuasion qui s'en répand parmi les peuples : — alors, non-seulement cette possession n'est pas troublée, mais elle gagne d'autant plus en autorité que les écoles sont maintenant mieux apprises à ne pas prétendre à une vue plus élevée et plus étendue, dans une matière qui touche aux communs intérêts du genre humain, que celle à laquelle peut atteindre facilement le grand nombre (qui est très-digne de notre estime), et à s'en tenir par conséquent au développement de ces preuves généralement faciles à comprendre pour tout le monde, et suffisantes sous le rapport moral.

La réforme ne porte donc que sur les arrogantes prétentions des écoles, qui voudraient passer ici pour être (comme elles le sont du reste avec raison dans beaucoup d'autres parties) les seules appréciatrices, les seules dépositaires de ces vérités dont elles partagent seulement l'usage avec le peuple, s'en réservant du reste la clef (*quod mecum nescit, solus vult scire videri*). Cependant les justes prétentions du philosophe spéculatif n'ont point été oubliées, car lui seul reste toujours dépositaire d'une science utile au peuple, qui ne s'en doute pas, savoir de la Critique de la raison, science qui ne peut jamais devenir populaire et qui n'a pas besoin de l'être; parce que, moins le peuple est porté à prendre des arguments subtils pour des vérités utiles, moins il s'élève dans son esprit d'objections tout aussi subtiles contre elles. Au contraire, parce que l'école, ainsi que les individus qui s'élèvent à la spéculation, tombent nécessairement dans ce double inconvénient, il est du devoir de celle-là de prévenir une fois pour toutes, par la recherche fondamentale du droit de la raison spéculative, le scandale dont le peuple doit tôt ou tard être frappé, par suite des controverses dans lesquelles les métaphysiciens sans critique (et comme tels enfin les théologiens) s'engagent nécessairement, controverses qui finissent par fausser leurs doctrines. La Critique est donc le seul moyen de couper les racines mêmes du *matérialisme*, du *fatalisme*, de l'*athéisme*, de l'*incrédulité* religieuse, du *fanatisme* et de la *superstition*, qui peuvent être généralement nuisibles; enfin aussi celles de l'*idéalisme* et du *scepticisme*, qui sont plus dangereuses pour les écoles, mais qui ne pénètrent que difficilement dans le public. Si les gouvernements croyaient jamais devoir se mêler des affaires des savants, il serait bien plus convenable à leur sollicitude pour les sciences et les hommes, de favoriser la liberté de cette Critique, à l'aide de laquelle seule les travaux de la raison peuvent être établis sur un pied solide, que de soutenir le despotisme ridicule des écoles, toujours disposées à voir la patrie en danger aussitôt qu'on brise leurs toiles d'araignées, dont le peuple n'eut jamais connaissance, et dont il ne ressentira par conséquent jamais la perte.

La Critique n'est pas contraire au *procédé dogmatique* de la raison dans sa connaissance pure, comme science (car la science doit toujours être dogmatique, c'est-à-dire strictement démonstrative par des principes *à priori* certains et indubitables), mais elle est contraire au *dogmatisme,* c'est-à-dire à la prétention de ne procéder qu'avec une connaissance pure résultant de concepts (philosophiques) suivant des principes, tels que la raison en emploie depuis longtemps, sans avoir examiné ni la manière dont elle les a obtenus, ni leur légitimité. Le dogmatisme n'est donc autre chose que le procédé dogmatique de la raison pure, *sans critique préalable de sa propre faculté.* Cette opposition ne doit donc pas plaider la cause de cette stérilité verbeuse qui prend mal à propos le nom de popularité, non plus que celle du scepticisme, qui condamne toute Métaphysique sans l'entendre. La Critique est plutôt le préliminaire indispensable de l'établissement d'une Métaphysique fondamentale, comme science qui doit nécessairement être traitée d'une manière dogmatique, rigoureusement systématique, et qui par conséquent doit être scolastique (et non populaire) ; car ces conditions sont tout à fait indispensables dans la Métaphysique, puisqu'elle s'engage à exécuter son œuvre entièrement, *à priori,* et par conséquent à la satisfaction de la raison spéculative. Dans l'exécution du plan tracé par la Critique, c'est-à-dire dans l'exécution d'un futur système de Métaphysique, nous devrons donc suivre à l'avenir la méthode sévère du célèbre *Wolf*, de tous les philosophes dogmatiques le plus distingué, et qui donna le premier l'exemple (et par cet exemple il créa cet esprit de profondeur que l'Allemagne n'a point encore perdu) de la manière dont, par l'établissement légitime des principes, par la claire détermination des concepts, par la sévérité dans les démonstrations, l'on peut, en évitant dans les conséquences les sauts téméraires, entrer dans la voie sûre de la science. Le premier, il aurait été capable de réformer radicalement la Métaphysique, si l'idée lui était venue de préparer auparavant le sol pour l'édifice, par la critique de l'instrument, c'est-à-dire par la critique de la raison pure. Cette omission lui est moins imputable qu'à la manière dogmatique de philosopher de son temps, et sur laquelle les philosophes de son siècle et de tous les siècles antérieurs n'avaient rien à se reprocher entre eux. Ceux qui blâment sa méthode, en même temps que celle de la Critique de la raison pure, n'ont d'autre but que de se dégager entièrement des liens de la *science*, de convertir le travail en jeu, la certitude en opinion, la philosophie en philodoxie.

Quant à ce qui concerne cette seconde édition, je n'ai pas voulu, comme de raison, négliger l'occasion qu'elle me fournit de faire disparaître, autant que possible, des difficultés et des obscurités qui ont donné lieu à plusieurs interprétations vicieuses, dans lesquelles sont tombés, peut-être bien un peu par ma faute, des hommes pénétrants, dans le jugement qu'ils ont porté de ce livre. Je n'ai rien trouvé à changer dans les propositions, dans leurs preuves, non plus que dans la forme et l'ensemble du plan. Cette invariabilité doit être attribuée en partie à la longue méditation à laquelle j'ai soumis mon ouvrage avant de le livrer au public, en partie à la nature des matières mêmes ; je veux dire à la nature d'une raison spéculative pure, qui contient un véritable enchaînement, où tout est *organe,* c'est-à-dire où tout conspire à l'unité, et chaque partie au tout; où par conséquent le moindre vice que ce soit, erreur ou omission, doit inévitablement se trahir dans l'usage. L'immutabilité de ce système se consolidera, je l'espère, de plus en plus à l'avenir. Ce qui me donne cette confiance, ce n'est point la présomption, mais l'évidence seule qui se manifeste par l'uniformité du résultat obtenu à l'issue de mon travail, soit que je parte des plus petits éléments pour m'élever jusqu'au tout de la raison pure, ou que je descende au contraire de ce tout jusqu'à ces éléments derniers (car ce tout est aussi donné en soi par la fin dernière de la raison dans la pratique); si bien que la tentative de changer la moindre partie amène aussitôt une contradiction, non-seulement du système, mais de la raison humaine. Quant à l'EXPOSITION [au style], il reste encore beaucoup à faire; j'ai essayé dans cette seconde édition des corrections qui doivent faire disparaître et les équivoques de l'Esthétique, surtout dans le concept de temps, et l'obscurité de la déduction des concepts de l'entendement, et les prétendus défauts d'une suffisante évidence dans les preuves des principes de l'entendement pur, et enfin la fausse interprétation des paralogismes reprochés à la psychologie rationnelle. Je n'ai fait de changement que jusqu'ici (c'est-à-dire seulement jusqu'à la fin du premier chapitre de la dialectique transcendentale, mais pas plus loin); et ces changements ne consistent que dans des corrections de style (1). Si je n'en ai pas fait davantage, c'est que

(1) La seule addition proprement dite, mais toutefois seulement dans la manière de démontrer, serait peut-être ma nouvelle réfutation de l'*idéalisme* psychologique, et la démonstration rigoureuse (la seule, du reste, que je croie possible) de la réalité objective de l'intuition externe. Quelque innocent que l'idéalisme puisse être réputé par rapport au but essentiel de la métaphysique (ce qui n'est pas en effet), ce sera cependant toujours un scandale pour la philosophie et la raison humaine en général, que de ne pouvoir admettre qu'au nom de la *foi* seule l'existence des choses qui nous sont extérieures (d'où cependant nous tirons toute la matière de nos connaissances, même pour notre sens intime), et de ne pouvoir en donner aucune preuve satisfaisante à quiconque serait tenté d'en douter. Comme il y a quelque obscurité dans la preuve, depuis la troisième ligne jusqu'à la sixième, je prie le lecteur de la remplacer par la suivante. *

* Kant met ici cette preuve nouvelle; mais nous avons cru plus convenable de l'insérer dans le texte à la place que lui assigne l'auteur. V. suppl. XXIII. T.

le temps me manquait, et que, par rapport au reste, il n'y a rien qui doive être mal interprété des justes et habiles appréciateurs, qui, sans que je doive les nommer ici, en leur donnant les éloges qui leur sont dus, trouveront bien les endroits que j'ai retouchés d'après leurs conseils. Mais cette correction entraîne pour le lecteur une légère perte, inévitable cependant, à moins de grossir considérablement le volume. Cette perte consiste en ce qu'un passage, qui, sans faire partie essentielle du tout, pourrait cependant être regretté de plus d'un lecteur, puisqu'il peut être utile sous un autre rapport, a dû être omis ou présenté en raccourci, pour rendre mon exposition plus lucide. Du reste, rien absolument n'a été changé au fond par rapport aux propositions, ni même à leurs démonstrations; mais la méthode d'exposition primitive s'écarte trop de celle qui a été adoptée en dernier lieu pour qu'elle puisse être rapportée entre parenthèses. Cette faible perte, qui d'ailleurs peut être réparée, au gré de chacun, par la comparaison de cette édition avec la première, est surabondamment compensée, je l'espère, par une plus grande clarté. J'ai remarqué avec un plaisir mêlé de reconnaissance, dans différents écrits publics (soit à l'occasion de la revue de plusieurs ouvrages, soit dans des traités spéciaux), que l'esprit de profondeur n'est point perdu en Allemagne, mais seulement qu'il a été quelque temps étouffé par la mode d'une liberté de penser affectant le génie, et que les sentiers épineux de la Critique, sentiers qui conduisent à une science méthodique de la raison pure, à une science par conséquent durable et très-nécessaire, n'ont point empêché les hommes courageux d'y entrer. Je laisse à ces hommes distingués, qui joignent si heureusement à la profondeur de l'aperçu le talent d'une exposition lumineuse (talent que je ne me sens pas), le soin de mettre la dernière main à mon ouvrage, encore imparfait sans doute sous ce dernier rapport. Le danger n'est pas ici d'être réfuté, mais bien de n'être pas compris. Je ne puis, de mon côté, m'engager dès maintenant dans toutes les disputes que mon livre fera naître, quoique je fasse soigneusement attention à toutes les observations, tant de mes adversaires que de mes amis, afin de les mettre à profit dans la future exécution du système de cette propédeutique. Comme ce travail m'a conduit à un âge déjà très-avancé (j'ai 64 ans ce mois-ci), je dois être économe de mon temps, pour remplir mon plan, si je veux publier la Métaphysique de la Physique et celle des Mœurs, comme confirmation de la légitimité de la Critique de la raison spéculative et de la raison pratique, et je dois attendre les éclaircissements des obscurités qu'il était difficile d'éviter tout d'abord dans cet ouvrage, ainsi que la défense du tout par les hommes de mérite qui ont bien voulu le regarder comme le leur propre. Toute exposition philosophique peut se trouver défectueuse dans quelques parties (car elle ne peut pas être aussi sévère que le langage mathématique), sans cependant que l'organisation du système, considéré comme unité, puisse en souffrir. Mais peu d'esprits sont capables de s'élever à ce point de vue général, si le système est nouveau ; et un plus petit nombre encore s'en soucient par cette autre raison que tout ce qui est nouveau est importun. Aussi croit-on découvrir des contradictions palpables dans toute espèce de composition, surtout dans les écrits d'une marche libre et indépendante, quand on compare entre eux quelques passages détachés de l'ensemble, et qui reçoivent de cette opération un jour défavorable aux yeux de celui qui se fie au jugement d'autrui ; mais pour celui qui s'est emparé des idées d'un tout, ces contradictions sont très-faciles à résoudre. Si cependant une théorie a quelque solidité, l'action et la réaction, qui semblent d'abord la menacer d'un si grand péril, ne serviront enfin qu'à faire disparaître ses inégalités de lumière et à lui donner aussi dans peu de temps l'élégance requise, si les savants se montrent impartiaux, pénétrants, et amis de la vraie popularité.

Kœnigsberg, avril 1787.

III.

(Page 18, où se trouve, dans l'original, une petite table des principales divisions de l'ouvrage.)

Nota. — Le troisième supplément comprend une table détaillée des matières : nous le renvoyons à la fin du second volume, avec la table de la première édition.

IV.

(Page 20.)

I.

Différence entre la connaissance pure et la connaissance empirique.

Nul doute que toutes nos connaissances ne commencent avec l'expérience; car par quoi la faculté de connaître serait-elle portée à s'exercer, si ce n'est par des objets qui affectent nos sens, et qui, d'un côté, occasionnent d'eux-mêmes des représentations, en même temps que, de l'autre, ils excitent l'activité intellectuelle à comparer ces objets, à les unir ou à les séparer, et à mettre ainsi en œuvre la matière grossière des impressions sensibles, pour en composer cette connaissance des choses que nous appelons expérience. Aucune de nos connaissances ne précède donc en nous l'expérience; toutes commencent avec elle.

Mais quoique toutes nos connaissances commencent *avec* l'expérience, elles n'*en* procèdent pas toutes, car il se peut que la connaissance même qui nous vient de l'expérience soit un composé de ce que nous recevons par des impressions, et de ce que produit d'elle-même notre propre faculté de connaître (simplement stimulée par des impressions sensibles), quoique nous ne puissions distinguer ce dernier élément du premier, tant qu'une longue expérience ne nous y a pas rendus attentifs et ne nous a pas appris à faire cette distinction.

C'est donc, pour le moins, une question qui demande à être examinée de plus près et qui ne peut se résoudre au premier coup d'œil, que celle de savoir s'il y a une connaissance indépendante de l'expérience, et même de toute impression des sens. On appelle ces sortes de connaissances des *connaissances à priori,* et on les distingue des connaissances *empiriques,* qui ont leur source *à posteriori,* c'est-à-dire dans l'expérience.

Toutefois cette expression n'est pas encore assez déterminée pour faire comprendre parfaitement tout le sens de la question précédente. Car, on dit bien de plusieurs de nos connaissances, dérivant de l'expérience, que nous en sommes capables, ou que nous les possédons *à priori,* par la raison que nous ne les obtenons pas immédiatement de l'expérience, mais d'une règle générale que nous avons cependant tirée elle-même de l'expérience. C'est ainsi que l'on dit de quelqu'un qui mine les fondements de sa maison, qu'il devait savoir *à priori* qu'elle s'écroulerait; ou, en d'autres termes, qu'il ne devait pas attendre l'événement de la chute pour en être certain. Il ne pouvait cependant savoir ce fait qu'*à posteriori* : il fallait en effet que l'expérience lui eût fait voir que les corps gravitent et tombent quand ils sont abandonnés à leur propre poids.

Nous entendrons donc désormais par connaissances *à priori*, non pas celles qui ne dépendent point de telle ou telle expérience, mais celles qui ne dépendent absolument d'aucune. A ces connaissances sont opposées les connaissances empiriques, qui ne sont possibles qu'*à posteriori*, c'est-à-dire par l'expérience. Parmi les connaissances *à priori*, celles-là s'appellent *pures*, qui ne contiennent rien d'empirique. Ainsi par exemple, ce principe : Tout changement a une cause, est un principe *à priori*, mais non pas pur, parce que le concept de changement ne peut être fourni que par l'expérience.

II.

Nous sommes en possession de certaines connaissances *à priori*, et le sens commun lui-même n'en est jamais dépourvu.

C'est ici le lieu de chercher une marque à laquelle nous puissions distinguer sûrement une connaissance pure d'une connaissance empirique. L'expérience nous apprend bien que quelque chose est de telle ou telle manière; mais elle ne nous apprend pas qu'il puisse en être autrement. *Premièrement* donc, toute proposition qui ne peut être conçue qu'avec la conception de la nécessité qu'il en soit ainsi, est un jugement *à priori*. Si, de plus, cette proposition n'est pas dérivée, si elle a par elle-même une valeur nécessaire, elle est alors absolument *à priori. Secondement,* l'expérience ne donne jamais ses jugements pour essentiellement et strictement universels ; ils sont seulement d'une généralité supposée et comparative (au moyen de l'induction) : ce qui veut dire proprement qu'on n'a pas remarqué jusqu'ici d'exception à telle ou telle loi de la nature. Ainsi, un jugement conçu avec une rigoureuse universalité, c'est-à-dire de telle sorte qu'aucune exception n'est possible, ne dérive point de l'expérience, mais il est absolument valable *à priori*. L'universalité empirique n'est donc qu'une extension arbitraire de valeur, concluant d'une valeur donnée dans la plupart des cas, à une valeur pour tous les cas ; comme, par exemple, dans cette proposition : Tous les corps sont pesants. Au contraire, dans le cas où une stricte universalité appartient essentiellement à un jugement, alors cette universalité indique une source particulière pour ce jugement, savoir, la faculté de connaître *à priori*. La nécessité et l'universalité absolue sont donc les caractères certains d'une connaissance *à priori,* et ces caractères se tiennent indissolublement l'un l'autre. Mais comme, dans la pratique, il est parfois plus facile de faire voir la limitation empirique d'une connaissance que sa contingence dans les jugements ; comme aussi l'on peut au contraire établir d'autres fois avec plus d'évidence l'universalité absolue que la nécessité : il est utile de pouvoir employer séparément ces deux critères dont chacun est à lui seul infaillible.

Il est très-facile maintenant de prouver qu'il y a réellement dans les connaissances humaines de ces jugements nécessaires, universels, dans l'acception stricte du mot, et par conséquent des jugements purs *à priori*. En veut-on un exemple pris des sciences : il n'y a qu'à jeter un coup d'œil sur les propositions mathématiques. Si, au contraire, l'on en veut un qui soit pris de l'usage commun de l'entendement, le principe que tout changement requiert une cause peut en servir. Il y a plus : c'est que, dans ce dernier exemple, le concept d'une cause emporte si évidemment celui d'une nécessité de la liaison avec un effet, et de la stricte généralité de la règle, qu'il disparaîtrait complétement si, comme le fait Hume, on voulait le dériver de la fréquente liaison de ce qui suit avec ce qui précède, et de l'habitude (par conséquent de la nécessité purement subjective) d'associer les représentations que nous acquérons par là. On pourrait aussi, sans être obligé de recourir à ces exemples pour prouver la réalité des principes purs *à priori* dans notre connaissance, la démontrer rationnellement, en faisant voir la nécessité absolue de ces sortes de principes pour la possibilité de l'expérience même. Où l'expérience prendrait-elle en effet sa certitude, si toutes les règles suivant lesquelles elle procède étaient toujours empiriques, et par conséquent contingentes. C'est au contraire parce qu'elles sont empiriques, que les règles de cette dernière espèce sont difficilement érigées en premiers principes. Mais il nous suffit d'avoir fait voir ici l'usage pur de notre faculté de connaître, avec les critères qui lui sont propres. Ce n'est pas seulement dans les jugements, mais encore dans les concepts que se manifeste l'origine de quelques connaissances *à priori*. En effet, ôtez successivement de votre concept expérimental de tout corps ce qu'il y a d'empirique, c'est-à-dire la couleur, la dureté, la mollesse, la pesanteur, l'impénétrabilité, il restera cependant l'espace qu'occupait ce corps (maintenant tout à fait disparu), et qui ne peut être anéanti par la pensée. De même, si vous retranchez de quelqu'un de vos concepts empiriques d'un objet, corporel ou non, toutes les qualités que vous en révèle l'expérience, vous ne pourrez cependant lui enlever mentalement la qualité par laquelle vous le pensez comme substance, ou comme adhérant à une substance (quoique ce concept de substance soit plus déterminé que celui d'un objet en général). Vous devez donc avouer, convaincu par la nécessité avec laquelle ce concept vous presse et s'impose à vous, qu'il a sa raison *à priori* dans notre faculté de connaître.

V.

(Page 21, à la fin du second alinéa.)

Ces inévitables questions de la raison pure sont : *Dieu*, la *liberté* et l'*immortalité*. La science dont le but et tous les procédés tendent uniquement à la solution de ces questions, s'appelle *Métaphysique*. Sa marche est d'abord dogmatique, c'est-à-dire sans examen préalable de la puissance ou de l'impuissance de la raison pour une entreprise si grande, et dont l'exécution est tentée avec une pleine confiance.

VI.

(Page 25.)

Les *jugements d'expérience*, comme tels, sont tous synthétiques; car il serait absurde de fonder un jugement analytique sur l'expérience, puisque, pour former un pareil jugement, je n'ai pas besoin de sortir de mon concept, ni par conséquent de recourir à aucun témoignage de l'expérience. La proposition : Un corps est étendu, est une proposition *à priori*, et non un jugement de l'expérience. Car avant de m'adresser à l'expérience, j'ai déjà toutes les conditions de mon jugement dans le concept; il ne me reste qu'à tirer de ce concept le prédicat, d'après le principe de contradiction, et à devenir en même temps conscient de la nécessité du jugement, nécessité que l'expérience ne m'apprendrait jamais. Au contraire, quoique primitivement je ne comprenne pas du tout dans le concept de corps en général le prédicat de pesanteur, ce concept indique cependant un objet de l'expérience, une portion — pour ainsi dire — de l'expérience totale, à laquelle je puis ajouter encore : ce que je fais en reconnaissant par l'observation la pesanteur des corps. Je puis d'avance reconnaître analytiquement le concept de corps par les caractères d'étendue, d'impénétrabilité, de figure, etc., qui tous sont pensés dans ce concept. Mais si maintenant j'étends ma connaissance et que je reporte mes regards vers l'expérience qui m'a fourni ce concept de corps, j'y rencontre toujours aussi la pesanteur réunie aux caractères dont je viens de parler, et je la joins par conséquent d'une manière synthétique, comme prédicat, au concept de corps. C'est donc sur l'expérience que se fonde la possibilité de la synthèse du prédicat *pesanteur* avec le concept de corps, parce que ces deux concepts, quoique non renfermés l'un dans l'autre à la vérité, appartiennent cependant l'un à l'autre comme parties d'un tout, c'est-à-dire de l'expérience, qui n'est elle-même qu'une liaison synthétique contingente des intuitions.

VII.

(Page 28.)

V.

Dans toutes les sciences théorétiques de la raison sont contenus, comme principes, des jugements synthétiques à priori.

1° **Les jugements mathématiques sont tous synthétiques.** Cette vérité, quoique certainement incontestable et très-importante par ses suites, semble avoir échappé jusqu'ici à la sagacité des analystes de la raison humaine, et même être très-contraire à leurs conjectures. Comme on trouvait que les raisonnements des mathématiciens procèdent suivant le principe de contradiction (ce qu'exige naturellement toute certitude apodictique), on se persuadait aussi que les principes étaient également reconnus en vertu du principe de contradiction : en quoi l'on se trompait indubitablement; car, si une proposition synthétique peut être considérée suivant le principe de contradiction, ce n'est qu'autant qu'on présuppose une autre proposition synthétique d'où la contradiction puisse résulter; mais elle ne peut jamais être considérée de la sorte en elle-même.

Il faut remarquer, avant tout, que les propositions mathématiques proprement dites sont toujours des des jugements *à priori*, et non des jugements empiriques, parce qu'elles emportent la nécessité, qui ne peut résulter de l'expérience. Si l'on ne veut pas me l'accorder, eh bien, je restreins ma proposition aux mathématiques pures, dont le concept exige qu'elles ne contiennent aucune connaissance empirique, mais seulement une connaissance pure *à priori*.

On pourrait peut-être croire au premier abord que la proposition $7+5=12$ est une proposition purement analytique, qui résulte de l'idée de la somme de sept et de cinq, suivant le principe de contradiction. Mais si l'on y regarde de plus près, on trouve que le concept de la somme de sept et de cinq ne contient autre chose que la réunion de deux nombres en un seul; ce qui n'emporte point du tout la pensée de ce qu'est ce nombre unique composé de deux autres. Le concept de douze n'est nullement pensé par cela seul que je conçois cette union de sept et de cinq; et je puis décomposer mon concept en autant de nombres possibles que je voudrai, sans que pour cela j'y trouve le nombre douze. Il faut donc quitter ces concepts et recourir à une intuition qui corresponde à l'un des deux nombres, comme aux cinq doigts de la main, ou (comme *Segner* l'a fait dans son arithmétique), à cinq points, et ajouter successivement au concept de sept les cinq unités données en intuition. Car je prends d'abord le nombre sept; et, recourant à mes doigts comme à autant d'intuitions pour signifier le nombre cinq, j'ajoute successivement à sept, en les détachant de l'image totale qui les représentait, les unités que j'avais auparavant réunies en intuition, au moyen de mes doigts, pour former le nombre cinq, et je vois résulter de cette opération complexe le nombre douze. Par l'addition de sept à cinq, j'ai, à la vérité, l'idée d'une somme qui = 7 + 5, mais non pas l'idée que cette somme est égale au nombre 12. La proposition arithmétique est donc toujours synthétique : ce qui s'aperçoit plus clairement encore lorsqu'on prend de plus grands nombres; il est alors évident que, de quelque manière que nous retournions nos concepts, nous ne pouvons jamais former la somme par le moyen seul de la décomposition de nos concepts, ou sans recourir à l'intuition.

Un principe quelconque de la géométrie pure n'est pas plus analytique qu'un principe arithmétique. La proposition : Entre deux points, la ligne droite est la plus courte possible, est une proposition synthétique. Car mon concept de *droit* ne renferme rien de relatif à la quantité, mais seulement une qualité. Le concept de *plus court* est donc complétement ajouté, et ne peut être dérivé par aucune analyse du concept de ligne droite. On a donc ici besoin de l'intuition comme de l'unique moyen de rendre la synthèse possible.

Un petit nombre de principes supposés par les géomètres sont, à la vérité, analytiques, et reposent sur le principe de contradiction; mais aussi ne servent-ils, comme propositions identiques, qu'à l'enchaînement de la méthode, et n'ont aucune valeur comme principes. Tels sont, par exemple, les axiomes $a = a$, un tout est égal à lui-même, ou $(a+b) > a$, c'est-à-dire le tout est plus grand que la partie. Et cependant, ces axiomes eux-mêmes, quoique valables suivant de simples concepts, ne sont reçus en mathématiques que parce qu'ils peuvent être représentés en intuition. Ce qui nous fait généralement croire que le prédicat, dans ces sortes de jugements apodictiques, se trouve déjà faire partie de notre concept, et que le jugement est par conséquent analytique, c'est tout simplement l'ambiguïté de l'expression. Nous sommes obligés d'ajouter un certain prédicat à un concept donné, et cette nécessité tient déjà aux concepts. Mais la question n'est pas celle-ci : Que *devons*-nous ajouter par la pensée à un concept donné? mais bien cette autre : Qu'y pensons-nous *réellement*, quoique obscurément? On voit alors que le prédicat adhère rement à ce concept, non pas comme conçu cept même, mais au moyen d'une intuition qui s'y ajouter.

2° *La physique contient, à titre de principes, des jugements synthétiques* à priori. Je prendrai seulement pour exemples ces deux propositions : Dans tous les changements du monde corporel, la quantité de la matière reste invariablement la même ; et, Dans toute communication du mouvement, l'action et la réaction doivent toujours être égales l'une à l'autre. Il est clair que ces deux propositions sont non-seulement nécessaires, par conséquent qu'elles sont d'origine *à priori,* mais qu'elles sont encore synthétiques. Car dans le concept de matière je conçois, non la permanence de cette matière, mais uniquement sa présence dans l'espace qu'elle remplit. Par conséquent, j'outrepasse réellement le concept de matière pour y ajouter quelque chose *à priori* qui n'y était pas pensé. Cette proposition n'est donc point analytique, mais synthétique, et cependant pensée *à priori.* Il en est de même des autres propositions de la partie pure de la physique.

3° Il doit aussi y *avoir des connaissances synthétiques* à priori *en Métaphysique,* quand même l'on ne considèrerait cette science que comme cherchée jusqu'ici, et non comme faite, mais indispensable pourtant, par la nature de la raison humaine. La Métaphysique ne s'occupe pas seulement de la décomposition des concepts que nous nous faisons *à priori* des choses ; mais nous voulons étendre par là notre connaissance *à priori,* et les jugements qui ajoutent aux concepts donnés quelque chose qui n'y était pas contenu servent à cet effet. Ce n'est qu'au moyen de jugements synthétiques *à priori* que nous allons si loin que l'expérience ne peut nous suivre ; par exemple, dans la proposition : Le monde doit avoir un premier principe, etc. La Métaphysique se compose donc, du moins *quant à son but,* de propositions purement synthétiques *à priori.*

VI.

Problème général de la raison pure.

C'est avoir déjà beaucoup gagné que d'avoir pu réduire une foule de questions à un problème unique; par là, non-seulement on facilite son propre travail, on le détermine avec précision, mais on en rend encore l'examen plus facile pour quiconque veut le contrôler, et voir si nous avons ou non rempli notre dessein. Or, le problème de la raison pure est ainsi conçu : *Comment les Jugements synthétiques à priori sont-ils possibles ?*

Si la Métaphysique est restée jusqu'ici dans un état équivoque de doute et de contradiction, c'est uniquement parce que ce problème, et peut-être même la distinction des jugements *analytiques* et des jugements *synthétiques*, ne s'est pas présentée plus tôt à l'esprit des philosophes. L'existence ou le renversement de la Métaphysique tient donc à la solution ou à l'impossibilité démontrée de la solution de ce *problème* fondamental. *David Hume* est, de tous les philosophes, celui qui a touché de plus près cette question; mais il est loin de se l'être posée avec une précision suffisante; il ne l'a pas envisagée sous un point de vue assez général : il s'est arrêté au seul principe synthétique de la liaison de l'effet avec la cause (*principium causalitatis*), et a cru pouvoir conclure qu'un tel principe est absolument impossible *à priori*. Si bien que, d'après son raisonnement, tout ce que nous appelons Métaphysique ne reposerait que sur une simple opinion d'une prétendue connaissance rationnelle, qui aurait dans le fait pour objet ce qu'elle emprunte de l'expérience, et à quoi l'habitude donnerait l'apparence de la nécessité. Cette assertion, subversive de toute la philosophie pure, n'aurait jamais été émise par son auteur, s'il avait eu sous les yeux notre problème dans sa généralité; car alors il aurait vu que, d'après ses arguments, il ne pourrait non plus y avoir de mathématiques pures, puisqu'elles renferment certainement des principes synthétiques *à priori*, et son excellente raison aurait reculé devant une pareille conséquence.

A la solution de la précédente question se rattache en même temps la possibilité de l'usage de la raison pure dans la fondation et la construction de toutes les sciences qui contiennent une science théorétique *a priori* des objets, et par conséquent la réponse à ces deux questions :

Comment les mathématiques pures sont-elles possibles ?

Comment la physique pure est-elle possible ?

Nous pouvons bien nous demander à l'égard de ces sciences, puisqu'elles existent, COMMENT elles sont possibles; car il est démontré par leur existence qu'elles peuvent être (1). Pour ce qui est de la Métaphysique, ses progrès ont été si lents jusqu'ici, elle a si peu atteint le but qu'elle s'était proposé, qu'on ne peut contester à personne le droit de douter de sa possibilité.

Mais cependant cette *espèce de connaissance* doit, dans un certain sens, être considérée comme donnée; et la Métaphysique est, sinon une science faite, du moins une science dont les matériaux existent réellement (*Metaphysica naturalis*) : car la raison humaine, sans être aiguillonnée par la vanité de la science universelle, mais étant simplement stimulée par le besoin de connaître, marche sans relâche jusqu'à ces questions qui ne peuvent être résolues par aucun usage empirique de la raison, ni par aucun principe qui en émane. Une Métaphysique a donc toujours été et sera toujours dans l'humanité, puisqu'elle est inhérente aux investigations de la raison humaine dans le champ de la spéculation. Telle est maintenant la question qui se présente : *Comment la Métaphysique est-elle possible en tant que disposition*

---

(1) On pourrait peut-être douter qu'il y ait une Physique pure; mais si l'on fait seulement attention aux différentes propositions qui sont ordinairement traitées en tête des ouvrages de physique proprement dite, comme celle de la permanence de la quantité de la matière, de la force d'inertie, de l'égalité de l'action et de la réaction, etc., on sera bientôt persuadé qu'elles ont pour objet une physique pure (ou rationnelle), qui mériterait bien d'être exposée séparément dans toute son étendue, comme science spéciale.

naturelle, c'est-à-dire comment naissent de l'intelligence humaine en général ces questions que s'adresse la raison pure, et auxquelles elle se sent si fortement portée à répondre de son mieux?

Mais comme toutes les tentatives faites jusqu'ici pour donner une solution aux questions très-naturelles que la raison spéculative soulève, par exemple, de savoir si le monde a eu un commencement, ou s'il est éternel, etc., ne présentent que contradictions inévitables : on ne peut s'en tenir à la simple disposition naturelle pour la Métaphysique, c'est-à-dire à la faculté rationnelle pure elle-même, d'où procède toujours, à la vérité, quelque Métaphysique, quelle qu'elle soit; mais il doit être possible d'arriver avec elle à la certitude de la science ou à celle de l'ignorance des choses, c'est-à-dire de pouvoir prononcer sur les objets de ces questions, ou sur la puissance ou l'impuissance de la raison d'en affirmer ou d'en nier quoi que ce soit, et par conséquent d'étendre avec certitude notre raison pure, ou de lui poser des bornes déterminées et sûres. Cette dernière question, qui découle de la question générale qui précède, se traduira donc très-bien en celle-ci : *Comment la Métaphysique est-elle possible comme science ?*

La critique de la raison conduit donc enfin nécessairement à la science. L'usage dogmatique de la raison sans critique ne peut conduire, au contraire, qu'à des assertions sans fondement, auxquelles on peut toujours en opposer d'aussi vraisemblables, et par conséquent au *scepticisme*.

Cette science ne peut pas être non plus d'une longueur décourageante, puisqu'elle n'a rien affaire aux objets de la raison, dont le nombre est infini, mais seulement à la raison elle-même, aux problèmes qui sortent exclusivement de son sein, et qui lui sont proposés, non par la nature des choses qui sont différentes d'elles, mais par la sienne propre. Mais quand une fois elle est parvenue à connaître parfaitement sa propre faculté par rapport aux objets qu'elle peut rencontrer dans l'expérience, il doit lui être facile de déterminer pleinement et sûrement l'étendue et les limites de son usage lorsqu'elle cherche à dépasser toutes les bornes de l'expérience.

On peut donc, et l'on doit même considérer comme non avenues les tentatives faites jusqu'ici pour constituer une Métaphysique dogmatique; car ce qu'il y a d'analytique, savoir, la simple décomposition des concepts qui résident *à priori* dans notre raison, n'est point du tout le but, mais seulement un moyen préliminaire de la Métaphysique proprement dite, qui a pour objet d'étendre nos connaissances synthétiques *à priori*. Or, l'analyse est impropre à cela, puisqu'elle montre seulement ce qui est contenu dans ces concepts, mais non comment nous y parvenons *à priori* pour pouvoir ensuite en déterminer aussi le légitime emploi par rapport aux objets de nos connaissances en général.

Il ne faut pas beaucoup d'abnégation de soi-même pour renoncer à toutes ces prétentions, puisque (et cela ne peut pas plus être nié qu'évité dans la méthode dogmatique) les contradictions de la raison avec elle-même, contradictions qu'on ne peut pas plus nier qu'éviter dans la méthode dogmatique, ont depuis longtemps discrédité la Métaphysique employée jusqu'à ce jour. Il faudra plutôt de la fermeté pour ne pas se laisser détourner par la difficulté intrinsèque, ni par une opposition étrangère, et pour cultiver, faire grandir et féconder par une méthode entièrement opposée à celle qui a été suivie jusqu'à présent, une science indispensable à la raison humaine, une science dont on peut bien couper tous les rejetons qui ont poussé, mais dont on n'extirpera jamais les racines.

VIII.

(Page 31, à la fin du premier alinéa.)

Il s'agit encore moins ici d'une critique des livres ou des systèmes de la raison pure, mais d'une critique de la faculté de la raison pure en elle-même. Ce n'est qu'en prenant cette critique pour point de départ que l'on se trouve muni d'une pierre de touche infaillible pour apprécier la valeur des ouvrages anciens et modernes ; car sans elle l'historien et le juge, tous deux incompétents, déclarent vaines les assertions des autres au nom des leurs propres qui n'ont pas plus de fondement.

IX.

(Page 44, à la fin du n° 5.)

Il est à la vérité nécessaire de concevoir chaque concept comme une représentation contenue dans une multitude infinie de différentes représentations possibles, dont il est comme le caractère commun, et qui par conséquent les contient toutes ; mais nul concept ne peut, comme tel, être considéré comme contenant lui-même une infinité de représentations ; et cependant l'espace est conçu de cette manière, car toutes les parties de l'espace sont toutes ensemble dans l'infini : par conséquent la représentation primitive de l'espace est une intuition *à priori*, et non un *concept*.

§ III.

Exposition transcendentale du concept d'espace.

J'entends par *exposition* transcendentale l'explication d'un concept, comme principe, d'où la possibilité d'autres connaissances synthétiques *à priori* peut être déduite. Il faut donc à cet effet : 1° que des connaissances de cette nature découlent du concept donné; 2° que ces connaissances ne soient possibles que sous la supposition d'une sorte d'explication de ce concept.

La géométrie est une science qui détermine synthétiquement, et cependant *à priori*, les propriétés de l'espace. Quelle doit être maintenant la représentation de l'espace pour qu'une pareille connaissance de l'espace soit possible? Elle doit être originairement une intuition, car d'un simple concept ne peuvent sortir des propositions qui outrepassent ce concept : ce qui cependant arrive en géométrie (introduction V. — Voy. Supp. VII) (1). Mais cette intuition doit se trouver en nous *à priori*, c'est-à-dire avant toute perception d'un objet; elle doit par conséquent être pure et nullement empirique, car les propositions géométriques sont toutes apodictiques, c'est-à-dire liées à la conscience de leur nécessité; par

---

(1) Il y a plus en effet dans l'*intuition* d'un triangle que dans le *concept* de triangle. L'intuition comprend, outre le concept, sa détermination intuitive, v. g., sa figure, sa grandeur, etc. Mais comme toute figure géométrique demande pourtant à être déterminée par une intuition, et que cette intuition n'est pas le concept même qu'elle détermine, il y a donc alors synthèse, et synthèse *à priori*. La géométrie est donc rendue possible par l'intuition *à priori* pure de l'espace. L'espace est donc ce qui rend possibles les jugements synthétiques *à priori* en géométrie T.

exemple, l'espace n'a que trois dimensions. Mais ces principes ne peuvent être empiriques, ou être des jugements de l'expérience, ni en dériver (Introd. II, suppl. IV).

D'où vient maintenant qu'une intuition externe antérieure aux objets mêmes, et dans laquelle le concept de ces objets est déterminé *à priori*, peut être dans l'esprit ? Ce n'est évidemment qu'autant qu'elle est dans le sujet, comme propriété formelle de ce sujet d'être affecté par les objets et d'en recevoir ainsi la *représentation immédiate,* c'est-à-dire l'*intuition;* par conséquent, comme forme du *sens* extérieur en général.

Notre exposition seule rend donc intelligible la *possibilité* de la *géométrie* comme connaissance synthétique *à priori*. Toute espèce d'explication qui ne rend pas compte de ce fait, aurait-elle même, en apparence, la plus grande conformité avec la nôtre, peut en être distinguée par ce caractère très-sûr.

X.

(Page 48.)

Mais, à l'exception de l'espace, il n'y a aucune représentation subjective et se rapportant à quelque chose d'extérieur qui puisse s'appeler objective *à priori;* car on ne peut dériver d'aucune d'elles des propositions synthétiques *à priori*, comme on le fait de l'intuition dans l'espace, (§ III. Suppl. IX). Aucune idéalité, pour parler exactement, ne leur convient donc, quoiqu'elles s'accordent avec la représentation de l'espace, en ce qu'elles appartiennent simplement à la nature subjective d'une espèce de sens, par exemple, de la vue, de l'ouïe, du tact, par les sensations de couleur, de son et de chaleur ; mais ces sensations ne permettent pas du tout de connaître *à priori*, aucune chose en elle-même, parce que ce sont de pures sensations et non des intuitions.

XI.

(Page 52.)

§ V.

Exposition transcendentale du concept de temps.

Je puis renvoyer au § III précédent, p. 377 (1), où, pour être court, j'ai placé ce qui est proprement transcendental sous le titre d'exposition métaphysique. J'ajoute seulement que le concept de changement, celui de mouvement (comme changement de lieu), ne sont possibles que par et dans la représentation du temps; que si cette représentation n'était pas une intuition (interne) *à priori*, aucun concept, quel qu'il fût, ne pourrait faire comprendre la possibilité d'un changement, c'est-à-dire la possibilité d'une associa-

(1) M. Rosenkranz pense que l'auteur renvoie ici au n° 3, p. 50. Nous avons compris ce passage autrement.　　　　T.

tion d'attributs contradictoirement opposés dans un seul et même objet (v. g. qu'une seule et même chose est et n'est pas dans un seul et même lieu), deux déterminations contradictoirement opposées dans une chose ne pouvant se rencontrer que dans le temps, c'est-à-dire successivement. Par conséquent notre concept de temps nous explique la possibilité d'autant de connaissances synthétiques *à priori*, que la science générale du mouvement, qui n'est pas peu féconde, en présente elle-même.

XII.

(Page 70.)

II.(1) A l'appui de cette théorie de l'idéalité du sens, tant externe qu'interne, par conséquent de l'idéalité de tous les objets des sens comme purs phénomènes, on peut surtout faire observer que tout ce qui, dans notre connaissance, appartient à l'intuition (excepté par conséquent le sentiment du plaisir et celui de la peine, ainsi que la volonté, deux choses qui ne sont pas des connaissances), ne contient que de simples rapports, des rapports de lieux dans une intuition (étendue), de changement de lieux (mouvement) et des lois suivant lesquelles ce changement s'opère (forces motrices). Mais ce qui est présent dans le lieu, ou ce qui s'opère dans les choses, excepté le change-

---

(1) Ce qui précède portait en marge le n° I.   T.

ment de lieu, n'est pas donné dans l'intuition. Or, comme une chose en soi n'est cependant pas connue par de simples rapports, on est bien obligé de juger que le sens externe, qui ne nous donne cependant que de simples représentations de rapports, ne peut comprendre dans sa représentation que le rapport d'un objet au sujet, et nullement la matière, le contenu de l'objet représenté. Il en est de même de l'intuition interne. Les représentations du *sens externe* ne sont pas les seules choses qui constituent la matière propre dont nous enrichissons notre esprit, mais encore le temps, dans lequel nous plaçons ces représentations et qui en précède la conscience dans l'expérience; le temps qui, comme condition formelle de la manière dont nous disposons ces représentations dans notre esprit, leur sert de fondement, et comprend déjà des rapports de succession, de simultanéité et de ce qui est simultané à ce qui est successif (du permanent). Or ce qui, comme représentation, peut précéder toute action de la pensée d'un objet est l'intuition; et si cette intuition ne contient que des rapports, elle n'est plus que la forme de l'intuition, forme qui, puisqu'elle ne représente rien qu'autant qu'il y a quelque chose dans l'esprit, ne peut être que la manière dont l'esprit est affecté par sa propre activité, c'est-à-dire par le fait même de sa représentation, par conséquent par lui-même, ou un sens intime quant à sa forme. Tout ce qui est représenté par un sens est toujours à ce titre un phénomène; un sens intime devrait donc n'être point reconnu, ou bien le sujet qui en est ici l'objet même ne pourrait être représenté par ce sens que comme phénomène, et non comme il se jugerait lui-même si son intuition était simplement spontanéité, c'est-à-dire intellectuelle. Toute la difficulté est ici de savoir comment un sujet peut s'apercevoir lui-même intérieurement : mais cette difficulté est commune à toutes les théories. La conscience de soi-même (apperception) est la représentation indivisible du *moi*; et si tout ce qu'il y a de divers dans le sujet nous était *spontanément* donné dans cette représentation, l'intuition interne serait intellectuelle. Cette conscience exige dans l'homme une perception intérieure de la diversité donnée par anticipation dans le sujet; et la manière dont cette diversité est donnée dans l'esprit sans spontanéité doit, à raison de cette différence, s'appeler sensibilité. Si la faculté d'être conscient de soi doit rechercher (appréhender) ce qui est dans l'esprit, il est nécessaire qu'elle en soit affectée; c'est la seule manière dont l'intuition de soi puisse avoir lieu. Mais la forme de cette intuition, qui est originelle *dans* l'esprit, détermine, par la représentation du temps, la manière dont la diversité se compose dans l'esprit. L'esprit se perçoit en effet, non comme il se représenterait lui-même immédiatement en vertu de son activité propre, de sa spontanéité, mais d'après la manière dont il est intérieurement affecté, par conséquent comme il s'apparaît à lui-même, et non tel qu'il est.

III. Quand je dis que, dans l'espace et le temps, l'intuition des objets extérieurs et celle de l'esprit représentent ces deux choses telles qu'elles affectent nos sens, c'est-à-dire comme elles nous apparaissent, je ne veux pas dire par là que ces objets soient une pure *apparence ;* car, dans le phénomène, les objets et même les propriétés que nous leur attribuons sont toujours considérés comme quelque chose de réellement donné ; seulement, comme cette qualité d'être donné dépend uniquement de la manière de percevoir du sujet dans le rapport qu'il soutient avec l'objet donné, cet objet, comme *phénomène,* est différent de lui-même comme objet en soi. Ainsi, je ne dis pas que les corps semblent simplement m'être extérieurs, ou que mon âme semble simplement m'être donnée dans ma conscience, quand j'affirme que la qualité de l'espace et du temps (conformément à laquelle je pose le corps et l'âme comme étant la condition de leur existence) est uniquement dans mon mode d'intuition, et non dans ces objets en eux-mêmes. Ce serait ma faute propre si je faisais une pure apparence de ce que je dois prendre pour un phénomène (1). Mais cela n'a pas lieu si l'on admet

---

(1) Les prédicats du phénomène peuvent être attribués à l'objet

notre principe de l'idéalité de toutes nos intuitions sensibles. Si au contraire l'on attribue une *réalité objective* à toutes ces formes de représentations sensibles, on ne peut plus éviter que tout ne soit par là converti en pure *apparence*. Car si l'on considère l'espace et le temps comme des qualités qui doivent se trouver, quant à leur possibilité, dans les choses en soi, et si l'on réfléchit aux absurdités dans lesquelles on tombe alors, puisque deux choses infinies, qui ne peuvent pas être des substances, ni quelque chose d'inhérent aux substances, mais qui sont cependant quelque chose d'existant et même la condition nécessaire de l'existence de toutes choses, subsisteraient encore, quand même tout le reste serait anéanti; alors on ne peut guère blâmer l'excellent *Berkeley* d'avoir réduit les corps à une pure apparence. No-

lui-même en rapport avec nos sens, v. g. à la rose, la couleur rouge, ou l'odeur. Mais l'apparence ne peut jamais, comme prédicat, être attribuée à l'objet, par la raison précisément qu'elle attribue à l'objet *en soi* ce qui ne lui convient que par rapport aux sens, ou en général par rapport au sujet, v. g. les deux anses attribuées primitivement à Saturne. Ce qui ne se trouve point du tout dans l'objet en lui-même, mais toujours dans son rapport avec le sujet, et qui est inséparable de la représentation de l'objet, est phénomène : ainsi, les prédicats d'espace et de temps sont attribués avec raison aux objets des sens comme tels ; et en cela il n'y a aucune fausse apparence. Au contraire, quand j'attribue la rougeur à la rose *en soi*, à Saturne des anses, ou à tous les objets extérieurs l'étendue *en soi*, sans avoir égard au rapport déterminé de ces objets au sujet et sans restreindre mon jugement en conséquence, alors seulement il y a fausse apparence.

tre existence même, qui, de cette manière, dépendrait de la réalité subsistante en soi d'un non-être, tel que le temps, ne serait, non plus que lui, qu'une vaine apparence; absurdité que personne jusqu'ici n'a encore osé soutenir.

IV. Dans la théologie naturelle, où il s'agit d'un objet qui ne peut absolument pas être un objet d'intuition sensible, non-seulement pour nous, mais absolument pas, même pour lui, on a grand soin de ne pas attribuer à son intuition ou manière de voir, le temps et l'espace, conditions de nos intuitions humaines; car toute la manière de connaître de Dieu, doit être intuition, et non la *pensée*, la pensée étant une preuve de fini. Mais de quel droit peut-on procéder ainsi, quand auparavant l'on a fait de l'espace et du temps les formes des choses en soi, et des formes telles que, comme conditions de l'existence des choses *à priori*, elles subsistent même après qu'on a tout anéanti par la pensée! Car, comme conditions de toute existence en général, elles doivent l'être aussi de l'existence de Dieu. Si l'on ne fait pas de l'espace et du temps des formes objectives de toutes choses, il ne reste qu'à en faire les formes subjectives de notre mode d'intuition, tant interne qu'externe; lequel mode s'appelle sensible, par la raison qu'il n'est point primitif, c'est-à-dire qu'il n'est pas tel que, par lui seul, l'existence même d'un objet soit donnée en intuition (un pareil mode ne peut, à ce qu'il me semble, appartenir qu'à l'être suprême); il dépend au contraire de l'existence de l'objet, et n'est par conséquent possible qu'à la condition que la capacité représentative du sujet en soit affectée.

Il est nécessaire aussi que nous restreignions l'espèce d'intuition dans l'espace et le temps à la sensibilité de l'homme. A supposer cependant que tout être pensant borné dût nécessairement en cela s'accorder avec l'homme (quoique nous ne puissions rien décider à cet égard), néanmoins cette universalité n'empêcherait pas que le mode d'intuition n'appartînt à la sensibilité, par la raison précisément que l'intuition est dérivée (*intuitus derivativus*) et non primitive (*intuitus originarius*). Elle n'est donc pas non plus intellectuelle, comme celle qui semble appartenir, d'après ce que je viens de dire, à un être indépendant, à l'Être suprême seulement, intuition qui n'est jamais le partage d'un être dépendant quant à son existence et à son intuition (qui est déterminée par son existence relativement aux objets donnés). Cette dernière observation sur notre théorie esthétique ne doit être regardée que comme un éclaircissement, et non comme une preuve.

Conclusion de l'Esthétique transcendentale.

Nous avons maintenant une des données requises pour la solution de la question générale de la philosophie transcendante : *Comment les propositions synthétiques sont-elles possibles à priori*, car nous avons établi que c'est par des intuitions pures *à priori*, l'espace et le temps, dans lesquels nous trouvons, si toutefois nous voulons, en jugeant *à priori*, sortir du concept donné, tout ce qui peut être découvert *à priori*, non dans le concept, mais bien dans l'intuition qui y correspond, et tout ce qui peut être uni synthétiquement à ce concept. Mais, par cette raison, ces jugements ne s'étendent pas au delà des objets des sens, et n'ont de valeur que relativement aux choses qui sont du ressort de l'expérience possible.

XIII.

(Page 107.)

§ XI.

On peut faire sur cette table des catégories des observations curieuses, et qui peuvent conduire à des conséquences importantes par rapport à la forme scientifique de toutes les connaissances rationnelles. Car il est évident que cette table est de la plus grande utilité pour la partie théorétique de la philosophie, qu'elle est même indispensable pour tracer le plan *complet d'une science*, en tant que cette science repose sur des concepts *à priori*, et pour la *diviser* mathématiquement *suivant des principes déterminés*. Cette table contient évidemment tous les concepts élémentaires de l'entendement, même la forme de leur ensemble ou système dans l'esprit humain; elle indique donc tous les *moments* d'une science spéculative projetée; elle en donne même jusqu'à l'*ordonnance*, ainsi que nous l'avons prouvé dans une autre occasion (1). Je ne ferai pour le moment que quelques-unes de ces observations.

Première observation. — La table des catégories, qui comprend quatre classes de concepts intellectuels, se divise d'abord en deux parties, dont la première concerne les objets de l'intuition (pure ou empirique), la seconde, l'existence de ces objets (soit par rapport les uns aux autres, soit par rapport à l'entendement).

La première classe de concepts est celle des *catégories mathématiques*, la seconde celle des *catégories dynamiques*. La première, comme on le voit, manque de concepts corrélatifs; il n'y en a que dans la seconde. Cette différence doit cependant avoir une raison dans la nature de l'entendement.

Deuxième observation. — Dans chaque classe, le nombre des catégories est le même; elles sont au nombre de trois : ce qui est digne de remarque, puisque toute autre division *à priori* par concepts doit être dichotomique. Ajoutons encore que la troisième catégorie résulte toujours de l'union des deux premières de chaque classe à laquelle elle appartient.

---

(1) Dans les *Principes métaphysiques de la Physique.*

Ainsi l'*Universalité* (totalité) n'est que la multiplicité considérée comme unité ; la *Limitation* n'est autre chose non plus que la réalité jointe à la négation ; la *Réciprocité* est la *Causalité* d'une substance en détermination mutuelle avec une autre ; enfin la *Nécessité* n'est que l'existence donnée par la possibilité elle-même. Mais il ne faut pas croire pour cela que la troisième catégorie ne soit qu'un concept purement dérivé, et non un concept primitif de l'entendement pur ; car l'union de la première et de la seconde catégorie, pour former le troisième concept, exige de la part de l'entendement un acte particulier distinct de celui qui a lieu dans la première et la seconde catégorie. Ainsi, le concept d'un *nombre* (qui appartient à la catégorie de totalité) n'est pas toujours possible où se trouvent les concepts de pluralité et d'unité (v. g. dans la représentation de l'infini). De même, de ce que j'unis les deux concepts de *cause* et de *substance*, on ne comprend pas pour cela sur-le-champ l'*influence*, c'est-à-dire comment il est possible qu'une substance soit cause de quelque chose dans une autre substance. Il faut donc évidemment pour cela un acte spécial de l'entendement. Il en est de même des autres.

Troisième observation. — Quant à la catégorie de la *Communauté*, qui se trouve sous le troisième titre, son accord avec la forme du jugement disjonctif qui lui correspond dans la table des fonctions logiques, n'est pas aussi évident que dans les autres classes.

Pour s'assurer de cet accord, il faut remarquer que dans tous les jugements disjonctifs, la sphère (l'ensemble de tout ce qui est compris dans un jugement de cette nature) est représentée comme un tout divisé en parties (les concepts subordonnés); et, comme l'une de ces parties ne peut être contenue dans l'autre, elles doivent être conçues entre elles comme coordonnées et non comme subordonnées; de telle sorte qu'elles se déterminent les unes les autres, non pas successivement ni partiellement comme dans une série, mais mutuellement comme dans un agrégat. Si donc un membre de la division est posé, est admis, tous les autres sont rejetés, et réciproquement.

Or, dès qu'une semblable liaison est conçue dans un *tout des choses*, alors l'une de ces choses comme effet, n'est pas subordonnée à l'autre comme cause de son existence; mais toutes deux sont coordonnées en même temps et réciproquement comme causes l'une de l'autre par rapport à leur détermination (v. g., dans un corps dont les parties s'attirent ou se repoussent mutuellement). C'est là une tout autre espèce de liaison que celle qui se rencontre dans le simple rapport de cause à effet (de principe à conséquence), rapport dans lequel la conséquence ne détermine pas à son tour le principe, et par cette raison ne forme pas un tout avec lui (tel le créateur avec le monde). Ce procédé qu'emploie l'entendement lorsqu'il se représente la sphère d'un concept divisé, est encore le même quand une chose est conçue comme divisible ; et de même que les membres de la division s'excluent les uns les autres dans le premier cas, quoiqu'ils soient cependant réunis en une sphère, de même l'entendement se représente les parties d'une chose divisible, auxquelles (comme substances) compète individuellement une existence indépendante de celle des autres parties, comme réunies cependant en un tout.

§ XII.

Mais on trouve encore un chapitre dans la philosophie transcendentale des anciens, qui comprend des concepts de l'entendement pur ; concepts qui, bien qu'ils ne soient pas comptés parmi les catégories, étaient cependant regardés comme devant avoir une valeur objective *à priori*. Si cela devait être, ces concepts augmenteraient le nombre des catégories ; ce qui est impossible. Ces concepts se trouvent compris dans cette proposition si fameuse parmi les scholastiques : Tout être est *un, vrai, bon; quodlibet ens est* UNUM, VERUM, BONUM. Mais quoique l'usage de ce principe fût presque nul par rapport aux conséquences (qui ne donnaient que des propositions tautologiques), à tel point que, dans ces derniers temps, il ne trouvait place dans les traités métaphysiques que par une sorte de respect ; cependant une pensée qui a été si longtemps en crédit, quoiqu'en apparence tout à fait vaine, mérite toujours qu'on en recherche l'origine, et autorise à conjecturer qu'elle pourrait bien avoir sa raison dans une loi de l'entendement ; raison qui, comme il arrive souvent, aurait été seulement mal interprétée. Ces prétendus attributs transcendentaux des *choses* ne sont que des exigences logiques, et des critères de toute *connaissance des choses* en général, connaissance à laquelle les catégories de quantité, c'est-à-dire l'*unité*, la *multiplicité* et la *totalité* servent de fondement. Ces catégories n'étaient employées que dans un sens formel, comme si elles faisaient partie de la condition logique nécessaire pour toute connaissance, tandis qu'elles auraient dû être prises dans un sens proprement matériel, comme conditions de la possibilité des choses en elles-mêmes. D'un autre côté cependant ces critères de la pensée étaient inconsidérément convertis en des propriétés des choses en soi (1). Dans toute connaissance d'un objet il y a effectivement d'abord une *unité* de concept, qu'on peut appeler *unité qualitative*, en tant que l'ensemble de la diversité des connaissances est pensé sous cette unité ; à peu près comme l'unité du thême dans un drame, dans un discours, dans une fable. Ensuite il y a *vérité* par rapport aux conséquences. Plus il y a de consé-

---

(1) Ce qui prouve l'inconséquence des anciens : puisqu'ils regardaient ces critères comme des catégories, ils auraient dû ne leur accorder, comme aux catégories, qu'une valeur subjective.   T.

quences vraies qui découlent d'un concept donné, plus il y a de caractères de sa réalité objective. C'est ce qu'on pourrait appeler la *pluralité qualitative* des signes ou caractères (1) appartement à un concept comme à un principe commun (sans que ces signes y soient pensés comme des quantités). Enfin, il y a *perfection*. Elle consiste en ce que cette multiplicité revient tout entière à son tour à l'unité de concept et s'accorde complétement et exclusivement avec ce concept; ce qu'on peut appeler *intégralité qualitative* (totalité). D'où il résulte clairement que ces critères logiques de la possibilité de la connaissance en général ne transforment ici en une conscience unique, au moyen de la qualité d'une seule connaissance comme principe, les trois catégories de la quantité, où l'unité doit être prise d'une manière absolument homogène dans la production du quantum, que pour unir des éléments de connaissance *hétérogènes*. Le critère de la possibilité d'un concept (et non de l'objet de cette possibilité) est la définition, dans laquelle l'*unité* de ce concept, la *vérité* de tout ce qui peut en être immédiatement dérivé, enfin l'*intégralité* [ou perfection] de ce qui en a été tiré, sont trois choses nécessaires à la formation du concept total. Ou bien encore, ce qui revient au même, le *critère d'une hypothèse* est tout à la fois l'intelligibilité *du principe*

---

(1) Des concepts élémentaires. V. *Logiq. de Kant.* p. 148, tr. fr. T.

d'explication admis ou son *unité* (sans hypothèse subsidiaire); la vérité (accord entre elle et l'expérience) des conséquences qui en dérivent; enfin l'*intégralité* de principe d'explication de ces conséquences, lesquelles ne révèlent ni plus ni moins que ce qui a été mis en hypothèse, rendent analytiquement *à posteriori* ce qui était auparavant pensé synthétiquement *à priori,* et s'y rapportent parfaitement. — La table transcendentale des catégories, étant complète, n'admet donc point les concepts d'unité, de vérité et de perfection. Et comme on considère ces concepts indépendamment des objets, il n'en doit être traité qu'en parlant des règles logiques générales de l'accord de la connaissance avec elle-même.

XIV.

(Page 118.)

Le célèbre *Locke,* pour ne pas avoir fait attention à cela, et dérivant de l'expérience, par la raison qu'il les y rencontrait, des concepts purs de l'entendement, fut cependant si *inconséquent* qu'il tenta des recherches pour rendre compte de connaissances qui dépassent de beaucoup les bornes de l'expérience. *David Hume* reconnut que, pour avoir le droit de sortir de l'expérience [et de chercher des concepts ailleurs], leur origine devrait être *à priori.* Mais ne pouvant pas s'expliquer la possibilité que l'entendement doive concevoir comme nécessairement liés dans un objet des concepts qui ne le sont pas dans l'entendement, et n'apercevant pas qu'il peut arriver que l'entendement lui-même soit, à l'aide de ces concepts, auteur de l'expérience dans laquelle ses objets se présentent, pressé cependant par la nécessité, il les dériva de l'expérience, c'est-à-dire d'une certaine nécessité particulière et subjective provenant d'une association fréquente dans l'expérience, et qui serait enfin prise très-faussement pour objective, c'est-à-dire, en un mot, de l'*habitude*. Mais il fut ensuite très-conséquent, en ce qu'il fit ressortir l'impossibilité de franchir les bornes de l'expérience, au moyen de ces concepts et des principes qu'ils constituent. Toutefois la dérivation empirique dans laquelle ces deux philosophes sont tombées ne peut se concilier avec la réalité des connaissances scientifiques *à priori* que nous avons des Mathématiques pures, ni avec celle de la *Physique générale;* elle se trouve par conséquent réfutée par le fait.

Le premier de ces deux hommes célèbres ouvrit toutes les portes à l'extravagance, parce que l'esprit, ayant une fois le droit de son côté, ne se laisse plus contenir par de vagues conseils de modération. Le second tomba complétement dans le *scepticisme* dès qu'une fois il crut avoir découvert qu'une illusion générale de notre faculté de penser était cependant regardée comme raison. — Nous voilà parvenus au moment de rechercher si la raison humaine peut passer saine et sauve entre ces deux écueils, si des bornes déterminées peuvent lui être assignées, et si cependant tout le champ légitime de son activité ne peut pas en même temps lui rester ouvert.

Avant de me livrer à cet examen, je rappellerai seulement la *définition* des *catégories*. Ce sont des concepts d'un objet en général, au moyen desquels l'intuition de cet objet est considérée comme *déterminée* par rapport à une des *fonctions logiques* du jugement. Ainsi la fonction du jugement *catégorique* est celle du rapport du sujet au prédicat, par exemple : Tous les corps sont divisibles. Mais, par rapport au simple usage logique de l'entendement, on ne détermine pas auquel des deux concepts la fonction de sujet ou de prédicat doit être dévolue; car on peut dire également : Quelque chose de divisible est un corps. Mais quand, par la catégorie de substance, je fais entrer sous ce quelque chose le concept de corps, je décide alors que l'intuition empirique de ce corps dans l'expérience ne doit toujours être considérée que comme sujet, jamais comme simple prédicat; et ainsi pour toutes les autres catégories.

XV.
(Page 118.)
DÉDUCTION DES CONCEPTS INTELLECTUELS PURS.
SECTION II.
Déduction transcendantale des concepts intellectuels purs.
§ XV.
De la possibilité d'une liaison ou synthèse en général.

Le divers des représentations peut être donné dans

une intuition qui est purement sensible, c'est-à-dire qui n'est que la capacité de sentir; et la forme de cette intuition peut se trouver *à priori* dans notre faculté représentative, sans être autre chose cependant qu'un mode d'affection du sujet. Mais la liaison (*conjunctio*) d'une diversité quelconque ne peut jamais nous venir des sens, et ne peut par conséquent pas être contenue en même temps dans la forme pure de l'intuition sensible; car elle est un acte spontané de la faculté représentative; et, comme cette faculté doit s'appeler entendement, pour la distinguer de la sensibilité, alors toute liaison, que nous en soyons ou non conscients (que ce soit du reste une liaison de la diversité de l'intuition ou de différents concepts, et que dans le premier cas l'intuition soit empirique ou non empirique), est un acte intellectuel que nous appellerons du nom commun de *synthèse*, pour faire entendre en même temps par là que nous ne pouvons rien nous représenter comme lié dans un objet sans l'avoir lié auparavant même dans l'entendement, et que, dans toutes les représentations, la *liaison* est la seule qui n'est pas donnée par les objets, qu'elle ne peut être opérée que par le sujet lui-même, parce qu'elle est un acte de sa spontanéité. On aperçoit facilement ici qu'elle doit être primitivement une et valoir indistinctement pour toute liaison, et que la décomposition *analytique* qui lui semble contraire la suppose cependant toujours;

car, où l'entendement n'a rien lié, composé, il ne peut rien rien décomposer, parce qu'il a fallu que l'*entendement* seul *donnât* le composé à la faculté représentative.

Mais le concept de liaison emporte, outre le concept de diversité et de la synthèse de cette diversité, celui de l'unité de cette diversité même. La liaison est donc la représentation de l'unité *synthétique* de la diversité (1). La représentation de cette unité ne peut donc provenir de la liaison ; elle seule au contraire rend enfin possible le concept de la liaison en s'ajoutant à la représentation de la diversité. Cette unité qui précède *à priori* tous les concepts de la liaison n'est assurément pas la catégorie de l'unité (§ X, p. 99); car toutes les catégories se fondent sur les fonctions logiques des jugements, et la liaison, et par conséquent l'unité des concepts donnés, est déjà pensée dans ces jugements. La catégorie suppose donc déjà la liaison. Nous devons donc chercher plus haut cette unité (comme qualitative, § XII, Suppl. XIII, p. 391), savoir, en ce qui contient le principe même de l'unité des différents concepts dans les jugements, par consé-

---

(1) Ce n'est pas ici le lieu de rechercher si les représentations mêmes sont identiques, et par conséquent si l'une peut être analytiquement pensée par le moyen de l'autre. La *conscience* de l'une, en tant qu'il est question de diversité, doit cependant toujours être distinguée de la conscience de l'autre; il ne s'agit ici que de la synthèse de cette conscience (possible).

quent dans le principe de la possibilité de l'entendement même quant à son usage logique.

§ XVI.

De l'unité primitivement synthétique de l'apperception.

Le : *je pense* ou la conscience de ma pensée, doit *pouvoir* accompagner toutes mes autres représentations, car autrement quelque chose serait représenté en moi sans pouvoir être pensé, ce qui revient à dire, ou que la représentation serait impossible, ou tout au moins qu'elle ne serait rien pour moi. La représentation qui peut être donnée avant toute pensée, s'appelle *intuition*. Toute diversité de l'intuition a un rapport nécessaire au *je pense*, dans le même sujet où se trouve cette diversité. Mais cette représentation est un acte de la *spontanéité;* c'est-à-dire qu'elle ne peut pas être considérée comme appartenant à la sensibilité. Je l'appelle *apperception pure,* pour la distinguer de l'apperception empirique ; ou bien encore *apperception primitive*, parce qu'elle est cette conscience de soi-même qui, en donnant naissance à la représentation *je pense* (laquelle représentation doit pouvoir accompagner toutes les autres, puisqu'elle est la même dans toute conscience), ne peut plus être elle-même accompagnée d'aucune autre. J'appelle aussi son unité l'unité transcendentale de la conscience, pour indiquer la possibilité de la connaissance *à priori* qui en résulte ; car les représentations variées, qui sont données dans une certaine intuition, ne seraient pas toutes mes représentations si elles n'appartenaient pas toutes à une même conscience. C'est-à-dire que, comme représentations miennes (quoique je n'en aie pas la conscience comme telles), elles doivent être nécessairement soumises à la condition sous laquelle seule elles peuvent être toutes dans une conscience générale du moi, parce qu'autrement elles ne seraient pas toutes miennes. De cette liaison primitive résultent plusieurs conséquences.

A savoir, que cette identité universelle de l'apperception d'une diversité donnée dans l'intuition contient la synthèse des représentations, et n'est possible que par la conscience de cette synthèse. Car la conscience empirique qui accompagne différentes représentations est en soi diverse et sans rapport à l'identité du sujet. Ce rapport ne s'opère donc pas encore parce que j'accompagne de ma conscience toutes mes représentations, mais parce que je les *ajoute* l'une à l'autre, et que je suis conscient de leur synthèse. Par conséquent, par cela seul que je puis unir en *une conscience unique* une diversité de représentations données, il est possible que je me représente *l'identité de la conscience* dans ces *représentations* mêmes; c'est-à-dire que l'unité analytique de l'apperception n'est possible que dans la supposition d'une unité synthétique (1). Quand je pense que ces représentations données en intuition m'appartiennent toutes, c'est comme si je les réunissais en une seule conscience ; au moins puis-je les unir de la sorte. Et, quoique cette pensée même ne soit pas encore la conscience de la *synthèse* des représentations, elle en suppose néanmoins la possibilité. C'est-à-dire que par cela seul que je puis comprendre en une seule conscience la diversité des représentations, je les appelle toutes mes représentations ; car autrement j'aurais un [moi] Même d'autant de variétés de couleurs que j'ai de représentations avec conscience. L'unité synthétique de la diversité des intuitions, comme donnée *à priori*, est donc le fondement de

(1) L'unité analytique de la conscience se rattache à tous les concepts communs, comme tels : par exemple, si je pense au *rouge* en général, je me représente par là une qualité qui peut être trouvée (comme signe) dans quelque chose, ou qui peut être unie à d'autres représentations. Je ne puis donc concevoir l'unité analytique dans mon esprit que par le secours d'une certaine unité synthétique pensée auparavant, quelle qu'elle soit du reste. Une représentation qui doit être conçue commune à des choses *différentes* est considérée comme appartenant à des choses qui ont encore en elles, outre cette représentation, quelque autre chose de *différent*. Elle doit donc être conçue en unité synthétique avec d'autres représentations (ne seraient-elles que possibles) avant que je puisse penser en elle l'unité analytique de la conscience qui la rend *conceptus communis*. Ainsi, l'unité synthétique de l'apperception est le point culminant auquel on doit rattacher toute opération intellectuelle, toute logique même, et d'après elle toute philosophie transcendentale. Il y a plus : cette faculté est l'entendement lui-même.

l'identité de l'apperception même qui précède *à priori* toute pensée déterminée en moi. La liaison n'est pas dans les objets et ne peut en être empruntée ni tirée par l'observation, pour être enfin reçue dans l'entendement, qui n'est lui-même que la faculté d'unir *à priori*, et de soumettre la diversité des représentations données à l'unité de l'apperception. Ce principe est le plus élevé de toute la connaissance humaine.

Ce principe de l'unité nécessaire de l'apperception est, à la vérité, une proposition identique, une proposition analytique par conséquent; mais il explique cependant la nécessité d'une synthèse de la diversité donnée dans une intuition, puisque sans cette synthèse, l'identité constante de la conscience de soi-même ne peut être conçue. Car le *moi*, comme représentation simple, ne donne aucune diversité : le divers ne peut être donné que dans l'intuition, qui est différente de la représentation du moi, et ne peut être pensé que par une *liaison* en une seule conscience. Un entendement dans lequel toute diversité serait donnée en même temps par la conscience percevrait; mais le nôtre ne peut que penser ou concevoir seulement, et doit chercher l'intuition dans les sens. J'ai donc conscience du [moi] Même identique, par rapport à la diversité des représentations à moi données dans une intuition, puisque je les appelle toutes mes représentations, et que toutes en constituent une seule. Ce qui est la même chose que si j'étais conscient d'une synthèse nécessaire *à priori* de ces représentations, synthèse que j'appelle unité synthétique primitive de l'apperception à laquelle sont soumises toutes les représentations qui me sont données, mais à laquelle elles doivent aussi être ramenées au moyen d'une synthèse.

§ XVII.
Le principe de l'unité synthétique de l'apperception est le principe suprême de tout usage de l'entendement.

Le principe suprême de la possibilité de toute intuition par rapport à la sensibilité, suivant l'Esthétique transcendentale, est, comme nous l'avons vu, la Soumission de toute diversité de l'intuition aux conditions formelles de l'espace et du temps. Le principe suprême de la même possibilité par rapport à l'entendement est que, Toute diversité de l'intuition est soumise aux conditions de l'unité originellement synthétique de l'apperception (1). Au premier de ces

(1) L'espace et le temps, et toutes leurs parties, sont des *intuitions*, par conséquent des représentations singulières, avec la diversité qu'elles renferment (Voy. l'Esthétique transcendentale). Ce ne sont donc pas de simples concepts au moyen desquels la même conscience soit comme comprise dans un grand nombre de représentations; mais ce sont des représentations nombreuses qui sont comme comprises dans une seule, et dont la conscience est, pour ainsi dire, composée. L'unité de conscience en est donc reconnue être *synthétique*, mais néanmoins primitive. Le caractère d'*unité individuelle* de cette conscience est important dans l'application (Voy. § XXV).

principes sont soumises toutes les représentations diverses des intuitions, en tant qu'elles nous sont données : elles se rapportent au second principe, en tant qu'elles doivent pouvoir être liées en une seule conscience ; car sans cela rien ne peut être pensé ou connu de la sorte, parce que les représentations données n'auraient pas en commun l'acte de l'apperception *je* pense, et par conséquent ne seraient pas liées en une seule et même conscience.

L'entendement, pour parler généralement, est la faculté des *connaissances.* Ces connaissances consistent dans le rapport déterminé des représentations données à un objet. Mais un *objet* est ce dans le concept de quoi la diversité d'une intuition donnée est liée. Or toute liaison des représentations exige unité de conscience dans leur synthèse. L'unité de conscience est donc la seule chose qui forme le rapport des représentations à un objet, par conséquent leur valeur objective ; c'est ce qui fait que ces représentations deviennent des connaissances, et ce sur quoi repose aussi la possibilité même de l'entendement.

La première connaissance pure de l'entendement, celle sur laquelle se fonde tout le reste de son usage et qui est indépendante de toutes les conditions de l'intuition sensible, c'est donc le principe de l'unité *synthétique* originelle de l'apperception. Ainsi la simple forme de l'intuition sensible extérieure, l'espace, n'est pas encore une connaissance; l'espace ne donne que la diversité de l'intuition *à priori* pour la connaissance. Mais si je veux connaître quelque chose dans l'espace, par exemple une ligne, je dois la *tirer*, et par conséquent exécuter synthétiquement une certaine liaison de la diversité donnée, de telle sorte que l'unité de cette action soit en même temps l'unité de conscience (dans le concept d'une ligne), et que par là, et pas avant, un objet (un espace déterminé) soit connu. L'unité synthétique de la conscience est donc une condition objective de toute connaissance, dont je n'ai pas simplement besoin, même pour connaître un objet, mais à laquelle toute intuition doit être soumise, pour qu'elle puisse devenir un *objet* pour moi, parce qu'autrement, sans cette synthèse, la diversité ne pourrait se lier en une conscience.

Cette dernière proposition est même, comme on l'a dit, une proposition analytique, quoiqu'elle fasse, à la vérité, de l'unité synthétique la condition de toute pensée; car elle signifie seulement que toutes mes représentations dans une intuition donnée quelconque doivent être soumises à la condition sous laquelle seule je puis les rapporter comme représentations miennes, au Même identique, et par conséquent les unir synthétiquement *comme* dans une seule apperception par l'expression générale *je* pense.

Ce principe ne vaut cependant pas nécessairement pour tout entendement possible en général, mais seulement pour celui par l'apperception pure duquel rien de divers n'est encore donné dans la représentation : *je* suis. Un entendement dont la conscience donnerait en même temps la diversité de l'intuition, entendement par la représentation duquel les objets de cette représentation existeraient en même temps, n'aurait pas besoin d'un acte particulier de la synthèse de la diversité pour obtenir l'unité de conscience nécessaire à l'entendement humain, qui pense purement et simplement sans percevoir. Mais, pour l'entendement humain, ce principe est nécessairement le premier principe ; tellement qu'il ne peut se faire la moindre notion d'un autre entendement possible, c'est-à-dire d'un entendement, ou qui perçoive lui-même, ou qui ait quelque autre intuition sensible, différente de celle qui a son principe dans l'espace et le temps.

§ XVIII.

Ce que c'est que l'Unité objective de la conscience de soi-même.

L'*Unité* transcendentale de l'apperception est celle par laquelle toute diversité donnée dans une intuition est réunie en un concept de l'objet. C'est pour cette raison qu'on l'appelle *objective*. Elle doit être distinguée de l'*unité subjective* de la conscience, qui est une *détermination* du *sens* intime, par laquelle cette diversité d'intuition est empiriquement donnée pour ensuite être liée de la sorte. Les circonstances ou conditions expérimentales font que je puis être *empiriquement* conscient de la diversité, comme simultanée ou successive. Par conséquent l'unité empirique de la conscience, par l'association des représentations, se rapporte au phénomène lui-même, et son caractère est tout à fait contingent. Au contraire, la forme pure de l'intuition dans le temps, comme simple intuition en général contenant une diversité donnée, n'est soumise à l'unité primitive de la conscience que par le rapport nécessaire de la diversité de l'intuition à un *je* pense unique; ce qui n'a lieu par conséquent qu'au moyen de la synthèse pure de l'entendement, qui sert de fondement *à priori* à la synthèse empirique. L'unité [de la synthèse pure] n'est valable qu'objectivement; l'unité de la synthèse empirique de l'apperception, que nous ne considèrerons pas ici, et qui n'est qu'une dérivation de la première, sous des conditions données *in concreto*, n'a qu'une valeur subjective. L'une(1) rattache à une chose la représentation d'un certain mot, l'autre la rattache à une autre chose; et l'unité de conscience, dans ce qui est empirique, ne vaut ni nécessairement, ni universellement par rapport à ce qui est donné.

(1) Il y a dans le texte : *Einer verbindet die Vorstellung eines gewissen Worts mit einer Sache, die andere mit einer anderen Sache*, etc. Je traduis comme s'il y avait *Eine*. C'est ce qu'ont fait aussi MM. Mantovani et F. Haywood. De plus, j'entends par l'*une*, avec le traducteur italien, la première de ces unités, l'unité synthétique pure. La traduction latine de Born emploie ici des conséquents qui ne s'expliquent ni grammaticalement ni logiquement. T.

§ XIX.

La forme logique de tous les jugements consiste dans l'unité objective de l'apperception des concepts contenus dans ces jugements.

Je n'ai jamais été satisfait de la définition que les logiciens donnent du jugement en général. Un jugement, suivant eux, est la représentation d'un rapport entre deux concepts. Or, sans disputer ici avec eux sur le vice de cette définition, qui ne cadre, en tout cas, qu'avec les jugements catégoriques, mais nullement avec les jugements hypothétiques et les disjonctifs (ces derniers contenant, non un rapport de concepts, mais un rapport de jugements), je me contenterai de remarquer, quoiqu'il soit résulté de ce vice logique des conséquences fâcheuses (1), qu'on ne détermine point dans cette définition en quoi consiste ce *rapport*.

Mais quand j'examine plus attentivement le rapport des connaissances données dans un jugement quelconque, et que je le distingue, comme propre à

---

(1) Cette longue théorie des quatre formes syllogistiques ne concerne que les raisonnements catégoriques ; et, quoiqu'elle ne soit que l'art de surprendre, en cachant des conséquences immédiates (*consequentiæ immediatæ*), sous les prémisses d'un raisonnement rationnel pur, l'apparence de plus d'espèces de conséquences qu'il n'y en a dans celui de la première figure, elle n'aurait cependant pas gagné grand'chose si elle n'était pas parvenue à présenter les seuls jugements catégoriques comme ceux auxquels tous les autres devraient se rapporter; ce qui n'est cependant pas vrai, suivant le § IX, p. 92.

l'entendement, du rapport opéré d'après les lois de l'imagination reproductive (lequel n'a qu'une valeur subjective), je trouve alors qu'un jugement n'est qu'une manière de réduire des connaissances données à l'unité *objective* de l'apperception. Telle est, en effet, la fonction que remplit la copule *est*, dans les jugements, pour distinguer l'unité objective des représentations données de l'unité subjective. Car cette copule indique la relation de ces représentations à l'apperception primitive, et leur *unité* nécessaire, quoique le jugement soit empirique, par conséquent contingent ; par exemple : Les corps sont pesants. Je ne veux pas dire par là que ces représentations s'appartiennent *nécessairement* entre elles dans l'intuition empirique, mais qu'elles s'appartiennent réciproquement dans la synthèse des intuitions, à cause de l'*unité nécessaire* de l'apperception. C'est-à-dire qu'elles se tiennent suivant les principes de la détermination objective de toutes les représentations, en tant que la connaissance peut en résulter, principes qui tous dérivent de celui de l'unité transcendentale de l'apperception. Par là seulement, un *jugement* naît de ce rapport ; c'est-à-dire qu'il en résulte un rapport qui est valable objectivement, et qui se distingue suffisamment du rapport de ces mêmes représentations où il n'entre qu'une valeur subjective, par exemple, d'après les lois de l'association. Suivant ces dernières lois, je pourrais seulement dire : Quand je supporte un corps, je sens la force de la pesanteur, mais je ne pourrais pas dire : Ce corps est pesant; ce qui signifie que ces deux représentations existent conjointement dans l'objet, c'est-à-dire sans distinction de l'état du sujet, et non pas seulement liées dans la perception (aussi souvent qu'elle peut être répétée).

§ XX.

Toutes les intuitions sensibles sont soumises aux catégories, comme à des conditions sous lesquelles seulement leur diversité peut être ramenée à l'unité de conscience.

La diversité donnée dans une intuition sensible est nécessairement soumise à l'unité synthétique primitive de l'apperception, parce que *l'unité* de l'intuition n'est possible que par elle (§ XVII). Mais l'action de l'entendement, par laquelle la diversité des représentations données (qu'elles soient des intuitions ou des concepts) est soumise à une apperception en général, est la fonction logique des jugements (§ XIX). Par conséquent toute diversité, en tant que donnée dans une seule intuition empirique, est *déterminée* par rapport à l'une des fonctions logiques du jugement, au moyen de laquelle cette diversité est ramenée à l'unité de conscience. Or, les *catégories* ne sont précisément que ces mêmes fonctions du jugement, en ce sens que la diversité d'une intuition donnée est déterminée par rapport à elles (§ XIII). La diversité d'une intuition donnée est donc aussi nécessairement soumise aux catégories.

§ XXI.

Observation.

Une diversité contenue dans l'intuition que j'appelle mienne est représentée par la synthèse de l'entendement comme appartenant à l'unité nécessaire de la conscience ; ce qui se fait par la catégorie (1). Cette catégorie fait donc voir que la conscience empirique de la diversité donnée d'une intuition une est soumise à une conscience pure *à priori*, de la même manière qu'une intuition empirique est soumise à une intuition sensible pure, qui a également lieu *à priori*. Dans la proposition précédente se trouve donc le commencement d'une *déduction* des concepts purs de l'entendement. Comme les catégories n'apparaissent que dans l'entendement, *indépendamment de la sensibilité*, on doit encore, dans cette déduction, faire abstraction de la manière dont la diversité est donnée en intuition empirique, pour n'avoir égard qu'à l'unité qui survient dans l'intuition par le moyen des catégories de l'entendement. On fera voir plus bas (§ XXVI), par la manière dont l'intuition empirique est donnée dans la sensibilité, que son unité n'est pas différente de celle qui est imposée par la catégorie, d'après le

---

(1) L'argument se fonde sur l'*unité* représentée *de l'intuition*, unité par laquelle un objet est donné, et qui renferme toujours en soi une synthèse de la diversité fournie en intuition, plus le rapport de cette diversité à l'unité de l'apperception.

§ XX précédent, à la diversité d'une intuition donnée quelconque, et par conséquent que le but de la déduction n'est complétement atteint qu'autant que la valeur *à priori* en est une fois expliquée par rapport à tous les objets de nos sens.

Mais je n'ai cependant pas pu faire abstraction d'une chose dans la démonstration précédente, savoir : que la diversité de la matière de l'intuition doit être donnée avant que la synthèse de l'entendement n'ait lieu et indépendamment de cette synthèse. Mais le comment reste ici sans solution ; car si je voulais concevoir un entendement qui perçût par lui-même (comme peut être l'entendement divin, qui ne se représenterait pas des objets donnés, mais dont la représentation les donnerait ou produirait), les catégories ne serviraient en rien pour une telle connaissance. Elles ne sont que des règles pour un entendement dont toute la faculté est dans la pensée, c'est-à-dire dans l'action de ramener la synthèse d'une diversité qui lui est donnée d'ailleurs en intuition, à l'unité de l'apperception ; entendement qui, par conséquent, ne connaît rien par lui-même, mais seulement unit et ordonne la matière de la connaissance, c'est-à-dire l'intuition, qui doit lui être donnée par l'objet. Mais quant à la propriété de notre entendement de ne donner l'unité de l'apperception *à priori* qu'au moyen des catégories, et par ces catégories plutôt que par d'autres, et par ce nombre de catégories plutôt que par un plus ou moins grand nombre, c'est ce dont on ne peut pas plus rendre raison que de la question de savoir pourquoi nous sommes doués de ces mêmes fonctions du jugement et non pas de telles autres, ou pourquoi l'espace et le temps sont les seules formes de toutes nos intuitions possibles.

§ XXII.

La catégorie n'a d'autre usage dans la connaissance des choses que d'être appliquée aux objets de l'expérience.

Penser un objet et connaître un objet, ce n'est donc pas une même chose. La connaissance renferme deux parties : premièrement, le concept par lequel en général un objet est pensé (la catégorie); secondement, l'intuition par laquelle le concept est donné : car si une intuition correspondant à un concept ne pouvait être donnée, ce concept serait alors une pensée quant à la forme, mais une pensée sans objet. Or, nulle connaissance des choses ne serait possible par un tel concept, puisque par hypothèse il n'y aurait rien, il ne pourrait rien y avoir à quoi la pensée pût être appliquée. Or, toute intuition sensible (Esthétique) à nous possible, par conséquent la pensée d'un objet en général par un concept pur de l'entendement, ne peut devenir une connaissance en nous qu'autant que ce concept se rapporte à des objets des sens.

L'intuition sensible est ou intuition pure (l'espace et le temps), ou intuition empirique de ce qui est immédiatement représenté comme réel dans l'espace et le temps au moyen de la sensation. Nous pouvons acquérir par la détermination de l'intuition pure une connaissance *à priori* des objets (dans les mathématiques), et quant à leur forme seulement, comme phénomènes ; mais il est encore incertain s'il est possible qu'il y ait des choses qui puissent être perçues dans cette forme. Les concepts mathématiques, comme tels, ne sont donc pas des connaissances ; il ne le sont du moins qu'autant que l'on suppose qu'il est des choses qui ne peuvent nous être représentées que suivant la forme de cette intuition sensible pure. Mais les choses dans l'espace et le temps ne sont données qu'autant qu'elles sont des perceptions (représentations accompagnées de sensation), et par conséquent au moyen d'une représentation empirique. Les concepts purs de l'entendement, lors même qu'ils sont appliqués aux intuitions *à priori* (comme dans les mathématiques), ne donnent donc la connaissance qu'autant que ces intuitions pures, et par voie de conséquence, les concepts de l'entendement, peuvent être appliqués aux intuitions empiriques. Les catégories ne nous donnent donc, par le moyen de l'intuition même, quelque connaissance des choses qu'autant qu'elles sont appliquées à l'*intuition* empirique ; c'est-à-dire qu'elles ne servent qu'à la possibilité de la *connaissance* empirique. Or, cette connaissance s'appelle *expérience*. Par conséquent, les catégories n'ont d'autre usage pour la connaissance des choses qu'autant seulement que les choses sont considérées comme objets de l'expérience possible.

§ XXIII.

Observation.

La proposition précédente est de la plus haute importance; car elle détermine les bornes de l'usage des concepts purs de l'entendement par rapport aux objets, de la même manière que l'Esthétique transcendentale a déterminé les bornes de l'usage de la forme pure de notre intuition sensible. L'espace et le temps comme conditions sous lesquelles les choses peuvent nous être données, n'ont de valeur que par rapport aux objets sensibles, à l'expérience. Au delà de ces limites ils ne représentent rien, car ils sont seulement dans les sens et n'ont aucune réalité au dehors. Les concepts purs de l'entendement sont affranchis de cette circonscription, et se rapportent aux objets de l'intuition en général, qu'elle soit ou non semblable à la nôtre, pourvu seulement qu'elle soit sensible et non *intellectuelle*. Mais cette extension des concepts au delà de notre intuition sensible ne nous est utile en rien; car alors ce sont des concepts vides d'objets qui ne peuvent pas même servir à juger si de tels objets sont ou ne sont pas possibles. Ils ne sont donc que de pures formes de la pensée, dépourvues de toute réalité objective, parce que nous n'avons aucune intuition à laquelle l'unité synthétique de l'apperception, seule chose que contiennent ces concepts [ou formes], puisse être appliquée pour déterminer ainsi un objet. *Notre* intuition sensible et empirique peut seule leur donner un sens et une valeur.

Si donc on suppose un objet d'une intuition non sensible comme donné, on peut certainement le représenter alors par tous les prédicats qui entrent déjà dans la supposition ; c'est-à-dire que *rien de ce qui appartient à l'intuition sensible ne lui convient;* qu'il n'est par conséquent pas étendu, ou qu'il n'est point dans l'espace ; que sa durée est en dehors de tout temps, qu'il ne subit aucun changement (conséquence des déterminations dans le temps), et ainsi de suite. Mais indiquer comment l'intuition de l'objet *n'est pas,* sans pouvoir dire ce qu'elle contient, ce n'est pas encore une connaissance proprement dite; car alors je n'ai pas du tout présente à l'esprit la possibilité d'un objet pour mon concept *intellectuel* pur, parce que je n'ai pu donner aucune intuition qui lui correspondît; mais j'ai pu dire seulement que notre intuition ne lui convient pas. L'essentiel ici, c'est que pas une seule catégorie ne soit applicable à quelque chose de cette nature; v. g. le concept d'une substance, c'est-à-dire de quelque chose qui peut exister comme sujet, mais jamais comme prédicat pur, et à l'égard de quoi j'ignore complétement s'il peut y avoir une chose qui corresponde à cette détermination de la pensée, à moins que l'intuition empirique ne me le fasse voir. Nous reviendrons plus longuement par la suite sur ce sujet.

§ XXIV.
De l'application des catégories aux objets des sens en général.

Les concepts intellectuels purs sont rapportés par le seul entendement aux objets de l'intuition en général, sans distinguer si cette intuition nous est propre ou si elle nous est étrangère, pourvu qu'elle soit sensible ; mais ils sont par là même de simples *formes de la pensée* au moyen desquelles aucun objet déterminé n'est encore connu. La synthèse ou la liaison de la diversité dans ces concepts se rapporte uniquement, avons nous dit, à l'unité de l'apperception, et devient, par ce moyen, la raison de la possibilité de la connaissance *à priori,* en tant que cette connaissance repose sur l'entendement ; elle n'est donc pas seulement transcendentale, mais encore simplement intellectuelle pure. Mais comme il y a en nous une certaine forme fondamentale *à priori* de l'intuition sensible, qui repose sur la réceptivité de la faculté représentative (la sensibilité), l'entendement peut, comme spontanéité, déterminer le sens intime suivant l'unité synthétique de l'apperception par la diversité des représentations données, et concevoir ainsi *à priori* l'unité synthétique de l'apperception du divers fourni par l'*intuition sensible*, comme la condition à laquelle doivent être nécessairement soumis tous les objets de notre humaine intuition. De cette manière donc, les catégories, comme simples formes de pensée, reçoivent une réalité objective, c'est-à-dire une application aux objets qui peuvent être donnés en intuition, mais seulement comme phénomènes. Car ce n'est qu'à l'égard des phénomènes seulement que nous sommes capables d'intuition *à priori*.

Cette *synthèse* de la diversité de l'intuition sensible, qui est possible et nécessaire *à priori*, peut être dite figurée (*synthesis speciosa*), pour la distinguer de celle qui serait conçue par rapport à la diversité d'une intuition en général dans les simples catégories, et qui s'appelle liaison ou synthèse intellectuelle (*synthesis intellectualis*) ; toutes deux sont transcendentales, non simplement parce qu'elles précèdent *à priori*, mais encore parce qu'elles sont le principe *à priori* de la possibilité des autres connaissances.

Mais la synthèse figurée, quand elle se rapporte simplement à l'unité synthétique originelle de l'apperception, c'est-à-dire à cette unité transcendentale qui est pensée dans les catégories, doit, par opposition à la synthèse purement intellectuelle, s'appeler *synthèse* transcendentale *de l'imagination*. L'IMAGINATION est la faculté de représenter en intuition un objet *même absent*. Mais, comme toute notre intuition est sensible, l'*imagination* appartient donc à la *sensibilité* à cause de la condition subjective sous laquelle seulement elle peut donner une intuition correspondante aux concepts de l'entendement. Mais cependant, en tant que sa synthèse est une fonction de la spontanéité (qui est déterminante, et non simplement déterminable, comme le sentiment, et qui peut par conséquent déterminer *à priori*, conformément à l'unité de l'apperception, le sentiment quant à sa forme), l'imagination est alors une faculté de déterminer la sensibilité *à priori;* et sa synthèse des intuitions doit, *conformément aux catégories*, être la synthèse transcendentale de l'*imagination*: ce qui est un effet de l'entendement sur la sensibilité et sa première application (et en même temps le principe de tous les autres) à des objets dont l'intuition nous est possible. Cette synthèse, comme figurée, diffère de la synthèse intellectuelle qui s'opère par l'entendement seul sans le secours de l'imagination. En tant donc que l'imagination est spontanéité, je l'appelle aussi quelquefois imagination *productive*, pour la distinguer de l'imagination *reproductive*, dont la synthèse est soumise aux seules lois empiriques, je veux dire aux lois de l'association; synthèse qui, par cette raison, ne donne aucun secours pour l'explication de la possibilité de la connaissance *à priori*, et n'appartient par conséquent pas à la philosophie transcendentale, mais à la psychologie.

* * *

C'est ici le lieu d'expliquer le paradoxe dont on a dû être frappé dans l'exposition de la forme du sens interne (§ VI, p. 52.), à savoir : que le sens interne nous expose nous-même à notre conscience, non comme nous sommes essentiellement en nous-mêmes, mais comme nous nous apparaissons, parce que nous ne pouvons nous percevoir nous-mêmes que comme nous sommes *affectés* intérieurement ; ce qui semble contradictoire, puisque nous devrions être comme passifs vis-à-vis de nous-mêmes. Aussi est-ce là ce qui fait volontiers donner comme identiques, dans les systèmes de psychologie, le *sens intime* et la faculté *apperceptive* (deux choses que nous distinguons soigneusement).

Ce qui détermine le sens intime, c'est l'entendement et sa faculté originelle de lier le divers de l'intuition, c'est-à-dire de le ramener à une apperception (laquelle est le principe de la possibilité même de cette faculté). Or, comme l'entendement dans nous autres hommes n'est pas lui-même une faculté intuitive, et que l'intuition (1), fût-elle donnée dans

---

(1) La traduction latine et l'italienne supposent que le pronom,

la sensibilité, ne pourrait cependant se charger de réunir en quelque sorte en un tout la diversité de *sa propre* intuition, la synthèse de l'entendement considéré seulement en lui-même, n'est donc autre chose que l'unité de l'action dont il a conscience comme telle, même sans sensibilité, mais par laquelle cependant il peut déterminer ultérieurement la sensibilité par rapport à la diversité qui peut lui être donnée suivant la forme de son intuition. Sous le titre de *synthèse transcendentale de l'imagination*, il exerce donc, sur le sujet passif dont il est la *faculté*, une action telle, que nous pouvons dire avec raison qu'elle affecte le sens intime. Tant s'en faut que l'apperception et son unité synthétique soient une seule chose avec le sens intime, que l'apperception, comme source de toute liaison, se rapporte plutôt à la diversité des *intuitions en général*, sous le nom de catégories, avant toute intuition sensible, qu'aux objets en général. Au contraire, le sens intime contient la simple *forme* de l'intuition, mais sans liaison de la diversité en elle; il ne renferme donc encore aucune intuition *déterminée*, une intuition de cette nature n'étant possible que par la conscience de la détermi-

---

que nous exprimons ici par le nom auquel il se rapporte, est masculin, et qu'il représente le mot *Verstand*, entendement. Les trois éditions allemandes que nous avons sous les yeux ne permettraient pas cette supposition, alors même que le sens de la phrase s'y prêterait jusqu'à un certain point.   T.

nation de ce sens en vertu de l'action transcendentale de l'imagination (action synthétique de l'entendement sur le sens intime) que j'ai appelée synthèse figurée.

C'est aussi ce que nous observons toujours en nous : nous ne pouvons concevoir aucune ligne sans la tirer par la pensée, aucun cercle sans le décrire, ni nous représenter les trois dimensions de l'espace sans *faire partir* d'un même point trois perpendiculaires entre elles. Nous ne pouvons même nous représenter le temps sans que, *tirant* une ligne droite (qui doit être la représentation intérieurement figurée du temps), nous fassions simplement attention à l'acte de la synthèse du divers, par lequel nous déterminons successivement le sens intime, et sans remarquer ainsi la succession de cette détermination en lui. Le mouvement, comme action du sujet (non comme détermination d'un objet) (1), par conséquent la synthèse de la diversité dans l'espace, lorsque nous faisons abstraction de cet espace pour ne considérer que l'action par laquelle nous détermi-

---

(1) Le mouvement d'un *objet* dans l'espace ne fait pas partie d'une science pure, ni par conséquent de la géométrie ; parce que nous ne pouvons pas savoir *à priori*, mais seulement par l'expérience, que quelque chose est mobile. Mais le mouvement, comme *description* d'un espace, est un acte pur de la synthèse successive de la diversité dans l'intuition externe en général par l'imagination productive, et n'appartient pas à la géométrie seulement, mais encore à la philosophie transcendentale.

nons le *sens intime* quant à sa forme, produit d'abord le concept de succession. L'entendement ne *trouve* donc pas déjà dans ce concept cette liaison de la variété, mais il *la produit lui-même* en *s'appliquant* à ce concept. Mais de savoir comment le *moi*, celui qui pense, est différent du *moi* qui se perçoit lui-même (puisque je puis me représenter encore d'autres modes d'intuitions, au moins comme possibles), sans cependant cesser d'être un seul et même sujet avec ce dernier; comment je puis dire par conséquent que *moi*, comme intelligence et sujet *pensant*, je me connais *moi* même comme objet *pensé*, en tant que je suis de plus donné à moi-même en intuition, non pas tel que je suis indépendamment de l'entendement, mais comme je m'apparais, ou de la même manière seulement que les autres phénomènes : c'est ce qui n'est ni plus ni moins difficile que de dire comment je puis être à moi-même un objet, et même un objet d'intuition et de perceptions internes. Si l'on accorde que l'espace n'est que la simple forme des phénomènes des sens externes, il ne sera cependant pas difficile de faire voir que la chose peut et doit se passer réellement ainsi, par la raison que nous ne pouvons nous représenter le temps, bien qu'il ne soit pas un objet d'intuition externe, que sous la forme d'une ligne que nous tirons, représentation sans laquelle nous ne pouvons absolument pas connaître l'unité de sa dimension ; parce que, encore, nous sommes toujours obligés d'emprunter la détermination des périodes ou des époques pour toutes les perceptions internes, de ce que des choses extérieures nous présentent de variable. D'où il suit que les déterminations du sens intime doivent s'ordonner exactement comme des phénomènes dans le temps, de la même manière que nous ordonnons les déterminations des sens extérieurs dans l'espace. Si donc nous permettons à ces dernières de nous servir de moyen pour connaître les objets en tant seulement que nous en sommes extérieurement affectés, il faudra bien avouer aussi du sens intime que nous ne nous percevons par là que comme nous sommes intérieurement affectés par nous-mêmes ; c'est-à-dire que, pour ce qui est de l'intuition interne, nous ne connaissons notre propre sujet que comme phénomène, mais non quant à ce qu'il est en lui-même (1).

§ XXV.

Au contraire, j'ai la conscience de moi-même dans

---

(1) Je ne vois pas comment l'on peut trouver tant de difficulté à reconnaître le sens intime comme affecté par nous-mêmes, quand chaque acte de l'*attention* peut nous en fournir un exemple. L'entendement y détermine toujours le sens intime, selon la liaison qu'il pense, de manière à former une intuition interne, intuition qui correspond à la diversité dans la synthèse de l'entendement. Chacun peut observer en soi-même combien l'esprit est communément affecté de cette manière.

la synthèse transcendentale de la diversité des représentations en général, par conséquent dans l'unité synthétique primitive de l'apperception, non comme je m'apparais, ni comme je suis en moi-même, mais j'ai simplement conscience que je suis. *Cette représentation* est une *pensée*, non une *intuition*. Or, de ce qu'il faut pour la *connaissance* de nous-mêmes, outre l'acte de la pensée, qui réduit la diversité de toute intuition possible à l'unité de l'apperception, une espèce déterminée d'intuition qui donne cette diversité, alors mon existence propre n'est pas un phénomène (bien moins encore simple apparence), à la vérité, mais la détermination de mon existence (1) n'est cependant possible que d'après la forme du sens intime, suivant la manière particulière dont la diversité que je lie est donnée dans l'intuition interne ; en

(1) Le *je pense* exprime l'*acte* qui détermine mon existence. L'existence est donc déjà donnée par là, mais non la manière dont je dois la déterminer en posant en moi la diversité qui lui appartient. Il faut pour cela une intuition de soi-même, basée sur la forme donnée *à priori*, c'est-à-dire sur le temps, laquelle forme est sensible et appartient à la réceptivité du déterminable. Si donc je n'ai pas de plus une autre intuition de moi-même, qui donne le déterminant en moi (dont la spontanéité est la seule chose de laquelle j'ai conscience), et avant l'acte de la *détermination*, de la même manière précisément que le temps donne le déterminable ; alors je ne puis déterminer mon existence, en tant qu'existence d'un être spontané, mais je me représente seulement la spontanéité de ma pensée, c'est-à-dire de mon acte de détermination, et mon existence n'est jamais déterminable que d'une manière sensible, c'est-à-dire comme l'existence d'un phénomène. Cette spontanéité fait cependant que je m'appelle *intelligence*.

sorte que je n'obtiens par là aucune *connaissance* de moi tel que je suis, mais simplement comme je m'apparais à moi-même. La conscience de soi-même n'est donc pas à beaucoup près la connaissance de soi-même, nonobstant toutes les catégories qui composent la pensée d'un objet en général par la liaison de la diversité en une apperception. Mais comme il me faut, pour la connaissance d'un objet différent de moi, outre la pensée d'un objet en général (dans la catégorie), une intuition par laquelle je détermine ce concept général ; j'ai aussi besoin, pour la connaissance de moi-même, indépendamment de la conscience ou de la pensée réfléchie d'une intuition de la diversité en moi, par laquelle je détermine cette pensée. J'existe donc ainsi comme une intelligence qui a seulement conscience de sa faculté synthétique, mais qui par rapport à la diversité à lier, est soumise à une détermination restrictive, appelée sens intime, et qui ne peut rendre sensible ou intuitive cette liaison, et par conséquent se connaître elle-même, que suivant des rapports de temps, tout à fait étrangers aux concepts propres de l'entendement. Je ne puis donc me connaître moi-même relativement à une intuition (qui ne peut être intellectuelle et donnée par l'entendement) que comme une intelligence qui s'apparaît simplement, et non comme elle se connaîtrait si elle avait d'elle-même une *intuition* intellectuelle.

§ XXVI.

Déduction transcendentale de l'usage expérimental universellement possible des concepts purs de l'entendement.

Dans la *Déduction métaphysique*, nous avons prouvé l'origine des catégories *à priori* en général par leur accord parfait avec les fonctions logiques générales de la pensée; et, dans la déduction *transcendentale*, nous en avons prouvé la possibilité comme connaissances *à priori* des objets d'une intuition en général (§§ XX, XXI). Maintenant, nous expliquerons la possibilité de connaître *à priori*, par le moyen des catégories, non pas, il est vrai, quant à la forme de leur intuition, mais quant aux lois de leur liaison [ou synthèse], les objets qui ne *peuvent se présenter qu'à nos sens*. Nous ferons voir par conséquent la possibilité de donner pour ainsi dire des lois à la nature, et de la rendre en quelque sorte possible. Car si elle n'en était pas susceptible, on n'apercevrait pas comment tout ce qui se présente à nos sens doit être soumis aux lois qui dérivent *à priori* de l'entendement seul.

J'observe d'abord que j'entends par *synthèse de l'appréhension* la composition de la diversité en une intuition empirique, par laquelle la perception, c'est-à-dire la conscience empirique de cette intuition (comme phénomène) est possible.

Nous avons *à priori* des formes de l'intuition tant intérieure qu'extérieure, dans les représentations de temps et d'espace ; et la synthèse de l'appréhension de la diversité du phénomène y doit toujours être conforme, parce que cette synthèse elle-même ne peut avoir lieu que suivant ces formes. Mais l'espace et le temps ne sont pas simplement représentés comme des *formes* de l'intuition sensible, elles le sont encore comme des *intuitions* mêmes (qui contiennent une diversité), par conséquent avec la détermination de l'*unité* de cette diversité en eux *à priori* (V. l'Esthétique transc.) (1). L'*unité* même de la *synthèse* de la diversité hors de nous ou en nous, par conséquent aussi une *liaison* à laquelle tout ce qui doit être représenté déterminément dans l'espace et le temps doit être conforme, est donc *déjà* donnée en même temps *à priori* comme condition de la synthèse de toute *appréhension avec* (et non dans) ces

---

(1) L'espace, représenté comme objet (ainsi qu'on est obligé de le faire en géométrie) contient, outre la simple forme de l'intuition, la *compréhension* ou composition de la diversité donnée en une représentation *intuitive* suivant la forme de la sensibilité ; tellement que la *forme de l'intuition* donne seulement la diversité, et l'*intuition formelle*, l'unité de la représentation. Dans l'Esthétique, j'ai simplement regardé cette unité comme appartenant à la sensibilité, voulant indiquer seulement qu'elle précède tout concept, bien qu'elle suppose à la vérité une synthèse qui ne regarde point les sens, mais par laquelle seule tous les concepts d'espace et de temps sont possibles. Car, puisque par cette synthèse (qui a lieu lorsque l'entendement détermine la sensibilité) l'espace et le temps sont d'abord *donnés* comme des intuitions, l'unité de cette intuition *à priori* appartient donc à l'espace et au temps, et non point au concept de l'entendement (§ XXIV).

intuitions. Mais cette unité synthétique ne peut être que celle de l'union de la diversité d'une *intuition en général* donnée dans une conscience primitive, appliquée, conformément aux catégories, à notre *intuition sensible* seulement. Par conséquent, toute synthèse par laquelle même la perception devient possible, est soumise aux catégories; et comme l'expérience est la connaissance au moyen de perceptions réunies, les catégories sont donc des conditions de la possibilité de l'expérience, et valent par conséquent aussi *à priori* relativement à tous les objets de l'expérience.

* * *

Quand donc, par exemple, je convertis en perception l'intuition empirique d'une maison par l'apperception de sa diversité, j'ai pour point de départ l'*unité nécessaire* de l'espace et de l'intuition sensible extérieure en général, et je décris en quelque sorte la forme de cette maison d'après cette unité synthétique de la diversité dans l'espace. Mais cette même unité synthétique, abstraction faite de la forme de l'espace, a son siége dans mon entendement, et consiste dans la catégorie de la *synthèse de l'homogène* en une intuition en général, c'est-à-dire dans la catégorie de la *quantité*, à laquelle par conséquent cette synthèse de l'appréhension, c'est-à-dire la perception, doit être entièrement conforme (1).

(1) On prouve de cette manière que la synthèse de l'appréhen-

Si, pour prendre un autre exemple, j'observe la congélation de l'eau, je trouve deux états (celui de fluidité et celui de solidité) qui, comme tels, sont dans une relation mutuelle de temps. Mais en donnant un fondement au phénomène en tant qu'*intuition interne*, je me présente nécessairement dans le temps l'*unité* synthétique nécessaire de la diversité, unité sans laquelle cette relation ne pourrait pas être donnée *déterminément* en une intuition (par rapport à la succession). Mais maintenant, cette unité synthétique, comme condition *à priori* sous laquelle je lie la diversité d'une *intuition en général*, est (si je fais abstraction de la forme constante de mon intuition interne, du temps), la catégorie de *cause*, qui, appliquée à ma sensibilité, *détermine tout ce qui arrive quant à sa relation en général* dans le *temps*. Par conséquent l'appréhension dans cet événement, et cet événement lui-même, quant à la perception possible, sont soumis au concept du *rapport des effets* et *des causes*. Il en est de même pour tous les autres cas.

* * *

Des catégories sont des concepts qui prescrivent

sion, qui est empirique, doit être nécessairement conforme à la synthèse de l'apperception qui est intellectuelle et entièrement contenue *à priori* dans la catégorie. C'est une seule et même spontanéité qui, tantôt sous le nom d'imagination, tantôt sous celui d'entendement, produit l'unité dans la diversité de l'intuition.

des lois *à priori* aux phénomènes, par conséquent à la nature, comme ensemble de tous les phénomènes (*natura materialiter spectata*). Or, il est question de savoir, puisqu'elles ne sont pas dérivées de la nature et qu'elles ne se règlent pas sur elle comme sur leur modèle (parce qu'autrement elles seraient purement empiriques), comment l'on peut concevoir que la nature doive se régler sur elles, c'est-à-dire comment elles peuvent déterminer *à priori* l'union de la diversité de la nature plutôt que de la prendre d'elle? Voici le mot de cette énigme.

Quelque étrange que soit l'accord des lois des phénomènes dans la nature avec l'entendement et sa forme *à priori*, c'est-à-dire avec sa faculté de *lier* la diversité en général, néanmoins la manière dont les phénomènes mêmes doivent s'accorder avec les formes de l'intuition sensible *à priori* est quelque chose de plus étonnant encore. Car des lois n'existent pas plus dans les phénomènes que des phénomènes n'existent par eux-mêmes; elles n'existent que par rapport au sujet auquel les phénomènes se rattachent en tant qu'il est intelligent, comme les phénomènes n'existent que par rapport à un être sensible. Les choses seraient encore par elles-mêmes et nécessairement susceptibles de lois, quand même il n'y aurait pas d'entendement qui les connût. Mais les phénomènes n'étant que des représentations de choses qui sont inconnues quant à ce qu'elles peuvent être en elles-mêmes, ils ne sont soumis, comme simples représentations, à aucune autre loi d'union qu'à celle imposée par la faculté synthétique. Or, ce qui lie la diversité de l'intuition sensible, c'est l'imagination qui dépend de l'entendement quant à l'unité de sa synthèse intellectuelle, et de la sensibilité quant à la diversité de l'appréhension. Mais, comme toute perception possible dépend de la synthèse de l'appréhension et que cette synthèse empirique dépend elle-même de la synthèse transcendentale, par conséquent aussi des catégories ; toutes les perceptions possibles, et conséquemment tout ce qui peut parvenir à la conscience empirique, c'est-à-dire tous les phénomènes de la nature quant à leur liaison, doivent donc être soumis aux catégories, dont la nature (considérée purement comme nature en général) dépend, comme de la raison primitive de sa légitimité nécessaire (*tanquàm natura formaliter spectata*). Mais l'entendement pur ne peut prescrire *à priori* d'autres lois aux phénomènes, par le moyen des catégories, que celles qui servent de fondement à une *nature en général,* comme légalité des phénomènes dans l'espace et le temps. Des lois particulières, attendu qu'elles concernent des phénomènes déterminés empiriquement, ne peuvent complétement dériver de ces catégories de l'entendement, quoiqu'elles y soient toutes soumises. Il est donc nécessaire que l'expérience intervienne pour apprendre à connaître ces dernières lois en général; mais les premières lois seules apprennent *à priori* la manière de s'instruire par l'expérience et d'en connaître un objet.

§ XXVII.

Résultat de cette déduction des concepts de l'entendement.

Nous ne pouvons penser un objet que par le moyen des catégories, comme nous ne pouvons connaître aucun objet pensé que par le secours d'intuitions correspondantes à ces concepts catégoriques. Or, toutes nos intuitions sont sensibles, et la connaissance, en tant que son objet est donné, est empirique. Mais la connaissance empirique est l'expérience. Par conséquent aucune connaissance *à priori* n'est possible en nous que par rapport aux *objets* dont l'expérience est en elle-même possible (1).

Mais cette connaissance qui ne se borne qu'aux objets de l'expérience n'en est pas pour cela tirée

---

(1) Crainte que l'on ne s'offense mal à propos des conséquences prétendues fâcheuses de cette proposition, je dois avertir que ces catégories, dans la *pensée*, ne sont point limitées par les conditions de notre intuition sensible, mais qu'elles ont un champ indéfini, et qu'il n'y a que le fait de *connaître* ce que nous pensons, c'est-à-dire la détermination de l'objet, qui ait besoin d'intuition; mais qu'à défaut de cette intuition, la pensée de l'objet peut du reste toujours avoir ses conséquences vraies et utiles dans *l'usage de la raison* du sujet. Mais je ne puis pas encore parler maintenant de cet usage, parce qu'il ne se rapporte pas toujours à la détermination de l'objet, ni par conséquent à la connaissance; il peut concerner aussi la détermination du sujet et de sa volonté.

tout entière ; les intuitions pures et les concepts intellectuels purs sont aussi des éléments de la connaissance qui se trouvent en nous *à priori*. Or, il n'y a que deux moyens de penser l'accord nécessaire de l'expérience avec les concepts de ses objets : ou l'expérience rend ces concepts possibles, ou ces concepts rendent l'expérience possible. Le premier de ces moyens n'a pas lieu pour les catégories (non plus que pour les intuitions pures), car elles sont des concepts *à priori*, par conséquent indépendants de l'expérience (la reconnaissance d'une origine empirique tendrait à une espèce de *generatio œquivoca*). Reste donc seulement le second cas (comme une sorte de *système épigénésique* de la raison pure), savoir : que les catégories contiennent, du côté de l'entendement, les principes de la possibilité de toute expérience en général. Mais de savoir comment elles rendent l'expérience possible, et comment elles fournissent le fondement de sa possibilité dans leur application à l'usage, c'est-à-dire dans les phénomènes, c'est ce qu'on fera voir amplement dans le chapitre qui suit, sur l'usage transcendental de la faculté de juger.

Voudrait-on introduire un troisième moyen outre les deux qui viennent d'être exposés, et prétendrait-on que les catégories ne sont ni des premiers principes en soi ou *spontanés* de notre connaissance *à priori*, ni des principes tirés de l'expérience, mais qu'elles sont seulement subjectives; qu'avec notre existence nous a été donnée en même temps l'aptitude à la pensée, et une aptitude tellement conçue et exécutée par l'auteur de notre être, que son usage fût en parfait accord avec les lois de la nature à l'aide desquelles se forme l'expérience (aptitude qui serait ainsi une espèce de *préformation du système* de la raison pure) : mais, dans cette hypothèse, on ne voit pas jusqu'où il faudrait faire remonter la supposition d'aptitudes prédéterminées pour des jugements à venir. Il y a plus, et ceci est péremptoire contre ce troisième moyen imaginé, c'est que les catégories manqueraient dans ce cas de la *nécessité* qui fait partie essentielle de leurs concepts. Car, par exemple, le concept de cause, qui énonce une nécessité de conséquence sous une condition préposée, serait faux s'il ne reposait que sur une nécessité subjective, arbitraire, innée en nous, d'unir certaines représentations empiriques suivant un certain rapport. Je ne pourrais pas dire : l'effet est lié avec la cause dans l'objet, c'est-à-dire nécessairement ; mais je pourrais dire seulement que je suis fait de telle sorte que je ne puis penser cette représentation autrement que conjointe : et c'est précisément ce que le scepticisme demande. Car alors toute notre science sur la valeur objective de nos jugements ne serait qu'une vaine apparence, et il ne manquerait pas de gens qui n'avoueraient pas même cette nécessité subjective (qui doit être sentie). Au moins ne pourrait-on disputer avec personne sur la manière dont son sujet est organisé.

Résumé de cette déduction.

Elle est l'exposition des concepts purs de l'entendement (et avec eux de toute connaissance théorétique *à priori*), comme principes de la possibilité de l'expérience; mais de l'expérience en tant que *détermination* des phénomènes dans l'espace et le temps *en général*; de l'expérience, enfin, par le principe de l'unité synthétique *primitive* de l'aperception, comme forme de l'entendement en rapport avec l'espace et le temps, formes originelles de la sensibilité.

* * *

La division en paragraphes n'était nécessaire que jusqu'ici, parce qu'il s'agissait de concepts élémentaires. Mais, comme il faut maintenant en montrer l'usage, les chapitres ne seront plus coupés par des paragraphes.

XVI.

(Page 184. Ce qui suit était en note.)

Toute union (conjunctio) est ou *composition* (compositio) ou *connexion* (nexus). La première est la synthèse de la diversité dont les éléments ne s'appartiennent pas *nécessairement les uns aux autres*: v. g., les deux triangles résultant d'un carré partagé par la diagonale ne font pas partie nécessaire l'un de l'autre. Cette sorte de synthèse comprend celle de l'homogénéité dans tout ce qui peut être considéré *mathématiquement* (laquelle synthèse peut être distinguée de nouveau en synthèse d'*agrégation* et en synthèse de *coalition*. La première concerne les quantités *extensives*, la seconde les quantités *intensives*). Mais la seconde union ou la *connexion* (nexus) est la synthèse de la diversité, en tant que les parties du divers appartiennent *nécessairement les unes aux autres*, comme l'accident à la substance ou l'effet à la cause, — par conséquent aussi comme l'*hétérogène* est cependant représenté uni *à priori*. Cette union s'appelle *dynamique*, parce qu'elle n'est pas arbitraire, et parce qu'elle concerne l'union de l'*existence* de la diversité. Elle peut se subdiviser encore en synthèse *physique* des phénomènes entre eux, et en synthèse *métaphysique* ou union de ces phénomènes dans la faculté de connaître *à priori*.

XVII.
(Page 185.)

PREUVE.

Tous les phénomènes comprennent, quant à la forme, une intuition dans l'espace et le temps, qui leur sert à tous de fondement *à priori*. Ils ne peuvent donc être appréhendés, c'est-à-dire reçus dans la conscience empirique, que par la synthèse de la diversité (synthèse par laquelle sont données les représentations d'un espace ou d'un temps déterminés), c'est-à-dire par la composition de l'homogène et par la conscience de l'unité synthétique de cette diversité (homogène). Or, la conscience de la diversité homogène dans l'intuition en général, en tant que la représentation d'un objet n'est possible que par là, consiste dans le concept d'une *quantité (quanti)*. Par conséquent la perception même d'un objet comme phénomène n'est possible que par l'unité synthétique de la diversité de l'intuition sensible donnée, unité par laquelle celle de la composition de l'homogène divers est pensée dans le concept d'une *quantité*; c'est-à-dire que les phénomènes sont tous des quantités, et même des *quantités extensives*, parce qu'ils doivent être représentés comme phénomènes dans l'espace et le temps par la synthèse en vertu de laquelle l'espace et le temps sont en général déterminés.

XVIII.

(Page 189.)

Leur principe est que : *Dans tous les phénomènes, la réalité, objet de la sensation, a une quantité extensive, c'est-à-dire un degré.*

PREUVE.

La perception est la conscience empirique, c'est-à-dire celle qui est accompagnée de sensation. Des phénomènes comme objets de la perception ne sont pas des intuitions pures (simplement formelles) comme l'espace et le temps (qui ne peuvent pas être observés en eux-mêmes). Ils contiennent donc, outre l'intuition, les matériaux d'un objet en général (par quoi ce qui existe dans l'espace ou le temps est représenté), c'est-à-dire le réel de la sensation, comme représentation purement subjective qui seule nous donne conscience de l'affection du sujet, et que nous rapportons toujours à un objet quelconque. Or, il peut y avoir une espèce de conversion graduée de la conscience empirique en conscience pure, dans laquelle le réel de la première disparaît entièrement et laisse une conscience purement formelle *à priori* de la diversité dans l'espace et le temps. Une synthèse de la production de l'intensité d'une sensation peut donc varier depuis son commencement, depuis l'intuition pure $= 0$, jusqu'à une grandeur [intensive] arbitraire quelconque. Et, comme la sensation en soi n'est point une représentation objective, et qu'en elle il n'y a ni intuition de l'espace, ni intuition du temps, elle n'a aucune quantité extensive à la vérité, mais cependant elle a une certaine quantité (ce qui a lieu, il est vrai, au moyen de son appréhension, dans laquelle la conscience empirique peut grandir dans un certain temps de rien $= 0$ jusqu'à un degré déterminé), par conséquent une *quantité intensive* correspondant à tous les objets de la perception, en tant que celle-ci contient une sensation, c'est-à-dire un degré d'influence sur les sens.

XIX.

(Page 200.)

Leur principe est que : *L'expérience n'est possible que par la représentation de l'union nécessaire des perceptions.*

PREUVE.

L'expérience est une connaissance empirique, c'est-à-dire une connaissance qui détermine un objet par des perceptions. Elle est donc une synthèse des perceptions, qui n'est point elle-même contenue dans les perceptions, mais qui renferme l'unité synthétique de leur diversité dans une conscience; unité qui constitue l'essentiel de la connaissance des *objets* de la sensibilité, c'est-à-dire de l'expérience (et non de l'intuition ou de la sensation seulement). Or, les perceptions ne se rapportent que fortuitement les unes aux autres dans l'expérience, de sorte qu'aucune nécessité de leur union ne résulte ni ne peut résulter des perceptions elles-mêmes, parce que l'appréhension n'est qu'une composition de la diversité de l'intuition empirique, et qu'aucune représentation de la nécessité de la coexistence des phénomènes qu'elle assemble ne se rencontre dans l'appréhension qui s'accomplit dans l'espace et le temps. Mais, comme l'expérience est une connaissance des objets au moyen de perceptions, le rapport dans l'existence du divers doit être représenté dans l'expérience, non comme il est composé dans le temps, mais comme il y est objectivement. Et comme le temps lui-même ne peut point être perçu, il s'ensuit que la détermination de l'existence des objets dans le temps ne peut avoir lieu que par leur union dans le temps en général, et conséquemment par la seule synthèse des concepts ayant vertu d'unir *à priori*. Or, ces concepts emportant toujours en même temps la nécessité, il en résulte que l'expérience n'est possible que par la représentation de la liaison nécessaire de la perception.

XX.

(Page 206.)

PRINCIPE DE LA PERMANENCE DES SUBSTANCES :

La substance est permanente dans toute vicissitude phénoménale, et sa quantité n'augmente ni ne diminue dans la nature.

PREUVE.

Tous les phénomènes sont dans le temps, dans lequel seul peuvent être représentées la *simultanéité* et la *succession* comme dans leur substratum (ou forme permanente de l'intuition interne). Le temps, dans lequel tout changement phénoménal doit être pensé, reste donc et ne change point, parce qu'il est ce en quoi seulement l'existence successive et simultanée peut être représentée comme en étant les déterminations. Or, le temps ne peut être perçu en lui-même. Il doit donc y avoir dans les objets de la perception, c'est-à-dire dans les phénomènes, un substratum qui représente le temps en général, et dans lequel toute succession ou simultanéité puisse être perçue dans l'appréhension, au moyen du rapport des phénomènes à ce substratum. Mais le substratum de tout réel, c'est-à-dire de tout ce qui fait partie de l'existence des choses, est la *substance,* dans laquelle tout ce qui appartient à l'existence ne peut être conçu que comme détermination. Par conséquent le permanent, au moyen duquel seul tous les rapports chronologiques des phénomènes peuvent être déterminés, est la substance dans le phénomène, c'est-à-dire le réel du phénomène; réel qui, comme substratum de tout changement, demeure toujours le même. Et, comme la substance ne peut changer dans son existence, son *quantum* dans la nature ne peut donc augmenter ni diminuer.

XXI.

(Page 214.)

Tous les changements arrivent suivant la loi de la liaison des causes et des effets.

PREUVE.

Nous avons établi dans le principe précédent que

tous les phénomènes de la succession ne sont que des *changements,* c'est-à-dire l'existence et la non-existence successive des déterminations de la substance, qui est permanente ; par conséquent que l'existence de la substance elle-même, qui en suivrait la non-existence, ou la non-existence qui en suivrait l'existence, en d'autres termes, que la naissance ou la mort de la substance même n'a pas lieu. Le principe précédent aurait donc pu s'énoncer aussi de la manière suivante : *Toute vicissitude (succession) des phénomènes n'est que changement ;* car la naissance ou la mort d'une substance n'en est point un changement, parce que le concept de changement suppose le même sujet existant avec deux déterminations opposées, par conséquent permanent. — Cet avertissement donné, passons à la preuve.

J'observe que des phénomènes se succèdent les uns aux autres, c'est-à-dire qu'un état des choses est dans un temps, et que son contraire était dans un état précédent. Je réunis donc proprement deux perceptions dans le temps. Or, une liaison n'est ni l'ouvrage des sens seuls, ni celui de l'intuition, mais le produit d'une faculté synthétique de l'imagination, qui détermine le sens intérieur relativement au rapport de temps. Mais l'imagination peut unir d'une manière identique ces deux états, tellement que l'un ou l'autre précède dans le temps, car le temps en lui-même ne peut être perçu ; et par rapport au temps, ce qui précède et ce qui suit peut être déterminé pour ainsi dire empiriquement dans l'objet. J'ai donc seulement conscience que mon imagination place l'un avant, l'autre après, et non que dans un objet un état précède l'autre. En d'autres termes, le rapport objectif des phénomènes successifs n'est point déterminé par la simple perception. Afin donc que ces phénomènes (1) soient connus déterminément, il faut que la relation entre les deux états soit conçue de telle manière qu'il soit comme nécessairement décidé par là lequel de ces deux états doit être placé avant, lequel doit être placé après, et non réciproquement. Mais le concept emportant la nécessité de l'unité synthétique ne peut être qu'un concept pur de l'entendement, concept qui ne se trouve point dans la perception ; et ce concept est celui du *rapport de la cause* et *de l'effet,* dont le premier terme détermine le second dans le temps, comme conséquence et non comme quelque chose qui peut précéder simplement en image (ou n'être absolument perçu nulle part). Par cela seul donc que nous soumettons la succession des phénomènes, par conséquent tout changement, à la loi de la causalité, leur expérience

---

(1) *Dieses*, suivant la première édition, telle qu'elle est reproduite par Ros. et Schub., mais avec le verbe au pluriel. — *Diese*, suivant les autres éditions. Nous devons donc laisser le pluriel, c'est-à-dire rapporter l'adjectif démonstratif à *phénomènes* et non à rapport : le sens ne s'y oppose pas, mais il serait plus naturel autrement.
T.

même, c'est-à-dire leur connaissance empirique, est possible ; ils ne sont donc possibles comme objets de l'expérience que précisément d'après cette loi.

XXII.

PRINCIPE DE LA SIMULTANÉITÉ D'APRÈS LA LOI DE L'ACTION ET DE LA RÉACTION, OU DE LA RÉCIPROCITÉ :

Toutes les substances, en tant qu'elles peuvent être perçues en même temps dans l'espace, sont dans une action réciproque universelle.

PREUVE.

Des choses sont en même temps, quand, dans l'intuition empirique, la perception de l'une peut suivre la perception de l'autre, et réciproquement ; ce qui ne peut arriver dans la succession des phénomènes, comme nous l'avons fait voir dans le second principe. Ainsi, je puis commencer ma perception d'abord par la lune et ensuite par la terre, ou réciproquement d'abord par la terre et ensuite par la lune : et, comme les perceptions de ces objets peuvent se suivre réciproquement les unes les autres, je dis qu'ils existent en même temps. Le simultané est donc l'existence de la diversité dans le même temps. Mais on ne peut percevoir le temps lui-même, pour en conclure que les choses sont placées dans le même temps, que leurs perceptions peuvent se succéder réciproquement. La synthèse de l'imagination dans l'appréhension indiquerait seulement que chacune de ces représentations est dans le sujet quand l'autre n'y est pas, et réciproquement, mais non pas que les objets soient en même temps, c'est-à-dire que quand l'un est, l'autre soit aussi dans le même temps, et que cela soit nécessaire pour que les perceptions puissent se succéder réciproquement. Il faut donc un concept intellectuel touchant la succession réciproque des déterminations de choses qui existent en même temps les unes hors des autres, pour pouvoir dire que la succession réciproque des perceptions a son fondement dans l'objet et pour que le simultané soit représenté par là comme objectif. Or, le rapport des substances, dans lequel l'une comprend les déterminations dont la cause est contenue dans l'autre, est le rapport de l'influence; et si réciproquement cette influence contient la cause des déterminations de l'autre, il est le rapport de mutualité, de réciprocité ou d'action et de réaction, de commerce. Le simultané des substances dans l'espace ne peut donc être connu dans l'expérience que sous la supposition de leur action mutuelle les unes sur les autres. Telle est aussi la condition de la possibilité des choses mêmes comme objets de l'expérience.

XXIII.

(Page 255.)

Comme *l'Idéalisme* fait une grave objection contre ces règles de la démonstration médiate de l'existence, c'est ici l'occasion de le réfuter.

***

Réfutation de l'Idéalisme.

L'idéalisme (j'entends le *matériel*) est la théorie qui déclare l'existence des objets dans l'espace hors de nous, ou simplement douteuse et indémontrable, ou même fausse et impossible. La *première* de ces opinions est l'opinion *problématique* de *Descartes*, qui ne tient pour indubitable que la seule affirmation empirique, *je suis* ; la *seconde* est l'opinion *dogmatique* de *Berkeley*, qui considère l'espace et toutes les choses auxquelles il tient en qualité de condition inséparable comme impossibles absolument, et conclut par conséquent que les choses dans l'espace ne sont que de pures chimères. L'idéalisme dogmatique est inévitable, si l'on considère l'espace comme propriété des choses en elles-mêmes ; car alors il est, avec tout ce dont il est la condition, un non-être. Mais le fondement de cet idéalisme a été renversé par nous dans l'Esthétique transcendentale. L'idéalisme problématique, qui n'affirme rien à ce sujet, mais qui fait seulement voir notre impuissance à démontrer par l'expérience immédiate une existence étrangère à la nôtre, est tout rationnel et conforme à une investigation philosophique fondamentale, qui a pour principe de ne pas juger avant d'avoir trouvé une preuve suffisante. Il s'agit donc de démontrer que non-seulement nous *imaginons* les choses extérieures, mais encore que nous les *percevons*; ce qui ne peut se faire qu'en prouvant que notre expérience interne elle-même, indubitable pour *Descartes*, n'est possible que dans la supposition d'une expérience externe.

THÉORÈME.

La simple conscience de ma propre existence, mais empiriquement déterminée, prouve l'existence d'objets hors de moi dans l'espace.

PREUVE.

Je suis conscient de mon existence comme déterminée dans le temps. Toute détermination de temps présuppose quelque chose de *permanent* dans la perception. Mais ce permanent ne peut pas être quelque chose en moi, par la raison précisément que mon existence ne peut d'abord être déterminée dans le temps que par le permanent (1). La perception de ce

(1) Cette dernière phrase : « par la raison... » a été remplacée par celle-ci, que l'auteur propose dans la dernière note de sa préface à la seconde édition, et que nous rapportons dans la présente note : « Car toutes les causes de détermination de mon existence, qui peuvent se trouver en moi, sont des représentations, et, comme telles, ont elles-mêmes besoin d'un permanent différent d'elles, sur lequel par conséquent mon existence puisse être déterminée par rapport à leur changement dans le temps dans lequel elles changent. On dira sans doute, contre cette démonstration, que je n'ai toutefois conscience immédiate que de ce qui est en moi, c'est-à-dire de ma *représentation* des choses extérieures, et qu'il reste toujours à savoir si quelque chose d'extérieur à moi correspond ou non à cette représentation. Mais j'ai conscience, par une *expé-*

permanent n'est donc possible que par le moyen d'une *chose* hors de moi, et non par la simple *représentation* d'une chose hors de moi.

La détermination de mon existence n'est donc possible dans le temps que par l'existence de

rience interne, de mon *existence* dans le *temps* (par conséquent aussi de sa déterminabilité dans ce temps): ce qui est plus que la simple conscience de ma représentation, mais c'est cependant identique à la conscience empirique de mon existence, laquelle n'est déterminable que par son rapport à quelque chose d'*extérieur à moi* qui se lie à mon existence. Cette conscience de mon existence dans le temps est donc identiquement liée à la conscience d'un rapport à quelque chose hors de moi: c'est par conséquent l'expérience et non la fiction, le sentiment et non l'imagination, qui rattache indissolublement l'extérieur à mon sens interne; car le sens externe est déjà en soi un rapport de l'intuition à quelque chose de réel extérieur à moi, et dont la réalité, à la différence de la fiction, consiste à être inséparablement unie à l'expérience interne même, comme à la condition de sa possibilité, ainsi qu'il arrive ici. Si, dans la représentation *je suis*, qui accompagne tous mes jugements et tous les actes de mon entendement, je pouvais en même temps, par une *intuition intellectuelle,* rattacher à la *conscience intellectuelle* de mon existence une détermination de cette existence, la conscience d'un rapport à quelque chose d'extérieur à moi n'appartiendrait pas nécessairement à la conscience de mon être. Or, cette conscience intellectuelle précède, à la vérité; mais l'intuition interne dans laquelle seule mon existence peut être déterminée est sensible et liée à la condition du temps. Cette détermination, par conséquent l'expérience interne elle-même, dépendent donc de quelque chose de permanent qui n'est point en moi, qui est par conséquent dans quelque chose hors de moi, et avec quoi je dois me considérer en relation. Ainsi la réalité du sentiment extérieur est nécessairement liée à celle du sentiment intérieur pour la possibilité d'une expérience en général: c'est-à-dire que je suis aussi conscient qu'il y a une chose extérieure à moi, qui se rapporte à mon sentiment, que je suis conscient de mon existence choses réelles que je perçois hors de moi. Or, la conscience dans le temps est nécessairement liée à la conscience de la possibilité de cette détermination de temps : elle est donc aussi intimement liée à l'existence des choses hors de moi, comme à la condition de la détermination de temps ; c'est-à-dire que la conscience de mon existence propre est en même temps une conscience immédiate de l'existence d'autres choses hors de moi.

Première observation. On peut remarquer dans cette preuve que le jeu de l'idéalisme lui est rendu à son tour avec plus de raison. Il a admis que la seule

déterminée dans le temps. Mais maintenant à quelles intuitions données correspondent en réalité les objets extérieurs, objets qui par conséquent appartiennent *au sens extérieur*, auquel ils doivent être attribués, et non à l'imagination? C'est ce qui doit être décidé dans chaque cas particulier suivant les règles d'après lesquelles l'expérience en général (même l'interne) diffère de l'imagination et en prenant toujours pour fondement le principe que : Il y a réellement une expérience extérieure. On peut ajouter à cela que la représentation de quelque chose de *permanent* dans l'existence n'est point identique à la *représentation permanente;* car la représentation peut être très-inconstante et très-variable comme toutes nos représentations, même celle de la matière, et cependant se rapporter à quelque chose de permanent, qui par conséquent doit être une chose toute différente de mes représentations, une chose extérieure et dont l'existence est nécessairement comprise dans la détermination de la mienne propre, et ne forme avec elle qu'une seule expérience qui n'aurait pas même lieu intérieurement si elle n'était pas (en partie) également extérieure. Quant au comment, il n'est pas plus explicable que le comment nous pensons dans le temps en général l'immuable dont la simultanéité produit avec le muable l'idée de changement. »

expérience immédiate est l'expérience interne, et que de là on *conclut* seulement à l'existence de choses extérieures, mais sans certitude, comme partout où l'on conclut d'effets donnés à des causes *déterminées*, puisque la cause des représentations peut aussi être en nous, et qu'il peut très-bien arriver que nous l'attribuïons faussement à des choses extérieures. Mais nous avons prouvé ici que l'expérience externe est proprement immédiate (1); qu'elle seule rend possible la détermination de la conscience de notre propre existence (non pas à la vérité la conscience de notre propre existence), mais cependant sa détermination dans le temps, c'est-à-dire l'expérience interne. Sans doute que la représentation, *je suis*, exprimant la conscience qui peut accompagner toute pensée, est ce qui renferme immédiatement l'existence d'un sujet, mais non sa *connaissance*, et par conséquent pas non plus la connaissance empirique, c'est-à-dire l'expérience ; car pour cela il faut, outre

(1) La conscience *immédiate* de l'existence des choses extérieures n'est pas supposée dans ce théorème, mais prouvée; peu importe que nous apercevions ou non la possibilité de cette conscience. La question de cette possibilité serait : si nous n'avons que le sens interne, et pas de sens externe, mais simplement une imagination externe. Mais il est clair que pour imaginer simplement quelque chose comme externe, c'est-à-dire pour l'exposer en intuition au sens, il faut déjà distinguer immédiatement un sens externe, et par là la simple capacité (réceptivité) d'une intuition externe, de la spontanéité, qui caractérise toute imagination ; car, si l'on se créait un sens externe par l'imagination seule, on anéantirait la faculté d'intuition qui devrait être déterminée par l'imagination.

la pensée de quelque chose d'existant, l'intuition, et ici l'intuition intérieure, par rapport à laquelle, c'est-à-dire au temps, le sujet doit être déterminé; ce qui ne peut se faire qu'à l'aide des objets extérieurs : de sorte que l'expérience interne elle-même n'est possible que médiatement ou par le moyen de l'expérience externe.

Deuxième observation. Ce que nous venons de dire est donc parfaitement d'accord avec tout usage empirique de notre faculté de connaître dans la détermination du temps, savoir : que non-seulement nous ne pouvons percevoir toutes les déterminations du temps que par le changement dans les rapports extérieurs (le mouvement) relativement au permanent dans l'espace (v. g. le mouvement du soleil par rapport aux objets de la terre), en sorte que la *matière* seule, l'unique chose permanente, que nous puissions soumettre au concept d'une substance comme intuition, et que cette permanence même n'est point prise de l'expérience extérieure, mais supposée *à priori*, comme condition nécessaire de toute détermination de temps, par conséquent aussi comme détermination du sens interne par rapport à notre existence propre par l'existence des choses extérieures. La conscience de moi-même, dans la représentation *moi*, n'est pas une intuition, mais une simple représentation *intellectuelle* de la spontanéité d'un sujet pensant. Ce moi n'a donc pas le moindre prédicat de l'intuition qui, comme permanent, puisse servir de corrélatif à la détermination de temps dans le sens intime, telle à peu près que l'*impénétrabilité* dans la matière comme intuition *empirique*.

Troisième observation. De ce que l'existence d'objets extérieurs est nécessaire pour la possibilité de la conscience déterminée de nous-mêmes, il ne suit pas que toute représentation intuitive de choses extérieures en renferme en même temps l'existence ; car cette représentation peut bien n'être qu'un simple effet de l'imagination (tant dans les rêves que dans le délire) ; mais elle n'a lieu cependant que par la reproduction des perceptions extérieures passées, qui, comme nous l'avons fait voir, ne sont possibles que par la *réalité* des objets *extérieurs*. Il a donc suffi de prouver ici que l'expérience intérieure en général n'est possible que par l'expérience extérieure en général. Il faut donc décider, par ses déterminations particulières et par son rapport avec les critères de toute expérience réelle, si telle ou telle expérience présumée n'est pas une pure imagination.

XXIV.

(Page 262.)

* * *

Observation générale sur le système des principes.

C'est un fait très-remarquable que nous ne pouvons apercevoir la possibiltité d'aucune chose d'après la catégorie seule, mais que nous devons toujours avoir une intuition pour nous faire voir la réalité objective du concept intellectuel pur. Soit, par exemple, les catégories de relation. Comment, 1° quelque chose peut-il exister seulement comme *sujet*, non comme simple détermination d'une autre chose, c'est-à-dire, comment peut-elle être *substance ;* — ou comment, 2° parce que quelque chose est, quelque autre chose doit-il être par conséquent, comment en général quelque chose peut-il être cause ; — ou comment 3° si plusieurs choses sont, se fait-il, de ce que l'une est, que quelque chose suive dans les autres et réciproquement, et qu'un commerce de substances puisse ainsi avoir lieu? C'est ce que l'on ne peut apercevoir par les concepts seuls. Il en est de même pour toutes les autres catégories : par exemple, comment une chose peut-elle être identique à beaucoup d'autres, c'est-à-dire comment peut-elle être une quantité, etc.? Ainsi, tant que l'intuition manque, on ne sait pas si par les catégories l'on pense un objet, et si un objet peut en général leur convenir. Il est donc prouvé qu'elles ne sont pas par elles-mêmes des *connaissances*, mais seulement des *formes de pensée* qui donnent naissance aux connaissances dont la matière est fournie par des intuitions données. — Il suit encore de là que rien ne peut être énoncé synthétiquement par les seules catégories: par exemple, dans toute existence est une seule substance, c'est-à-dire quelque chose qui ne peut exister que comme sujet, et non comme simple prédicat ; ou bien, une chose quelconque est un quantum ; etc. : tous cas où rien ne peut nous aider à sortir d'un concept donné et y en ajouter un autre. Il n'est donc jamais arrivé de démontrer une proposition synthétique par de simples concepts de l'entendement, par exemple, le principe : Tout ce qui existe fortuitement a une cause, tout ce qu'on a pu faire ici, a été de démontrer que sans ce rapport nous ne comprenons point du tout l'existence du fortuit ; c'est-à-dire que nous ne pouvons connaître *à priori* par l'entendement, l'existence d'une chose de cette nature. Mais il ne suit pas de là que ce rapport soit la condition de la possibilité de la chose en soi. Si donc on veut bien se rappeler notre preuve du principe de causalité : Tout ce qui arrive (tout événement) suppose une cause, on sera convaincu que nous n'avons pu l'établir que par rapport aux objets de l'expérience possible, et que nous ne pouvons même le démontrer, que comme principe de la possibilité de l'expérience, par conséquent de la *connaissance* d'un objet donné dans l'*intuition empirique*, et non par des concepts seuls. Néanmoins on ne peut pas nier que la proposition : Tout accident doit avoir une cause, ne soit claire pour tout le monde par simples concepts ; mais alors le concept de l'accident, du fortuit, est entendu de telle sorte qu'il ne comprend pas la catégorie de la modalité (comme quelque chose dont le non-être ne peut être pensé), mais celle de la relation (comme quelque chose qui ne peut exister qu'à titre de conséquence d'une autre); et dans ce cas cette proposition est indubitablement identique à celle-ci : Tout ce qui ne peut exister que comme conséquence d'autre chose a sa cause. En effet, quand nous voulons donner des exemples d'existence fortuite, nous citons toujours des *changements*, et non la simple possibilité de la *pensée du contraire* (1). Mais changement est événement et, comme tel, n'est possible que par une cause, dont le non-être est par conséquent possible en soi. On reconnaît donc l'accidentalité, à ce que quelque chose ne peut exister que comme effet d'une cause : dire qu'une chose est prise comme fortuite, c'est donc énoncer analytiquement qu'elle a une cause.

(1) On peut facilement concevoir le non-être de la matière, et cependant les anciens ne la firent pas pour cela fortuite. Mais la vicissitude même de l'être et du non-être d'un état donné d'une chose, vicissitude qui comprend tout changement, ne prouve pas la contingence de cet état d'une manière indirecte ou comme par la réalité de son opposé : par exemple, de ce que le repos qui succède au mouvement dans un corps est opposé à ce mouvement, il ne s'ensuit pas que le mouvement soit fortuit ; car cet opposé n'est ici que logique, et n'est point *opposé* réellement à l'autre état. Pour démontrer la contingence, du mouvement de ce corps, il faudrait donc prouver que, *au lieu* du mouvement dans l'instant précédent, il aurait été possible que le corps eût *alors* été en repos, mais non pas qu'il est *ensuite* en repos; car, dans ce cas, les deux contraires peuvent très-bien coexister.

Mais il est plus remarquable encore que, pour comprendre la possibilité des choses par les catégories et pour en prouver la *réalité objective*, nous avons toujours besoin, non-seulement d'intuitions, mais encore d'*intuitions extérieures*. Si, par exemple, nous prenons les concepts purs de la *relation*, nous trouvons : 1° que, pour donner au concept de substance quelque chose de *permanent* qui lui corresponde dans l'intuition (et pour prouver par là la réalité objective de ce concept), nous avons besoin d'une intuition dans l'espace (de la matière), parce que l'espace seul détermine constamment, tandis que le temps, par conséquent tout ce qui est dans le sens interne, s'écoule sans cesse. Nous trouvons 2° que, pour établir le *changement*, comme intuition correspondant au concept de la *causalité*, nous sommes obligés de prendre pour exemple le mouvement, comme changement dans l'espace ; et ce n'est même que par là que nous pouvons rendre percevables pour nous les changements dont aucun entendement pur ne peut comprendre la possibilité. Changement est union de déterminations contradictoirement opposées entre elles dans l'existence d'une seule et même chose. Comment est-il possible maintenant que d'un état donné suive, dans la même chose, un état qui lui soit opposé ? C'est ce que non-seulement aucune raison ne peut comprendre sans exemple, mais encore ce qu'elle ne peut jamais rendre intelligible sans intuition, et cette intuition est celle du mouvement d'un point dans l'espace, dont l'existence en différents lieux (comme conséquence de déterminations contraires) nous rend seule percevable le changement ; car, pour pouvoir penser aussi les changements internes mêmes, nous sommes obligés de nous figurer le temps comme forme du sens intime, par une ligne, et les changements intérieurs, par le tracé de cette ligne (par le mouvement) ; et par conséquent l'existence successive de nous-mêmes dans différents états, par l'intuition extérieure. La raison en est que tout changement suppose quelque chose de constant dans l'intuition, pour que ce changement puisse lui-même être perçu seulement comme tel, et qu'aucune intuition constante ne peut être trouvée dans le sens intime. — Enfin, la catégorie de la *réciprocité*, quant à sa possibilité, ne peut être comprise par la raison seule ; par conséquent la réalité objective de ce concept ne peut être saisie sans intuition, même extérieure, dans l'espace. Car, comment concevoir la possibilité que, s'il existe plusieurs substances, de l'existence de l'une, quelque chose (comme effet) suive dans l'existence de l'autre, et réciproquement ; et que par conséquent, par la raison qu'il y a quelque chose dans la première, qui ne peut être compris que par l'existence de la seconde, il doive aussi y avoir quelque chose dans la seconde qui ne puisse être compris que par la seule existence de la première ? Car il faut cela pour la *réciprocité;* mais c'est ce qui ne peut se comprendre dans les choses qui sont chacune complétement isolées par leur substance. Si donc *Leibnitz,* tout en accordant une réciprocité aux substances du monde, eut besoin à cet effet de l'intervention de la Divinité, c'est qu'il ne les considérait que comme les conçoit l'entendement pur ; car il s'aperçut avec raison que la seule existence de ces substances n'en rendait pas la réciprocité compréhensible. Mais nous pouvons facilement rendre concevable la possibilité de cette réciprocité (des substances comme phénomènes) en nous les représentant dans l'espace, par conséquent dans l'intuition externe : car l'espace contient déjà *à priori* des rapports extérieurs formels, comme conditions de la possibilité des rapports réels en soi (dans l'action et la réaction, et par conséquent des rapports de réciprocité). — De même, il peut être facilement prouvé que la possibilité des choses comme *quantités,* et par conséquent la réalité objective de la catégorie de la *quantité,* ne peut être exposée que dans l'intuition extérieure, et n'être ensuite appropriée au sens interne, d'après cette catégorie, que par le moyen de cette intuition.—Mais je dois, pour éviter d'être trop long, laisser les exemples à la réflexion du lecteur.

Toute cette observation est de la plus grande importance, non-seulement pour confirmer notre précédente réfutation de l'idéalisme, mais bien plus encore pour, quand on parle de la *connaissance de soi-même* tirée de la conscience interne seule et de la détermination de notre nature sans le secours des intuitions empiriques, nous faire voir les bornes étroites de la possibilité d'une telle connaissance.

La dernière conséquence de toute cette section est donc celle-ci : Tous les principes de l'entendement pur ne sont que des principes *à priori* de la possibilité de l'expérience, et à cette dernière seule se rapportent tous les principes synthétiques *à priori ;* leur possibilité même repose entièrement sur cette relation.

XXV.

(Page 271.)

En un mot, tous ces concepts ne peuvent être *prouvés* par rien, ni leur possibilité réelle établie, si l'on supprime toute intuition sensible (la seule que nous ayons); car il ne reste alors que la possibilité *logique* seule; ce qui veut dire que le concept (la pensée) est possible. Mais ce n'est pas du concept qu'il est question, il s'agit seulement de savoir si ce concept se rapporte à un objet, et si par conséquent il signifie quelque chose, s'il a une valeur objective.

XXVI.

(Page 276.)

Il y a cependant ici au fond une illusion très-difficile à éviter. Les catégories, quant à leur origine, ne se fondent pas sur la sensibilité, comme les *formes de l'intuition*, l'espace et le temps ; elles semblent donc permettre une application au delà de tous les objets de l'expérience. Mais elles ne sont en elles-mêmes que les *formes de la pensée*, qui contiennent la simple faculté logique d'unir *à priori*, en une conscience unique, la diversité donnée en intuition, et alors elles peuvent, si on leur enlève la seule intuition à nous possible, avoir encore moins de valeur et de sens que ces formes sensibles pures par lesquelles cependant un objet est au moins donné ; au lieu que cette espèce de liaison de la diversité, propre à notre entendement, ne signifie rien, si cette intuition, dans laquelle seule cette diversité peut être donnée, n'intervient. — Néanmoins, lorsque nous appelons certains objets du nom de phénomènes, d'êtres sensibles (*phœnomena*), distinguant alors la manière dont nous les percevons de leur nature absolue, il est cependant déjà dans notre idée de leur opposer, ou ces mêmes objets quant à cette nature absolue, quoique nous ne la percevions pas en eux, ou même d'autres choses possibles, qui ne sont pas des objets de nos sens, comme des objets purement conçus par l'entendement. Nous appelons ces objets des êtres intellectuels [des êtres de l'entendement] (*Noumena*). On demande donc : si nos concepts purs de l'entendement ne peuvent avoir aucune valeur dans ce dernier sens, et s'ils ne pourraient pas être une manière de les connaître ?

Il se présente tout d'abord ici une équivoque qui peut occasionner une erreur grave : c'est que l'entendement, quand il appelle phénomène un objet considéré sous un certain rapport, se fait encore en même temps, outre la représentation de ce rapport, celle d'un *objet en soi*, et par conséquent se persuade qu'il peut se faire aussi des *concepts* d'objets semblables ; et comme l'entendement n'en fournit pas d'autres que les catégories, et que l'objet dans ce dernier sens devrait au moins pouvoir être conçu par ces concepts purs de l'entendement, il est conduit de cette manière à prendre le concept complétement indéterminé d'un être de raison, comme de quelque chose en général hors du domaine de la sensibilité, pour un concept *déterminé* d'un être que nous pouvons connaître de quelque manière par le secours de l'entendement.

Si par *noumème* nous entendons une chose, en tant qu'elle n'est *pas objet de notre intuition sensible*, abstraction faite de notre manière de la percevoir, cette chose est alors un noumène dans le sens *négatif*. Mais si nous entendons par là un *objet* d'une *intuition non sensible*, nous supposons alors une espèce d'intuition particulière, intellectuelle, mais qui n'est point la nôtre, dont même nous ne pouvons entrevoir la possibilité ; et cette chose serait alors un noumène dans le sens *positif*.

La science de la sensibilité est donc tout à la fois celle des noumènes dans le sens négatif, c'est-à-dire la science des choses que l'entendement doit penser sans ce rapport à notre espèce d'intuition, par conséquent non simplement comme phénomènes, mais comme choses en soi, et au sujet desquelles néanmoins l'entendement comprend en même temps, dans cette manière de les considérer abstraitement, qu'il ne peut faire aucun usage de ses catégories, puisque celles-ci n'ont de valeur que par rapport à l'unité des intuitions dans l'espace et le temps, unité qu'elles ne peuvent déterminer *à priori* que par des concepts généraux ayant vertu d'unir, et par suite de la seule idéalité de l'espace et du temps. Partout où cette unité de temps ne peut être trouvée, par conséquent dans le noumène, là cesse complétement tout usage et même toute valeur des catégories : car la possibilité même des choses qui devraient répondre aux catégories ne se laisse pas apercevoir. Qu'il me soit permis, à ce sujet, de renvoyer simplement à ce que j'ai dit au commencement de l'observation générale sur le chapitre précédent. (Suppl. XXIV.) La possibilité d'une chose ne peut donc jamais être prouvée par la non-contradiction de son concept, mais seulement par la justification de ce concept au moyen d'une intuition correspondante. Si donc nous voulions appliquer les catégories à des objets qui ne peuvent être considérés comme des phénomènes, il nous faudrait pour fondement une intuition différente de l'intuition sensible, et alors l'objet serait un noumène dans le *sens positif*. Mais comme une intuition de cette nature, une intuition intellectuelle, est absolument en dehors de notre faculté de connaître, l'usage des catégories ne peut aucunement s'étendre hors des limites des objets de l'expérience; et si, par hasard, des êtres intelligibles correspondent aux êtres sensibles, il peut aussi y avoir des êtres intellectuels auxquels notre faculté intuitive sensible n'a aucun rapport : mais alors nos concepts intellectuels comme simples formes de pensées accommodées à notre intuition sensible, ne sont plus le moins du monde appropriés aux êtres de cette nature. Ce que nous appelons noumène ne doit donc être entendu que dans le sens *négatif*.

XXVII.

(Page 284.)

Il ne faut pas employer, au lieu des mots : monde *intelligible* (*mundus intelligibilis*) ceux de monde *intellectuel*, comme on a coutume de le faire en allemand; car les *connaissances* seules sont ou intellectuelles ou sensitives. Mais il n'y a que ce qui peut être *soumis* à l'une ou à l'autre manière de percevoir, par conséquent les objets, qui doivent s'appeler intelligibles ou sensibles.

FIN DU TOME PREMIER.

TABLE DES MATIÈRES.

Avertissement du traducteur............................Pag. I
Vie et ouvrages de Kant.................................... XVII
Dédicace de l'auteur....................................... 1
Préface... 3
INTRODUCTION.. 19
   Idée de la philosophie transcendantale...................... ib.
   Différence entre les jugements analytiques et les jugements synthétiques... 24
   Division de la philosophie transcendantale.................. 31
   Théorie élémentaire transcendantale........................ 37

PREMIÈRE PARTIE.   *ib.*

ESTHÉTIQUE TRANSCENDANTALE........................... *ib.*
   Section I. De l'espace..................................... 41
   Conséquence des concepts précédents....................... 44
   Section II. Du temps...................................... 49
   Conséquence de ces concepts.............................. 52
   Explication... 56
   Observation générale sur l'esthétique transcendantale... 62

SECONDE PARTIE.   71

LOGIQUE TRANSCENDANTALE............................... *ib.*
   Introduction. — Idée d'une logique transcendantale......... *ib.*
I. De la logique en général.................................. *ib.*
II. De la logique transcendantale............................ 77
III. Division de la logique générale en Analytique et en Dialectique... 79
IV. Division de la logique transcendantale en analytique et en dialectique transcendantales............................. 84

TABLE DES MATIÈRES.

Première division. — ANALYTIQUE TRANSCENDANTALE............. 86
LIVRE I. *Analytique des concepts*.......................... 87
CHAP. I. — Du fil conducteur pour découvrir tous les concepts purs de l'entendement.................................. 88
    Section I. De l'usage logique de l'entendement en général. 89
    Section II. De la fonction logique de l'entendement dans le jugement... 92
    Section III. Des concepts purs de l'entendement ou catégories.. 99
    Table des catégories...................................... 103
CHAP. II. — De la déduction des concepts purs de l'entendement.. 107
    Section I. Des principes d'une déduction transcendantale en général, *ib.* Passage à la déduction des catégories. 115
    Section II. Des fondements *à priori* de la possibilité de l'expérience.. 118
    Avertissement... 121
    I. De la synthèse de l'Appréhension....................... 122
    II. De la synthèse, de la Reproduction dans l'imagination. 123
    III. De la synthèse, de la Reconnaissance dans le concept. 126
    IV. Explication préliminaire de la possibilité des catégories, comme connaissances *à priori*.................. 133
    Section III. Du rapport de l'entendement aux objets en g······· à la possibilité de les connaître *à priori*..... 138
    Idée········ de la légitimité et de l'unique possibilité ······ des concepts intellectuels pus....... 150
LIVRE II. — *Analy··· q · s principes*..................... 152
    Introduction. — Du ···gement transcendantal en général.... 154
    Théorie transcendantale du jugement (ou analytique des principes)... 159
CHAP. I. — Du schématisme des concepts intellectuels purs..... *ib.*
CHAP. II. — Système de tous les principes de l'entendement pur.. 170
    Section I. Du principe suprême de tous les jugements analytiques... 172
    Section II. Du principe suprême de tous les jugements synthétiques.. 176
    Section III. Exposition systématique de tous les principes synthétiques de l'entendement pur........................ 180
    I. Axiomes de l'intuition................................. 185
    II. Anticipations de la perception........................ 189
    III. Analogies de l'expérience............................ 200

TABLE DES MATIÈRES. 467

Première analogie. — Principe de la permanence.......	206
Preuve de cette analogie.............................	ib.
Deuxième analogie. — Principe de la causation........	214
Preuve...	214
Troisième analogie. — Principe de la réciprocité.......	237
Preuve...	ib.
IV. Postulats de la pensée empirique en général........	245
Développement......................................	ib.

CHAP. III. — Du fondement de la distinction de tous les objets en général, en *Phénomènes* et en *Noumènes*........... 262
Appendice. — De l'Amphibolie des concepts de la réflexion par la confusion de l'usage empirique avec l'usage transcendental de l'entendement.................... 287
Observation sur l'amphibolie des concepts réfléchis...... 296

SUPPLÉMENTS.

I. (p. 2.)................	323	XIII. (p. 107).............	387
II. (p. 18)...............	324	XIV. (p. 118).............	394
III. (p. 18)...............	357	XV. (p. 118)...............	399
IV. (p. 20 le renvoi a été oublié	359	XVI. (p. 184).............	436
		XVII. (p. 185).............	437
V. (p. 21 le renvoi a été oublié)..................	363	XVIII. (p. 189.............	438
		XIX. (p. 200)..............	440
VI. (p. 25)................	ib.	XX. (p. 207)..............	441
VII. (p. 28)...............	370	XXI. (p. 214).............	442
VIII. (p. 31 le renvoi a été oublié)................	375	XXII. (p. 237).............	445
		XXIII. (p. 253)............	446
IX. (p. 44)................	376	XXIV. (p. 262)............	453
X. (p. 48).................	378	XXV. (p. 271).............	460
XI. (p. 52)................	379	XXVI. (p. 276)............	468
XII. (p. 70)...............	380	XXVII. (p. 284)..........	464

Nota : Cette table peut servir à corriger les fautes qui se sont glissées dans quelques titres, comme dans celui de la page 248.

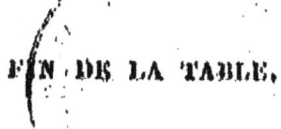

FIN DE LA TABLE.

www.ingramcontent.com/pod-product-compliance
Lightning Source LLC
Chambersburg PA
CBHW051139230426
43670CB00007B/869